Sicherungspflichten des Bauträgers in Spanien und Deutschland

Schriften der Deutsch-Spanischen Juristenvereinigung

Band 21

PETER LANG
Frankfurt am Main · Berlin · Bern · Bruxelles · New York · Oxford · Wien

Holger Dierkes

Sicherungspflichten des Bauträgers in Spanien und Deutschland

Insbesondere aus Art. 19 Ley de Ordenación de la Edificación und aus §§ 3 und 7 Makler- und Bauträgerverordnung

PETER LANG
Internationaler Verlag der Wissenschaften

Bibliografische Information der Deutschen Nationalbibliothek
Die Deutsche Nationalbibliothek verzeichnet diese Publikation in der Deutschen Nationalbibliografie; detaillierte bibliografische Daten sind im Internet über <http://www.d-nb.de> abrufbar.

Zugl.: Bielefeld, Univ., Diss., 2006

Umschlagabbildung:
Logo der Deutsch-Spanischen Juristenvereinigung e.V.
Abdruck mit freundlicher Genehmigung der
Deutsch-Spanischen Juristenvereinigung e.V.

D 361
ISSN 1433-884X
ISBN 978-3-631-56480-6

www.peterlang.de

Vorwort

Die vorliegende Arbeit wurde im Sommersemester 2006 von der Rechtswissenschaftlichen Fakultät der Universität Bielefeld als Dissertation angenommen.

Herrn Prof. Dr. Hans Schulte-Nölke gilt mein Dank vor allem dafür, dass er das durch die berufliche Praxis angeregte Thema der Arbeit sehr interessiert begleitete und mir bei der Betreuung die notwendigen Freiräume für die Bearbeitung ließ. Herrn Prof. Dr. Fritz Jost danke ich für die zügige Erstellung des Zweitgutachtens.

Frau Dr. Esther Arroyo i Amayuelas danke ich für Ihre fachliche und freundschaftliche Unterstützung vor allem während meiner Zeit in Barcelona. Für ihre kollegiale Begleitung der Arbeit gilt mein Dank Herrn Dr. Heinrich Hüchting, Herrn Dr. Arne Koch und Herrn Oliver Wiethaus.

Herzlich bedanke ich mich bei Frau Dr. Antje Wittmann für ihr fachliches Interesse, die stetige Gesprächsbereitschaft und ihr Verständnis in allen Phasen der Arbeit. Sie hatte großen Anteil daran, dass mir diese Zeit immer in besonders schöner Erinnerung bleiben wird.

Schließlich danke ich meinen Eltern sehr dafür, dass sie mich während der gesamten Ausbildung immer uneingeschränkt unterstützt haben, wodurch diese Arbeit überhaupt erst möglich wurde.

Münster, im Februar 2007

Holger Dierkes

Inhaltsübersicht

Inhaltsverzeichnis

Abkürzungsverzeichnis

a. E.	am Ende
a. F.	alte Fassung
a. G.	auf Gegenseitigkeit
ABl.	Amtsblatt
AC	Aranzadi Civil (Zeitschrift)
Act. Civ.	Actualidad Civil (Zeitschrift)
ADC	Anuario de Derecho Civil (Zeitschrift)
AGB	Allgemeine Geschäftsbedingung(-en)
AGBG	Gesetz zur Regelung des Rechts der Allgemeinen Geschäftsbedingungen, in der bis zum 31.12.2001 geltenden Fassung
AJ	Actualidad Jurídica (Zeitschrift)
Anh.	Anhang
arg. e cont.	argumentum e contrario: Schlussfolgerung aus dem Gegenteil
art./Art.	artículo (Artikel)/Artikel
Aufl.	Auflage
Az.	Aktenzeichen
BAnz.	Bundesanzeiger (Veröffentlichung)
BauFG	Gesetz über die Sicherung der Bauforderungen vom 01.06.1909 (in der Literatur z. T. auch GSB abgekürzt)
BauR	Baurecht (Zeitschrift)
BB	Betriebsberater (Zeitschrift)
BCRE	Boletín del Colegio de Registradores de España (Zeitschrift)
BauFG	Gesetz über die Sicherung von Bauforderungen vom 01.06.1909
Bd.	Band
BE	Boletín Económico del Banco de España (Veröffentlichung)
ber.	berichtigt
BFH	Bundesfinanzhof
BGB	Bürgerliches Gesetzbuch
BGBl.	Bundesgesetzblatt
BGH	Bundesgerichtshof
BGHZ	Sammlung der Entscheidungen des BGH in Zivilsachen (Urteilssammlung)

BOCG	Boletín Oficial de las Cortes Generales (Amtsblatt des Parlaments)
BOE	Boletín Oficial del Estado (Staatliches Amtsblatt)
BT	Bundestag
BT-Drucks.	Bundestagsdrucksache
BVerfG	Bundesverfassungsgericht
BVerfGE	Sammlung der Entscheidungen des Bundesverfassungsgerichts (Urteilssammlung)
BVerwG	Bundesverwaltungsgericht
bzgl.	bezüglich
bzw.	beziehungsweise
CC	Código Civil (spanisches Zivilgesetzbuch)
CCJC	Cuadernos Cívitas de Jurisprudencia Civil (Zeitschrift)
CE	Constitución Española (spanische Verfassung)
CM	Carta Mercantil (Zeitschrift)
DNotI-Report	Informationsdienst des Deutschen Notarinstituts (Zeitschrift)
DNotZ	Deutsche Notar-Zeitschrift (Zeitschrift)
Drucks.	Drucksache
DStR	Deutsches Steuerrecht (Zeitschrift)
DTZ	Deutsch-Deutsche Rechts-Zeitschrift (Zeitschrift)
E&J	Economist & Jurist (Zeitschrift)
e. V.	eingetragener Verein
ECI	El consultor inmobiliario (Zeitschrift)
EG	Europäische Gemeinschaft
EGBGB	Einführungsgesetz zum BGB
EGV	Vertrag zur Gründung der Europäischen Gemeinschaft vom 25.03.1957 in seiner Fassung gemäß dem Amsterdamer Vertrag vom 02.10.1997
EP	Europäisches Parlament
EStG	Einkommenssteuergesetz
EuGH	Gerichtshof der Europäischen Gemeinschaft
EWiR	Entscheidungen zum Wirtschaftsrecht
FIEC	Fédération de l´Industrie Européenne de la Construction (Verband der Europäischen Bauwirtschaft)
Fn.	Fußnote
FWW	Die freie Wohnungswirtschaft (Zeitschrift)

GAIPEC	Groupe des Associations Interprofessionelles Européenne de la Construction (Gruppen europäischer, interprofessioneller Bauwirtschaftsvereinigungen)
GewA	Gewerbearchiv (Zeitschrift)
GewO	Gewerbeordnung
ggf.	gegebenenfalls
GRUR	Gewerblicher Rechtsschutz und Urheberrecht (Zeitschrift)
GRURInt	Gewerblicher Rechtsschutz und Urheberrecht – Internationaler Teil (Zeitschrift)
Hg.	Herausgeber
HintO	Hinterlegungsordnung
i. e. S.	im engeren Sinne
i. w. S.	im weiteren Sinne
JuS	Juristische Schulung
JZ	Juristen-Zeitung
KG	Kammergericht
KlauselRL	Klauselrichtlinie
LCS	Ley 50/1980, vom 08.10.1980, de Contrato de Seguro (Versicherungsvertragsgesetz)
LECiv	Ley 1/2000, vom 07.01.2000, de Enjuiciamiento Civil (Zivilprozessgesetz)
LOE	Ley 38/1999, vom 05.11.1999, de Ordenación de la Edificación (Bauwesengesetz)
LOSSP	Ley 30/1995, vom 08.11.1995, de Ordenación y Supervisión de los Seguros Privados (Versicherungsaufsichtsgesetz)
LSA	Ley de Sociedades Anónimas (Aktiengesetz), in seiner Fassung des Real Decreto Legislativo 1564/1989, vom 22.12.1989
m. w. N.	mit weiteren Nachweisen
MaBV	Makler und Bauträgerverordnung in der Fassung vom 07.11.1990
MittBayNot	Mitteilungen der Bayrischen Notarkammer (Zeitschrift)
MittRhNotK	Mitteilungen der Rheinischen Notarkammer (Zeitschrift)
MüKo	Münchener Kommentar
n. F.	neue Fassung
NJW	Neue Juristische Wochenschrift (Zeitschrift)
NJW-RR	Rechtsprechungsreport der Neuen Juristischen Wochenschrift (Zeitschrift)
Nr.	Nummer

NZBau	Neue Zeitschrift für Baurecht (Zeitschrift)
OLG	Oberlandesgericht
Ord.-Ziffer	Ordnungsziffer
OVG	Oberverwaltungsgericht
RabelsZ	Zeitschrift für ausländisches und internationales Privatrecht, begründet von Ernst Rabel (Zeitschrift)
RCC	
RCDI	Revista Crítica del Derecho Inmobiliario (Zeitschrift)
RD	Real Decreto (königlicher Erlass)
RdP	Revista de Derecho Privado (Zeitschrift)
RDPat	Revista de Derecho Patrimonial (Zeitschrift)
RDU	Revista da Derecho Urbanístico (Zeitschrift)
RDUMA	Revista de Derecho Urbanístico y Medio Ambiente (Zeitschrift)
RES	Revista española de Seguros (Zeitschrift)
RH	Reglamento Hipothecario (Durchführungsverordnung zum Hypothekengesetz)
RICASV	Revista del Illustre Collegio de Abogados del Señorío de Vizcaya
RIW	Recht der internationalen Wirtschaft (Zeitschrift)
RJ	Repertorio de Jurisprudencia Aranzadi (Urteilssammlung Aranzadi)
RJC	Revista Jurídica de Cataluña (Zeitschrift)
RJS	Revista Jurídica Sepín (Zeitschrift)
RL	Richtlinie
Rs.	Rechtssache/-sachen
Rz.	Randzeichen
S.	Seite
s. o.	siehe oben
Slg.	Sammlung
span./Span.	spanisch, Spanien
SSTS	Sentencias del Tribunal Supremo (Urteile des Obersten Gerichtshofs)
STS	Sentencia del Tribunal Supremo (Urteil des Obersten Gerichtshofs)
u. a.	und andere
Urt. v.	Urteil vom
VAG	Gesetz über die Beaufsichtigung der Versicherungsunternehmen (Versicherungsaufsichtsgesetz), in der Fassung der Bekanntmachung vom 17.12.1992

Var.	Variante
verb.	verbunden/-e
VerwArch	Verwaltungsarchiv (Zeitschrift)
VG	Verwaltungsgericht
vgl./Vgl.	vergleiche
VOB/B	Verdingungsordnung für Bauleistungen, Teil B, Ausgabe 2000, in der Fassung der Bekanntmachung vom 30.05.2000
VwVfG	Verwaltungsverfahrensgesetz
WM	Wertpapiermitteilungen – Zeitschrift für Wirtschafts- und Bankrecht (Zeitschrift)
WuB	Wirtschafts- und Bankrecht (Entscheidungssammlung mit Anmerkungen)
z. B.	zum Beispiel
z. T.	zum Teil
ZEuP	Zeitschrift für europäische Privatrecht (Zeitschrift)
ZfBR	Zeitschrift für Baurecht (Zeitschrift)
ZfIR	Zeitschrift für Immobilienrecht (Zeitschrift)
zit.	zitiert
ZPO	Zivilprozessordnung
ZZP	Zeitschrift für Zivilprozess (Zeitschrift)

Einleitung

Der Bausektor nimmt sowohl in Deutschland als auch in Spanien eine wichtige wirtschaftliche Position ein[1]. Viele Gewerbebetriebe und Privatpersonen sind am Bauprozess beteiligt. Sie verfolgen dabei unterschiedliche, zum Teil entgegengesetzte Interessen; beispielhaft seien genannt der Wunsch des Auftraggebers nach niedrigen Kosten, hoher Qualität, also nach einem mangelfreien Vertragsobjekts, sowie nach einfacher Abwicklung, oder die Interessen des Auftragnehmers an flexibler Finanzierung vor allem durch Vorleistungen durch den Auftraggeber und somit nach Liquidität, oder auch nach einem möglichst kurzen Zeitraum, in dem er zur Gewährleistung verpflichtet ist. Die große gesamtwirtschaftliche Bedeutung des Marktes und der beteiligten Individualinteressen sowie deren Komplexität erfordern zuweilen Mechanismen zum Schutz der an einem Bauprojekt Beteiligten.

Diese Schutzaufgabe sollen zunehmend Sicherheiten erfüllen. Durch sie lassen sich Leistungen der Parteien jeglicher Art besichern und somit Risiken für den jeweiligen Empfänger der besicherten Leistung mindern. Aufgrund der schlechten konjunkturellen Situation in den letzten Jahren haben insbesondere Sicherungen gegen Insolvenzen erheblich an Bedeutung gewonnen[2]. Aber auch Gewährleistungsansprüche oder Verspätungsschäden werden besichert. Der Abschluss und der Inhalt von hierfür geeigneten Sicherungsverträgen können entweder den Parteien überlassen bleiben oder vom Gesetzgeber geregelt werden.

In jedem Fall ist zu bedenken, dass der exzessive Umgang mit Sicherheiten auch negative wirtschaftspolitische Folgen haben kann oder den Interessen der Parteien doch nicht gerecht wird. Er engt die Liquidität der Sicherungsgeber ein und führt zu einer Erhöhung der Angebotspreise. Auch der Wettbewerb kann beeinträchtigt werden, weil Unternehmen mit geringem Eigenkapital vom Markt verdrängt werden[3]. Diesen negativen Folgen kann auf der einen Seite die Rechtsprechung Grenzen setzen[4]. Auf der anderen Seite können negative Auswirkun-

---

[1] Das Baugewerbe erreichte 2003 in Deutschland mit ca. 84 Mrd. Euro ca. 4,2 % der nationalen Bruttowertschöpfung. In Spanien trug das Baugewerbe 2003 mit ca. 68 Mrd. und somit ca. 9,7 % zur nationalen Bruttowertschöpfung bei. Quelle: Eurostat, http://europa.eu.int /comm/eurostat/newcronos/reference/display.do?screen=welcomeref&open=/industry/intre /sbs/enterpr&language=de&product=EU_industry_trade_services&root=EU_industry_trad e_services&scrollto=0, Stand: 19.01.2005.

[2] Thode, ZfBR 2002, 4.

[3] Nicklisch/Weick, § 17 VOB/B, 13.

[4] Jacob/Ring/Wolf/Moufang, § 9, 1.

gen von übermäßiger Sicherung auch vom Gesetzgeber berücksichtigt und durch geeignete Maßnahmen möglichst vermieden werden.

So hat z. B. der spanische Gesetzgeber im Jahr 1999 die zivilen Baurechtsverhältnisse umfassend neu geregelt und dabei auch den Bereich der Sicherheiten den Parteien teilweise entzogen. Mit der Ley 38/1999 vom 05.11.1999[5] wurde das private Baurecht weitreichend reformiert (Ley de Ordenación de la Edificación, LOE). Insbesondere wurde ein Haftungssystem für Baumängel zwischen den verschiedenen am Bau Beteiligten aufgestellt[6]. Gleichzeitig wurde durch Art. 9 Nr. 2 d), 19 Nr. 1 LOE eine nach den verschiedenen Mängelarten gestaffelte Pflichtversicherung eingeführt, um die Interessen des Auftraggebers an einem mangelfreien Werk abzusichern.

Mit diesem Gesetz wurde vor allem die in Spanien bis dahin stark ausgeprägte Rechtsprechung zu der Figur des „promotors" geregelt. Dieser Baubeteiligte hat heute in Spanien überragende Bedeutung[7]. Die LOE bestimmt nun sowohl den Begriff als auch die Haftung des „promotors". Insbesondere hat er die oben genannte Pflichtversicherung zu Gunsten des Erwerbers abzuschließen.

Die LOE ist aus deutscher Perspektive insofern interessant, als der Begriff des „promotor" demjenigen eines Bauträgers in Deutschland weitgehend entspricht[8] und der Bauträger im deutschen Baurecht eine wichtige Rolle spielt, da Immobilien in Deutschland größtenteils von Bauträgern bzw. Bauträgergesellschaften veräußert werden[9]. Auch das deutsche Recht sieht nicht zuletzt deswegen und wegen häufiger Insolvenzen bei Bauträgergesellschaften[10] Regelungen vor, nach denen ein Bauträger Sicherheiten zu erbringen hat. Diese sind vor allem in der Makler- und Bauträgerverordnung (MaBV), in den §§ 232 – 240 des Bürgerlichen Gesetzbuchs (BGB) und ggf. in § 17 der Verdingungsordnung für Bauleistungen/Teil B (VOB/B) geregelt. Im Unterschied zur spanischen Rechtslage wird dem Bauträger in Deutschland aber nur unter bestimmten Voraussetzungen vorgeschrieben, ein Sicherungsmittel zu vereinbaren. Grundsätzlich bleiben Sicherungsmittel den Vertragsparteien zur privatautonomen Vereinbarung überlassen. Diese langjährige Praxis und auch der Umfang der Sicherheiten gaben bis zu einem Urteil des Kammergerichts vom 29.09.1999[11] keinen Anlass

---

5 Boletín Oficial del Estado (im Folgenden: BOE) Nr. 266, vom 06.11.1999. Der Text der LOE befindet sich im Anhang C.I.

6 Vgl. zur Haftung des Bauunternehmers in Spanien nach der LOE Pagenkemper.

7 Pagenkemper, 24.

8 Quilisch/Pérez-Ramos, ZfIR 2002, 759,760.

9 Ewenz, ZfIR 2000, 8.

10 Volmer, ZfIR 1999, 493.

11 Urt. v. 29.11.1999, NZBau 2000, 566.

zur Diskussion, wie sich an den wenigen veröffentlichten Entscheidungen vor allem zur MaBV[12] ablesen lässt. Ab diesem Zeitpunkt wurden jedoch die Figur des Bauträgers, die von ihm geschlossenen Verträge allgemein und insbesondere die von ihm zu stellenden Sicherheiten sehr kontrovers diskutiert[13]. Der Gesichtspunkt des Verbraucherschutzes spielte dabei eine große Rolle.

Gerade der Verbraucherschutz in einem weit verstandenen Sinn führte allerdings überhaupt erst zur Entstehung des Berufsbildes der Bauträger im letzten Jahrhundert. In Deutschland erforderten die wohnungswirtschaftlichen Zwänge der Nachkriegszeiten beider Weltkriege, vor allem die Mietpreissteigerungen wegen des Wohnungsmangels, neue Formen und rechtliche Rahmenbedingungen der Wohnungsbauförderung. Sowohl das „Preußische Wohnungsgesetz vom 28.03.1918“ als auch das erste[14] und das zweite[15] Wohnungsbaugesetz nach dem zweiten Weltkrieg sollten in der Bundesrepublik durch finanzielle, technische und steuerliche Maßnahmen das Defizit, das sich allein in Westdeutschland 1950 auf ca. 5 – 6 Millionen Wohnungen belief[16], reduzieren helfen. Flankiert wurden diese Maßnahmen durch das Gesetz über das Wohnungseigentum und das Dauerwohnrecht (Wohnungseigentumsgesetz, WEG) vom 15.03.1951[17], das unter anderem die Kapitalaufbringung für die Bautätigkeit erleichtern sollte. Es ermöglichte Wohnungssuchenden, Eigentum allein an Wohnungen und Teileigentum an den nicht zu Wohnzwecken dienenden Räumen eines Gebäudes zu erwerben. Das Grundstück bildete hierbei gemeinschaftliches Eigentum. Hierdurch konnte die Kapitalaufbringung für ein Grundstück auf mehrere Personen verteilt werden.

Die staatliche Förderung zielte allgemein auf häufig rechtsunkundige und geschäftsungewandte Wohnungssuchende[18]. Ihnen boten sich bei der Handhabung und Ausschöpfung der gesetzlichen Möglichkeiten und öffentlichen Mittel Baubetreuer an[19], die sowohl gegenüber dem Erwerber als auch gegenüber der öffentlichen Hand zunächst als Treuhänder auftraten[20]. Ende der 30er Jahre des

12 Thode, WuB I E 5. – 6.01, 06/2001, 530.
13 Auf das zitierte Urteil wird weiter unten näher eingegangen.
14 1. Wohnungsbaugesetz vom 24.04.1950, BGBl. 1950-I, S. 83.
15 2. Wohnungsbaugesetz vom 27.06.1956, BGBl. 1956-I, S. 523.
16 Brych/Pause, 4.
17 BGBl. 1951-I, S. 175, ber. 209.
18 Wagner, ZfIR 2001, Beilage, 3 f.
19 Locher/Locher, Rz. 396.
20 Wagner, ZfIR 2001, Beilage, 3.

20. Jahrhunderts wurde vor diesem Hintergrund der Begriff des Bauträgers geprägt[21].

Auch in Spanien lassen sich die Anfänge des Bauträgerwesens weit zurückverfolgen. Bereits im 19. Jahrhundert wurden Gesellschaften – insbesondere Genossenschaften – gegründet, um ausschließlich die Gesellschafter mit Wohnungen zu versorgen[22]. Allerdings traten auch hier Veränderungen auf, die das Verständnis des Bauträgerbegriffs ausdehnten. So führte die immer stärker zunehmende Landflucht der 60er und 70er Jahre des 20. Jahrhunderts zu einer enormen Nachfrage nach Wohnraum in den Städten und zu entsprechenden Förderprogrammen der Regierung[23]. Dadurch kam es zu zwei in Spanien bis dahin unbekannten Entwicklungen. Zum einen wurden Gebäude zunehmend vorgefertigt zum Bauplatz gebracht und dort zusammengebaut. Der Vorproduzent nimmt dabei eine umfassendere Rolle wahr als ein reiner Zulieferer und ist z. T. wie ein Werkunternehmer zu betrachten. Zum anderen wurden auch in Spanien Gebäude errichtet, ohne dass ein Letzterwerber hierfür vor Beginn der Bauarbeiten den Auftrag erteilt hätte. Der Verkauf von „schlüsselfertigen" oder „zu errichtenden" bzw. „im Bau befindlichen" Objekten nahm drastisch zu[24]. Infolge dieser Entwicklungen plante, steuerte und kontrollierte zunehmend nicht mehr die Erwerberseite, sondern die Herstellerseite die Bauausführung.

Allgemein spezialisierten sich die Baubeteiligten, um den immer komplexeren technischen Anforderungen gerecht zu werden[25]. Auch wurde Hilfestellung bei der Beantragung von staatlicher Förderung gewährt[26]. Viele „Mischformen" der Tätigkeiten der Baubeteiligten entstanden, die erst durch die Rechtsprechung systematisiert wurden. Hierbei prägte der Tribunal Supremo den Begriff des „promotor" erstmalig[27] in seiner Entscheidung vom 11.10.1974[28].

Die sowohl in Deutschland als auch in Spanien bei der Betreuung der Bauerrichtung zu erfüllenden Koordinationsaufgaben sind vielseitig und wurden immer häufiger von der Berufsgruppe der Bauträger bzw. „promotores"[29] über-

---

[21] Seuß, 8.
[22] González Tausz, RCDI 2000, 2691, 2693.
[23] Quilisch/Pérez-Ramos, ZfIR 2002, 759 f.
[24] Cabanillas Sánchez, 357.
[25] Jiménez Clar, RdP 6/2001, 19, 22.
[26] Sala Sánchez/Burgos y Pérez de Andrade/García Varela, 77.
[27] Marín García de Leonardo, 46.
[28] STS, vom 11.10.1974, RJ 1974, 3798.
[29] Im Folgenden wird grundsätzlich die Bezeichnung „Bauträger" auch im Zusammenhang mit spanischem Recht verwendet, es sei denn die Definitionen stehen in textlichem Zusammenhang.

nommen[30]. Die vielschichtigen Aufgabenbereiche des Bauträgers bergen – nicht zuletzt angesichts der steigenden Anforderungen aufgrund des Verbraucherschutzes[31] – ein eigenes Fehler- und somit Schaden- und Haftungspotential[32], das nicht ohne weiteres unter die für die herkömmlichen Vertragstypen konzipierten Haftungsnormen zu subsumieren war und ist. Da sowohl der Bauträgerbegriff als auch der Bauträgervertrag weder im spanischen Zivilgesetzbuch[33], dem Código Civil (CC), noch im deutschen BGB[34] geregelt sind, mussten auf die jeweiligen Verträge unter Berücksichtigung ihres Regelungszwecks die Normen der anderen Vertragstypen angewendet werden[35]. Allerdings reichen sowohl das Kauf- als auch das Werkvertragsrecht allein nicht aus, angemessen die besonderen baurechtlichen Probleme zu regeln[36].

Darüber hinaus kam es in Deutschland in den 70er Jahren des 20. Jahrhunderts vermehrt zu Missbräuchen seitens der Baubetreuer durch z. B. das Einfordern von Vorauszahlungen ohne Absicherungen, Verwendungsmissbrauch vorausgezahlter Gelder, Gewährleistungsausschlüsse oder Verwendung von Musterverträgen, die einseitig die Interessen der Baubetreuer förderten.

Hierin spiegelte sich ein Wandel des Berufsbildes wider. Zunächst war die Vermittlung von Wohneigentum bis zum zweiten Weltkrieg grundsätzlich ein soziales Anliegen[37]. Die Baubetreuer wurden entweder von einem Bauwilligen mit der Gesamtabwicklung beauftragt, oder sie initiierten kleinere Wohnungsbauprojekte ohne vorherigen Auftrag auf Vorrat, um die Objekte später zu veräußern. Dies ermöglichte auch, dem vermehrt auftretenden Wunsch der Erwerber nach Festpreisen nachzukommen. Dem Erwerber gab dies Sicherheit und der Bauabwickler war ihm gegenüber nicht mehr zur Abrechnung und Rechnungslegung verpflichtet[38]. Nach dem zweiten Weltkrieg traten neben die gemeinnützig handelnden Wohnungsunternehmen und Einzelpersonen spekulative, gewerbsmäßig handelnde Bauträger. Begünstigt durch die seinerzeit geltende Steuergesetzgebung erstellten sie in großem Umfang Eigenheime und Eigentumswohnungen. Dabei bedienten sie sich zum Teil unseriöser Schneeballsys-

---

30 Cabanillas Sánchez, 357.
31 Cabanillas Sánchez, 368.
32 Rouanet Mota, ECI 9/2002, 3.
33 STS, vom 13.06.1984, RJ 1984, 3236.
34 Leineweber, 345.
35 Diese Problematik setzt sich auch nach Erlass der LOE fort; vgl. dazu im 2. Teil, Gliederungspunkte B. IV. und B. V. , sowie im 3. Teil, Gliederungspunkt C. III.
36 Marín García de Leonardo, 18; Locher/Locher, Rz. 406 f.
37 Seuß, 21.
38 Brych/Pause, 7.

teme zur Finanzierung. Der Verkauf der einen Wohnung finanzierte dabei den bereits begonnen Bau des nächsten Projekts[39]. Auftretende Zahlungsschwierigkeiten führten in der Regel zu Insolvenzen, die nicht selten große Schäden verursachten.

Um diesen Schwierigkeiten zu begegnen und die Interessen der Erwerber zu schützen, wurde nach Vorarbeiten von seiten des Notarwesens[40] § 34 c Gewerbeordnung (GewO) geändert und die MaBV erlassen. Parallel dazu entwickelt auch das 1976 in Kraft getretene Gesetz zur Regelung des Rechts der Allgemeinen Geschäftsbedingungen (AGBG)[41] diesbezüglich Schutzcharakter[42].

Ob diese Regelungen in Deutschland aber zum Schutz eines Erwerbers ausreichen, der Wohneigentum vom Bauträger erwirbt, oder ob und gegebenenfalls inwieweit die spanische LOE als Modell für eine weitergehende Normierung in Deutschland dienen kann, wird im Folgenden untersucht.

---

39 Hannig, 34.

40 Reithmann/Reithmann A, 19.

41 Durch Art. 1 und 6 des Gesetzes zur Modernisierung des Schuldrechts vom 26.11.2001, BGBl. 1961-I, S. 3138, seit dem 01.01.2002 in das BGB integriert.

42 Wagner, ZfIR 2001, Beilage, 3 f.

1. Teil: Untersuchungsgrundlagen

A. Untersuchungsziel und -ansatz

In Deutschland wird derzeit diskutiert[1], welchen Umfang die Sicherungsmittel der MaBV haben, ob diese den heutigen Anforderungen des Verbraucherrechts gerecht werden, ob andere Sicherungen vom Gesetzgeber vorgesehen und wie diese ggf. ausgestaltet werden sollten.

Mit dem Erlass der Ley de Ordenación de la Edificación (LOE) im Jahr 1999 führte der spanische Gesetzgeber unter anderem ein umfassendes Pflichtversicherungssystem für Bauträger und Werkunternehmer ein, das dem deutschen Recht in dieser Form und mit seinem weiten Anwendungsbereich fremd ist. Der spanische Gesetzgeber verfolgte mit dem Gesetz verschiedene Ziele[2]. Er wollte erstens den in Spanien bislang nur lückenhaft normierten Bereich des privaten Bauwesens vollständiger rechtlich regeln. Zweitens sollte durch das neue Gesetz die Qualität des Bauprozesses und -ergebnisses erhöht werden, da die Gesellschaft zunehmend erhöhte Anforderungen an die Qualität von Gebäuden stellt. Drittens sollte insbesondere durch das Pflichtversicherungssystem ein Beitrag zum Verbraucherschutz geleistet werden.

Diese Ziele, also die vollständigere Normierung, Sicherstellung hoher Bauqualität und Verbraucherschutz, die der spanische Gesetzgeber bei Erlass der LOE verfolgte, sind im deutschen Rechtsraum ebenfalls erstrebenswert. Das neue spanische Gesetz gibt Gelegenheit, die dort getroffenen Regelungen den deutschen Normen gegenüberzustellen. Wenn die Unterschiede und Gemeinsamkeiten des Bauträgerrechts beider Länder bekannt sind, lässt sich möglicherweise feststellen, ob und welche der vom spanischen Gesetzgeber gewählten Mechanismen dazu beitragen können, die genannten Ziele zu erreichen. Dies setzt aber zunächst die Kenntnis des fremden Rechts voraus; diese zu vermitteln ist das Hauptziel der vorliegenden Arbeit. Ihr wesentlicher Bestandteil ist daher die Darstellung eines Teilbereichs des deutschen und des spanischen zivilen

---

1 Im Sommer 2004 ist eine Bund-Länder-Arbeitsgruppe beim Bundestjustizministerium eingerichtet worden. Sie soll unter Beteiligung der gerichtlichen Praxis, der betroffenen Verbände und der Wissenschaft ergebnisoffen überprüfen, ob sich das geltende Bauvertragsrecht bewährt hat oder ob insoweit Änderungsbedarf besteht. Hierfür wurde ein Fragebogen entworfen und veröffentlicht; vgl. BauR 2006, 258 ff.

2 Vgl. dazu Exposición de Motivos, also die Gesetzesbegründung zur LOE, BOE Nr. 266 vom 06.11.1999 .

Baurechts, in deren Rahmen umstrittene Standpunkte der jeweiligen nationalen Wissenschaft und Rechtsprechung erläutert und gewürdigt werden.

Anschließend wird untersucht, ob und inwieweit die vom spanischen Gesetzgeber gewählten Mittel die von ihm verfolgten und genannten Ziele – s. o. – verwirklichen helfen. Indem punktuell die Lösungsansätze des deutschen Rechts dem spanischen Modell gegenüber gestellt werden, kann die spanische Regelung möglicherweise Argumente liefern, ob und in welcher Form eine Pflichtversicherung seitens des Bauträgers zugunsten der Erwerber auch in Deutschland sinnvoll ist. In diesem Zusammenhang wird das jeweilige Verbraucherleitbild[3] der beiden Länder relevant.

Schließlich schreitet die europäische Harmonisierung des Zivilrechts kontinuierlich voran[4]. Eine Erkenntnisquelle hierfür können die jeweiligen Rechtsordnungen der Mitgliedsländer[5] und ihr Vergleich sein. Sind sowohl Gemeinsamkeiten als auch bestehende Unterschiede und – im besten Fall – sogar Gründe hierfür bekannt, dient dies einem wechselseitigen Verständnis und kann helfen, eine für alle Beteiligten in den Mitgliedsländern der Europäischen Gemeinschaft akzeptable, gemeinsame Regelung zu finden. Auch hierfür kann die Arbeit erste Gesichtspunkte liefern und mit eine Grundlage bilden. Ebenso kann der Richtlinienvorschlag der Kommission über Dienstleistungen im Binnenmarkt Anstoß für den deutschen Gesetzgeber sein. Ein Rückgriff auf Regelungen der LOE ist eventuell nützlich.

B. Untersuchungsgegenstand

Das Recht der Bauträger ist in beiden Ländern in mehreren verschiedenen Gesetzeswerken geregelt. Gegenstand der Untersuchung sind diejenigen deutschen und spanischen Normen des Baurechts, die Sicherungsmechanismen zugunsten des Erwerbers und Letzteigentümers von Wohneigentum, vor allem bei einem Neubau, gegenüber einem Bauträger vorsehen und ausgestalten. Im deutschen Recht werden zur Kontrastierung auch verschiedene Arten freiwilliger Sicherheiten kurz dargestellt. Sicherungsgegenstand sind die Ansprüche des Erwerbers auf Rückzahlung von geleisteten Vorschüssen, auf die Erbringung der Leistung bzw. auf Leistung im Gewährleistungsfall.

---

3 Vgl. dazu sogleich Gliederungspunkt C. II. 2. c) bb) .

4 Vgl. dazu den Aktionsplan der Europäischen Kommission für ein kohärenteres europäisches Vertragsrecht vom 12.02.2003, KOM 2003, 68, http://www.europa.eu.int/comm/consumers/cons_int/safe_shop/fair_bus_pract/cont_law/com_2003_68_de.pdf

5 Europäische Kommission, KOM 2001, 398 endg., S. 16, http://www.europa.eu.int/comm/consumers/cons_int/safe_shop/fair_bus_pract/cont_law/cont_law_02_de.pdf; Molina, 499.

Betrachtet werden daher im deutschen Recht hauptsächlich Regelungen des Bürgerlichen Gesetzbuches (BGB), der Makler- und Bauträgerverordnung (MaBV), der Verdingungsordnung für Bauleistungen, Teil B (VOB/B), der Gewerbeordnung (GewO) und des Gesetzes über die Sicherung von Bauforderungen (BauFG).

Im spanischen Recht gilt es vor allem, die Ley de Ordenación de la Edificación (Baugesetz, LOE), den Código Civil (Zivilgesetzbuch, CC) und das Gesetz über die Stellung von Sicherheiten bei Vorschussleistung zur Bauausführung (Avalgesetz, AvalG) zu untersuchen. Dabei beschränkt sich die Arbeit auf die landesweit geltenden Gesetze. Eine Auseinandersetzung mit den Regelungen der Autonomen Regionen[6] würde den Rahmen sprengen; auf sie wird daher nur am Rande eingegangen.

Andere Gesetze werden zwecks Auslegung und Gesamtdarstellung der Rechtslage herangezogen.

C. Methodik

I. Darstellung

Als Grundlage für rechtsvergleichende Überlegungen ist die Kenntnis der Rechtsordnungen notwendig, die gegenübergestellt und miteinander verglichen werden sollen. Hierzu dient eine Darstellung des wesentlichen Stoffs in Länderberichten[7].

Um die Übersichtlichkeit zu erhöhen, gliedert die vorliegende Arbeit die Darstellung der Rechtsordnungen in drei Hauptteile. Zunächst wird erläutert, wer als Bauträger nach den jeweiligen Rechtsordnungen verstanden wird. Danach wird kurz aufgeführt, wofür diese Personen im jeweiligen Recht haften. Abschließend wird ermittelt, ob und in welcher Form Bauträger Sicherungen für welche Ansprüche der Erwerber bereitstellen können und müssen.

Die wesentlichen Unterschiede und Gemeinsamkeiten der nationalen Regelungen werden am Schluss eines jeden Kapitels zusammengefasst und gegenübergestellt.

---

[6] Vgl. z. B. Ley 24/1991, vom 29.11.1991, Catalana de Vivienda (katalanisches Wohnungsgesetz); Ley 3/2001, vom 26.04.2001, de la Calidad, Promoción, y Acceso a la Vivienda de Extremadura (Gesetz zur Qualität, Werbung und Erwerb von Wohnungen in Extremadura); Ley 2/2003, vom 30.01.2003, de Vivienda de Canarias (Kanarisches Wohnungsgesetz); Ley 4/2003, vom 29.07.2003, de Vivienda de Galicia (Galizisches Wohnungsgesetz), vgl. dazu Díaz Martínez, RdP 2004, 46 ff.

[7] Empfohlen bei Zweigert/Kötz, 6.

II. Vergleich

1. Vergleichsgegenstand

Die zuvor dargestellten nationalen Regelungen bilden den Gegenstand des anschließenden Vergleichs. Insbesondere die wesentlichen Unterschiede und Gemeinsamkeiten sind hier genauer zu betrachten[8].

2. Vergleichsmaßstäbe

Als Vergleichsmaßstäbe werden die vom spanischen Gesetzgeber vorgegebenen Ziele – vollständige Normierung (a), höhere Bauqualität (b) und Verbraucherschutz (c) – herangezogen, auch wenn diese Begriffe sich teilweise überschneiden und wechselseitig bedingen[9].

a) Rechtssicherheit durch allgemeinen rechtlichen Rahmen

Der Gesetzgeber der LOE begründet seine Initiative zunächst damit, dass für das Bauwesen keine, seiner Wichtigkeit entsprechende gesetzliche Regulation gegeben war. Daher bestanden ernst zu nehmende Regelungslücken im bisherigen Recht[10]. So waren die Vertragsbeziehung und die Mängelgewährleistung im CC und anderen Gesetzen nur unzureichend geregelt. Deswegen war es in den letzten dreißig[11] Jahren der Rechtsprechung überlassen, den zivilrechtlichen Rahmen für das Bauwesen näher zu bestimmen[12]. Durch die LOE sollte nun ein umfassender rechtlicher Rahmen geschaffen werden, um die unzureichende Regulierung zu beheben[13].

In der Untersuchung wird darauf abgestellt, dass die Hauptfunktion eines allgemeinen, vollständigen Rechtsrahmens die Schaffung von Rechtssicherheit ist[14].

---

8 Vgl. Zweigert/Kötz, 42 f.

9 So können z. B. Rechtssicherheit und Bauqualität auch unter den Begriff Verbraucherschutz gefasst werden.

10 Exposición de Motivos (Darlegung der Motive), Abs. 1.

11 Mesa Marrero, AC 2001, 2337, 2338.

12 Soriano Ortín, CM 11/2000, 1.

13 Exposición de Motivos, Abs. 4.

14 Vgl. zu den negativen wirtschaftlichen Folgen einer unzureichenden rechtlichen Regelung Adams, S. 251 ff., am Beispiel der Mobiliarsicherheiten.

b) Bauqualität

Als weiteres Hauptziel[15] seiner Regelungen wird von der LOE die Qualitätssteigerung genannt[16]. Laut Art. 1 LOE soll die Bauqualität durch die Normierung der Grundanforderungen und ein angemessener Schutz der Verbraucherinteressen gewährleistet werden. Das Gesetz soll helfen, das in Art. 47 Constitución Española (Spanische Verfassung, CE)[17] verankerte Recht auf würdigen und angemessenen Wohnraum umzusetzen[18]. Neben einer höheren Sicherheit für die Bewohner des Gebäudes und finanziellen Vorteilen für die Bauersteller und Erwerber soll das Gesetz der gesamten Volkswirtschaft dienen[19]. Grundsätzlich verursacht die nachträgliche Beseitigung von Schäden am Bau nämlich ca. dreimal so hohe Kosten wie die Maßnahmen zu ihrer Vermeidung unmittelbar beim Bau[20].

Die Qualität eines Gebäudes wird dabei definiert als die Summe der Eigenschaften, die es aufweisen muss, damit es seiner Funktion genügen kann. Letztere besteht darin, die Bedürfnisse der Erwerber zu erfüllen. Dies überschneidet sich mit dem Ziel des Bauträgers und Werkunternehmers, alle Kosten, insbesondere auch die für eine eventuell notwendige Reparatur, möglichst gering zu halten[21]. Da die Bauqualität auf diese Weise im Interesse verschiedener Beteiligter liegt, ist die hier genannte Definition nicht bloß durch die Anforderungen des Erwerbers gekennzeichnet und nicht allein mit der Mangelfreiheit gemäß den vertraglichen Vereinbarungen gleich zu setzen.

c) Verbraucherschutz

Schließlich soll die LOE dem Schutz der Verbraucher dienen. Dieses Ziel wird z. T. auch durch die beiden bereits genannten Regelungsziele gefördert, weswegen seine herausgehobene Stellung und seine Grundlagen an dieser Stelle näher erläutert werden sollen.

In Spanien ist der Verbraucherschutz in Art. 51 der spanischen Verfassung als allgemeines Rechtsprinzip und Maßstab für alle Initiativen und Vorhaben, die die Interessen der Verbraucher berühren, verankert[22]. In Deutschland ist er

---

[15] Erklärung des Ministers für Wirtschaftsförderung, Herrn Arias Salgado in der Hauptdebatte zur LOE vom 29.04.1999, Diario de Sesiones del Congreso, Nr. 235, 12578.
[16] Exposición de Motivos, Abs. 3.
[17] BOE Nr. 311 vom 29.12.1978.
[18] Exposición de Motivos, vorletzter Absatz.
[19] San Segundo Manuel, ECI 6/2000, 41.
[20] Ortega Andrade, 343, 346.
[21] San Segundo Manuel, ECI 6/2000, 41.
[22] Fischer, 36.

ebenso ein wichtiges Ziel des Gesetzgebers. Im Grundgesetz ist er aber nicht ausdrücklich erwähnt. Im Rahmen der Verteilung der Gesetzgebungskompetenz fällt er unter das Recht der Wirtschaft nach Art. 74 Abs. 1 Nr. 11 GG[23].

Während der Verbraucherbegriff (aa) und das Verbraucherleitbild (bb) in Deutschland und Spanien leichte Unterschiede aufweisen, stimmen die Begründungsansätze für die Notwendigkeit (cc) des Schutzes überein. Bei der Frage, wodurch der Verbraucher zu schützen ist, sind verschiedene Aspekte zu beachten (dd).

aa) Verbraucherbegriff

Zunächst ist darauf hinzuweisen, dass in Spanien und Deutschland ein unterschiedlicher Verbraucherbegriff verwendet wird.

Während der Begriff des Verbrauchers im Recht der Europäischen Gemeinschaft (EG) erst in den 1970er Jahren auftrat und von hier aus Eingang in das deutsche Recht gefunden hat[24], wurde er in Spanien bereits 1930 in Art. 250 des „Gesetzes über das gewerbliche Eigentum“ vom 30.04.1930[25] geprägt. Auch wenn dieses Gesetz nicht „verbraucherschützend“ nach heutigem Verständnis war, setzte doch schon sehr früh eine Entwicklung ein, die auf einen Schutz des einzelnen Bürgers abzielte[26].

In Deutschland definiert § 13 BGB den Verbraucher für das Zivilrecht[27] als eine natürliche Person, die ein Rechtsgeschäft zu einem Zweck abschließt, der weder ihrer gewerblichen noch ihrer selbstständigen beruflichen Tätigkeit zugerechnet werden kann.

Diese Definition wird durch die Rechtsprechung in einigen Fällen konkretisiert. So sind Existenzgründer nicht als Verbraucher einzustufen, wenn der Vertrag, den sie abschließen, zeitlich zwar noch vor der gewerblichen oder selbstständigen Tätigkeit liegt aber der erstmaligen Aufnahme einer solchen Tätigkeit dient[28], denn solche Rechtsgeschäfte sind nach objektiven Umständen klar auf unternehmerisches Handeln ausgerichtet[29]. Bejaht wird die Verbrauchereigenschaft hingegen für Gesellschaften bürgerlichen Rechts, sofern der Zweck der

---

23 BVerfG, Urt. v. 25.06.1969, BVerfGE 26, 246, 254.
24 Palandt/Heinrichs, § 13, 1.
25 Mittlerweile abgelöst durch Ley 11/1986, vom 20.03.1986, über Patente und Gebrauchsmuster, BOE Nr. 73 vom 26.03.1986.
26 Fischer, 22.
27 Zu der Vielschichtigkeit der Verbraucherbegriffe im deutschen Recht siehe Dreher, JZ 1997, 167, 169 f.
28 OLG Oldenburg, Urt. v. , DB 2002, 423; Schulze/Schulte-Nölke, § 310, 5.
29 BGH, Beschluss v. 24.02.2005, NJW 2005, 1273, 1274.

von diesen abgeschlossenen Rechtsgeschäfte weder einer gewerblichen noch einer selbstständigen beruflichen Tätigkeit zuzuordnen ist, da sich die Schutzwürdigkeit auch einer Mehrheit natürlicher Personen ändere[30]. Bei Verträgen zum Erwerb einer Gesellschaftsbeteiligung ist unklar, ob der Erwerber unter den Schutz der §§ 305 ff. BGB fällt, wenn die Beteiligung als Vermögensanlage ohne unternehmerische Funktion gezeichnet wird. Nach § 310 Abs. 4 BGB sind Gesellschaftsverträge von einer Kontrolle nach den §§ 305 ff. BGB zwar ausgeschlossen. Für eine Anwendbarkeit der §§ 307 ff. BGB spricht jedoch der 10. Erwägungsgrund der Klauselrichtlinie[31], da die Ausnahme für Gesellschaftsverträge nicht gilt, wenn gleichzeitig ein Verbrauchervertrag vorliegt[32]. Außerdem sind Privatanleger Verbraucher im Sinne der Richtlinie[33], weswegen der reine Anlagegesellschafter vom Schutzbereich der Richtlinie erfasst sein dürfte[34].

Im Gegensatz zum deutschen Begriffsverständnis versteht Art. 1 Nr. 2 der Ley 26/1984 General para la Defensa de los Consumidores y Usuarios (Verbraucherschutzgesetz, LGDCU), vom 19. Juli 1984[35], unter Verbrauchern und Benutzern „diejenigen natürlichen und juristischen Personen, welche als Endadressaten bewegliche oder unbewegliche Sachen, Produkte, Dienstleistungen, Aktivitäten oder Funktionen erwerben, benutzen oder genießen, was auch immer die öffentliche oder private, individuelle oder kollektive Stellung derjenigen sein mag, welche sie herstellen, beschaffen, liefern oder versenden“[36]. Laut Art. 1 Nr. 3 LGDCU wird nicht als Verbraucher angesehen, „wer, ohne Endadressat zu sein, Sachen oder Dienstleistungen mit dem Ziel erwirbt, lagert, benutzt oder verbraucht, sie in Verfahren der Produktion, Verarbeitung, Vermarktung oder Leistung an Dritte einzubeziehen“[37]. Nach spanischem Verständnis wird vom Verbraucherbegriff folglich auch der Nutzer einer Sache erfasst.

Auf den Abschluss eines Rechtsgeschäfts kommt es in Spanien nicht an. Außerdem können auch juristische Personen gemäß dem Gesetzeswortlaut Verbraucher in diesem Sinne sein.

---

30 BGB, Urt. v. 23.10.2001, NJW 2002, 368.

31 Richtlinie 93/13/EWG des Rates vom 05.04.1993, ABl. EG 1993 L-95, S. 29, vom 21.04.1993.

32 Heinrichs, NJW 1996, 2190, 2191 f.

33 EuGH, Urt. v. 19.01.193, NJW 1993, 1251.

34 Schulze/Schulte-Nölke, § 310, 13.

35 BOE Nr. 175 und 176 vom 24.07.1984.

36 Übersetzung von Fischer, 64.

37 Übersetzung von Fischer, 64.

bb) Verbraucherleitbild

Das Verbraucherleitbild, das zur inhaltlichen Kennzeichnung bestimmter Kompetenzen und Inkompetenzen des Verbrauchers dient[38], hat sich hingegen etwas angeglichen. Während deutsche Gerichte gerade im Wettbewerbs- und Markenrecht zunächst von einem flüchtigen, unkritischen Verbraucher ausgingen[39], folgen sie hier nun dem Leitbild des Gerichtshofs der europäischen Gemeinschaft (EuGH). Dieser geht von einem durchschnittlich informierten und verständigen Verbraucher aus[40], der das fragliche Werbeverhalten mit einer der Situation angemessenen Aufmerksamkeit verfolgt[41]. Insbesondere im Zusammenhang mit allgemeinen Geschäftsbedingungen (AGB) sucht die Rechtsprechung nach einer weiteren Differenzierungsmöglichkeit. Diese liegt in einer stärkeren Gewichtung des kontextuellen Zusammenhangs der AGB-Verwendung[42]. Der EuGH z. B. differenziert zum einen danach, welcher Personenkreis Adressat eines wettbewerbsrechtlichen Verhaltens ist[43], zum anderen misst er den angemessenen Grad der Aufmerksamkeit durch eine produktbezogene Unterscheidung[44]. Je nachdem, ob es sich bei dem Produkt um ein Erfahrungs-, Such- oder Vertrauensgut[45] handelt, kann dann die Anforderung an die Aufmerksamkeit des Verbrauchers unterschiedlich hoch ausfallen[46].

In Spanien herrscht die Vorstellung eines kritischen und aufgeklärten Verbrauchers vor[47], der gerade Werbung außerordentlich skeptisch wahrnimmt und auf Grund allgemeinen sowie speziellen Hintergrundwissens mit Leichtigkeit den wahren Aussagegehalt einer Werbung herausfindet[48]. Eine Irreführung

---

38 MüKo/Micklitz, vor §§ 13, 14, 6.

39 KG, Urt. v. 10.01.1994, NJW-RR 1994, 1463, Leitsatz 1 und 2.

40 EuGH, Urt. v. 06.07.1995, NJW 1995, 3243, 3244, Entscheidungsgrund 24.

41 BGH, Urt. v. 19.09.2001, NJW 2002, 600, 602.

42 MüKo/Micklitz, vor §§ 13, 14, 9; Lettl, GRURInt 2004, 85, 91.

43 Lettl, GRUR 2004, 449, 454.

44 EuGH, Urt. v. 20.03.2003, GRUR 2003, 422, 425, Entscheidungsgrund 52; Urt. v. 22.06.1999, GRURInt 1999, 734, 736, Entscheidungsgrund 26.

45 Erfahrungsgüter sind häufig gekaufte, billige und kurzlebige Produkte. Sie werden ohne längere Suche erworben. Werbung für sie wird eher flüchtig wahrgenommen. Suchgüter dagegen werden seltener gekauft, sind höherwertig und haben eine längere Lebensdauer. Vor ihrem Erwerb unterrichtet sich der Käufer in der Regel eingehend. Vertrauensgüter zeichnen sich dadurch aus, dass der Erwerber die Qualität des Produkts auch nach dessen Erwerb nicht sicher überprüfen kann und sich daher auf die Auskunft des Veräußerers verlassen muss.

46 Lettl, GRUR 2004, 449, 454.

47 Fischer, 70.

48 Lettl, GRURInt 2004, 85, 91.

der Verbraucher erscheint daher nur bei objektiv unrichtigen Werbeangaben möglich, für deren Nachprüfbarkeit jegliche Anhaltspunkte fehlen[49].

cc) Schutznotwendigkeit

Ursprünglich wurde der Verbraucherschutz aufgrund der so genannten Ausbeutungstheorie auf die These gestützt, die Verbraucher seien den Produzenten und Händlern wirtschaftlich und auf Grund ihrer rechtlichen Unerfahrenheit unterlegen[50] und daher schützenswert. Dieses rein rollensoziologische Konzept wird heute nicht mehr verfolgt[51], da es den Grundsatz von Freiheit und Gleichheit aller Rechtssubjekte ungezwungen aufgibt[52], womit es aber die Privatrechtsordnung an sich in Frage stellt, die auf diesem Grundsatz aufbaut[53].

Heute wird die Notwendigkeit, den Verbraucher zu schützen, primär mit Marktversagen begründet[54]. Die Rechtsregeln sind ursprünglich, einem liberalen Modell folgend, für einen Markt geschaffen worden, in dem sich die Vertragspartner grundsätzlich gleichrangig gegenüberstehen und die gleichen Möglichkeiten haben, ihre Interessen zu vertreten[55]. Jedoch besteht in bestimmten Situationen ein konkreter Anlass, den Verbraucher gesondert zu behandeln und zu schützen[56],denn die Annahme eines Gleichgewichts zwischen den Vertragspartnern entspricht häufig nicht den sozialen Gegebenheiten. Häufig wird die Vertragsfreiheit nur durch den Verwender von allgemeinen Geschäftsbedingungen ausgenutzt[57], insbesondere wenn ein Gewerbetreibender auf einen Verbraucher trifft[58].

Diese Schutzbedürftigkeit kann vor Vertragsschluss, z. B. aufgrund unlauterer Werbung, beim Vertragsschluss, z. B. aufgrund einseitiger dem Unternehmer günstiger AGB, oder auch nach Vertragsschluss, z. B. bei Fragen der Haftung wegen nicht vertragsgemäßer Leistung bestehen[59]. Die hieraus resultierende Schutzbedürftigkeit soll durch das Verbraucherschutzrecht ausgeglichen werden.

---

49 Lettl, GRURInt 2004, 85, 91.
50 EuGH, Urt. v. 19.01.1993, NJW 1993, 1251, Entscheidungsgrund 18; Kötz/Flessner, 197.
51 So zum europäischen und deutschen Verbraucherrecht Drexl, JZ 1998, 1046, 1050.
52 Dreher, JZ 1997, 167, 177; Martinek, 530 f.
53 Pfeiffer, 28 f.
54 Grundmann, JZ 2000, 1133, 1336 f.; Drexl, JZ 1998, 1046, 1050 f.
55 Martínez de Aguirre, ADC 1994, 31, 34.
56 Pfeiffer, 29.
57 Schulze/Schulte-Nölke, § 305, 5.
58 Martínez de Aguirre, ADC 1994, 31, 39 ff.
59 Martínez de Aguirre, ADC 1994, 31, 89.

Allerdings darf die Betrachtungsweise nicht so weit gehen, dass der Verbraucher vor jeder Enttäuschung seiner „berechtigten Erwartungen“ zu schützen ist[60]. Denn der Begriff der berechtigten Erwartungen wurde weder als Leitbild eines neuen sozialen Gerechtigkeitsstandards noch primär für das Verbraucherrecht geprägt[61]. Er diente und dient vielmehr dazu, die „geschuldete Leistung“ zu konkretisieren, wenn die Parteien sie nicht festgelegt haben. Die „berechtigten Erwartungen“ bilden dann abstrakt den Inhalt der Leistungspflicht, anhand dessen ermittelt werden kann, ob eine „Vertragsabweichung“ und somit ein Mangel im Sinne des Gewährleistungsrechts vorliegt. Allein für diese Differenzierung dient der Begriff der berechtigten Verbrauchererwartungen[62].

Außerdem birgt der Ansatz, der anhand legitimer Erwartungen neue Gerechtigkeitsstandards einführen will, die Gefahr, dass die Vertragsfreiheit übermäßig eingeschränkt wird. Eine solche Beschränkung droht dann, wenn eine vorher der Privatautonomie der Parteien überlassene Situation nun durch eine dem vermutlichen, genormten Verbraucherinteresse entsprechende Regel zwingend ausgefüllt wird[63]. Der Verbraucher ist dann in seinen Handlungsmöglichkeiten eingeschränkt[64].

Daher wird heute in beiden Ländern die Notwendigkeit, den Verbraucher zu schützen, vor allem mit dem Phänomen des Marktversagens begründet.

dd) Schutzgegenstand

Beim Ausgleich der Gefährdungssituation, in der sich der Verbraucher befindet, sind verschiedene Gesichtspunkte zu berücksichtigen. Vor allem sind unterschiedliche Interessen Gegenstand und Wirkungsziel des Schutzes.

So ist nicht allein das rein rechtliche Interesse des Verbrauchers maßgeblich, keinen nachteiligen Folgen seines Handelns, z. B. eines Vertragsschlusses, ausgesetzt zu sein. Denn Schutz des Verbrauchers ist nicht zwingend nur mit einem hohen Rechtsschutz gleichzusetzen; vielmehr sind auch seine ökonomischen Interessen zu beachten[65]. Jede Verbesserung der Rechtsstellung ist allerdings mit bisher nicht genügend untersuchten Kosten für den Verbraucher und die Gesellschaft[66], unter anderem mit Preissteigerungen, verbunden[67].

---

60 So aber Micklitz, 261 ff.; Reich, 496 ff.; Heiderhoff, ZEuP 2003, 769, 780 f.
61 Roth, 57.
62 Roth, 46 ff.
63 Heiderhoff, ZEuP 2003, 769, 780.
64 Dazu auch im nächsten Gliederungspunkt C. II. 2. c) dd) .
65 Bergh, 79 f.
66 Dreher, JZ 1997, 167, 177.
67 Schäfer/Ott, 7; Martínez de Aguirre, ADC 1994, 31, 52.

Hingegen ist auch ein rein ökonomischer Ansatz, der die Interessen bei einem freien, funktionierenden Markt als am besten geschützt ansieht[68], allein nicht ausreichend. Denn ein funktionierender Markt setzt in einer modellhaften Betrachtungsweise voraus, dass die Bedingungen für den Abschluss eines so genannten vollständigen Vertrags gegeben sind[69]. Seine Prämissen sind, dass sich die Vertragsparteien rational verhalten, über alle entscheidungserheblichen Informationen verfügen und unter fairen Bedingungen einen Vertrag schließen, in dem sie alle vertragsrelevanten Punkte regeln[70]. Die Parteien müssen dabei im Stande sein, ihre Präferenzen geltend zu machen, was in erster Linie voraussetzt, dass sie ihre Präferenzen kennen[71].

Diese Voraussetzungen sind jedoch zum einen nicht restlos herbeiführbar und zum anderen verstießen sie gegen eine freiheitliche Grundordnung. Zwar mag es möglich sein, Informationsasymmetrien weitestgehend zu beseitigen[72], die dadurch entstehen könnten, dass eine Vertragspartei bestimmte Informationen nicht einholt, da dies für sie mit unverhältnismäßig hohen Kosten verbunden wäre[73]. Auch unfaire Bedingungen, wie sie z. B. durch besondere Vertriebspraktiken entstehen können[74], sind reduzierbar. Schließlich mögen zusätzliche Informationen den Vertragsschluss vollständiger werden lassen. Jedoch gewährleisten sie nicht, dass die Marktteilnehmer tatsächlich vernünftig handeln. Denn die Prämisse, dass informierte Verbraucher einen nahezu vollständigen Vertrag abschließen können, ist unhaltbar[75]. Anhand von Experimenten wurde nachgewiesen, dass auch Personen, die über alle relevanten Informationen verfügen und im Vollbesitz ihrer geistigen Kräfte sind, in systematischer Weise Verhaltensweisen zeigen, die dem oben angesprochenen Homo-oeconomicus-Modell[76] widersprechen[77]. Dies gilt in zunehmendem Maße, wenn die Anzahl der zu kombinierenden Informationen über einen kritischen Wert steigt[78]. Zudem schränkt ein Leit-

---

[68] Bergh, 77, 79.
[69] Schäfer/Ott, 342.
[70] Schäfer/Ott, 342.
[71] Schäfer/Ott, 342 f.
[72] Grundmann, JZ 2000, 1133, 1137.
[73] Martínez de Aguirre, ADC 1994, 31, 80.
[74] Staudenmayer, 72.
[75] Martinek, 529; Simitis, 109 ff.
[76] Gabler Wirtschaftslexikon zum „Homo-Oeconomicus-Modell": Der Mensch wird als uneingeschränkt rational handelnder Nutzenmaximierer verstanden, der seine Entscheidungen bei vollkommener Markttransparenz und lückenloser Information über sämtliche Entscheidungsalternativen und deren Konsequenzen trifft.
[77] Kind, 442 ff., 472; Martinek, 523; Tietzel, 105.
[78] Martinek, 523; Kind, 467.

bild, das von einem stets vernünftig handelnden Verbraucher ausgeht, dessen grundrechtlich garantierte Verhaltensfreiheit in der Wahrnehmung seiner Präferenzautonomie über Gebühr ein[79].

Letztendlich geht es dem Verbraucherschutz darum, menschliche Unvollkommenheiten auszugleichen, ohne die Prinzipien der Privatautonomie und der Bindung an den Vertragswillen leichtfertig aufzugeben[80]. Der Gesetzgeber hat dabei zwischen den Kosten, die ein Schutzmechanismus verursacht, und der Unverzichtbarkeit einer bestimmten verbraucherschützenden Rechtsposition für die betroffenen Personengruppen abzuwägen. Dieser Aspekt soll auch bei der Bewertung in der folgenden Untersuchung berücksichtigt werden.

D. Gang der Untersuchung

Die vorliegende Untersuchung gliedert sich im Folgenden in sechs Teile.

Die Teile zwei, drei und vier widmen sich der Darstellung des Bauträgerbegriffs, der Haftung des Bauträgers und den Sicherheiten des Bauträgerrechts zu Gunsten des Erwerbers. Diese Teile beginnen mit einer kurzen Einleitung, stellen dann zunächst die deutsche und dann die spanische Rechtslage dar, und schließen mit einer Gegenüberstellung der wesentlichen Unterschiede und Übereinstimmungen dieser Rechtsordnungen.

Im fünften Teil erfolgt in Grundzügen ein Vergleich der Regelungen anhand der oben genannten[81] Vergleichsmaßstäbe.

Der sechste Teil erläutert die Rechtsentwicklungen in der Europäischen Union und zeigt Handlungsmöglichkeiten des deutschen Gesetzgebers auf. Im siebten Teil werden die Ergebnisse der gesamten Arbeit zusammengefasst. Im daran anschließenden Anhang finden sich neben einem Literatur- und einem Entscheidungsverzeichnis der spanische Text der LOE, des AvalG sowie der wesentlichen, zitierten spanischen und deutschen Normen.

---

[79] Eidenmüller, 324, 326 ff.

[80] Pfeiffer, 31.

[81] Vgl. Gliederungspunkt C. II. 2.

2. Teil: Bauträgerbegriff

A. Deutschland

I. Begriff des Bauträgers und normative Anknüpfung

Der Begriff ist im deutschen Zivilrecht gesetzlich nicht definiert. Auch das Steuerrecht knüpft steuerrechtliche Tatbestände nicht an den Begriff des Bauträgers, sondern an die Begriffe „Herstellung“ und „Erwerb“ eines Gebäudes[1].

Ein erster Definitionsansatz lässt sich allerdings der Gewerbeordnung (GewO) entnehmen, in die durch Art. 1 Nr. 1 des Gesetzes zur Änderung der Gewerbeordnung[2] § 34 c eingefügt wurde. Diese Norm hatte das Ziel, die zunehmend vernachlässigte treuhänderische Bindung des Betreuers auszugleichen[3] und die darauf zurückzuführenden, vermehrt auftretenden Unregelmäßigkeiten und Missbräuche im Zusammenhang mit Grundstücks- und Wohnungsvermittlungsgeschäften zu vermeiden, von denen insbesondere sozial schwache Bevölkerungsschichten betroffen waren[4]. Unter Erlaubnisvorbehalt steht seitdem nach § 34 c Abs. 1 Nr. 2 GewO die Tätigkeit desjenigen, der „gewerbsmäßig ... Bauvorhaben a) als Bauherr im eigenen Namen für eigene Rechnung oder fremde Rechnung vorbereiten oder durchführen und dazu Vermögenswerte von Erwerbern, Mietern, Pächtern oder sonstigen Nutzungsberechtigten oder von Bewerbern um Erwerbs- oder Nutzungsrechte verwenden, b) als Baubetreuer im fremden Namen für fremde Rechnung wirtschaftlich vorbereiten und durchführen will“[5].

Beide Tätigkeiten nach § 34 Abs. 1 Nr. 2 GewO werden unter dem Begriff der „Baubetreuung“ zusammengefasst, wobei Buchstabe a) die Baubetreuung im weiteren Sinne (Baubetreuung i. w. S. oder auch Bauträgerschaft) und Buch-

---

1 Z. B. können nach § 10 e EStG Herstellungskosten und nach § 7 EStG Herstellungs- oder Anschaffungskosten geltend gemacht werden.

2 Gesetz vom 16.08.1972, BGBl. 1972-I, S. 1465.

3 Wagner, ZfIR 2001, Beilage, 3 f.

4 Schriftlicher Bericht des Ausschusses für Wirtschaft vom 15.06.1972, BT-Drucks. VI/3535.

5 Ausdrücklich ausgenommen werden gemäß § 34 c Abs. 5 Nr. 1 GewO die gemeinnützigen Betreuungsunternehmen im Sinne des Zweiten Wohnungsbaugesetzes.

stabe b) diejenige im engeren Sinne (Baubetreuung i. e. S. oder nach neuerer Terminologie[6] nur Baubetreuung) regelt.

Eine abschließende Abgrenzung zwischen diesen beiden Gruppen ist noch nicht erfolgt[7]. Dies ist auch auf die Jahrzehnte dauernden, kautelarjuristischen Versuche zurückzuführen[8], die zwei gegenläufige Ziele, für den Bauträger/Bauherrn möglichst umfangreiche steuerrechtliche Vorteile auszuschöpfen und gleichzeitig dem Erwerber Festpreise anzubieten[9], miteinander zu vereinbaren. Trotzdem dienen die gewerberechtlichen Kriterien auch der zivilrechtlichen Begriffsbildung (II.) und der Einordnung des Bauträgervertrags in das System des BGB (III.), die heute als abgeschlossen gelten kann[10], wodurch die Abgrenzung zu verwandten Formen (IV.) erleichtert wird.

II. Bauträgerschaft als Baubetreuung im weiteren Sinne

Nach heutigem Verständnis liegt der Hauptunterschied zwischen der Baubetreuung und der Bauträgerschaft darin, dass bei ersterer der Gewerbetreibende nur im Namen und auf Rechnung des Betreuten tätig wird. Der Baubetreuer hat somit einen engeren Handlungsspielraum, weil er an die Weisungen des Auftraggebers gebunden ist, der seinerseits die Bauherreneigenschaft behält[11]. Diese wird demjenigen zugesprochen, der den bestimmenden Einfluss auf Planung und Durchführung des gesamten Bauvorhabens hat, der den Bauantrag im eigenen Namen stellt, Vertragspartner der (übrigen) Bauhandwerker und -unternehmer wird und in der Regel Eigentümer des Baugrundstücks ist[12]. Verteilen sich diese Merkmale auf Auftraggeber und Gewerbetreibenden, so sind die den Vertragsparteien zustehenden Befugnisse abzuwägen, um im Einzelfall festzustellen, wer Bauherr ist[13]. Dabei orientiert sich das Bundesverwaltungsgericht (BVerwG) am

---

6 Vgl. zur Terminologie Doerry, WM 1991, Sonderbeilage 8, 3, und Ingenstau/Korbion/Korbion, Anh. 3, 267.

7 Locher/Locher, Rz. 405.

8 Leineweber, 347.

9 Steuerrechtliche Vorteile, z. B. nach § 10 e EStG erhält der Auftraggeber nur, wenn er das Gebäude selber herstellt, also das Bauherrenrisiko übernimmt. Vgl. zu den Werbungskosten, die ein Bauherr nach § 9 Abs. 1 S. 1 EStG ggf. geltend machen kann, BFH, Urt. v. 22.04.1980, BB 1980, 1137 f.

10 Locher/Locher, Rz. 396 und 405 f.; Leineweber, 347.

11 Landmann/Rohmer/Marcks, § 34 c, 48.

12 BVerwG, Urt. v. 10.06.1986, GewArch 1986, 292; Landmann/Rohmer/Marcks, § 34 c, 43.

13 OLG Bremen, Urt. v. 26.01.1977, NJW 1977, 638; und das in dieser Sache ergangene Revisionsurteil des BGH vom 26.01.1978, NJW 1978, 1054; außerdem Urt. v. 20.11.1980, NJW 1981, 757; Urt. v. 22.12.1983, NJW 1984, 732.

Regelungszweck des § 34 c GewO, die Vermögensrisiken des Auftraggebers zu begrenzen, der ohne angemessene Sicherheiten Vorleistungen erbringt[14].

Der Bauträger betreut also den Bau insofern „im weiteren Sinne“, als er freier in der Planung und Durchführung des Vorhabens ist. Er steht nur dann unter Erlaubnisvorbehalt, wenn er mit Fremdkapital das Bauvorhaben durchführt[15], da nur hier der Schutzzweck der GewO berührt wird.

Der BGH greift die gewerberechtlichen Kriterien für eine zivilrechtliche Definition auf, orientiert sich aber bei der Einordnung nicht am Schutzzweck der Gewerbeordnung, da sie als öffentlich-rechtliche Norm lediglich den Bauträger zum Adressaten hat, sondern an der Interessenlage der Parteien[16]. Für ihn ist Bauträger und nicht Baubetreuer, wer gewerbsmäßig für einen Auftraggeber:

- auf einem dem Bauträger gehörenden oder von ihm zu beschaffenden Grundstück baut;
- das Bauvorhaben im eigenen Namen errichtet[17] und somit das Bauherrenrisiko trägt, weil er aus den geschlossenen Verträgen unmittelbar selber berechtigt und verpflichtet wird[18];
- und die Bauherreneigenschaft besitzt, also bestimmenden Einfluss auf Planung und Durchführung des Vorhabens nimmt[19].

Angesichts der in der Praxis vorkommenden Mischformen bleibt aber fraglich, auf welches Kriterium im Zweifelsfall abzustellen ist. Ob der Bauträger mit einer gewerberechtlichen Genehmigung im Sinne des § 34 c Abs. 1 Nr. 2 GewO handelt oder nicht, ist für die zivilrechtliche Einordnung ohne Belang[20], da es hier nicht um eine mögliche Gewerbeuntersagung geht.

Auch wenn der Bauträger regelmäßig auf einem eigenen oder von ihm zu beschaffenden Grundstück baut[21] und dies Voraussetzung für die Sicherungspflichten nach der Makler- und Bauträgerverordnung ist[22], ist abzulehnen, die Bauträgereigenschaft allein von der Eigentümerstellung bzgl. des Grundstücks

14 BVerwG, Urt. v. 10.06.1986, GewArch 1986, 292; Tettinger/Wank, § 34 c, 37.

15 Landmann/Rohmer/Marcks, § 34 c, 47.

16 BGH, Urt. v. 16.04.1973, NJW 1973, 1235, 1236; Urt. v. 05.04.1979, NJW 1979, 1406, 1407.

17 BGH, Urt. v. 04.12.1975, NJW 1976, 515; Urt. v. 05.04.1979, NJW 1979, 1406, 1407; Urt. v. 20.11.1980, NJW 1981, 757.

18 Doerry, WM 1991, Sonderbeilage 8, 3, 4.

19 So die Definition des BGH, Urt. v. 20.11.1980, BauR 1981, 188, 189.

20 BGH, Urt. v. 05.04.1979, NJW 1979, 1406, 1407; Urt. v. 12.03.1981, WM 1981, 588, 589; Doerry, WM 1991, Sonderbeilage 8, 3, 4.

21 OLG Hamm, Urt. 27.09.1991, NJW-RR 1992, 153; Ingenstau/Korbion/Korbion, Anh. 3, 287.

22 Vgl. dazu unten im 4. Teil, Gliederungspunkt A. I.

abhängig zu machen[23]. Dies wird den in der Praxis häufigen Zufälligkeiten und Verzögerungen nicht gerecht, die bei der Eigentumsumschreibung auftreten können[24]. Außerdem kann die Übertragung des Grundstücks auch schon vor Fertigstellung des Bauwerks oder auch unmittelbar von einem Dritten auf den Betreuten erfolgen, ohne dass der Bauträger die Bauherreneigenschaft verliert[25].

Ebensowenig kommt es darauf an, ob der Bauträger auf eigene Rechnung handelt[26]. Auf die alleinige Weisungsbefugnis des Bauträgers gegenüber den am Bau Tätigen wirkt es sich nicht aus, wenn der Bauträger auf Rechnung des Erwerbers handelt[27]. Vielmehr ist dieses Weisungsrecht in vielen Vertragsgestaltungen maßgeblich. Denn auch steuerrechtlich ist das Weisungsrecht neben der Gefahrtragung das entscheidende Kriterium für die Inanspruchnahme steuerlicher Abzugsmöglichkeiten von Werbungskosten[28].

So ist auf den Vertragswillen und den Leistungsinhalt abzustellen[29]. Von einem Baubetreuer wird gefordert, dass er das Bauwerk auf Weisung des Betreuten entstehen lässt. Beim Tätigwerden des Bauträgers dagegen wünscht der Erwerber vor allem die „schlüsselfertige" Herstellung des Gebäudes und nicht die eigene Beteiligung. Er überlässt dem Bauträger den bestimmenden Einfluss auf das Baugeschehen. Dieser kann eigenständig die ausführenden Unternehmen wählen und ist auch bei der Bauausführung von Weisungen unabhängig. Im Gegenzug wird er auch Vertragspartner der bauausführenden Unternehmen und Inhaber möglicher Gewährleistungsansprüche[30]. Auch wenn er entsprechende Freistellungsvereinbarungen unterzeichnet hat, ist der Erwerber zusätzlich dadurch geschützt, dass er die Übernahme des Bauwerks unter Abtretung der Gewährleistungsansprüche verweigern kann, wenn tiefgreifende Mängel vorliegen[31].

Folglich sind die Kriterien der Bauherreneigenschaft und des Bauherrenrisikos für die Annahme der Bauträgerschaft letztentscheidend. Ob ein Baubetei-

---

23 VG Düsseldorf, Urt. v. 05.07.1983, GewArchiv 1984, 232, 233; Gläser, NJW 1975, 1006.
24 Leineweber, 349.
25 Ingenstau/Korbion/Korbion, Anh. 3, 287.
26 BGH, Urt. v. 05.04.1979, NJW 1979, 1406, 1407; Urt. v. 20.11.1980, NJW 1981, 757; Tettinger/Wank, § 34 c, 39; Ingenstau/Korbion/Korbion, Anh. 3, 267; Doerry, WM 1991, Sonderbeilage 8, 3; a. A. ohne nähere Begründung Brych/Pause, 11; Leineweber, 348.
27 BGH, Urt. v. 20.11.1980, NJW 1981, 757.
28 BFH, Urt. v. 22.04.1980, BB 1980, 1137.
29 Leineweber, 349.
30 Ingenstau/Korbion/Korbion, Anh. 3, 287.
31 Ingenstau/Korbion/Korbion, Anh. 3, 309; vgl. auch im nächsten Teil, Gliederungspunkt B. II. 5.

ligter nach dem Willen der Parteien Bauträger ist, richtet sich nach dem Inhalt des Bauträgervertrags. Dieser wird im Folgenden untersucht.

1. Die Rechtsnatur des Bauträgervertrags

Die Bestimmung der Rechtsnatur des Bauträgervertrags hat eine lange Entwicklung hinter sich. Im BGB ist er nicht ausdrücklich geregelt. Die gewerberechtliche Definition in § 3 Abs. 1 MaBV i. V. m. § 34 c Abs. 1 S. 1 Nr. 2 a GewO, wonach ein Bauträgervertrag vorliegt, wenn ein Gewerbetreibender ein Bauvorhaben als Bauherr im eigenen Namen für eigene oder fremde Rechnung durchführen und dazu Vermögenswerte von Erwerbern verwenden will und dem Auftraggeber Eigentum an einem Grundstück übertragen oder ein Erbbaurecht bestellt oder übertragen werden soll, ist nur begrenzt verwendbar. In die Systematik des BGB lässt sich diese Definition nicht klar einordnen. Außerdem handelt es sich bei der Regelung um ein rein gewerberechtliches Verbotsgesetz, das keinerlei zivilrechtliche Vorgaben enthält[32].

Auch § 1 der Verordnung über Abschlagszahlungen bei Bauträgerverträgen, der auf § 27 a AGBG (heute Art. 244 EGBGB) beruht, kann nur als Anhaltspunkt dienen, da die Verordnung nicht synallagmatische Pflichten vorsieht, sondern lediglich an das Vorliegen bestimmter Tatbestandsvoraussetzungen zusätzliche Gestaltungsmöglichkeiten in Abweichung vom BGB einräumt. Die Verordnung bezieht sich auf Werkverträge, die die Errichtung eines Hauses oder eines vergleichbaren Bauwerks auf einem Grundstück zum Gegenstand haben und zugleich die Verpflichtung des Unternehmers enthalten, dem Besteller das Eigentum an dem Grundstück zu übertragen oder ein Erbbaurecht zu bestellen oder zu übertragen. Aus dem Umstand, dass die Verordnung von „Werkverträgen" spricht, lässt sich jedoch kein Hinweis für die dogmatische Einordnung gewinnen. Vielmehr sei diese Einordnung nur erfolgt, weil der BGH diese Verträge so qualifiziere[33].

Auch wenn der BGH sich noch nicht abschließend in dieser Richtung festgelegt hat[34], enthält die genannte Definition des Begriffs des Bauträgervertrags mit der Errichtungsverpflichtung werk- und mit der Verpflichtung zur Eigentumsübertragung kauf- oder werklieferungsvertragliche Elemente. Damit spiegelt sie die Entwicklung des Verständnisses des Bauträgervertrags wider und bildet die heutige Sichtweise weitestgehend ab, die im Folgenden nach kurzer chronologi-

[32] BGH, Urt. v. 22.10.1998, NJW 1999, 51; Urt. v. 22.12.2000, NJW 2001, 818, 819 f.; Hertwig/Zellnig, DStR 2002, 225.

[33] Schmidt-Räntsch, NZBau 2001, 356, 358; Herr Schmidt-Räntsch war Leiter des Referats Schuldrecht und Verbraucherschutz im Bundesministerium der Justiz.

[34] Leineweber, 351.

scher Darstellung der Ansichten zur Rechtsnatur des Bauträgervertrags zusammengefasst wird.

2. Einordnung als Kaufvertrag

Zunächst wurde von der Rechtsprechung und Literatur die Verpflichtung zur Übereignung der Immobilie in den Vordergrund gerückt, so dass auf den Bauträgervertrag vornehmlich Kaufrecht anwendbar sein sollte[35]. Allerdings vernachlässigte diese Sichtweise die besondere Verpflichtung zur Herstellung eines neuen Gebäudes. Vor allem dem Interesse des Erwerbers, innerhalb angemessener Gewährleistungsfristen den Bauträger wegen Mängeln in Anspruch nehmen zu können, wurde das Kaufrecht allein nicht gerecht[36]. Dies um so mehr, weil die Verjährungsfristen für Gewährleistungsansprüche nach Kauf- und Werkvertragsrecht vor der Schuldrechtsmodernisierung extrem divergierten[37].

3. Einordnung als Werkvertrag und Werklieferungsvertrag

Daher wurde zunehmend der Werkvertragscharakter des Bauträgervertrags berücksichtigt. Denn der Bauträger war neben der Eigentumsverschaffung vor allem auch zur Objektherstellung verpflichtet. Indem der Vertrag als Werklieferungsvertrag über eine nicht vertretbare Sache angesehen wurde, ließ sich auf Sachmängel Werkvertragsrecht anwenden[38].

Zunächst hing diese Einordnung vom Fertigstellungsgrad des Gebäudes im Zeitpunkt des Vertragsschlusses ab, was jedoch zunehmend in Frage gestellt wurde[39]. In der Folgezeit wurde auf den Bauträgervertrag immer dann Werkvertragsrecht angewendet, wenn sich aus dem Vertragsinhalt eine Herstellungsverpflichtung ergibt, da dann das Bauwerk noch abzunehmen ist und der Bauträger die dabei festgestellten Mängel zu beseitigen hat[40].

---

[35] BGH, Urt. v. 16.02.1965, NJW 1965, 1269; Brych, NJW 1973, 1583, 1585.

[36] Brych/Pause, 38.

[37] Gemäß § 477 Abs. 1 S. 1 BGB a. F. galt für Gewährleistungsansprüche bezüglich Grundstücken eine Verjährungsfrist von einem Jahr ab Übergabe; § 638 Abs. 1 S. 1 BGB a. F. sah für diese Ansprüche wegen Arbeiten bei Bauwerken ein solche von fünf Jahren vor. Nach § 13 Nr. 4 VOB/B a. F. galt eine Frist von 2 Jahren.

[38] BGH, Urt. v. 16.04.1973, NJW 1973, 1235, 1236.

[39] BGH, Urt. v. 25.10.1969, WM 1969, 96; Urt. v.10.10.1974, BauR 75, 59; Urt. v. 04.12.1975, NJW1976, 515.

[40] BGH, Urt. v. 29.06.1981, NJW 1981, 2344, 2345; Leineweber, 350.

4. Einordnung als Vertrag „sui generis"

Aufgrund der verschiedenen Pflichten, die sich aus einem Bauträgervertrag ergeben, wurde er schließlich von der Rechtsprechung und der herrschenden Lehre[41] unabhängig von seiner Bezeichnung[42] als einheitlicher Vertrag eigener Art („sui generis") angesehen, der neben werk- und werklieferungs- auch kaufvertragliche Elemente sowie – je nach den Umständen des Einzelfalls – Bestandteile aus dem Auftrags- und Geschäftsbesorgungsrecht enthält[43].

Dieses Verständnis wird nach der Schuldrechtsmodernisierung, die das Kauf- und Werkvertragsrecht vereinheitlichen sollte[44], im Prinzip aufrechterhalten[45]. Für den Fall, dass das Bauwerk bei Vertragsschluss bereits fertig gestellt ist, wird jedoch in Frage gestellt, ob der Werkvertrag noch als ein Vertrag eigener Art angesehen werden kann[46].

a) Einordnung als Kaufvertrag bei vor Vertragsabschluss hergestellten Objekten

Es wird vertreten, dass ein Hauptargument für die Anwendung der Werkvertragsregeln weggefallen sei. Der Erwerber sei, wenn das Vertragsobjekt bei Vertragsabschluss bereits fertig gestellt ist, durch die neuen Kaufvertragsregeln erheblich besser als vor der Schuldrechtsreform geschützt[47], da diese nur unbedeutend von den Regeln des Werkvertrags abwichen und letztere auf ein bereits fertig gestelltes Werk dogmatisch unanwendbar seien[48]. Insbesondere seien die Gewährleistungsfristen im neuen Schuldrecht angepasst worden, nicht zuletzt um den Willen des Gesetzgebers umzusetzen, hergestellte Objekte ausschließlich nach Kaufrecht zu behandeln[49]. Dieser Schutz sei ausreichend[50].

---

41 Brych/Pause, 40; Doerry, WM 1991, Sonderbeilage 8, 3, 4; Locher/Locher, 406; Werner/Pastor, 997.

42 BGH, Urt. v. 15.03.1990, ZfBR 1990, 276.

43 BGH, Urt. v. 21.11.1985, NJW 1986, 925, 926.

44 Palandt/Sprau, vor § 633, 1.

45 Palandt/Sprau, vor § 633, 3; Heinemann, ZfIR 2002, 167, 168; vgl. auch die Gegenäußerung der Bundesregierung zur Stellungnahme des Bundesrats zu ihrem Regierungsentwurf eines Gesetzes zur Modernisierung des Schuldrechts, BT-Drucks. 14/6857, S. 59.

46 Palandt/Sprau, vor § 633, 3; Ott, NZBau 2003, 233, 238; Basty, 2, allerdings ohne nähere Begründung; für Gewährleistungsfälle will er weiterhin Werkvertragsrecht annehmen, 662; Brambring, DNotZ 2001, 904, 906; Hildebrandt, ZfIR 2003, 489, 491; Wälzholz/Bülow, MittBayNot 2001, 509; Teichmann, ZfBR 2002, 13, 19 f.

47 Hildebrandt, ZfIR 2003, 489, 490.

48 Hertel, DNotZ 2002, 6, 18; ders. ZNotP 2002, 4, 38.

49 Wälzholz/Bülow, MittBayNot 2001, 509, 521.

50 Hildebrandt, ZfIR 2003, 489, 491, bzgl. der Abnahme im Sinne des § 640 BGB.

Außerdem sei zweifelhaft, ob die Voraussetzungen für eine Analogie vorlägen. Zum einen sei die Schuldrechtsreform in Kenntnis der Rechtsprechung des BGH zur Anwendung des Werkvertragsrechts auf Bauträgerverträge erfolgt. Deswegen sei schwerlich von einer Planwidrigkeit einer möglichen Lücke auszugehen. Zum anderen dürfte auch keine vergleichbare Interessenlage anzunehmen sein[51].

Schließlich entspräche die Anwendung von Kaufrecht wohl auch eher dem Lebensverständnis der Beteiligten, wenn das Objekt bei Vertragsschluss bereits fertig gestellt ist[52]. Die Übereignung des mit dem Grundstück verbundenen Objekts dominiere den Vertrag absolut[53]. Dies lasse sich auch mit dem Wortlaut von § 631 Abs. 1 BGB begründen, der eine Zukunftsorientiertheit impliziere[54], die jedoch gerade bei bereits fertig gestellten Gebäuden nicht mehr vorläge[55]. Deswegen werde auch die Rechtsprechung diese Verträge in Zukunft als Kaufverträge einordnen[56].

b) Weiterhin Einordnung als Vertrag „sui generis"

Diesem Standpunkt ist entgegenzuhalten, dass auch zwischen dem modernisierten Kauf- und Werkvertragsrecht erhebliche Unterschiede bestehen[57].

Insbesondere hat das Recht des Bestellers auf Selbstvornahme erheblich an Bedeutung gewonnen[58]. Die Nacherfüllung des Kaufrechts gemäß § 439 BGB gibt zwar dem Käufer das Wahlrecht, ob er Mangelbeseitigung oder Lieferung einer mangelfreien Sache verlangt. Dies ist jedoch kaum ein elementarer Vorteil[59], da die Neulieferung beim Hauserwerb regelmäßig durch den Unternehmer nach § 439 Abs. 3 BGB aufgrund damit verbundener, unverhältnismäßiger Kosten zurückgewiesen werden dürfte und folglich mangels Alternative keine echte Wahlmöglichkeit besteht.

Zudem könnte ein Käufer die Aufwendungen einer Selbstvornahme vom Bauträger nur im Rahmen eines Schadensersatzanspruchs aus §§ 280, 281 BGB ersetzt verlangen. Dieser setzt jedoch im Gegensatz zu § 637 BGB eine schuld-

---

51 Ott, NZBau, 2003, 233, 238.
52 Teichmann, ZfBR 2002, 13, 20.
53 Hildebrandt, ZfIR 2003, 489, 491.
54 Ott, NZBau, 2003, 233, 238.
55 Hildebrandt, ZfIR 2003, 489, 496.
56 Brambring, DNotZ 2001, 904, 906.
57 Pause, NZBau 2002, 648, 649; Thode, NZBau 2002, 297, 298; Blank, ZfIR 2002, 635, 636, Anm. zu BGH, Urt. v. 21.03.2002, NJW 2002, 2470.
58 Thode, NZBau 2002, 297, 298.
59 So aber Hildebrand, ZfIR 2003, 489, 493.

hafte Pflichtverletzung des Bauträgers voraus. Indem die Gegenauffassung darauf hinweist, dass das Verschulden „bei einem Sachmangel des vom Bauträger selbst errichteten Bauwerks im Regelfall vorliegen [dürfte]“[60], schränkt sie ihr eigenes Argument entscheidend ein, da Bauträger das Bauwerk häufig nicht selbst errichten[61]. Und selbst wenn man darauf abstellt[62], dass das Verschulden nicht an die Entstehung des Mangels, sondern an das Unterlassen der Mangelbeseitigung knüpft[63], ist nicht ausgeschlossen, dass dieses Verschulden nicht vorliegt[64]. Das hätte aber zur Folge, dass der Erwerber keinen Anspruch gegen den Bauträger auf Schadensersatz hätte. Außerdem sieht § 637 Abs. 3 BGB einen Anspruch auf Vorschussleistung vor, den das Kaufrecht nicht kennt. Gerade bei den betroffenen Summen ist dieser Gesichtspunkt für die Erwerber aber von erheblicher Bedeutung.

Weiterhin hat der Gesetzgeber die Verjährungsfristen zwar auch angepasst, damit die Rechtsprechung Bauträgerverträge über bereits fertig gestellte Gebäude auch ohne verjährungsrechtliche Nachteile auf Seiten des Erwerbers als Kaufverträge behandeln könne[65]. Jedoch unterscheidet sich das Werkvertragsrecht insofern weiterhin vom Kaufrecht dadurch, dass die Verjährung gemäß § 634 a Abs. 2 BGB erst mit der Abnahme und nicht schon mit der Übergabe beginnt[66]. Diese Zeitpunkte können jedoch auseinander fallen, da dem Erwerber einer Immobilie nach der Übergabe Zeit für die Entscheidung einzuräumen ist, ob er die Immobilie billigt oder nicht[67]; dieser Gesichtspunkt schlägt sich auch in § 640 Abs. 1 S. 3 BGB zur fiktiven Abnahme nieder.

Darüber hinaus führt beim Kaufrecht bereits die grobfahrlässige Unkenntnis vom Mangel gemäß § 442 Abs. 1 S. 2 BGB zu einer deutlichen Verschlechterung der Rechtslage für den Erwerber, da er den Mangel dann nur noch bei arglistigem Verschweigen oder Garantieversprechen des Verkäufers geltend machen kann. Weitere Gewährleistungsansprüche stehen ihm dann nicht zu. Im Werkvertragsrecht kann sich ein Besteller nach § 640 Abs. 2 BGB seine Rechte sogar bei Kenntnis vom Mangel vorbehalten; ein Rechtsverlust wegen grobfahrlässiger Unkenntnis ist nicht vorgesehen[68].

---

[60] Hertel, DNotZ 2002, 6, 19.
[61] Ingenstau/Korbion/Korbion, 14. Auflage, Anh. I, 175.
[62] Hildebrandt, ZfIR 2003, 489, 493.
[63] Lorenz, NJW 2002, 2497, 2503.
[64] Dören, ZfIR 2003, 497, 499; Lorenz, NJW 2002, 2497, 2503.
[65] BT-Drucks. 14/6857, S. 59.
[66] Thode, NZBau 2002, 297, 299.
[67] Dören, ZfIR 2003, 497, 502.
[68] Dören, ZfIR 2003, 497, 502.

Schließlich kommt es für die Anwendbarkeit von Werkvertragsrecht nicht darauf an, dass das Gebäude erstmalig bezogen wird, sondern darauf, ob es der Bauträger im Bauträgervertrag oder in der Werbung als neu hergestellt bewirbt oder darstellt[69]. Dies hat die Rechtsprechung damit begründet, dass der Bauträger gegenüber dem Erwerber in einem solchen Fall eine Herstellungsverpflichtung übernommen hat[70], was ihm im Rahmen der Vertragsfreiheit auch dann möglich sei, wenn das Gebäude bereits errichtet ist[71]. Nicht zuletzt verpflichtet er sich ja zur Verschaffung eines mangelfreien Werkes. Die Herstellungspflicht beschränkt sich in diesem Fall zwar auf die Beseitigungspflicht bezüglich bestehender Mängel. Aber auch die anderen Abgrenzungskriterien, wie enge zeitliche Nähe zur Fertigstellung, Herstellungsverpflichtung des Veräußerers aus Verträgen oder Plänen, sowie Absprachen zur Mängelbeseitigung u. a., sprechen für einen Werkvertrag[72].

Für die Anwendung des dem Erwerber günstigeren Werkvertragsrechts kann es außerdem keinen Unterschied machen, ob ein Erwerber seine Wohnung kurz vor oder kurz nach der Fertigstellung des Objekts erworben hat[73]. Vielmehr ist es durchaus denkbar, dass Wohnungen eines Gesamtprojekts zwar noch in der Bauphase beworben aber erst nach Fertigstellung veräußert werden. Insbesondere bei der Konstellation, dass innerhalb einer Wohneigentümergemeinschaft einige Erwerber vor und andere nach der Fertigstellung ihre Einheiten erwerben, würde es bei Anwendung von Kaufvertragsrecht auf die letztgenannten Verträge zu unlösbaren Schwierigkeiten kommen, z. B. wenn ein nach Fertigstellung Erwerbender Mängelbeseitigung, ein anderer aber Lieferung einer mangelfreien Sache verlangt[74].

Da das Kaufvertragsrecht nur beschränkt den Interessen des Erwerbers und des Bauträgers bezüglich der Bauverpflichtung gerecht wird, reicht es nicht allein zur Regelung der Bauträgerverträge aus. Die Schuldrechtsmodernisierung hat für Bauträgerverträge insofern keine neue Regelung getroffen[75]. Wenn der Gesetzgeber die Bauträgerverträge fertig gestellter Objekte dem Kaufrecht hätte anpassen wollen, hätte er die aufgezählten Unterschiede besser berücksichtigen müssen. Indes werden in der gewählten Form die Interessen nur unzureichend

69 Pause, NZBau 2002, 648, 649.
70 BGH, Urt. v. 05.04.1979, NJW 1979, 1406; Urt. v. 29.06.1981, NJW 1981, 2344, 2345; Urt. v. 15.03.1990, ZfBR 1990, 276.
71 Thode, NZBau 2002, 297, 299.
72 Ingenstau/Korbion/Korbion, Anh. 3, 288.
73 Pause, NZBau 2002, 648, 649.
74 Dören, ZfIR 2003, 497, 503.
75 Werner/Pastor, 1445.

ausgeglichen. Insbesondere im Vergleich mit den sonstigen Bauträgerverträgen drängt sich auf, diese fehlende Berücksichtigung der Abweichungen als planwidrig einzustufen.

Bauträgerverträge sind daher weiter als Verträge eigener Art einzuordnen[76], auf die Kauf- und Werkvertragselemente angewendet werden, auch wenn das Vertragsobjekt bereits fertig gestellt ist.

III. Verwandte Formen

Wie oben bereits ausgeführt[77] unterscheidet sich der Baubetreuer vom Bauträger dadurch, dass er nur im Namen des Betreuten tätig wird, der selber Vertragspartner der Bauausführenden wird und die Bauherreneigenschaft sowie das Bauherrenrisiko behält.

Der Bautreuhänder wird dagegen im so genannten Bauherrenmodell tätig[78], dessen Ziel es ist, dem Erwerber Steuervergünstigungen zu vermitteln, indem letzterer „Bauherr" im Sinne des Steuerrechts bleibt. Dies wurde dadurch erreicht, dass sich der Bauträger, der nun als „Betreuer" auftrat, nur bevollmächtigen ließ, den Bau aber wie zuvor wie ein Bauträger abwickelte. Der Erwerber trat nur pro forma als Bauherr in Erscheinung[79].

Insgesamt kommt es für die Einordnung eines bestimmten Vertragsverhältnisses als Bauträgervertrag oder als andere Vertragsgestaltung auf den Inhalt der Tätigkeit und nicht auf die Bezeichnung an[80].

IV. Zwischenergebnis

Bauträger ist also jede natürliche oder juristische Person, die gewerbsmäßig Wohnraum zum Zweck der Veräußerung erstellt, das Grundstück bereitstellt und erschließt und die Herstellung des Gebäudes entweder selbst oder – der häufigere Fall – durch dritte Unternehmer durchführt[81]. Geschuldet wird die Herstellung und Verschaffung des Vertragsobjekts sowie des Grundstücks. Der Bauträgervertrag ist ein Vertrag sui generis. Dies gilt auch für vor Vertragsschluss fertig gestellte Gebäude.

Vom Bauträger sind die Baubetreuer und Bautreuhänder dadurch zu unterscheiden, dass nur der Bauträger das Bauherrenrisiko trägt und die Bauherreneigenschaft besitzt.

---

76 Pause, NZBau 2002, 648, 649; Werner/Pastor, 1445.
77 Vgl. oben Gliederungspunkt A. II.
78 Doerry, WM 1991, Sonderbeilage 8, 3, 6.
79 Brych/Pause, 23 f.
80 Reithmann, ZfIR 2004, 275, 277, der dies auf die Bezeichnung „Baubetreuer" bezieht.
81 Leineweber, 348.

B. Spanien

I. Einflüsse auf den Begriff des Bauträgers und des Bauträgervertrags

Der spanische Gesetzgeber orientierte sich bei der Definition des Bauträgerbegriffs in der LOE unter anderem an der Rechtsprechung des Tribunal Supremo (Spanischer Oberster Gerichtshof) zu Art. 1591 CC[82] (1.), der die Haftung für Baumängel vor Erlass der LOE allein und nur unzureichend regelte[83]. Außerdem diente die vergleichbare französische Regelung als Modell[84] (2.). Schließlich musste sich die LOE in die in Spanien und seinen autonomen Regionen geltende Gesetzeslage einpassen (3.) und europäische Vorgaben berücksichtigen (4.).

1. Anwendungsbereich des Art. 1591 CC laut Tribunal Supremo

Der subjektive Anwendungsbereich des Art. 1591 CC[85] gilt nur für die Mangelhaftung der Werkunternehmer und Architekten, da andere Baubeteiligte, insbesondere der „promotor"[86], bei Erlass des Código Civil vom Gesetzgeber nicht vorgesehen waren und daher unberücksichtigt blieben[87].

Zunächst reichte die Norm des Art. 1591 CC für den Interessenausgleich und die Haftungszuweisung der am Bau Beteiligten auch aus. Indem mit dem Bauträger aber ein weiterer, selbständiger Akteur in die Prozesse am Bau eingriff, erweiterte sich auch der Kreis der potentiellen Schadenverursacher, ohne dass dies von Art. 1591 CC erfasst worden wäre.

Dieser Unzulänglichkeit[88] begegnete der Tribunal Supremo bei der Anwendung des Art. 1591 CC durch eine progressive und großzügige Auslegung. Dabei ließ er sich davon leiten, die Interessen der schwächeren Vertragspartei zu schützten[89]. Ausgangspunkt für die einsetzende Rechtsprechungspraxis war die Entscheidung vom 11.10.1974, in der der Begriff des Bauträgers erstmalig[90]

---

[82] Pagenkemper, 40.

[83] Marín García de Leonardo, 16 f.

[84] Cabanillas Sánchez, ADC 2000, 405, 410.

[85] Art. 1591 Abs. 1 CC: „El contratista de un edificio que se arruinase por vicios de la construcción, responde de los daños y perjuicios si la ruina tuviere lugar dentro de diez años, contados desde que se concluyó la construcción; igual responsabilidad, y por el mismo tiempo, tendrá el arquitecto que la dirigiere, si se debe la ruina a vicio del suelo o de la dirección." Vgl. zu den wichtigsten zitierten Normen auch den Anhang.

[86] Span. für „Bauträger".

[87] SSTS, vom 11.10.1974, RJ 1974, 3798; vom 13.06.1984, RJ 1984, 3236.

[88] Cadarso Palau, ECI 7/2000, 3, 4.

[89] Cabanillas Sánchez, ADC 2000, 405, 413; García Conesa, 403.

[90] Marín García de Leonardo, 46.

geprägt wurde und diesen die Haftung nach Art. 1591 CC traf[91]. Bauträger war demnach, wer grundsätzlich Eigentümer des Baugrundstücks, Erbauer und Eigentümer des Bauwerks sowie Veräußerer der entstandenen Wohnungen und Nutznießer des gesamten Rechtsgeschäfts war. Unerheblich war, ob er sich bei der Bauausführung mehr oder weniger qualifizierter Dritter bediente[92].

Vor allem aus Motiven des in Art. 51 der spanischen Verfassung verankerten Verbraucherschutzes[93] wurde der promotor von nun an[94] z. T. unter Hinweis auf seine Vertragspflichten[95] zunehmend für Baumängel mit verantwortlich gemacht[96]. Diese Entwicklung ging so weit, dass der Bauträger letztendlich verschuldensunabhängig wie ein Garant für die Schäden gesamtschuldnerisch haftete[97]. Dabei erfasste die Rechtsprechung nach und nach auch nahezu sämtliche, von der Lehre[98] herausgearbeiteten Erscheinungsformen des Bauträgers[99]:

- promotor-constructor, der selber Gebäude errichtet, um sie später zu veräußern[100],
- promotor-vendedor, der Gebäude mit demselben Zweck von Dritten errichten lässt[101],
- promotor-mandatario, der im Auftrag des Erwerbers ein Gebäude errichten lässt[102], und der
- promotor-prestatario, der das Gebäude für seine Mitglieder oder Teilhaber in genossenschaftlicher Verbundenheit errichtet bzw. errichten lässt.

Die ersten drei Erscheinungsformen erfasste der Tribunal Supremo mittels einer Angleichung des Begriffs des Bauträgers an den des Werkunternehmers[103]. Die Vergleichbarkeit dieser Baubeteiligten begründet er anhand dreier Merk-

---

91 STS, vom 11.10.1974, RJ 1974, 3798.
92 STS, vom 11.10.1974, RJ 1974, 3798.
93 STS, vom 21.03.1996, RJ 1996, 2233; Cabanillas Sánchez, ADC 2000, 405, 412.
94 STS, vom 11.10.1974, RJ 1974, 3798.
95 STS, vom 13.07.1987, RJ 1987, 5461.
96 Marín García de Leonardo, 46.
97 STS, vom 20.06.1995, RJ 1995, 4934; Marín García de Leonardo, 47.
98 Marín García de Leonardo, 47 f.
99 Carrasco Perera/Cordero Lobato, 199.
100 SSTS, vom 06.03.1990, RJ 1990, 1672; vom 12.12.1990, RJ 1990, 9999.
101 STS, vom 10.11.1999, AC 2000, 154.
102 STS, vom 03.09.1997, AC 1997, 1182.
103 SSTS, vom 30.07.1991, AC 1992, 36; vom 01.10.1991, RJ 1992, 7255; vom 26.06.1997, RJ 1997, 5149; Carrasco Perera/Cordero Lobato, 199.

male: der beiden Berufsgruppen gemeinsamen Gewinnerzielungsabsicht[104], der weit reichenden Kontrolle des Bauträgers über die Werkerstellung[105] und der Garantiewirkung, die das professionelle Auftreten des Bauträgers gegenüber den Erwerbern zu deren Gunsten auslöst[106].

An dieser Rechtsprechung, die folgerichtig die vierte Erscheinungsform, nämlich die Genossenschaften, aufgrund ihrer Gemeinnützigkeit nicht als promotor verstand[107], wurde gerade dieses Merkmal mit dem Argument kritisiert, dass eine zivilrechtliche Haftung nicht von der Gewinnerzielungsabsicht des handelnden Vertragspartners abhängig gemacht werden könne[108].

Im übrigen ähnelten die Voraussetzungen denen des deutschen Rechts[109]. Es wurde auch auf die Einflussmöglichkeit am Bau, also auf die Bauherreneigenschaft abgestellt. Wurden Subunternehmer eingeschaltet, so schloss der Bauträger die Verträge im eigenen Namen mit ihnen ab und trug somit auch das Bauherrenrisiko. Das Grundstück musste in der Regel dem Bauträger gehören. Zur Haftungsbegründung wurde jedoch zusätzlich das vom Erwerber in Anspruch genommene Vertrauen herangezogen. Jedoch war auch derjenige Bauträger, wer in das Objekt errichtete, um es selber zu nutzen[110]. Außerdem wurde der Vertrag zwischen Erwerber und Bauträger als Kaufvertrag aufgefasst[111], der lediglich zusätzlich der werkvertraglichen Haftung unterlag[112].

Trotz der Bildung dieser Tatbestandsmerkmale war die Rechtsprechung zur Haftung nach Art. 1591 CC uneinheitlich. Vor allem die rechtliche Qualifizierung der Haftung nach Abs. 1 als vertragliche, deliktische oder gesetzliche war innerhalb der Rechtsprechung und Literatur umstritten[113] und führte nicht zuletzt

---

104 SSTS vom 11.10.1974, RJ 1974, 3798; vom 13.06.1984, RJ 1984, 3236; vom 06.03.1990, RJ 1990, 1672; vom 01.10.1991, RJ 1991, 7255; vom 11.06.1994, RJ 1994, 5227; vom 20.06.1995, RJ 1995, 4934; vom 21.02.2000, AC 2000, 542.

105 SSTS vom 28.01.1994, RJ 1994, 575; vom 20.06.1995, RJ 1995, 4934; vom 21.03.1996, RJ 1996, 2233; vom 21.02.2000, AC 2000, 542.

106 SSTS vom 12.12.1985, RJ 1985, 6525; vom 13.07.1987, RJ 1987, 5461; vom 01.10.1991, RJ 1991, 7255; vom 29.09.1993, RJ 1993, 6659; vom 28.01.1994, RJ 1994, 575; vom 20.06.1995, RJ 1995, 4934; vom 21.03.1996, RJ 1996, 2233.

107 SSTS vom 06.03.1990, RJ 1990, 1672; vom 24.09.1991, RJ 1991, 6279, vom 08.06.1992, RJ 1992, 5168; vom 08.05.1995, RJ 1995, 3942; vom 23.09.1999, RJ 1999, 7266.

108 Bercovitz Rodríguez-Cano, CCJC, 1987, 4719; Albaladejo/Carrasco Perera, 618.

109 Vgl. oben Gliederungspunkt A. IV.

110 STS, vom 03.09.1997, AC 1997, 1182; vgl. unten Gliederungspunkt B. IV. 2. a) .

111 SSTS, vom 13.07.1987, RJ 1987, 5461; vom 12.02.1988, RJ 1988, 941.

112 STS, vom 13.10.1999, RJ 1999, 7426.

113 Álvarez Olalla, 34 f.; Pagenkemper, 40.

wegen unterschiedlicher Verjährungsvorschriften[114] zu einer spürbaren Verunsicherung der verschiedenen Berufszweige[115].

2. Französischer Code Civil

In Frankreich ist der Bauträgervertrag seit dem Gesetz vom 16.07.1971 in Art. 1831-1 Code Civil gesondert geregelt[116]. Er ist durch Auftrags- und Werkvertragselemente geprägt.

Der Vertrag ist ein Auftrag, der durch einen „intérêt commun“ (gemeinsames Interesse) geprägt wird, da der Bauträger bei Erfüllung des Auftrages die gleichen Interessen verfolgt, wie sie der Auftraggeber bei Vertragsschluss mit ihm hat. Dem Vertrag zufolge verpflichtet sich der „promoteur immobilier“ (Bauträger) gegenüber dem „maître d´ouvrage“ (Bauherrn), für einen vereinbarten Preis ein Bauprojekt zu realisieren, wobei er selbst oder durch Beauftragte einen Teil oder alle juristischen Operationen, Verwaltungs- und Finanzierungsaufgaben im Rahmen der ihm übertragenen oder gesetzlich begründeten Vollmachten übernimmt.

Gerade dieser Doppelcharakter, der aus der Ähnlichkeit zu Auftrags- und Werkvertragsrecht herrührt, veranlasste den französischen Gesetzgeber, einen eigenen Vertragstyp zu schaffen[117]. Zum Schutz des Erwerbers ist der Bauträger laut Art. 1831-1 S. 2 Code Civil Garant für die Erfüllung der im Namen des Bauherrn abgeschlossenen Verträge. Außerdem stellte der Gesetzgeber den „promoteur immobilier“ dem „constructeur“ (Werk-/Bauunternehmer) bezüglich der Mängelgewährleistung gleich.Nach Art. 1792.1 Ziffern 2 und 3 Code Civil[118]

---

114 Z. B. 10 Jahre nach Art. 1591 Abs. 1 CC und 15 Jahre nach Art. 1591 Abs. 2 CC.

115 Cadarso Palau, ECI 7/2000, 3, 4.

116 Art. 1831-1 Code Civil: „Le contrat de promotion immobilière est un mandat d´interêt commun par lequel une personne dite « promoteur immobilier » s´oblige envers le maître d´un ouvrage à faire procéder, pour un prix convenu, au moyen de contrats de louage d´ouvrage, à la réalisation d´un programme de construction d´un ou de plusieurs édifices ainsi qu´à procéder allemême ou à faire procéder, moyenant une rémunération convenue, à tout ou partie des opérations juridiques, administratives et financières concourant au même objet. Ce promoteur est garant de l´exécution des obligations mises à la charge des personnes avec lesquelles il a traité au nom du maître de l´ouvrage. Il est notamment tenu des obligations résultant des articles 1792, 1792-1, 1792-2 et 1792-3 du présent code.“

117 Auby/Périnet Marquet, 1604; Marín García de Leonardo, 43.

118 Art. 1792.1 Ziffern 2 und 3 Code Civil: „Est réputé constructeur de l´ouvrage : (...) 2° Toute personne qui vend, après achèvement, un ouvrage qu´elle a construit ou fait construire ; 3° Tout personne qui, bien qu´agissant en qualité de mandataire du propriétaire de l´ouvrage, accomplit une mission assimilable à celle d´un locateur d´ouvrage.“

gilt infolgedessen für die zehnjährige Werkunternehmerhaftung jeder als „constructeur", der ein Werk, das er errichtet hat oder errichten ließ, nach der Fertigstellung verkauft oder der, der im Auftrag des Eigentümers einen werkvertragsähnlichen Auftrag übernommen hat.

Diese auftrags- und werkvertragsrechtlichen Merkmale des Bauträgerbegriffs werden durch die französische Rechtsprechung unter einem ökonomisch-praktischen Blickwinkel zusammengefasst. Demnach ist Bauträger, wer die Initiative und Hauptrolle bei der Bauausführung innehat – unabhängig davon, ob explizit ein Bauträgervertrag geschlossen wurde oder nicht[119].

Auch im französischen Recht kommt es folglich auf die Bauherreneigenschaft an. Den „promoteur immobilier" trifft hingegen keine Grundstücksverschaffungspflicht; er wird folglich nicht nach Kaufrecht behandelt.

3. Bis 1999 in Spanien geltende Gesetzeslage

Der spanische Gesetzgeber konnte sich jedoch nicht allzu frei an der französischen Fassung orientieren, da sich die LOE in die Begrifflichkeiten und Regelungen der bereits bestehenden Gesetzeslage einfügen musste. So waren vor allem das katalanische

Wohnungsgesetz 24/1991 vom 29.11. (Ley catalana de la vivienda) und das spanische Verbraucherschutzgesetz zu berücksichtigen. Gerade ersteres hatte einen ähnlichen Anwendungsbereich und hatte daher eine starke Modellfunktion für den gesamtspanischen Gesetzgeber[120]. Nach seinem Art. 3 des katalanischen Wohnungsgesetzes ist Bauträger, „die natürliche oder juristische Person, die über eine Neubau- oder Restaurierungsmaßnahme entscheidet, sie plant und durchführt, sie – wenn auch nur zufällig – auf dem Immobilienmarkt anbietet und die Eigentumsrechte in jeglicher Weise überträgt." Die Planungshoheit und die Durchführung gleichen der Bauherreneigenschaft nach deutschem Recht.

Ebenso ist nach Art. 3 Abs. 3 Katalanisches Wohnungsgesetz derjenige Bauträger, der ein Bauvorhaben zur Befriedigung seiner eigenen Wohnbedürfnisse allein oder zusammen mit anderen durchführt. Gerade letzteres erfasste auch die Bauherren, die ohne Gewinnerzielungsabsicht Gebäude auf den Markt brachten. So wurden von der katalanischen Definition die zuvor vom Tribunal Supremo aus dem Begriff der „promotores" ausgenommenen Genossenschaften, Gemeinden und Privatleute erfasst[121].

119 Auby/Périnet Marquet, 852.
120 Marín García de Leonardo, 44.
121 Marín García de Leonardo, 44.

Um ein Bauträgervorhaben zu beginnen, muss der Bauträger nach Art. 3 Abs. 4 des katalanischen Wohnungsgesetzes die Eigentumsrechte an dem Grundstück, auf dem gebaut werden soll, erworben haben, sämtliche notwendige Genehmigungen beantragt und erhalten haben, kompetente Unternehmen mit der Ausführung bestimmter Arbeiten betraut haben und nach Abs. 5 die Werkleistung selber erbringen oder durch Dritte erbringen lassen. Auch hier bestehen also auftrags- und werkvertragliche Pflichten. Im Gegensatz zur französischen Regelung ist der Bauträger zusätzlich zur Übertragung von Grundeigentum verpflichtet. Außerdem sind nicht nur Neubauten, sondern auch Restaurationsarbeiten erfasst.

Ansonsten wurde der Bauträgerbegriff nur vereinzelt, so in den Regelungen zur Sicherheit und Gesundheit am Bau, zum öffentlichen Wohnungsbau und im Gesetz über die Sicherung von Vorschussleistungen im Bauwesen gebraucht. Zwar war der hier verwendete Bauträgerbegriff demjenigen des katalanischen Wohnungsgesetzes ähnlich[122]. Allerdings reichten diese Begriffsbestimmungen keineswegs für eine klare Haftungsbegründung im Rahmen des Art. 1591 CC aus[123].

4. Europäischer Rahmen

Zusätzlich berücksichtigte der Gesetzgeber bei der Formulierung der LOE auch die europäische Richtlinie 89/106/EWG vom 21.12.1988 zur Angleichung der Rechts- und Verwaltungsvorschriften der Mitgliedstaaten über Bauprodukte[124], die an sich bereits durch das Real Decreto (königlicher Erlass, RD) 1630/1992 vom 29.12.1992 umgesetzt worden war, aber in zwei Punkten die LOE beeinflusste: zum einen bei der Definition der wesentlichen Anforderungen zur Gebrauchstauglichkeit nach Art. 3 i. V. m. Anhang I der Richtlinie, die ein Gebäude schlechthin erfüllen muss. Diese Definition wirkt sich auf die Frage aus, wann ein Gebäude schadhaft ist. Dies festzulegen darf aber bei einem Gesetz, das die Verantwortlichkeiten der am Bau Beteiligten für eben diese Schäden regelt, nicht den Parteien überlassen bleiben[125]. Ebenso wenig darf offen bleiben, wer für diese Schäden haftet. Zum anderen fordert die Richtlinie in Art. 3 Abs. 1, dass Gebäude diesen Grundanforderungen jeweils für bestimmte Zeiträume genügen müssen, was sich auf die Gewährleistungsfristen auswirkte[126], die ebenfalls den Bauträger betreffen.

---

122 Carrasco Perera/Cordero Lobato, 198.
123 Carrasco Perera/Cordero Lobato, 199.
124 ABl. EG Nr. L-40, vom 11.02.1989, S. 12 – 26.
125 Marín García de Leonardo, 18.
126 Marín García de Leonardo, 18.

II. Gesetzgebungsprozess zur LOE

Alle genannten Umstände wirkten auf den langen und kostspieligen Entscheidungsfindungs- und Gesetzgebungsprozess zur LOE ein, der Anfang der 70er Jahre begann und sich über alle demokratischen Legislaturperioden bis zum Erlass der LOE im Jahr 1999 hinzog[127]. So hatten bereits vor der ersten Entscheidung des Tribunal Supremo zum Bauträgerbegriff im Jahr 1974 verschiedene Berufsgruppen und zahlreiche Autoren mehrere Jahre lang eine Reform des Haftungsrechts gefordert, vor allem in Form einer Anpassung des Art. 1591 CC an die neuen Gegebenheiten[128]. Diesem Druck folgend wurde eine interministerielle Arbeitsgruppe[129] eingesetzt, die am 22.03.1973 einen Bericht zur Notwendigkeit einer dringenden Reform des Art. 1591 CC erarbeitete[130]. Dieser forderte eine gesetzliche Regelung der Haftungsverteilung auf alle am Bau Beteiligten gemäß ihren Verantwortlichkeiten[131]. Drei Jahre später forderte der Hauptausschuss der technischen Architekten ein technisches Regelwerk. 1978 regte das zusammengelegte Ministerium für öffentliches und privates Bauwesen[132] in seinem Weißbuch zum Bauwesen den Erlass eines Baugesetzbuches an[133], in dem auch Regeln zur Bauträgerhaftung enthalten sein sollten.

Diese Forderungen der Berufsverbände erklären sich vor dem Hintergrund, dass bis zum Erlass der LOE lediglich die Berufskammern der Architekten und Ingenieure für ihre Mitglieder Versicherungen anboten[134]. Diese Absicherung führte zu einer Tendenz in der Rechtsprechung, die Verantwortlichkeit für Baumängel diesen Personengruppen zuzuweisen[135], da sie durch ihre Versicherungen abgesichert waren. Allerdings führte diese Rechtsprechungspraxis zu immer weiter steigenden Beiträgen zu den Berufshaftpflichtversicherungen. Die hiervon betroffenen Gruppen erhöhten daher über ihre Verbände den Druck auf die Regierung mit der Forderung, entlastende Reformen zu verabschieden[136].

---

127 Carrasco Perera/González Carrasco, 27.
128 Cabanillas Sánchez, 368.
129 Grupo Interministerial de Trabajo para la Seguridad en la Edificación.
130 Sánchez-Cía, 11.
131 Cabanillas Sánchez, ADC 2000, 405, 410.
132 Sánchez-Cía, 11.
133 Carrasco Perera/González Carrasco, 27.
134 Cabanillas Sánchez, 368.
135 López Richart, 173 f.; Jiménez Clar, RdP 6/2001, 19, 22.
136 Cabanillas Sánchez, 368.

Jedoch dauerte es bis 1986[137], bis der Gesetzgeber eine Neuregelung des Bausektors gesetzlich vorsah. Die erste Schlussbestimmung des Gesetzes 12/1986 vom 01.04.1986 über die Regelungen der Berufsbilder der technischen Architekten und Ingenieure[138] verpflichtete in Absatz 3 die Regierung, dem Parlament innerhalb eines Jahres einen Gesetzentwurf vorzulegen, der unter anderem die Verantwortlichkeiten auch der anderen am Bau beteiligten Personen regeln sollte. Bis zum Erlass der LOE wurden dann aber letztendlich über einen Zeitraum von 14 Jahren noch vier Gesetzesentwürfe allein zur Regelung des Bauwesens erstellt[139].

Der der LOE vorhergehende Entwurf 121/130 aus den Jahren 1995/1996[140] sowie der Gesetzentwurf 121/43 vom 12.04.1994 zur Reform des Dienst- und Werkvertragsrechts orientierten sich am französischen Modell[141]. Dabei sollten die noch auf die locatio conductio[142] des römischen Rechts zurückgehenden Regelungen[143] für Miet-, Werk- und Dienstverträge differenziert werden, die bis heute einheitlich in den Art. 1542 – 1545 CC geregelt sind. Insbesondere sollten von Art. 1591 CC abweichende Bestimmungen zur Baumängelhaftung geschaffen werden[144].

Beide Entwürfe wurden wegen der Auflösung der Regierung 1996 nicht umgesetzt[145]. Dennoch wirkten sie auf eine gewisse Art bindend[146]. Allerdings wurden noch wesentliche Änderungen vorgenommen[147]. So enthielten beide Gesetzentwürfe je noch ein einschränkendes Merkmal, das letztlich nicht in die LOE übernommen wurde: der eine Entwurf machte den Bauträgerbegriff der Rechtsprechung folgend vom Erfordernis der Gewinnerzielungsabsicht abhängig[148];

---

137 Vgl. zum Diskussionsstand in der Baurechtsliteratur Rubio San Román, Act. Civ. 1987, 337 ff.

138 Ley 12/1986, de 1 de Abril. Arquitectos técnicos, ingenieros técnicos. Regula atribuciones profesionales.

139 Cabanillas Sánchez, ADC 2000, 405, 411.

140 BOCG 146-1 (A) vom 9. Januar 1996.

141 Cabanillas Sánchez, ADC 2000, 405, 412.

142 Zwei- oder mehrseitige Verträge, aufgrund derer sich eine Partei zur Überlassung einer Sache (locatio conductio rei), zu ihrer Herstellung (locatio conductio operis) oder zur Verrichtung einer Tätigkeit (locatio conductio operarum) für einen bestimmten Preis verpflichtet.

143 Riezler, RabelsZ 1952, 522, 524.

144 Pagenkemper, 41.

145 Cadarso Palau, ECI 7/2000, 3, 4.

146 Marín García de Leonardo, 17.

147 Marín García de Leonardo, 45.

148 Gesetzesentwurf 121/43, vom 12.04.1994, Art. 1600.

der andere forderte, dass der Bauträger beruflich und unternehmerisch tätig sein müsse[149]. Dies hätte aber Privatpersonen und Gelegenheitsbauträger ausgeschlossen.

Auch auf diese lange Vorgeschichte der LOE dürfte der nach seinem Erlass geäußerte Eindruck zurückzuführen sein, der nur sieben Monate dauernde Gesetzgebungsprozess sei im Eilverfahren erfolgt und trotz der Berücksichtigung der Stellungnahmen nahezu aller beteiligter Berufskreise[150] „ärmlich", während die parlamentarischen Stellungnahmen zum Teil „nichts sagend und inhaltslos" gewesen seien[151]. Stichhaltiger erscheint die teilweise scharfe Kritik an der Nichtwiederaufnahme des oben bereits angesprochenen[152] Reformvorhabens zum CC[153]. So wird bemängelt, dass nur durch eine umfassende Reform des Werkvertragsrechts, vor allem des Art. 1591 CC, wie sie in Frankreich durchgeführt wurde, die Regelung in sich hätte schlüssig sein[154] und die angestrebten Ziele hätten erreicht werden können[155].

Zumindest wurde der Begriff des Bauträgers durch die LOE erstmalig auf gesamtstaatlicher Ebene gesetzlich normiert[156]. Ob auch die höchstgerichtliche Rechtsprechung diese Definition allgemeingültig übernimmt, bleibt abzuwarten. Mit ersten Urteilen des Tribunal Supremo wird frühestens im Jahr 2007 gerechnet[157].

III. Kurzübersicht über die Regelungen des LOE

Bevor näher auf den Begriff des Bauträgers eingegangen wird, soll an dieser Stelle die Gesamtsystematik der LOE kurz skizziert werden. Sie gliedert sich in vier Abschnitte.

Im ersten Abschnitt wird der Gegenstand des Gesetzes in Art. 1 dargelegt. Danach soll das Gesetz die wesentlichen Aspekte des Bauvorgangs regeln, die Pflichten und Verantwortlichkeiten der am Bau beteiligten Personen sowie die notwendigen und angemessenen Garantien festlegen. Art. 2 LOE legt den An-

---

149 Gesetzesentwurf vom 09.01.1996.

150 Zur Beteiligung der verschiedenen Berufsgruppen Sánchez-Cía, 12 f.

151 So Cadarso Palau, ECI 7/2000, 3, 4.

152 Vgl. oben B. I. 3.

153 Cadarso Palau, ECI 7/2000, 3, 4; allerdings wurden auch in den letzten Entwurf grundlegende Änderungen aufgenommen, auf die an gegebener Stelle eingegangen werden wird.

154 Cadarso Palau, ECI 7/2000, 3.

155 Cabanillas Sanchez, Evolución, 369 f.; auf die jeweiligen Kritikpunkte wird an gegebener Stelle näher eingegangen.

156 Marín García de Leonardo, 15.

157 Vicente Domingo, Act. Civ. 2000, 1383.

wendungsbereich des Gesetzes fest, der sich am Zweck des zu errichtenden Gebäudes orientiert.

In einem zweiten Abschnitt werden die technischen und administrativen Anforderungen festgelegt. Art. 3 LOE bestimmt insofern die Mindesterfordernisse, die ein Bauwerk erfüllen muss. Art. 4 LOE definiert den Projektplan als die Gesamtheit der Dokumente mittels derer die Anforderungen an ein Gebäude im Sinne des Art. 2 LOE bestimmt werden. Der Projektplan hat die angestrebte technische Umsetzung unter Beachtung der geltenden Techniknormen darzulegen. Art. 5 LOE widmet sich den öffentlichen Genehmigungen. In Art. 6 LOE wird die Abnahme des Bauwerks definiert[158] und Art. 7 LOE bestimmt, welche Dokumentation der Bauträger vom Werkunternehmer zu erhalten hat.

Der dritte Abschnitt beschäftigt sich mit den am Bau beteiligten Personen. Während Art. 8 LOE diese noch allgemein betrifft, definieren die Art. 9 bis 16 LOE jeweils Rechte und Pflichten der einzelnen Akteure. Allerdings werden keine Vertragstypen geschaffen, sondern einzelne Pflichten der jeweiligen Handelnden festgelegt.

Im vierten Abschnitt wird in Art. 17 LOE die Haftung der Baubeteiligten geregelt. Art. 18 LOE bestimmt die Fristen. In Art. 19 LOE wird die Versicherung normiert. Art. 20 LOE gibt die Voraussetzungen für die Eintragung einer notariellen Neubauerklärung an.

Am Schluss des Gesetzes finden sich verschiedene, zusätzliche Bestimmungen. Insbesondere werden Kollisionsregeln aufgestellt, die die LOE zu anderen Gesetzen in Verhältnis setzen, und Übergangsvorschriften normiert.

IV. Legaldefinition des Bauträgerbegriffs

Im Gegensatz zum deutschen Recht hat der spanische Gesetzgeber den Bauträgerbegriff in der LOE zivilrechtlich definiert. Seine Definition ist dabei umfassender als die Regelungen in den Autonomen Regionen[159]. Art. 9 Nr. 1 LOE bestimmt: „Als Bauträger wird jede natürliche oder juristische, öffentlich-rechtliche oder privatrechtliche Person angesehen, die als Einzelperson oder als Kollektiv Bauvorhaben beschließt, veranlasst, plant und mit Eigen- oder Fremdkapital finanziert, sei es für sich oder zur späteren Veräußerung, Übergabe oder Abtretung an Dritte durch Rechtsgeschäfte jedweder Art."

An dieser Definition wird kritisiert, dass sie zu unkonkret sei, um die in der LOE vorgesehene schwerwiegende Folge der Haftung[160] und die Pflicht zum

[158] Vgl. dazu eingehend unten Gliederungspunkt C. II. 3. a).

[159] Vázquez Iruzubieta, 76, der diesen weiten Ansatz begrüßt.

[160] Álvarez Olalla, 43.

Versicherungsabschluss dem richtigen Personenkreis zuzuweisen[161]. Zum Teil wird die Anwendbarkeit der LOE auf Bauträger – pointiert formuliert – gänzlich bezweifelt[162]. Begründet wird diese Kritik damit, dass in der gesamten LOE zwar bestimmte Handlungsweisen und Situationen beschrieben und Verantwortlichkeiten zugewiesen werden, dass die Regelungen jedoch die grundlegenden Vertragsverhältnisse am Bau entgegen der Ankündigung in den Gesetzesmotiven[163] nicht definieren und inhaltlich festlegen[164]. Sie hätten eine entsprechende, jedoch nicht erfolgte Normierung im CC allenfalls flankieren können[165]. Dies hätte dem ursprünglichen Ansatz der Gesetzentwürfe von 1994 entsprochen, bei denen die LOE nur eine Ergänzung zu der viel grundlegenderen Reform des Dienst- und Werkvertragsrechts im CC darstellen sollte[166]. Auch in Art. 9 Nr. 2 LOE werden zwar „Pflichten des Bauträgers" aufgeführt. Sie liefern jedoch keine Definitionsbestandteile[167].

Mangels einer gesetzlichen Definition der Parteien des Bauträgervertrags und ihrer Hauptleistungspflichten, anhand derer ein Vertragspartner als Bauträger qualifiziert werden könnte, soll daher untersucht werden, welche Tatbestandsmerkmale die LOE vorgibt und anhand welcher Kriterien die Bauträgereigenschaft festgestellt werden kann. Dabei folgt die Darstellung den gesetzlichen Definitionsmerkmalen „Personenkreis" (1.), „Handlungszweck" (2.), „Handlungsmittel" (3.) und „Einwirkung auf das Bauvorhaben" (4.).

1. Personenkreis

Die Angabe des Personenkreises in Art. 9 Nr. 1 LOE hat keinerlei einschränkende Wirkung bei der Bestimmung der Bauträgereigenschaft, da natürliche und juristische Personen des öffentlichen und des Privatrechts erfasst werden, egal ob sie als Einzelperson oder im Kollektiv handeln. Diese Definition des Art. 9 LOE ist im Vergleich mit den Regelungen zu den anderen am Bau Beteiligten besonders umfassend. Sie wiederholt die Vorgabe des Art. 8 LOE für alle Beteiligten, wonach sie sowohl natürliche als auch juristische Personen sein können. Dagegen beschränken sich die Art. 10 bis 13 LOE darauf, die Eigenschaft als Projektingenieure, Bauunternehmer, Bauleiter und Leiter der Bauausführung an die jeweiligen Aufgabenbereiche dieser Personen zu koppeln. Projektingenieure

161 Carrasco Perera/Cordero Lobato, 202 f.
162 Carrasco Perera/Cordero Lobato, 203.
163 LOE, Exposición de Motivos, Nr. 1.
164 Castro Bobillo, Act. Civ. 2001, Bd. II, 428.
165 Álvarez Olalla, 43.
166 Vgl. dazu bereits oben Gliederungspunkt B. II.
167 Carrasco Perera/Cordero Lobato, 208.

und Bauunternehmer werden nach Art. 10 und 11 LOE noch zusätzlich darüber charakterisiert, dass sie vom Bauträger beauftragt werden und diesem gegenüber verpflichtet sind. Darüber hinaus wird vom Bauträger im Unterschied zu den anderen Beteiligten auch keine spezielle Berufszulassung oder eine akademische Ausbildung verlangt, was zwar erlaubt, den so genannten „autopromotor" (für sich selbst als Bauträger Handelnder) als Bauträger zu erfassen[168], aber angesichts der wichtigen Rolle des Bauträgers und des großen Haftungspotentials kritisiert wird[169].

Teilweise wird angenommen, dass eine Mehrheit von Personen, wie z. B. verschiedene Gesellschaften eines Konzerns aber auch Gruppen von Einzelpersonen, jeweils Bauträger sein können, sobald sie eine der genannten Tätigkeiten ausüben[170]. Dem ist entgegenzuhalten, dass sich in diesem Fall die Zuordnung der Haftung, sowie der Rechte und Pflichten, insbesondere der Pflicht zum Versicherungsabschluss, noch schwieriger gestalten würde.

2. Handlungszweck

Der in Art. 9 Nr. 1 LOE genannte Handlungszweck „für sich oder zur späteren Veräußerung" wird stark kritisiert. Inwieweit er dazu beiträgt, einen Bauträger von anderen Personen abzugrenzen wird im Folgenden untersucht.

a) „para sí" – autopromotor

Das Gesetz erfasst auch denjenigen als Bauträger, der „para sí" also „für sich" baut; dieser wird „autopromotor" genannt. Bei dieser Figur vereinigen sich die Tatbestandsmerkmale des Bauträgers in der Person des zukünftigen Nutzers des Bauwerks[171]. Die Möglichkeit einer solchen Kumulation erklärt zusätzlich, dass die Bauträgereigenschaft wie oben dargelegt[172] nicht an Vertragsbeziehungen mit dem Erwerber geknüpft wird, da dies eine Selbstkontrahierung erfordern würde, um die Bauträgereigenschaft des autopromotors zu begründen.

Der ursprüngliche Gesetzesentwurf sollte den autopromotor zunächst nicht erfassen[173]. Dies entsprach auch weder der Rechtsprechung des Tribunal Supremo noch der bisherigen Gesetzgebung der Autonomen Regionen[174]. Die betreibende

---

168 Vgl. sogleich Gliederungspunkt B. IV. 2. a).

169 Ruiz-Rico Ruiz/Moreno-Torres Herrera/José Manuel Ruiz-Rico Ruiz, 145; González Tausz, RCDI 2000, 2691, 2716.

170 Marín García de Leonardo, 54.

171 Gónzalez Tausz, 2695.

172 Vgl. oben Gliederungspunkt B. IV. vor 1.

173 BOCG, Congreso, Serie A, Nr. 163-1, vom 15.03.1999.

174 Marín García de Leonardo, 63.

baskische Parlamentsgruppe dürfte mit dem Zusatz „para sí“ (für sich) lediglich bezweckt haben, dass es für die Bauträgerschaft nicht erforderlich sein sollte, das Eigentum an dem Gebäude zu übertragen[175], sondern es stattdessen ausreichen sollte, das Eigentum zu behalten und die Objekte – in der Regel gewerblich – zu vermieten. Jedoch wird nun einhellig angenommen, dass mit dem Wortlaut der Norm auch der autopromotor gemeint ist[176].

Dies hat zur Folge, dass auch den autopromotor die Versicherungspflicht nach Art. 19 i. V. m. der Zusatzbestimmung 2 LOE trifft. Er ist somit verpflichtet, sich selbst gegen bestimmte Schadensfälle[177] zu versichern. Dies wurde z. T. wegen des öffentlichen Interesses an hoher Qualität am Bau gutgeheißen[178]. Dagegen dürfte der Zwang zur Selbstversicherung übertrieben sein[179]. Er ist nicht zuletzt deshalb fragwürdig, weil Art. 1474 CC nachvollziehbar keine zivilrechtliche Haftung sich selbst gegenüber vorsieht[180]. Auch die zur Zusatzbestimmung 2 erfolgte Reform Ende 2002, mit der der autopromotor in gewissen Fällen von der Versicherungspflicht entbunden wird, hat das Problem nicht grundsätzlich entschärft, denn sie ändert nichts an der Qualifikation des autopromotors als Bauträger nach Art. 9 LOE[181].

b) „Para su posterior enajenación“ – Zur späteren Veräußerung

Angesichts des Tatbestandsmerkmals „zur späteren Veräußerung“ wird zum Teil angenommen, dass, sofern kein Fall der autopromoción vorliegt, nur gewerblich handelnde Personen Bauträger im Sinne des Art. 9 LOE sein könnten, da die in der LOE normierte Haftungsfolge allein an das durch ihr geschäftsmäßiges Auftreten hervorgerufene Vertrauen der Erwerber anknüpfen könne[182]. Auch entspreche dies dem Rechtsgedanken der Richtlinie 1999/44/EG über den

---

175 BOCG, Congreso, Enmienda (Änderunsantrag) Nr. 26, Serie A, Nr. 163-9, vom 21.05.1999.

176 Vgl. nur Carrasco Perera/Cordero Lobato, 205; a. A. wohl Ruiz-Rico Ruiz/Moreno-Torres Herrera/José Manuel Ruiz-Rico Ruiz, 147, der annimmt, dass die Genossenschaften, auf die Art. 17 Nr. 4 LOE eingeht, “para si”, also für sich die Gebäude errichteten. Diese Ansicht ist jedoch seit der Novelle der 2. Zusatzbestimmung unhaltbar geworden, da dort die Figur des autopromotors ausdrücklich vorausgesetzt wird.

177 Vgl. dazu unten im 4. Teil, Gliederungspunkt B. I. 1. a) .

178 So Martínez del Mármol, La Ley 2001, 1396, 1397.

179 So auch Carrasco Perera/Cordero Lobato, 205; Boldó Roda, RES 2000, 531, 549.

180 González Tausz, RCDI 2000, 2691, 2715.

181 Zu den Änderungen, die die Reform mit sich gebracht hat, vgl. Llamas Pombo, ECI 3/2003, 52 ff. und unten im 4. Teil, Gliederungspunkt B. I. 1. b) aa) (1) .

182 Carrasco Perera/Cordero Lobato, 204.

Verbrauchsgüterkauf[183], auch wenn diese gemäß Art. 1 Abs. 2 b) nicht für Gebäude gilt. Das Ziel dieser Richtlinie wird darin gesehen, dass derjenige, der am Geschäftsverkehr teilnimmt, dafür verantwortlich sein soll, dass das Ergebnis seiner gewerblichen Tätigkeit die hervorgerufenen Erwartungen erfüllt. Bei Eigentümergemeinschaften wird daher angenommen, dass nur dann ein einzelner Miteigentümer als Bauträger anzusehen ist, wenn er mit Entscheidungsbefugnis den Bauprozess leitet und zugleich gewerblich im Bausektor tätig ist[184]. Fehlt das letzte Merkmal, sind alle Miteigentümer autopromotores, auch wenn nur einer von ihnen die Bauleitung übernommen hatte[185].

Dem ist entgegenzuhalten, dass der Vertrauenstatbestand, der durch gewerbsmäßiges Handeln in Anspruch genommen wird, nur ein Haftungsgrund neben anderen ist. Aus ihm kann ebenso wenig wie aus der Richtlinie 1999/44/EG der Umkehrschluss gezogen werden, dass ausschließlich Unternehmer als Bauträger haften können. Auch fehlt in Art. 9 LOE das zunächst vorgesehene Tatbestandsmerkmal „unternehmerisches Handeln“[186]. Der Gesetzgeber hat diese ursprüngliche Formulierung also bewusst nicht übernommen.

Für das Erfordernis gewerblichen Handelns eines Bauträgers könnte das bisher von der Rechtsprechung[187] angewandte Kriterium der Gewinnerzielungsabsicht sprechen. Zwar wurde es zum Teil von der Literatur mit dem Hinweis darauf befürwortet, dass die im Bausektor stark vertretenen[188] Baugenossenschaften und Eigentümergemeinschaften[189] die durch sie errichteten Wohnungen nicht auf dem freien Markt anbieten wollten. Hieraus wurde ohne nähere Begründung

183 Richtlinie 1999/44/EG des Europäischen Parlaments und des Rates vom 25. Mai 1999 zu bestimmten Aspekten des Verbrauchsgüterkaufs und der Garantien für Verbrauchsgüter, ABl. EG 1999, L-171, vom 07.07.1999, S. 12 – 16.

184 Carrasco Perera/Cordero Lobato, 207; Rouanet Mota, ECI 9/2002, 3, 9.

185 Carrasco Perera/Cordero Lobato, 208.

186 Der Gesetzentwurf 121/43, vgl. oben Gliederungspunkt B. II. , nahm in Art. 1600 auf „el ejercicio de una actividad empresarial“ (die Ausübung einer unternehmerischen Tätigkeit) Bezug.

187 SSTS, vom 20.02.1989, RJ 1989, 1212; vom 06.03.1990, RJ 1990, 1672 – vgl. zu diesen beiden Urteilen auch Martínez de Aguirre, AC 1993, 1903, 1908; vom 24.09.1991, RJ 1991, 6279; vom 08.06.1992, RJ 1992, 5168; vom 08.05.1995, RJ 1995, 3942.

188 Cabanillas Sánchez, ADC 2000, 405, 450.

189 Eigentümergemeinschaften sind in aller Regel Gesellschaften mit eigener Rechtsfähigkeit, arg. e contrario Art. 1669 Abs. 1 CC; Albaladejo, 374; dies gilt jedoch nur, wenn die die Eigentümergemeinschaft bildenden Personen das zu bebauende Grundstück erst nach Gesellschaftszusammenschluss erwerben oder den Gesellschaftsvertrag in notarieller Form schließen und in diesem die entsprechenden Grundstücke aufführen, da sonst der Gesellschaftsvertrag nach Art. 1668 CC nichtig ist.

gefolgert, dass es keinen Sinn mache, sie für Mängel am Bauwerk haften zu lassen[190]. Dieser Schluss ist aber nicht plausibel. Außerdem ist die Gewinnerzielungsabsicht als alleinige Haftungsbegründung nicht zureichend[191] und als Haftungskriterium durch die LOE überholt[192]. Hierzu ist zunächst festzustellen, dass der spanische Begriff der „enajenación" im allgemeinen und in der LOE weit zu verstehen ist. Er umfasst nicht nur den Verkauf, sondern jede Art der Übertragung[193]. Dies ergibt sich z. B. aus Art. 480 CC, der auch von einer „enajenación" spricht[194] und damit die Übertragung eines Nießbrauchsrechts durch einen Nießbrauchsberechtigten meint. Diese kann aber auch schenkweise erfolgen. Art. 1872 CC bestätigt dieses weite Verständnis, indem er auch eine öffentliche Versteigerung unter eine „enajenación" subsumiert[195]. Weiterhin kann die Veräußerung gemäß Art. 9 Nr. 1 LOE „bajo cualquier título", also aufgrund jedweden Vertrags erfolgen. Darüber hinaus werden wie bereits gezeigt[196] auch autopromotores von Art. 9 LOE erfasst, die schon per definitionem nicht mit Gewinnerzielungsabsicht handeln. Schließlich ist die Gewinnerzielungsabsicht für ein Gewerbe nicht konstitutiv[197].

Dafür, die Bauträgereigenschaft von gewerblichem Handeln abhängig zu machen, könnte schließlich Art. 17 Nr. 4 LOE sprechen. Dieser stellt natürliche oder juristische Personen am Bau, die in Form von Genossenschaften oder Eigentümergemeinschaften auftreten, bezüglich der Haftung den Bauträgern lediglich gleich. Diese gesonderte Nennung könnte darauf schließen lassen, dass der Gesetzgeber sie nicht von der Definition des Art. 9 LOE erfasst und nur analog[198] behandelt wissen wollte. Damit wären aber genau die nicht gewerblich

190 Cabanillas Sánchez, ADC 1990, 227, 237.

191 Marín García de Leonardo, 52; Carrasco Perera/Cordero Lobato, 203; Bercovitz Rodríguez-Cano, CCJC 1987, 4711, 4719.

192 Marín García de Leonardo, 52.

193 Das spanische Recht kennt nicht das deutsche Abstraktionsprinzip, Adomeit/Frühbeck, 57.

194 Art. 480 CC: „Podrá el usufructuario (...) enajenar su derecho de usufructo, aunque sea a título gratuito...".

195 Art. 1872 CC: „(...) Esta enajenación habrá de hacerse precisamente en subasta pública (...).".

196 Vgl. vorhergehenden Gliederungspunkt B. IV. 2. a) .

197 So Marín García de Leonardo, 53. In Deutschland muss ein Handelsgewerbe nach der h. M. in der Regel auf Gewinnerzielung gerichtet sein, wobei auch aus anderen Merkmalen auf ein Gewerbe geschlossen werden kann, ständige Rechtsprechung, bspw. BGH Urt. v. 02.07.1985, NJW 1985, 3063, 3064; Roth, § 1, Rz. 8. Gegen eine Gleichstellung auch Carrasco Perera/Cordero Lobato, 205.

198 González Tausz, RCDI 2000, 2691, 2697.

Handelnden ausgeschlossen. Im Gegenschluss ließe sich folgern, dass also nur gewerblich Tätige von Art. 9 LOE erfasst werden.

Dagegen lässt sich Art. 17 Nr. 4 LOE aber auch so interpretieren, dass der Gesetzgeber, der gezielt auch die Rechtsprechung zu beeinflussen trachtete[199], die Gesellschaften ausdrücklich mit aufnahm, um die Abkehr von der bisherigen Rechtsprechung[200] besonders deutlich zu machen. Art. 19 Nr. 2 LOE verpflichtet nur den Bauträger zum Abschluss der Pflichtversicherung und stellt die in Art. 17 Nr. 4 LOE genannten Personengruppen nicht ausdrücklich dem Bauträger gleich. Sie wären also nur dann zum Abschluss der Pflichtversicherung verpflichtet, wenn sie vom Begriff des „promotors“ in Art. 9 LOE erfasst würden[201]. Nur dieses weite Verständnis des Art. 9 LOE wird auch dem Regelungszweck[202], also dem Schutz der Erwerber durch eindeutige Zuordnung eines Haftungssubjekts und Einrichtung einer Pflichtversicherung, gerecht[203].

Folglich können auch Baugenossenschaften und Eigentümergemeinschaften Bauträger im Sinne der LOE sein[204], da das Merkmal „zur späteren Veräußerung“ weit zu verstehen ist und weder ein gewerbliches Handeln noch Gewinnerzielungsabsicht erforderlich sind.

3. Handlungsmittel

Seit dem Erlass der LOE ist ausdrücklich unerheblich, ob der Bauträger mit Eigen- oder mit Fremdmitteln handelt. Wobei unter Handeln mit Fremdmitteln sowohl das Handeln direkt mit Geldern der Bauwilligen als auch das Handeln mit Geldern, die im Namen der Bauwilligen für diese vom Kapitalmarkt bezogen werden, verstanden wird[205].

Trotz einer etwas unklaren Formulierung des Art. 9 Nr. 2 a) LOE[206] ist ebenso wenig die Eigentümerschaft noch die Inhaberschaft eines sonstigen Rechts am Grundstück für den Bauträgerbegriff konstitutiv[207]. Die Norm bestimmt nur, dass der Bauträger eine Bebauungserlaubnis haben muss. Hierbei handelt es sich

---

199 Carrasco Perera/Cordero Lobato, 201.

200 Nach der Rechtsprechung zu Art. 1591 CC haften Genossenschaften und Eigentümergemeinschaften mangels Gewinnerzielungsabsicht nicht nach dieser Norm; vgl. oben Gliederungspunkt B. I. 1.

201 Carrasco Perera/Cordero Lobato, 203.

202 Vgl. dazu eingehend oben Gliederungspunkt B. I.

203 Carrasco Perera/Cordero Lobato, 203.

204 So auch Bercovitz Rodríguez-Cano/Rodríguez Morata, Art. 1591, 3.

205 Marín García de Leonardo, 67.

206 Marín García de Leonardo, 54; Carrasco Perera/Cordero Lobato, 209.

207 Vázquez Iruzubieta, 76.

aber um eine Handlungsvoraussetzung, nicht um eine sanktionsbewehrte Pflicht[208]. Ist der Bauträger dem Grundstückseigentümer gegenüber nicht zum Bau berechtigt, hat dies keine Sanktion aus der LOE zur Folge[209]. Allerdings verliert er laut Art. 362 CC einen Anspruch auf Entschädigung für Verwendungen auf das Grundstück gegen den Eigentümer, wenn er von dem Berechtigungsmangel Kenntnis hatte.

4. Einwirken auf das Bauvorhaben mit entscheidender Einflussmöglichkeit

Nach Art. 9 LOE soll derjenige Bauträger sein, der das Bauvorhaben „beschließt, veranlasst, plant und (...) finanziert". Dass die Definition des Bauträgers also letztendlich weder nach der Person des Beteiligten noch nach dem Zweck seines Handelns, sondern allein nach dem Grad seiner Mitwirkung und seinen Funktionen bei der Bauausführung erfolgt[210], wird als hervorragend gelobt[211]. Zwar wird teilweise innerhalb der aufgezählten Tätigkeiten der Schwerpunkt bei der Initiative und der Finanzierung im Vorfeld gesehen[212]. Jedoch dürfte es darauf nicht ankommen, da aus Art. 17 Nr. 4 LOE zusätzlich geschlossen wird, dass der Bauträger bei seiner Tätigkeit entscheidende Einflussmöglichkeit auf das Baugeschehen haben muss[213]. Denn Art. 17 Nr. 4 LOE stellt Genossenschaften, Eigentümergemeinschaften und andere vergleichbare Personen dem Bauträger allein aufgrund dieses Merkmals gleich. Es ermöglicht zugleich die Abgrenzung vom bloßen Käufer, der lediglich ein „Finanzgeschäft" und kein „Baugeschäft" betreibt[214]. In diesem Punkt ähnelt die spanische Lösung der französischen Regelung, die ebenfalls eine Einwirkungsmöglichkeit verlangt[215].

Für die Wichtigkeit des Merkmals einer leitenden Rolle im Bauprozess sprechen auch die Befugnisse und Pflichten des Bauträgers gegenüber Projektingenieur, Werkunternehmer und Bauleiter. Der Projektingenieur wird nach Art. 10 Nr. 1 Abs. 1 LOE vom Bauträger mit der Planerstellung beauftragt und hat nach Art. 10 Nr. 2 b) LOE den Plan nach den Vorgaben dieses Vertrags zu erstellen. Außerdem muss er die Beschäftigung von Subunternehmern mit dem Bauträger nach Art. 10 Nr. 2 c) LOE vereinbaren. Der Werkunternehmer verpflichtet sich

---

208 Marín García de Leonardo, 55.
209 Carrasco Perera/Cordero Lobato, 209.
210 Castro Bobillo, Act. Civ. 2001, Bd. II, 417, 429.
211 González Tausz, RCDI 2000, 2691, 2693.
212 Sánchez-Cía, 16.
213 Marín García de Leonardo, 52 und 57; González Tausz, RCDI 2691, 2693 und 2699.
214 Parejo Alfonso/Feliú Rey, 200.
215 Vgl. oben Gliederungspunkt B. I. 2.

nach Art. 11 Nr. 1 LOE gegenüber dem Bauträger, das Werk unter Beachtung des Plans und des zwischen ihnen geschlossenen Vertrags herzustellen[216]. Der Bauleiter schließlich muss gemäß Art. 12 Nr. 3 d) LOE nach Aufforderung durch den Bauträger mit dessen Zustimmung Planänderungen ausarbeiten, die der Fortgang der Bauausführung mit sich bringt. Der Bauträger wiederum muss diese Änderungen gemäß Art. 9 Nr. 2 b) LOE gegenüber dem Bauleiter bestätigen. Insofern hat der Bauträger nicht nur die anderen Baubeteiligten auszuwählen und vertraglich zu binden. Er muss darüber hinaus auch die Plan- und Vertragsinhalte dem Baufortschritt entsprechend kontrollieren und ggf. anpassen. Folglich ist seine Funktion durch eine entscheidende Einflussnahme im Bauprozess charakterisiert.

Schließlich kennt auch die Rechtsprechung neben der Haftung des Bauträgers für mangelhafte Werkerstellung auch eine Haftung für mangelhafte Anordnung der Baumaßnahmen[217]. So haftet ein Bauträger für die auftretenden Baumängel, wenn er dem Werkunternehmer Pläne zur Ausführung übergibt, obwohl der Planungsingenieur diese wegen technischer Bedenken abgelehnt hatte, und der Bauträger dies weiß[218]. Hatte hingegen der Werkunternehmer diese Mängel vorhergesehen, haftete dieser[219].

a) promotor mandatario

Mit dem Merkmal der entscheidenden Einflussmöglichkeit auf das Bauvorhaben lässt sich der Bauträger auch besser von einem „promotor mandatario“[220] (beauftragter Bauträger) abgrenzen, der aufgrund eines genau definierten Auftrages für den Erwerber handelt aber nicht Bauträger im Sinne der LOE ist.

aa) Eigenes Interesse

Diese Abgrenzung lässt sich nur bedingt anhand des Eigeninteresses des Baubeteiligten an der Bauerstellung als solcher vornehmen[221]. Der spanische Gesetzgeber orientierte sich zwar am französischen Modell, bei dem der Bauträgervertrag auftrags- und werkvertragliche Elemente enthält[222]. Hier wurde ein

[216] Art. 11 Nr. 1 LOE: „El constructor ... asume ... el compromiso de ejecutar ... las obras ... con sujeción al proyecto y al contrato.“

[217] STSS, vom 20.06.1995, RJ 1995, 4934; vom 26.06.1997, RJ 1997, 5149.

[218] STS, vom 26.06.1997, RJ 1997, 5149.

[219] STS, vom 26.12.1995, Act. Civ. 1996, 225.

[220] Diese Begrifflichkeit folgt hier derjenigen des Tribunal Supremo, vgl. oben Gliederungspunkt B. I. 1.

[221] Marín García de Leonardo, 57.

[222] Vgl. oben Gliederungspunkt B. I. 2.

„intérêt commun" gefordert; der Bauträger musste also das Interesse des Bauwilligen an dem Bau als solchem zumindest teilen. Dann wäre ein promotor mandatario derjenige, dessen eigenes Interesse nur auf den Abschluss der Verträge für den Bauwilligen gerichtet ist[223] und der mangels eigenen Interesses an der Bauerstellung kein Bauträger im Sinne der LOE ist. Dieses Ergebnis könnte auch mit den Zweckalternativen „für sich" oder „zur späteren Veräußerung" begründet werden.

Die spanische Definition hingegen regelt bei weitem nicht so konkret die Inhalte eines Bauträgervertrags[224] wie der französische Gesetzgeber in Art. 1831-1 Code Civil[225]. Deswegen dürfte allein „ein eigenes Interesse" an der Bauerrichtung und Vermarktung des Gebäudes zur Abgrenzung des Bauträgers von einem reinen Auftragnehmer nach spanischem Recht nicht ausreichen.

bb) Handeln im fremden Namen

Ebenso das Handeln im fremden Namen reicht zur Verneinung der Bauträgereigenschaft nicht aus. Zwar zog die Rechtsprechung dieses Merkmal zur Abgrenzung heran, jedoch begründete sie dies nicht. Infolgedessen fielen die Urteile letztendlich unabhängig davon aus, ob der Beteiligte im fremden[226] oder im eigenen[227] Namen handelte.

cc) Unwiderruflicher Auftrag

Des Weiteren lassen sich mit dem Merkmal der Entscheidungsmacht beim Baugeschehen auch die zur Umgehung der Haftung nach Art. 1591 CC gebildeten[228] „gestorías de promoción" oder auch „sociedades de gestión inmobiliaria" (Baubetreuungsgesellschaften) einheitlich erfassen. Gerade dies war laut Gesetzeserwägung Nr. 4 a. E. auch beabsichtigt[229]; denn auch sie sollen nach der LOE haften.

Ohne sie ausdrücklich – wie einen Bauträger – einem Werkunternehmer gleichzustellen, begründete die Rechtsprechung ihre Haftung zum einen mit ih-

---

223 Marín García de Leonardo, 67.

224 Marín García de Leonardo, 58.

225 Vgl. oben Gliederungspunkt B. I. 2.

226 Verneinung der Bauträgerschaft bei Handeln in fremdem Namen: STS, vom 23.12.1993, RJ 1993, 10111.

227 Bejahung der Haftung trotz Handelns in fremdem Namen: STS, vom 03.10.1996, RJ 1996, 7006; die Bauträgerschaft des Beklagten wurde in diesem Urteil offengelassen.

228 Marín García de Leonardo, 58 f.

229 González Tausz, RCDI 2000, 2691, 2698, bemängelt insoweit die ungenaue Umsetzung des erklärten Willens des Gesetzgebers.

rer Gewinnerzielungsabsicht[230]. Dieses Argument ist, wie bereits oben ausgeführt, zur Definition der Bauträgereigenschaft abzulehnen[231]. Zum anderen stellte die Rechtsprechung auf die vertragliche Gestaltung ab. Die Baubetreuungsgesellschaften hätten sich ein „mandato irrevocable“ (unwiderruflicher Auftrag) erteilen lassen, um so als Beauftragte zu gelten. Sie würden dann nicht als Werkunternehmer angesehen und so der Haftung nach Art. 1591 CC entgehen. Dies stelle aber eine Gesetzesumgehung dar[232], weswegen eine Haftung auch dieser Baubetreuungsgesellschaften anzunehmen sei.

Auf diesen Gesichtspunkt des unwiderruflichen Auftrags lässt sich aber verzichten, wenn man stattdessen auf die Entscheidungsmacht abstellt. Dann kommt es auch nicht darauf an, ob die Rechtsprechung Baubetreuungsgesellschaften mit widerruflicher Vollmacht möglicherweise anders beurteilt[233].

Außerdem nimmt die Rechtsprechung die Unwiderruflichkeit der Vollmacht sowohl bei ausdrücklicher Vereinbarung als auch dann an, wenn der Bevollmächtigte auch in Erfüllung einer anderen Verbindlichkeit handelt, an der neben dem Vollmachtgeber auch der Bevollmächtigte selber oder ein Dritter interessiert sind. In diesen Fällen muss die Vollmacht laut der Rechtsprechung unwiderruflich sein, da nur so verhindert werden könne, dass die Erfüllung der Interessen des Beauftragten oder des Dritten allein vom Willen des Auftraggebers abhingen[234].

Ist aber die Vollmacht nur wegen Drittinteressen als solche unwiderruflich, z. B. weil eine Stadt als Dritter die Grundstücke bebauen lassen wollte und deswegen besonders preiswert zur Verfügung gestellt hat, während der Bevollmächtigte inhaltlich weiter den Weisungen des Auftraggeber unterworfen ist, erscheint es nicht gerechtfertigt, den Bevollmächtigten als Bauträger[235] haften zu lassen. Vielmehr liegt die Entscheidungsmacht beim Auftraggeber.

---

230 STS, vom 03.10.1996, RJ 1996, 7006.

231 Carrasco Perera/Cordero Lobato, 200, Fn. 12; Álvarez Moreno, AC 1995, Bd. I, 79.

232 SSTS, vom 03.10.1996, RJ 1996, 7006; vom 15.10.1996, RJ 1996, 1468; vom 26.06.1997, RJ 1997, 5149.

233 Diese Frage hat der Tribunal Supremo noch nicht entschieden, Carrasco Perera/Cordero Lobato, 201.

234 SSTS, vom 31.10.1987, Act. Civ. 1988, 112; von demselben Datum, Act. Civ. 1988, 252; vom 26.11.1991, Act. Civ. 1992, 318; vom 11.05.1993, Act. Civ. 1993, 968.

235 Vgl. dazu näher unten Gliederungspunkt C. II.

dd) Erfolgsverpflichtung

Auch die Unterscheidung der Leistungspflichten in „obligación de resultado" (Erfolgsverpflichtung) und „obligación de medios" (Tätigkeitsverpflichtung)[236] kann nur ansatzweise für eine Abgrenzung des „promotor mandatario" herangezogen werden.

Zwar unterscheidet sich ein Baubetreuer vom Bauträger auch dadurch, dass er nur zu einer Tätigkeit und nicht wie der Bauträger zu einem Erfolg verpflichtet ist. Doch im spanischen Recht kann auch der Auftraggeber eines Werkes auf die Ausführung desselben laut Art. 1593 CC Einfluss nehmen. Nimmt aber der Auftraggeber auf die Werkerstellung maßgeblichen Einfluss, wäre es unangemessen, den Werkunternehmer allein wegen seiner Erfolgsverpflichtung der Haftung nach der LOE zu unterwerfen. Auch hier ist die entscheidende Einflussmöglichkeit auf das Baugeschehen das sinnvolle Abgrenzungskriterium[237].

b) Grundstückstausch gegen Teileigentum

Mit dem Kriterium der Entscheidungsmacht lässt sich die Bauträgereigenschaft auch in dem Fall besser begründen, dass ein Grundstück gegen einen Miteigentumsteil an dem zu errichtenden Gebäude getauscht wird. Bislang nahm die Rechtsprechung in diesen Fällen immer dann keine Haftung des tauschenden Grundstückseigentümers an, wenn eine bestimmte Wohnung oder ein bestimmtes Ladenlokal den Tauschgegenstand bildeten[238], wohl aber wenn ein ungeteilter Anteil am Gesamtgebäude zur späteren (Gesamt-)Veräußerung geschuldet war[239]. Denn in diesem letzten Fall diene der erworbene Anteil lediglich der Gewinnerzielung durch Weiterveräußerung an Dritte.

Gerade diese Entscheidung der Rechtsprechung basiert allein auf der Gewinnerzielungsabsicht, ohne indes zu erklären, inwiefern eine solche nicht auch bei einem Grundeigentümer anzunehmen sein soll, der für sein Grundstück einen genau bestimmten Gebäudeanteil erhält und diesen mit eben jener Gewinnerzielungsabsicht veräußern will[240]. Deswegen wird sie kritisiert und kann wohl nur wegen der ebenfalls gegebenen, aber nicht der Urteilsbegründung zu Grunde

236 González Tausz, RCDI 2000, 2691, 2693.

237 González Tausz, RCDI 2000, 2691, 2699.

238 SSTS, vom 18.12.1990, RJ 1990, 10286; vom 11.06.1994, RJ 1994, 5227.

239 STS, vom 28.01.1994, RJ 1994, 575.

240 Denkbar ist darüber hinaus auch, dass ein Eigentümer eines ungeteilten Eigentumsanteils diesen überhaupt nicht veräußern will und somit die Veräußerungsabsicht als alleiniges Zuordnungskriterium vollständig obsolet wird.

liegenden, Teilnahme am Baugeschehen mit Entscheidungsmacht durch den als Bauträger angesehenen Beteiligten gutgeheißen werden[241].

Nach Erlass der LOE ist folglich der ursprüngliche Grundeigentümer nicht Bauträger, selbst wenn er mit Gewinnerzielungsabsicht sein Grundeigentum für einen geteilten oder ungeteilten Miteigentumsanteil tauscht, solange er nicht entscheidenden Einfluss auf das Bauvorhaben hat.

c) Gesellschaftsgründung

Dies kann selbst dann gelten, wenn das Grundstück in eine neu gegründete Gesellschaft eingebracht wird, und daher grundsätzlich die Gesellschaft als Bauträger haftet. In diesem Fall ist das Innenverhältnis zu untersuchen, um eine unzulässige Haftungsumgehung oder Risikoverteilung durch die Gesellschaftsgründung auszuschließen[242]. Der Gesellschafter, der ein Grundstück einbringt, dürfte dann nicht als Bauträger angesehen werden, wenn er – auch als Gesellschafter – keinen entscheidenden Einfluss auf das Baugeschehen nehmen kann[243].

5. Ergebnis

Art. 9 LOE bestimmt die Eigenschaft des Bauträgers anhand seines Aufgaben- und Tätigkeitsbereichs bei der Bauplanung, seiner Ausführung, Überwachung und Finanzierung, ohne den Bauträgervertrag genauer zu definieren. Dieser Ansatz ermöglicht die Integration der Figur des autopromotors, der gerade keinen Bauträgervertrag schließt.

Jedoch reicht Art. 9 LOE allein zur Definition des Bauträgerbegriffs nicht aus. Vielmehr ist auf Art. 17 Nr. 4 LOE zurückzugreifen, aus dem sich das wichtige Tatbestandsmerkmal der entscheidenden Einflussmöglichkeit ergibt. Anhand dieses einheitlichen Merkmals lassen sich zusammen mit der Initiativfunktion nach Art. 9 LOE die Person des Bauträgers bestimmen und die bisherigen Problemfälle besser einheitlich einordnen und entscheiden.

Letztendlich werden die Richter in Zweifelsfällen die Qualifikation eines Baubeteiligten als Bauträger vornehmen müssen[244].

V. Rechtsnatur des Bauträgervertrags

Ob und inwieweit ein Baubeteiligter auf den Bauprozess entscheidenden Einfluss hat, lässt sich unter anderem anhand des zwischen ihm und dem künftigen

---

241 Marín García de Leonardo, 69.

242 Álvarez Moreno, AC 1995, Bd. I, 79, 104.

243 Marín García de Leonardo, 69.

244 Vázquez Iruzubieta, 78.

Nutzer geschlossenen Vertrags bestimmen, sofern kein Fall der autopromoción vorliegt, bei dem der Bauinitiator auch Nutzer ist und daher keine gesonderten Verträge geschlossen werden.

Allerdings sind weder in der LOE, noch in der spanischen Rechtsprechung oder Literatur ähnlich klare Entwicklungslinien zum Inhalt des Bauträgervertrags wie in Deutschland erkennbar.

1. LOE

Aus der LOE lassen sich nur Ansätze für die Bestimmung des Inhalts des Vertrags gewinnen[245].

So legt es einen „marco normativo“ (normativer Rahmen), der gesondert die rechtlichen Beziehungen beim Bauträgergeschäft regelt, nicht fest[246]. Stattdessen wird – wie soeben erläutert – die Eigenschaft des Bauträgers anhand seiner Tätigkeit und Einflussnahme gegenüber den anderen Beteiligten bestimmt.

Aus dem z. T. abdingbaren Pflichtenkatalog des Art. 9 Nr. 2 LOE lassen sich lediglich Nebenpflichten entnehmen. Diese bestehen auch nur zum Teil gegenüber den Erwerbern, so die Pflichten gemäß Buchstaben d) und e)[247]. Auch ist der Katalog nicht abschließend. So ist der Bauträger unter anderem zum Nachweis der technischen und finanziellen Machbarkeit des Projekts verpflichtet, ohne dass diese Pflicht ausdrücklich normiert wäre[248].

Laut Art. 17 Nr. 9 LOE bleibt die Haftung aus Kaufrecht gemäß Art. 1484 CC und den sonstigen auf den Kaufvertrag anwendbaren Normen ausdrücklich neben derjenigen aus Art. 17 LOE bestehen. Dies könnte für einen kaufvertraglichen Charakter des Bauträgervertrags sprechen, da die anderen in Art. 17 CC ausdrücklich genannten Vertragspartner jeweils nicht durch Kaufverträge verpflichtet sind.

Allerdings haften auch die „suministradores de productos“ (Zulieferer) nach Art. 17 LOE, ohne ausdrücklich genannt zu sein. Sie aber schließen Kaufverträge mit den sonstigen am Bau Beteiligten ab[249]. Auch auf diese Kaufverträge könnte sich Art. 17 Nr. 9 LOE beziehen, ohne den Vertragscharakter des Bauträgervertrags als Kaufvertrag festlegen zu wollen.

Für diese Auslegung spricht, dass der letztendlich Geschädigte nicht nur gegen seinen unmittelbaren Vertragspartner, sondern gegen jeden Verursacher des

245 Tapia Gutiérrez, ECI 8/2000, 35, 42.

246 Carrasco Perera/Cordero Lobato, 199, Fn. 3; Álvarez Olalla, 43.

247 Carrasco Perera/Cordero Lobato, 208.

248 Rouanet Mota, ECI 9/2002, 3, 5.

249 Carrasco Perera/Cordero Lobato, 322.

Schadens einen Anspruch auf Schadensersatz haben soll[250]. Dafür spricht auch die amtliche Überschrift des Art. 17 LOE, derzufolge der Artikel die Haftung der „agentes" regelt, zu denen nach Art. 8 und Art. 15 LOE auch die Zulieferer gehören. Dagegen lässt sich auch nicht der Wortlaut des Art. 17 LOE anführen, der die Zulieferer nicht ausdrücklich nennt, sondern von „natürlichen oder juristischen Personen, die am Bauprozess teilnehmen", spricht und namentlich nur den Bauträger, Werkunternehmer, Projektingenieur, Bauleiter und den Leiter der Bauausführung aufführt. Denn diese Definition entspricht der des „Agente" in Art. 8 LOE, wonach ebenfalls „natürliche und juristische Personen, die am Bauprozess teilnehmen", gemeint sind. Die Nennung der einzelnen Beteiligten in Art. 17 LOE konkretisiert nur bestimmte Sonderfälle dieser genannten Personengruppen, schließt aber die Zulieferer nicht aus.

Somit bezieht sich Art. 17 Nr. 9 LOE auch auf die kaufrechtlichen Mängelansprüche gegen die Zulieferer. Aus ihr allein lässt sich nicht entnehmen, dass der Bauträgervertrag ausschließlich kaufrechtlich zu qualifizieren ist, selbst wenn auf ihn auch kaufrechtliche Normen anzuwenden sind[251].

2. Rechtsprechung und Literatur

Ebenso wie zur Haftung des Bauträgers nach Art. 1591 CC[252] ist die Rechtsprechung zum Charakter des Bauträgervertrags uneinheitlich. So spricht sie zum Teil vom Verkauf durch den Bauträger[253] und stellt diesen nur bezüglich der Haftung einem Werkunternehmer gleich[254]. Da sie gleichzeitig die Haftung nach Art. 1591 CC nicht als eine vertragliche einordnet[255], kann durch diese partielle Gleichstellung nicht unbedingt auf eine werkvertragliche Komponente geschlossen werden. Etwas anderes könnte man angesichts der Entscheidung[256] annehmen, dem Bauträger sämtliche Pflichten des Werkunternehmers aufzuerlegen. Daneben bleiben manche Urteile unpräzise, wenn sie z. B. nur allgemein auf eine „enajenación"[257], eine „cesión"[258] (Übertragung oder Zession) oder auf „ad-

[250] Carrasco Perera/Cordero Lobato, 320.
[251] Vgl. unten im 3. Teil, Gliederungspunkt C. III.
[252] Vgl. oben Gliederungspunkt B. I. 1.
[253] STSS, vom 11.10.1974, RJ 1974, 3798; vom 10.05.1995, Act. Civ. 1995, 786; vom 13.10.1999, Act. Civ. 2000, 70.
[254] Carrasco Perera/Cordero Lobato 199; vgl. auch oben Gliederungspunkt B. I. 1.
[255] STS, vom 06.10.1992, RJ 1992, 7527.
[256] STS, vom 21.02.2000, Act. Civ. 2000, 542.
[257] Zum Begriff der „enajenación" vgl. bereits oben Gliederungspunkt B. IV. 2. b) .
[258] STS, vom 03.09.1997, Act. Civ. 1997, 1182.

quirientes“ (Erwerber[259]) und nicht auf „compradores“ (Käufer) abstellen[260]. Schließlich wird der Bauträgervertrag weiter als Kaufvertrag behandelt, wenn der Bauträger lediglich „auch“ als Verkäufer angesehen werden kann, freilich ohne anzugeben, was die jeweilige Rechtsbeziehung darüber hinaus prägt.

Diese unterschiedlichen Ansätze der Rechtsprechung lassen sich mit den vielen, oben angesprochenen Konstellationen erklären, in denen Bauträger tätig sein können[261] und die der Gerichtshof möglichst vollständig erfassen wollte.

Die Literatur verwendet in der Regel kaufvertragliches Vokabular[262], ohne im Bauträger jedoch ausschließlich einen reinen Verkäufer zu sehen[263]. Denn es wird anerkannt, dass er zum einen auf den Bauprozess einwirkt [264] und sich zum anderen dazu verpflichtet, das Gebäude gemäß der geschlossenen Verträge und der vorhergegangenen Werbung, also „lege artis“ und frei von Mängeln errichtet, zu übertragen[265]. Dies spricht eher für die Anwendbarkeit des Werkvertragsrechts.

Dies gilt auch für die Situation, in der das Gebäude bereits vor Vertragsschluss fertig gestellt ist. Zwar wurde für diesen Fall auch in Spanien die Anwendbarkeit des Werkvertragsrechts in Frage gestellt, da dieses nicht auf die Umstände passen würde und eine analoge Anwendung mangels einer Regelungslücke nicht geboten sei[266]. Deswegen sei der Erwerber allein auf Kaufrecht und allgemeines Leistungsstörungsrecht angewiesen. Dem wird zu Recht entgegen gehalten, dass die Interessenlage und der Aufgabenbereich des Bauträgers beim Erwerb eines schlüsselfertigen Bauwerks unabhängig davon, ob das Gebäude bereits fertig gestellt worden ist, dieselbe ist[267]. Außerdem wird es dem Bauträgervertrag auch in Spanien nicht gerecht, den Erwerber auf die ihm vom Bauträger beim Erwerb des Bauwerks abgetretenen Ansprüche gegen die Bau-

---

259 Dieser Erwerberbegriff ist weit zu verstehen. In Art. 1546 CC bezieht sich das Verb „adquerir“ auf den Gebrauch einer Sache, auf ein Recht an einem Werk oder an einer Dienstleistung.

260 STS, vom 12.03.1999, Act. Civ. 1999, 605.

261 So verkauft eine Eigentümergemeinschaft oder eine Genossenschaft die Wohnung nicht an ihre Mitglieder und einen Promotor-Constructor treffen – ggf. zusätzlich – sämtliche Werkunternehmerpflichten.

262 Marín García de Leonardo, 47 ff.; Cabanillas Sánchez, ADC 1990, 227, 228 ff.; Cadarso Palau, ECI 7/2000, 3, 8.

263 González Tausz, RCDI 2000, 2691, 2702.

264 Cabanillas Sánchez, ADC 1990, 227, 231.

265 Cabanillas Sánchez, ADC 1990, 227, 234.

266 Cabanillas Sánchez, ADC 1982, 878, 917.

267 Gómez de la Escalera, 188 ff.; González Tausz, RCDI 2000, 2691, 2694; Marín García de Leonardo, 47 f., Fn. 96.

unternehmer zu verweisen[268]. Aus der Situation[269] ergibt sich auch hier das dem Bauträger erkennbare Interesse des Erwerbers, allein mit einem Vertragspartner in Verbindung zu stehen.

Ebenso ist für die Bestimmung des Vertragscharakters die bloße Unterscheidung der Leistungspflichten in Erfolgs- und Tätigkeitspflichten[270] zu pauschal. Denn zum einen ist auch eine Verschaffungspflicht aus dem Kaufvertrag eine Erfolgspflicht, weswegen diese Differenzierung allein für eine Unterscheidung zum beauftragten Baubetreuer dienen könnte. Zum anderen sind auch im Werkvertragsrecht, das ebenfalls eine Erfolgspflicht zum Gegenstand hat, Weisungen möglich, die die Zuordnung der Bauträgereigenschaft ungerechtfertigt erscheinen ließen[271].

Vielmehr ist auch im spanischen Recht der Bauträgervertrag als ein Vertrag sui generis zu verstehen, der sich durch zweierlei auszeichnet. Zum einen verpflichtet sich in ihm der Bauträger, eine mangelfreie Werkleistung auf seinem oder einem von ihm zu beschaffenden Grundstück zu erbringen oder erbringen zu lassen. Zum anderen hat allein der Bauträger entscheidenden Einfluss auf die Werkerstellung.

VI. Zwischenergebnis

Der Bauträgerbegriff wurde in Spanien erst relativ spät durch die LOE landesweit normiert. Zwar folgte der spanische Gesetzgeber unter anderem dem französischen Vorbild, ohne jedoch einen eigenen Vertragstyp zu schaffen. Vielmehr beschränkte er sich auf eine Definition mittels der Umschreibung der Tätigkeiten und Aufgaben, die der Bauträger beim Baugeschehen auszufüllen hat. Um ihn von den übrigen Beteiligten abzugrenzen, wurde das Merkmal der entscheidenden Einflussnahme als das maßgebliche herausgearbeitet.

Um dieses Merkmal bei einem Beteiligten festzustellen, sind, sofern kein Fall der autopromoción vorliegt, die geschlossenen Verträge zu analysieren. Dabei ist der Bauträgervertrag als ein Vertrag sui generis zu verstehen, der werk- und kaufvertragliche Elemente enthält. Ihmzufolge ist der Bauträger verpflichtet, dem Erwerber gemäß der geschlossenen Verträge eine mangelfrei errichtete Wohneinheit zu übertragen, wobei dem Bauträger der entscheidende Einfluss auf das Baugeschehen vorbehalten ist.

---

268 Hierin sieht aber Cabanillas Sánchez, ADC 1982, 878, 921, die Interessen des Erwerbers als hinreichend geschützt an.

269 Vgl. oben Einleitung.

270 González Tausz, RCDI 2000, 2691, 2693.

271 Vgl. auch oben Gliederungspunkt B. IV. 4. a) dd) .

C. Wesentliche Unterschiede und Übereinstimmungen

Bis zum Erlass der LOE gab es weder in Deutschland noch in Spanien eine zivilrechtliche Normierung des Bauträgerbegriffs bzw. -vertrags. Seitdem findet sich in Art. 9 LOE eine an die Handlungsformen anknüpfende Definition des Bauträgers, die durch das Erfordernis der entscheidenden Einflussmöglichkeit am Bau ergänzt wird, die aus Art. 17 Nr. 4 LOE gewonnen wird. Die Bauträgerverträge bleiben weiter in beiden Ländern unnormiert.

Ein großer Unterschied im Begriffsverständnis besteht in der Figur des autopromotors. Danach kann auch ein letztendlicher Nutzer Bauträger sein, wenn er selber die Entscheidungsmacht am Bau trägt und keinen Dritten einschaltet, der die Planung vornimmt und die Durchführung leitet, kontrolliert und finanziert. Nach deutschem Verständnis wäre er hingegen lediglich Bauherr.

In Deutschland ist zudem zwingend erforderlich, dass der erwerbende Vertragspartner des Unternehmers nicht Eigentümer des Grundstücks ist; nur dann kann der Unternehmer als Bauträger eingestuft werden. Auf das Eigentum am Grundstück kommt es in Spanien hingegen überhaupt nicht an.

Sowohl in Deutschland als auch in Spanien werden Baubetreuer von Bauträgern unterschieden. In Deutschland sind hier verschiedene kautelarjuristische Gestaltungen möglich, die zur Folge haben, dass es keinen Bauträger im oben genannten Sinne gibt. Die Unterscheidung erfolgt neben dem Merkmal der Bauherreneigenschaft anhand des Bauherrenrisikos, also der Frage, in wessen Namen die Verträge mit den Werkunternehmern abgeschlossen wurden. Auf dieses Kriterium konnte die spanische Gesetzgebung wegen der Variante der autopromoción nicht zurückgreifen, da in diesem Fall einzig der Erwerber als Vertragspartner der Werkunternehmer und anderer Beteiligter in Frage kommt. Die spanische Rechtslage lässt insoweit weniger Freiraum für vertragliche Gestaltung, da sie allein an die leitende Funktion anknüpft. Damit stellt sie aber gleichzeitig sicher, dass es immer einen Bauträger als Hauptverantwortlichen unter den am Bau Beteiligten gibt.

In beiden Rechtsordnungen ist der Bauträgervertrag als ein Vertrag sui generis zu verstehen, der kauf- und werkvertragliche Elemente enthält und dessen Hauptleistungspflicht für den Bauträger darin besteht, eine neue oder neuwertige Immobilie zu verschaffen und mangelfrei errichtet zu übergeben. Diese Einordnung gilt auch für bereits fertig gestellte Objekte.

3. Teil: Haftung des Bauträgers

A. Einleitung

Bevor auf die Sicherheiten des Bauträgerrechts eingegangen werden kann, ist zu klären, wofür eine solche Sicherheit zu stellen bzw. Versicherung abzuschließen ist. Dies hängt davon ab, welche Haftung den Bauträger überhaupt treffen kann.

Die Darstellung umfasst dabei nicht die deliktsrechtliche Haftung, da diese von den Haftungsregeln und Sicherheiten der LOE nicht erfasst wird[1].

B. Deutschland

Zunächst wird der Pflichtenumfang bestimmt (I.), der den Bauträger in Deutschland trifft. Danach ist darzustellen, für welche Pflichtverletzung der Bauträger in welcher Form haftet (II.).

I. Übersicht über die vertraglichen Pflichten des Bauträgers

1. Hauptleistungspflichten

Aufgrund des Mischcharakters[2] des Bauträgervertrags schuldet der Bauträger neben der Eigentumsverschaffung an dem Grundstück, welches nach § 94 Abs. 1 S. 1 BGB auch das Gebäude als wesentlichem Bestandteil umfasst, auch die Herstellung des Gebäudes[3], einschließlich der Planung und Projektvorbereitung[4]. Dies gilt auch dann, wenn der Bauträger, wie es häufig vorkommt, selbst keine Bauleistung erbringt, sondern wie ein Generalübernehmer die Bauausführung anderen Firmen überträgt[5], wobei er jedoch das Bauherrenrisiko behält.

Die Errichtungspflicht richtet sich nach Werkvertragsrecht; der Anspruch auf Eigentumsverschaffung am Grundstück nach Kaufvertragsrecht[6]. Neben der Leistung des Erwerbsgegenstands kann der Bauträger weitere Verpflichtungen, z. B. selbständige Planungsleistungen übernehmen[7], die sich ebenfalls nach Werkvertragsrecht richten.

---

[1] Vgl. oben im 1. Teil, Gliederungspunkt B.
[2] Leineweber, 365.
[3] Ott, NZBau 2003, 233.
[4] Leineweber, 370.
[5] Leineweber, 369.
[6] Basty, 663 f.
[7] Basty, 668.

So genannte Sonderwünsche des Erwerbers sind nachträgliche Abweichungen vom vertraglich festgelegten Leistungsinhalt, der sich aus der Bau- und Ausstattungsbeschreibung ergibt[8]. Der Erwerber hat auf sie nur dann nach Treu und Glauben einen Anspruch gegen den Bauträger, wenn die Ausführung der Sonderwünsche für ihn von erheblicher Bedeutung ist, z. B. weil sie nach Abnahme unverhältnismäßige Kosten verursachen würde oder unmöglich wäre, und für den Bauträger ohne weiteres möglich ist, keine unzumutbare Mehrbelastung oder Mehrarbeit verursacht und den Bauablauf nicht verzögert[9]. Nur beim so genannten selbständigen Sonderwunschvertrag schließt der Erwerber ggf. mittels Vergabe durch den Bauträger unmittelbar mit dem Werkunternehmer den entsprechenden Werkvertrag[10]. In diesem Fall bestehen Gewährleistungsansprüche nicht gegen den Bauträger, sondern gegenüber dem unmittelbar beauftragten Bauunternehmer[11], da dieser für den Sonderwunsch Vertragspartner des Erwerbers ist.

Daneben ist die Finanzierungsplanung und -durchführung häufig eine vertragliche Hauptleistungspflicht des Bauträgers, so dass ihn auch im wirtschaftlichen Betreuungsbereich Pflichten treffen[12]. Wenn dabei eine Kreditbeschaffung geschuldet ist und die Vergütung nicht nach Prozent des vermittelten Kredits berechnet werden soll, sondern als Gesamtvergütung an der Wohnfläche der Eigentumswohnung ausgerichtet ist, dann handelt es sich um einen Geschäftsbesorgungsvertrag, der dem Werkvertragsrecht unterliegt, weil eine solche Vergütung eher dieser Vertragsart entspricht als dem Maklervertragsrecht[13].

Darüber hinaus hat der Bauträger in der Regel einen Finanzierungsplan aufzustellen, die erforderliche Vor- und Zwischenfinanzierung sicherzustellen sowie Fremdmittel für die

Hauptfinanzierung zu beschaffen. Er muss den Erwerber dabei über verschiedene Möglichkeiten aufklären. Sämtliche Finanzierungsmittel sind möglichst günstig für den Betreuten einzusetzen und zu beschaffen[14].

Zuweilen ist auch die Erstellung der Baupläne eine eigene Werkleistungspflicht des Bauträgers.

---

8 Leineweber, 373.
9 Leineweber, 373.
10 Baden, BauR 1983, 313.
11 OLG Koblenz, Urt. v. 30.04.1996, NJW-RR 1996, 919.
12 Locher/Locher, 409.
13 BGH, Urt. v. 17.04.1991, NJW-RR 1991, 914, 916.
14 Locher/Locher, 409.

2. Nebenleistungspflichten

Zusätzlich zu diesen Hauptleistungspflichten treffen den Bauträger eine Reihe von Nebenleistungspflichten, also Pflichten, die der Vorbereitung, Durchführung und Sicherung der Hauptleistung dienen[15].

Der Bauträger ist verpflichtet, den Erwerber bei Vertragsschluss und -durchführung zu beraten und aufzuklären, z. B. über Abweichungen des Vertragsinhalts zum Prospekt[16]. Er hat gegebenenfalls Mitwirkungspflichten bei der Bauausführung[17].

a) Bei Werkerrichtung

Der Bauträger hat geeignete Werkunternehmer auszuwählen und zu beauftragen. Bei einer arbeitsteiligen Bauausführung hat er die organisatorischen Voraussetzungen zu schaffen, so dass er sachgerecht beurteilen kann, ob und wann ein Mangel aufgetreten ist.

b) Steuerliche Beratung

In der Regel ist der Bauträger nicht zu einer Beratung über die steuerrechtlichen Folgen und das wirtschaftliche Ergebnis einer bestimmten Vertragsgestaltung verpflichtet[18]. Übernimmt er aber ausdrücklich entsprechende Verpflichtungen, haftet er für den Eintritt des in Aussicht gestellten steuerlichen Erfolgs[19].

3. Sicherheiten

Der Bauträger hat die zur Sicherung des Erwerbers erlassenen Bestimmungen der MaBV als vertragliche Nebenpflichten[20] einzuhalten[21]. Insbesondere hat er wahlweise die Pflichten des § 3 oder § 7 MaBV zu erfüllen, also bestimmte Sicherungsvorkehrungen, wie die Eintragung einer Vormerkung in das Grundbuch, zu treffen oder eine Bürgschaft beizubringen[22].

Darüber hinaus muss er mit dem Werkunternehmer Sicherheitsleistungen für etwaige Baumängel vertraglich vereinbaren[23], da sonst zwischen dem

---

[15] Palandt/Heinrichs, § 241, 5.
[16] Basty, 669 f.
[17] Leineweber, 379.
[18] Basty, 672.
[19] Ingenstau/Korbion/Korbion, Anh. 3, 302.
[20] OLG Bremen, Urt. v. 26.01.1977, NJW 1977, 638 f.
[21] Leineweber, 376.
[22] Vgl. dazu im 4. Teil, Gliederungspunkt A. I.
[23] OLG Köln, Urt. v. 08.05.1974, MDR 1974, 931; Ingenstau/Korbion/Korbion, Anh. 3, 309.

Werkunternehmer und dem Erwerber vereinbarte Freizeichnungsklauseln[24] gegen Treu und Glauben verstoßen[25].

II. Haftung

Bei einer Verletzung der soeben genannten Haupt- und Nebenpflichten haftet der Bauträger unter gewissen Voraussetzungen hierfür. Ebenso wie die Hauptleistungspflichten richten sich Mängelansprüche auch nach der Schuldrechtsreform[26] jeweils nach Kauf- oder Werkvertragsrecht[27].

1. Begründung für die Haftung des Bauträgers

Die in den Bauträgervertrag einfließenden Regeln sowohl des Kauf- als auch des Werkvertrags normieren die Pflicht, dass der Schuldner seine Leistung frei von Sach- und Rechtsmängeln zu erbringen hat. Im Kaufvertrag ist die Mangelfreiheit der Kaufsache gemäß § 433 Abs. 1 S. 2 BGB eine Hauptleistungspflicht. Damit hat sich der Gesetzgeber gegen die Gewährleistungstheorie, nach der ein Verkäufer schon durch die Lieferung einer mangelhaften Sache seine Leistungspflicht erfüllte, und für die Erfüllungstheorie entschieden[28], nach der der Verkäufer zur Lieferung einer mangelfreien Sache verpflichtet ist. Die Mängelrechte des Kauf- und des Werkvertragsrechts beruhen folglich auf der Nichterfüllung vertraglicher Hauptleistungspflichten. Schuldhaft muss diese Nichterfüllung seitens des Bauträgers nicht erfolgen.

Die Schadensersatzansprüche aus §§ 280 ff. BGB hingegen setzen ein Verschulden des Bauträgers voraus. Dieses wird nach § 280 Abs. 1 S. 2 BGB vermutet, sofern nicht der Bauträger nachweist, dass er die Pflichtverletzung nicht zu vertreten hat.

2. Haftung wegen mangelhafter Bauträgerleistung

Ob und in welchem Rahmen der Bauträger für mangelhafte oder ausbleibende Leistung haftet, richtet sich zunächst danach, ob die Leistungsstörung vor oder nach der Abnahme eintritt.

---

24 Vgl. dazu unten Gliederungspunkt B. II. 5.

25 Diese Sicherheiten werden laut telefonischer Auskunft eines Mitarbeiters der Gothaer-Versicherung mit dem Verfasser am 26.11.2003 jedoch aus Kostengründen nur selten vereinbart.

26 Ott, NZBau 2003, 233, 235.

27 Leineweber, 807.

28 Begründung des Regierungsentwurfs zur Schuldrechtsreform, BT-Drucks. 14/6040, 169, 425; Dauner-Lieb, JZ 2001, 8, 13 f.

a) Abnahme

Die Abnahme ist in § 640 BGB geregelt. Unter ihr ist die körperliche Hinnahme im Wege der Besitzübertragung, verbunden mit der Anerkennung des Werkes als in der Hauptsache vertragsgemäße Leistung[29], zu verstehen. Mit der Abnahme wird nach § 641 Abs. 1 S. 1 BGB die Vergütung fällig. Sie darf gemäß § 640 Abs. 2 BGB[30] nur bei schwerwiegenden Mängeln verweigert werden.

Eine Besonderheit ist bei der Abnahme von Gemeinschaftseigentum nach dem Wohnungseigentumsgesetz zu beachten. Hier wäre eine Abnahme durch alle Sondereigentumserwerber unpraktikabel, vor allem wenn diese Kapitalanleger sind. Hier empfiehlt sich, die Abnahme durch einen öffentlich bestellten und vereidigten Sachverständigen vornehmen zu lassen[31].

b) Rechte bis zur Abnahme

Vor der Abnahme kann der Erwerber wegen Mängeln nach § 631 Abs. 1 BGB Erfüllung, also Herstellung des versprochenen mangelfreien Werks verlangen. Gemäß § 640 Abs. 1 S. 2 BGB kann er bei wesentlichen Mängeln die Abnahme verweigern. Desweiteren stehen ihm die Rechte des allgemeinen Leistungsstörungsrechts in den Fällen der Unmöglichkeit, des Verzugs und des Schadensersatzes nach den §§ 280 ff. BGB zu, sofern der Bauträger die Pflichtverletzung zu vertreten hat. Dies gilt auch für eine schuldhaft verzögerte Eigentumsverschaffung[32].

Die Verletzung der Sicherungspflichten nach der MaBV gewährt wegen ihrer zentralen Bedeutung dem Erwerber einen eigenständigen Erfüllungsanspruch[33], der auf Stellung der jeweiligen Sicherheit oder auf Schadensersatz gerichtet ist.

c) Rechte nach der Abnahme

Nach der Abnahme ist der Erwerber auf die jeweils vertragstypischen Mängelrechte beschränkt[34]. Diese werden im Folgenden überblicksartig dargestellt.

---

29 BGH, Urt. v. 25.03.1993, NJW 1993, 1972.

30 Arg. e. cont.

31 Jacob/Ring/Wolf/v. Buttlar/Schmidt, § 2, 106.

32 Leineweber, 793.

33 Leineweber, 378.

34 Ott, NZBau 2003, 233, 236.

aa) Mängel am Bauwerk

(1) Mängelrechte nach dem BGB

Die Gewährleistung für Mängel am Bauwerk richtet sich auch nach der Schuldrechtsreform[35] nach Werkvertragsrecht[36]. Der Bauträger haftet grundsätzlich unbeschränkt und unabhängig von einem Verschulden dafür, dass die Sache zum Zeitpunkt der Übergabe bzw. Abnahme frei von Rechts- und Sachmängeln ist. Der Sachmangelbegriff nach § 633 Abs. 2 BGB sieht eine subjektive dreistufige Interpretation[37] vor. Zunächst liegt ein Mangel vor, wenn die Ist- von der vertraglich vereinbarten Sollbeschaffenheit abweicht. Haben die Parteien keine Beschaffenheitsvereinbarung getroffen, ist die nach dem Vertrag vorausgesetzte, also die vom Besteller beabsichtigte und dem Bauträger bekannte Verwendung maßgeblich[38]. Kann die beabsichtigte Verwendung nicht festgestellt werden, ist ein Mangel anzunehmen, wenn sich die Sache nicht für die gewöhnliche Verwendung eignet oder die übliche Beschaffenheit aufweist, die der Besteller erwarten kann.

Bei Mangelhaftigkeit der Werkleistung besteht primär ein Nacherfüllungsanspruch gemäß § 634 Nr. 1 BGB. Bevor sekundäre Rechte der Selbstvornahme, Rücktritt, Minderung und Schadensersatz geltend gemacht werden können, ist gemäß den §§ 635 ff. BGB in der Regel eine Frist zur Nacherfüllung einzuräumen. Eine Nachfristsetzung ist dann gemäß § 636 BGB entbehrlich, wenn der Unternehmer die Nacherfüllung verweigert, sie fehlgeschlagen ist oder dem Besteller unzumutbar ist. Letzteres ist der Fall, wenn allein aus Sicht des Bestellers auf Grund von objektiven Umständen das Vertrauen auf ordnungsgemäße Durchführung der Mängelbeseitigung erschüttert, insbesondere eine solche nicht mehr zu erwarten ist oder das Vertrauensverhältnis zwischen den Parteien unwiederbringlich zerstört ist[39].

Nur ein Schadensersatzanspruch nach §§ 634 Nr. 4, 280 ff. BGB setzt nach § 280 Abs. 1 S. 2 BGB Verschulden des Bauträgers voraus.

[35] Heinemann, ZfIR 2002, 167, 168.
[36] BGH, Urt. v. 16.04.1973, NJW 1973, 1235, 1236; Urt. v. 05.04.1979, NJW 1979, 1406.
[37] Ott, NZBau 2003, 233, 235.
[38] Ott, NZBau 2003, 233, 235.
[39] OLG Koblenz, Urt. v. 19.07.2001, NJW-RR 2002, 669.

(2) Mängelrechte nach VOB/B

Die Haftung des Bauträgers kann sich auch aus der VOB/B ergeben. Dazu muss diese wirksam zwischen den Parteien vereinbart worden sein[40], denn ihre Regelungen gelten weder als Gewohnheitsrecht, noch als Handelsbrauch oder allgemeine Verkehrssitte[41].

Jedoch wird nicht einheitlich beurteilt, ob und in welchem Umfang ein Bauträger seinem Vertrag die VOB/B überhaupt zu Grunde legen kann[42]. Diese Frage hat der BGH bislang nicht beantwortet. Sie wird z. T. bejaht unter der Einschränkung, dass die VOB/B nur für die eigentlichen Bauleistungen vereinbart werden kann[43] und nicht für die sonstigen Tätigkeiten des Bauträgers wie Architekten- und Ingenieurleistungen[44]. Vor allem, ob für die vom Bauträger geschuldeten Planungsleistungen die VOB/B vereinbart werden können[45], hat der BGH offen gelassen[46].

Zum Generalunternehmervertrag hat die Rechtsprechung entschieden, dass keine Bedenken gegen eine Vereinbarung der VOB/B bestehen[47], wenn sie als Ganze einbezogen wird[48]. Eine solche Einbeziehung als Ganze hat zur Folge, dass die Regeln der VOB/B einer Klauselkontrolle nach den §§ 307 ff. BGB entzogen sind[49]. Allerdings führte jede noch so geringe Abweichung von der VOB/B dazu, dass sie nicht „als Ganze" vereinbart ist[50] und eine isolierte Inhaltskontrolle der Regelungen vorzunehmen ist.

Gerade eine solche Vereinbarung der VOB/B als Ganze wird jedoch wegen der Ungeeignetheit einzelner Regelungen[51], z. B. der § 1 Nr. 1 und 4, § 2 Nr. 5 und 6, § 4 Nr. 1 Abs. 2 und 3, §§ 8,[52] 16 Nr. 6 VOB/B[53], für den Bauträgervertrag ausgeschlossen[54].

---

40 Ingenstau/Korbion/Korbion, Anh. 3, 327.
41 Kleine-Möller/Merl/Oelmaier/Merl, 12, 48.
42 Werner/Pastor, 1017; Mehrings, NJW 1998, 3457, 3458.
43 Mehrings, NJW 1998, 3457.
44 BGH, Urt. v. 17.09.1987, NJW 1988, 142, 143; Werner/Pastor, 1017.
45 Ablehnend Blank, 352.
46 BGH, Urt. v. 04.11.1982, NJW 1983, 453, 454; Urt. v. 10.11.1983, NJW 1984, 725, 726.
47 BGH, Urt. v. 17.09.1987, NJW 1988, 142, 143.
48 Ganten/Jagenburg/Motzke/Jagenburg, § 1, 67.
49 Palandt/Heinrichs, § 307, 160.
50 BGH, Urt. v. 22.01.2004, NJW 2004, 1597.
51 BGH, Urt. v. 04.11.1982, NJW 1983, 453, 454; Urt. v. 17.09.1987, NJW 1988, 142, 143.
52 BGH, Urt. v. 21.11.1985, NJW 1986, 925, 926.
53 Aufzählung bei Blank, 352; Mehrings, NJW 1998, 3457, 3458.
54 Kapellmann/Messerschmidt/Thierau, VOB/A Anh., 112; Blank, 352; Wirth/Kromik, 64; vgl. auch Mehrings, NJW 1998, 3457, 3458.

Hingegen sollen die auf die vom Bauträger zu erbringenden Bauleistungen[55] passenden Regeln[56] vereinbart werden können, sofern die einzelnen Leistungen im Vertrag deutlich getrennt werden[57]. Gerade eine solche, deutliche Trennung der Leistungspflichten ist jedoch im Bauträgervertrag nicht problemlos möglich, da sie untereinander in einem sachlichen Zusammenhang stehen[58] und der Vertrag durch eine Mischkalkulation gekennzeichnet ist. Außerdem würde eine Trennung der Vertragsbestandteile den Verbraucherschutz einschränken[59], weil sie die – unter anderem mit der Trennung beabsichtigte – Umgehung der Schutzvorschriften der MaBV ermöglichen würde[60].

Weil der Bauträgervertrag viele vom Bauvertrag verschiedene Leistungen beinhaltet, ist die Vereinbarung der VOB/B deswegen nicht sinnvoll[61]. Denn wenn man den im vorherigen Absatz genannten Vorschriftenkatalog außer Acht lässt, sind die übrigen Bestimmungen untereinander nicht mehr ausgewogen[62] und die Interessen der Vertragspartner nicht mehr gleichermaßen berücksichtigt. Schließlich ist die VOB/B darauf ausgerichtet, dass der Auftraggeber Bauherr ist[63]; gerade diese Rollenverteilung ist im Bauträgervertrag nicht gegeben, da hier der Bauträger als Auftragnehmer die Bauherreneigenschaft innehat[64]. Daher kann die VOB/B im Bauträgervertrag nicht wirksam vereinbart werden[65].

Abgesehen davon sind nach der Schuldrechtsreform wesentliche Unterschiede zwischen dem BGB und der VOB/B, z. B. durch die Angleichung des Sachmangelbegriffs (§ 633 Abs. 2 BGB und § 13 Nr. 1 VOB/B), weggefallen. In der Praxis wird die VOB/B in Bauträgerverträgen ohnehin nur sehr selten vereinbart[66], da der zunächst[67] vorrangig[68] verfolgte Zweck der Verkürzung der Gewährleis-

---

55 Werner/Pastor, 1017; Leineweber, 374.

56 Mehrings, NJW 1998, 3457, 3458.

57 Nicklisch/Weick, Einl., 59d.

58 Dies sieht auch Nicklisch/Weick, Einl., 59d, problematisch.

59 Sorge, DNotZ 2001, 261, 262, insbesondere Fn. 11.

60 Brych/Pause, 800 f.

61 Schulze-Hagen, BauR 1992, 320, 328 f., insbesondere zur Einbeziehung einzelner Vorschriften der VOB/B; Koeble, NJW 1992, 1142, 1146.

62 Wirth/Kromik, VII., 64 f.

63 Schulze-Hagen, BauR 1992, 320, 329.

64 Vgl. oben Gliederungspunkt A. II.

65 Koeble, NJW 1992, 1142, 1145 f.

66 Ott, NZBau 2003, 233, 236; im Gegenschluss wohl auch Weise, 13.

67 Wirth/Kromik, VII., 64, weist auf die Tendenz in der Baupraxis hin, die Gewährleistungsfrist auch bei Vereinbarung der VOB/B auf fünf Jahren zu belassen, so dass das Bedürfnis des Bauträgers nachlässt, die Gewährleistungsfristen, die der Erwerber gegen

tungsfrist nicht mehr erreicht werden kann, weil dies gemäß § 309 Nr. 8 b) ff) a. E. BGB gerade eine Vereinbarung der VOB/B insgesamt voraussetzt, was – wie gezeigt – nicht möglich ist.

Deswegen wird auf die Mängelrechte nach der VOB/B hier nicht weiter eingegangen.

bb) Mängel am Grundstück

Die Mängel, die im Rahmen der Eigentumsverschaffungspflicht des Bauträgers auftreten, werden nach Kaufrecht[69] beurteilt. Gemäß § 433 Abs. 1 S. 2 BGB ist die Kaufsache mangelfrei zu übergeben. Ob ein Mangel vorliegt, wird nach demselben Stufenverhältnis wie im Werkvertragsrechts beurteilt[70]. Bis zum Gefahrübergang hat der Erwerber einen Anspruch auf Verschaffung einer mangelfreien Sache. Daneben gelten wie im Werkvertragsrecht die allgemeinen Regeln über Verzug, Unmöglichkeit und Schadensersatz gemäß §§ 280 ff. BGB wegen sonstiger, nicht mangelbezogener Pflichtverletzungen.

Der Bauträger übernimmt das Risiko der rechtlichen Bebauungsfähigkeit des Grundstücks. Er haftet verschuldensunabhängig, wenn die Baugenehmigung für das beworbene Haus nicht in dieser Form erteilt wird oder nachträglich, z. B. nach Nachbarwiderspruch, eingeschränkt oder wieder entzogen wird[71].

Nach Gefahrübergang gilt auch im Kaufrecht zunächst das Recht des Verkäufers auf Nacherfüllung. Erst nach fruchtlosem Ablauf einer grundsätzlich zu gewährenden Nachfrist stehen dem Käufer Rücktritt, Minderung, Schadens- oder Aufwendungsersatz bei Vorliegen der jeweiligen Voraussetzungen zu. Auch hier erfordert ein Schadensersatzanspruch gemäß § 280 BGB Verschulden des Bauträgers.

3. Haftung wegen Nebenpflichtverletzung

Verletzt der Bauträger eine oben genannte[72] Nebenpflicht vor oder nach der Abnahme, hat der Erwerber Ansprüche aus §§ 280 Abs. 1, 241 Abs. 2, 281 ff. BGB, sofern den Bauträger ein Verschulden trifft.

---

ihn und er seinerseits gegen den Bauunternehmer hat, über eine Vereinbarung der VOB/B auch im Bauträgervertrag anzugleichen.

[68] Mehrings, NJW 1998, 3457, 3459.

[69] OLG Karlsruhe, Urt. v. 08.01.1991, NJW 1991, 1836 f.

[70] Vgl. oben Gliederungspunkt B. II. 2. c) aa) (1) .

[71] Leineweber, 256.

[72] Vgl. oben Gliederungspunkt B. I. 2.

Für den Eintritt eines bestimmten steuerlichen Erfolgs haftet der Bauträger nur dann, wenn die Parteien ausdrücklich bestimmte Steuervorteile vertraglich vereinbart haben[73].

4. Art und Umfang der Mängelrechte

Nach der Schuldrechtsreform stehen die Mängelrechte des Erwerbers in einem Stufenverhältnis[74]. Zunächst hat der Erwerber einen Nacherfüllungsanspruch[75].

Macht der Erwerber den Nacherfüllungsanspruch geltend, kann der Bauträger nach § 635 Abs. 1 BGB wählen, ob er den Mangel beseitigen oder ein neues Werk herstellen will. Bei beiden Varianten hat der Bauträger gemäß § 635 Abs. 2 BGB sämtliche Aufwendungen für die Nacherfüllung zu tragen. Würde die Nacherfüllung einen Aufwand erforderlich machen, der unter Beachtung der Gebote von Treu und Glauben in einem groben Missverhältnis zum Leistungsinteresse des Bestellers steht, kann der Bauträger die Erfüllung gemäß § 275 Abs. 2 S. 1 BGB verweigern, wobei sich die Grenze des dem Bauträger Zumutbaren gemäß S. 2 auch danach bemisst, ob er das Leistungshindernis zu vertreten hat. Unabhängig vom Interesse des Erwerbers kann der Bauträger die Nacherfüllung gemäß § 635 Abs. 3 BGB auch dann verweigern, wenn die Nacherfüllung nur mit unverhältnismäßigen Kosten verbunden ist. Bei dieser Einrede sind allein die Kosten der Nacherfüllung in Verhältnis zu dem objektiven Wertverlust des Werkes durch den Mangel einerseits und zu dem objektiven Gesamtwert des Werkes andererseits abzuwägen[76]. Scheidet eine Nacherfüllung aus, stehen dem Erwerber die anderen Mängelrechte zur Verfügung.

Wählt der Erwerber wegen Mangelhaftigkeit des Bauwerks gemäß § 634 BGB den Rücktritt vom Vertrag und hatte er bereits einen Teil seiner Leistung erbracht, wie dies zur Finanzierung des Vorhabens beim Bauträgervertrag die Regel ist, so wandelt sich der Vertrag in ein Rückabwicklungsschuldverhältnis, für das die §§ 346 ff. BGB gelten. Der Bauträger hat die empfangenen Beträge zurückzuzahlen.

Bei der Minderung ist die Vergütung gemäß §§ 634, 638 BGB verhältnismäßig herabzusetzen. Hat der Erwerber bereits mehr als diese geminderte Vergütung an den Bauträger gezahlt, so hat dieser an jenen gemäß § 638 Abs. 4 BGB den Mehrbetrag zu erstatten.

---

[73] Ingenstau/Korbion/Korbion, Anh.3, 302.
[74] Palandt/Sprau, § 634, 2.
[75] Vgl. oben Gliederungspunkt B. II. 2. c) aa) (1) .
[76] Palandt/Sprau, § 635, 12.

Beseitigt der Erwerber nach fruchtlosem Verstreichen der dem Bauträger gesetzten angemessenen[77] Frist einen Mangel selber, hat der Erwerber gemäß § 637 BGB einen Anspruch auf Ersatz der notwendigen Kosten. Dieser Anspruch ist auf Geld gerichtet. Nach § 637 Abs. 3 BGB kann der Erwerber auf diesen Betrag vom Bauträger auch einen Vorschuss verlangen.

Beim Schadensersatzanspruch hat der Schädiger gemäß § 249 Abs. 1 BGB grundsätzlich Naturalrestitution zu leisten, indem er den Zustand herstellt, der bestehen würde, wenn der zum Ersatz verpflichtende Umstand nicht eingetreten wäre. Es ist das positive Interesse zu ersetzen, der Geschädigte also so zu stellen, als wäre ordnungsgemäß erfüllt worden. Erfasst werden auch adäquat verursachte Folgeschäden, die in den Schutzbereich fallen[78], und nicht nur Schäden am Bauwerk selber.

Der Geschädigte wird bei der Beschädigung einer Sache in der Regel nach § 249 Abs. 2 S. 1 BGB statt der Herstellung den dazu erforderlichen Geldbetrag verlangen, weil in der Regel der Geschädigte dem Schadensverursacher nicht mehr zutraut, den Schaden zu beheben. Bei Unmöglichkeit und Verzug ist der Schaden ohnehin ein finanzieller.

Gemäß § 252 BGB umfasst der zu ersetzende Schaden auch den entgangenen Gewinn, den der Geschädigte insbesondere nach den getroffenen Anstalten und Vorkehrungen mit Wahrscheinlichkeit erwarten konnte.

5. Freizeichnungsmöglichkeit

a) Begriff

Prinzipiell kann sich ein Bauträger von bestimmten Bereichen der soeben beschriebenen Haftung durch eine sogenannte Freizeichnung befreien. Hierfür muss er mit dem Erwerber vereinbaren, dass er dem Erwerber gegenüber nicht selbständig für Pflichtverletzungen der Werkunternehmer haftet, die er beauftragt hat. Gleichzeitig hat er dem Erwerber alle ihm gegen diese Werkunternehmer zustehenden Ansprüche wegen möglicher Pflichtverletzungen abzutreten. Inhalt und Umfang einer Freizeichnung müssen wirksam vereinbart und die Abtretung hinreichend klar formuliert sein[79]. Ob eine ausreichende Aufklärung erfolgte, wird unter anderem durch interessengerechte Auslegung ermittelt, bei der auf die Belange des Bauträgers und des Erwerbers Rücksicht zu nehmen ist[80].

---

77 Vgl. zur Angemessenheit Palandt/Heinrichs, § 323, 14.
78 Palandt/Heinrichs, § 249, 36.
79 Ingenstau/Korbion/Korbion, Anh. 3, 312.
80 BGH, Urt. v. 04.06.1981, NJW 1981, 2343.

b) Grenzen

Ein vollständiger Ausschluss der Gewährleistung ist nahezu nicht möglich[81]. Freizeichnungen sind allenfalls in äußerst engen Grenzen denkbar. Zu unterscheiden sind Vereinbarungen in allgemeinen Geschäftsbedingungen und in Individualverträgen.

In allgemeinen Geschäftsbedingungen ist gemäß § 309 Nr. 8 b) aa) BGB eine Vereinbarung unwirksam, derzufolge Ansprüche des Erwerbers gegen den Verwender, also gegen den Bauträger, wegen eines Mangels ganz oder teilweise ausgeschlossen werden, auf die Einräumung von Ansprüchen Dritter beschränkt oder davon abhängig gemacht werden, dass der Erwerber zunächst Dritte, also z. B. den Werkunternehmer, als möglichen Verantwortlichen des Mangels, in Anspruch nehmen muss. Auch sonstige Freizeichnungen sind in Formularverträgen weitgehend unwirksam[82].

Dieser Ausschluss von Freizeichnungmöglichkeiten gilt zwischen einem Unternehmer und einem Verbraucher gemäß § 310 Abs. 3 Nr. 2 BGB auch dann, wenn die vorformulierte Vertragsbedingung nur zur einmaligen Verwendung bestimmt ist und der Verwender auf ihren Inhalt keinen Einfluss nehmen konnte. Dass ein Notar den Vertragsschluss begleitet hat, schließt diese Rechtsfolge nicht aus. Denn selbst in Verträgen, die unter Beteiligung eines Notars ausgehandelt wurden, sind formelhafte Gewährleistungsausschlüsse zu beanstanden und nach Treu und Glauben unwirksam, sofern dem Erwerber nicht in einer für ihn verständlichen Sprache Umfang und Tragweite der Vereinbarung bewusst gemacht wird[83].

Nach der Rechtsprechung lässt sich allenfalls in notariellen Individualverträgen ein Gewährleistungsausschluss vereinbaren[84]. Da aber fast nie Individualverträge geschlossen werden[85], sind Freizeichnungsmöglichkeiten nahezu nicht gegeben[86].

c) Durchsetzung abgetretener Ansprüche

Sollte eine Freizeichnung wirksam vereinbart worden sein, muss der Bauträger dem Erwerber die im Einzelfall für die Durchsetzung der abgetretenen Gewähr-

---

81 Heinemann, ZfIR 2002, 167, 170.
82 Vgl. im Einzelnen Pause, NZBau 2002, 648, 654 f.
83 BGH, Urt. v. 29.06.1989, NJW 1989, 2748, 2749.
84 BGH, Urt. v. 29.06.1989, NJW 1989, 2748, 2749.
85 Hertel, ZNotP 2001, 5, 6; Jacob/Ring/Wolf/v. Buttlar/Schmidt, § 2, 11.
86 Jacob/Ring/Wolf/v. Buttlar/Schmidt, § 2, 97; Heinemann, ZfIR 2002, 167, 170; Blank, ZfIR 2002, 635, 636, Anm. zu BGH, Urt. v. 21.03.2002, NJW 2002, 2470.

leistungsansprüche erforderlichen Informationen erteilen[87], wie es auch § 402 BGB vorsieht. Zu dieser Nebenpflicht[88] zählen als Minimalvoraussetzungen[89] die Bekanntgabe des bzw. der nach Ansicht des Bauträgers für den Mangel verantwortlichen Baubeteiligten[90] sowie die Unterrichtung über den Inhalt der Verträge und über die Abnahme[91]. Der Erwerber hat dann in jedem Fall nach Auftragsrecht einen Anspruch gegen den Bauträger auf Ersatz der Auslagen hat, die er bei dem Vorgehen gegen den Werkunternehmer aufwenden muss[92].

6. Die Haftung mehrerer Baubeteiligter

a) Außenverhältnis gegenüber dem Erwerber

Sowohl der Bauträger als auch der von ihm beauftragte Bauunternehmer sind zur Herstellung eines mangelfreien Werkes verpflichtet. Dennoch sind sie grundsätzlich keine Gesamtschuldner im Sinne des § 421 BGB. Dies würde nämlich voraus setzen, dass die Schuldner demselben Gläubiger gegenüber verpflichtet sind[93] und sich die Pflichten der Gesamtschuldner auf dasselbe Leistungsinteresse beziehen[94].

Der Bauträger und der von ihm beauftragte Werkunternehmer – im Sinne eines Haupt- und eines Subunternehmers – sind hingegen keine Gesamtschuldner, da der Besteller nur Ansprüche gegen den Bauträger hat[95].

Etwas anderes kann nur dann gelten, wenn der Werkunternehmer unmittelbar dem Erwerber vertraglich verpflichtet ist. Dies ist nur beim selbständigen Sonderwunschvertrag[96] der Fall. Dem Erwerber sind dann der Werkunternehmer zur mangelfreien Werkerstellung bzgl. des Sonderwunsches und der Bauträger ggf. zur Überwachung, Bauleitung und Hinweisen verpflichtet. Für eine Abgrenzung der jeweiligen Ansprüche finden sich jedoch nur einzelne Anhaltspunkte in der Rechtsprechung[97]. Gesamtschuld zwischen zwei Baubeteiligten ist dann

---

87 Ingenstau/Korbion/Korbion, Anh. 3, 311.
88 BGH, Urt. v. 23.02.1978, NJW 1978, 1375, 1376.
89 Leineweber, 816.
90 BGH, Urt. v. 04.06.1981, NJW 1981, 2343, 2344; Urt. v. 29.06.1981, NJW 1981, 2344, 2345.
91 BGH, Urt. v. 22.12.1988, NJW-RR 1989, 467; Urt. v. 05.04.1984, NJW 1984, 2094, 2095.
92 BGH, Urt. v. 12.07.1984, NJW 1984, 2573; Ingenstau/Korbion/Korbion, Anh. 3, 317.
93 BGH, Urt. v. 11.11.1993, NJW 1994, 443.
94 Palandt/Heinrichs, § 421, 5.
95 BGH, Urt. v. 23.04.1981, NJW 1981, 1779.
96 Vgl. oben Gliederungspunkt B. I. 1.
97 Virneburg, BauR 2004, 1681, 1688.

anzunehmen, wenn sie für denselben Baumangel verantwortlich sind[98]. Verletzen also Bauträger und Werkunternehmer beide ihre Pflichten und führen diese Pflichtverletzungen jede für sich zu demselben Mangel, sind sie Gesamtschuldner[99]. Dass die Verpflichtungen nicht auf demselben Rechtsgrund beruhen, ist dabei unschädlich[100]. Auch dass die Verpflichtungen von verschiedenen Verträgen herrühren, hindert nicht die Annahme einer Gesamtschuld. Sie müssen lediglich in einem gleichstufigen Verhältnis zueinander stehen[101]. Dies ist jedoch anzunehmen, da die Verpflichteten eine Tilgungsgemeinschaft bilden, die nur dann fehlen würde, wenn die Schulden sich im Außenverhältnis gegenüber dem Berechtigten im Rang unterscheiden[102] also ein Schuldner vorrangig vor dem anderen zu leisten hat. Ein solcher Rangunterschied ist aber zwischen der Schuld des Bauträgers wegen Aufsichts- und Hinweispflichtsverletzung und der Schuld des Werkunternehmers wegen mangelhafter Sonderwunschausführung nicht gegeben.

Eine Gesamtschuldnerschaft von Bauträger und Werkunternehmer ist im Ergebnis also möglich, wenn ein Sonderwunschvertrag mangelhaft ausgeführt wird und für diesen Mangel der Werkunternehmer wegen Nichterfüllung seiner Leistungspflicht und der Bauträger wegen schuldhafter Verletzung seiner Aufsichts- und Hinweispflichten haftet.

b) Innenausgleich nach § 426 BGB

Liegt eine Gesamtschuld vor und erfüllt einer der Gesamtschuldner den Anspruch des Erwerbers, hat er seinerseits einen anteiligen Ausgleichsanspruch gegen den anderen aus § 426 Abs. 1 S. 1 oder § 426 Abs. 2 S. 1 BGB. Nur wenn der Verteilungsmaßstab, z. B. der jeweilige Verursachungsanteil für den Schaden, fehlt oder nicht ermittelbar ist, greift die Regel des § 426 Abs. 1 S. 1 BGB[103], wonach die Gesamtschuldner zu gleichen Teilen verpflichtet sind.

98 OLG Hamm, Urt. v. 30.03.1995, NJW-RR 1996, 273.

99 Virneburg, BauR 2004, 1681, 1688.

100 BGH, Urt. v. 27.03.1969, NJW 1969, 1165, 1167.

101 Palandt/Heinrichs, § 421, 9 ff.; die Gegenansicht versteht § 421 BGB als generelle Gesamtschuldanordnung und verzichtet daher auf das Merkmal der Gleichstufigkeit. Sie bezieht sich aber nur auf gesetzliche Forderungsübergänge, die hier nicht betroffen sind. Folglich sind die unterschiedlichen Positionen nicht auszuführen.

102 Palandt/Heinrichs, § 421, 6.

103 Palandt/Heinrichs, § 426, 7.

7. Regressanspruch gegen tatsächlich Verantwortlichen

Wenn der Bauträger – wie regelmäßig der Fall – gegenüber dem Erwerber allein für Mängel haftet, stehen ihm in der Regel wiederum Ansprüche gegen den Bauunternehmer zu. Wegen dieser Ansprüche kann er dem Bauunternehmer in einem zwischen ihm und dem Erwerber geführten Rechtsstreit gemäß §§ 72 ff. ZPO den Streit verkünden. Dies hat für den Bauträger den Vorteil, dass er sich gemäß §§ 74 Abs. 3, 68 ZPO gegenüber dem Bauunternehmer auf die Interventionswirkung berufen kann. In einem Regressprozess des Bauträgers gegen den Werkunternehmer ist das Gericht dann an die tatsächlichen und rechtlichen Feststellungen des Vorprozesses gebunden, sofern sie im neuen Prozess streitig sind, zugunsten der unterstützten Partei wirken und das frühere Urteil auf ihnen beruht[104].

8. Verjährung

Die Ansprüche gegen den Bauträger unterliegen unterschiedlichen Verjährungsfristen. Zu unterscheiden sind die Verjährung bei Mängelansprüchen (a), die sich je nach Art des Mangels nach Kauf- oder Werkvertragsrecht richten (aa, bb), und die sonstigen Ansprüche (b).

a) Mängelansprüche

aa) Werkvertragsrecht

Für die Mängel am Bauwerk[105] oder einem Werk, dessen Erfolg in der Erbringung von Planungs- oder Überwachungsleistungen hierfür besteht, beträgt die Verjährungsfrist nach § 634 a Abs. 1 Nr. 2 BGB fünf Jahre. Die um ein Jahr kürzere Verjährungsfrist für Mängelansprüche an Bauwerken nach § 13 Nr. 4 (I.)VOB/B kann in einem Bauträgervertrag nicht formularmäßig vereinbart werden. Zum einen ist eine isolierte, formularmäßige Vereinbarung dieser Vorschrift gemäß § 309 Nr. 8 a) ff) BGB nicht möglich[106]. Zum anderen ist aber im Bauträgervertrag auch eine Vereinbarung der VOB/B insgesamt, wie die von § 309 Nr. 8 b) ff) BGB vorgesehene Ausnahme voraussetzt, ausgeschlossen[107], da bestimmte Regelungen der VOB/B, selbst wenn sie ausdrücklich vereinbart

---

104 Zöller/Vollkommer, § 68, 9.

105 Vgl. oben Gliederungspunkt B. II. 2. c) aa).

106 BGH, Urt. v. 10.10.1985, NJW 1986, 315, 316; Urt. v. 23.02.1989, NJW 1989, 1602, 1604.

107 Vgl. oben Gliederungspunkt B. II. 2. c) aa) (2).

worden sein sollten, nicht auf diesen Vertragstyp passen und daher als stillschweigend abbedungen anzunehmen sind[108].

Die in § 634 Nr. 1, 2 und 4 BGB genannten Ansprüche auf Nacherfüllung, Aufwendungs- sowie Schadensersatz verjähren gemäß § 634 a Abs. 1 Nr. 2, Abs. 2 BGB nach fünf Jahren, wenn Gegenstand des Werkvertrags ein Bauwerk oder eine Planungs- oder Überwachungsleistung hierfür ist. Hierdurch wird der bisherigen Rechtsprechung[109] Rechnung getragen, dass alle bauwerkbezogenen Ansprüche, unabhängig davon ob sie körperlich oder unkörperlich sind, der gleichen Verjährungsfrist unterliegen[110]. Die Frist beginnt gemäß § 634 a Abs. 2 BGB jeweils mit der Abnahme. Ebenso ab diesem Zeitpunkt verjähren laut § 634 a Abs. 1 Nr. 1 BGB Ansprüche bezüglich beweglicher Sachen nach zwei Jahren.

Die regelmäßige Verjährungsfrist nach §§ 195, 199 BGB gilt gemäß § 634 a Abs. 1 Nr. 3 BGB für Mangelansprüche an sonstigen Werken, wie Gutachten, Beratungen oder Auskünften. Die Frist hierfür beträgt drei Jahre und beginnt gemäß § 199 BGB mit dem Schluss des Jahres, in dem der Anspruch entstanden ist und der Gläubiger von den den Anspruch begründenden Umständen und der Person des Schuldners Kenntnis erlangt oder ohne grobe Fahrlässigkeit erlangen müsste.

Diese Regelverjährung gilt nach § 634 a Abs. 3 S. 1 BGB auch dann, wenn der Bauträger einen Mangel arglistig verschwiegen hat; wobei die fünfjährige Verjährung bei Bauwerken nicht abgekürzt wird, § 634 Abs. 3 S. 2 BGB. Bei schweren Mangelfolgeschäden an Leib oder Leben des Bestellers steht ein erheblicher, rechtstatsächlicher Druck zu erwarten, diese längere Arglistverjährung zu nutzen, um die kurze Verjährung der § 634 a Nr. 1 und Nr. 2 BGB zu umgehen[111]. Dies könnte durch eine Fortsetzung der Rechtsprechung geschehen, die bereits im bisherigen Recht einen groben Organisationsmangel der Arglist des Unternehmers gleichgestellt hatte[112].

bb) Kaufvertragsrecht

Kaufrechtliche Mängelansprüche verjähren gemäß § 438 Nr. 1 BGB nach 30 Jahren, wenn der Mangel in einem dinglichen Recht eines Dritten, aus dem dieser die Herausgabe der Sache verlangen kann, oder in einem sonstigen Recht besteht, das im Grundbuch eingetragen ist. Sonstige Rechtsmängel, etwa nach

108 Mehrings, NJW 1998, 3457, 3458 f.
109 Mansel, NJW 2002, 89, 96.
110 BGH, Urt. v. 03.12.1998, NJW 1999, 2434.
111 Mansel, NJW 2002, 89, 96.
112 BGH, Urt. v. 12.03.1992, NJW 1992, 1754.

der Übertragung von Wohnungseigentum bestehen bleibende Miet- oder Pachtrechte nach §§ 581 Abs. 2, 578 Abs. 1 oder 566 Abs. 1 BGB, verjähren hingegen gemäß § 438 Abs. 1 Nr. 3 BGB in zwei Jahren. Sachmängel an einer nicht zu sanierenden Altbausubstanz verjähren gemäß § 438 Abs. 1 Nr. 2 a) BGB in fünf Jahren[113], weil an ihnen keine Werkleistungen erbracht wurden.

b) Sonstige Ansprüche

Die Verjährung der Schadensersatzansprüche wegen Nebenpflichtverletzung nach den §§ 437 Nr. 3, 634 Nr. 4, 280, 241 Abs. 2 BGB richtet sich nach der Regelverjährung der

§§ 195, 199 BGB, also in drei Jahren ab dem Schluss des Jahres, in dem der Anspruchsberechtigte von den den Anspruch begründenden Umständen und der Person des Schuldner Kenntnis erlangt oder ohne grobe Fahrlässigkeit hätte erlangen müssen.

III. Zwischenergebnis

Der Bauträger ist zur mangelfreien Erfüllung seiner Haupt- und Nebenleistungspflichten verpflichtet. Er haftet aufgrund des Mischcharakters des Bauträgervertrags für die Eigentumsverschaffung und Mangelfreiheit des Bauwerks nach Werkvertragsrecht des BGB und für die mangelfreie Eigentumsverschaffung am Grundstück nach Kaufvertragsrecht des BGB. Für die Haftung gelten nicht die Sonderregeln der VOB/B, da diese nicht wirksam vereinbart werden können. Sämtliche Schadensersatzansprüche setzen ein Verschulden voraus, es sei denn, es wurden entsprechende Garantien vereinbart[114]. Das Verschulden wird gesetzlich vermutet.

Freizeichnungsmöglichkeiten sind, wenn überhaupt, nur sehr eingeschränkt gegeben. Insbesondere Subsidiaritätsklauseln sind angesichts der bestehenden Risiken eines Rückgriffs eher nachteilig für den Bauträger[115].

Die gesamtschuldnerische Haftung von Bauträger und einem – ihm grundsätzlich untergeordneten – Werkunternehmer ist im Fall des selbständigen Sonderwunschvertrags dann gegeben, wenn die Mangelhaftigkeit des Werks sowohl auf der mangelhaften Erstellung durch den Werkunternehmer als auch auf der Verletzung der Hinweispflicht durch den Bauträger beruht. Letzteres setzt Verschulden des Bauträgers voraus.

---

113 Ott, NZBau 2003, 233, 238.

114 Jacob/Ring/Wolf/v. Buttlar/Schmidt, § 2, 94.

115 Leineweber, 817.

Nimmt der Erwerber den Bauträger im Rahmen der Mängelhaftung in Anspruch, verkündet letzterer dem Werkunternehmer sinnvollerweise den Streit, wenn eine Regresshaftung oder ein Gesamtschuldnerausgleich möglich erscheinen.

Werkvertragliche Ansprüche, deren Gegenstand ein Bauwerk oder eine Planungs- oder Überwachungsleistung sind, verjähren in fünf Jahren ab der Abnahme. Mangelansprüche an sonstigen Werken, wie Gutachten, Beratungen oder Auskünften verjähren nach drei Jahren. Die Frist hierfür beginnt mit Ablauf des Jahres, in dem der Anspruch entstanden ist und der Gläubiger von den den Anspruch begründenden Umständen und der Person des Schuldners Kenntnis erlangt oder ohne grobe Fahrlässigkeit erlangen müsste.

Kaufrechtliche Mängelansprüche, die ein dingliches Recht eines Dritten betreffen, verjähren innerhalb von 30 Jahren. Sonstige Rechtsmängel, wie z. B. noch bestehende Miet- oder Pachtrechte verjähren in zwei Jahren. Sonstige Ansprüche unterliegen der regelmäßigen Verjährungsfrist gemäß § 195 BGB nach drei Jahren; der Fristablauf beginnt gemäß § 199 Abs. 1 BGB.

C. Spanien

Die Haftung des Bauträgers ist in Spanien auch nach Erlass der LOE in verschiedenen Normen geregelt. Ihr Zusammenspiel wird in diesem Teil betrachtet, wofür in einem ersten Schritt die Pflichten des Bauträgers im spanischen Recht kurz zusammengefasst werden (I.). Danach werden schwerpunktmäßig[116] die Haftungsregeln der LOE erläutert (II.), bevor darauf aufbauend die Diskussion dargestellt wird, welche Normen des CC in welchem Umfang noch Geltung beanspruchen können (III.). Dieser Streit knüpft daran an, dass bereits vor dem Erlass der LOE der Bauträger gleichrangig[117] zum Bauunternehmer auf Grund verschiedener Haftungsgrundlagen haftete, die zum Teil auch neben der LOE Wirkung entfalteten. Das so erarbeitete Haftungssystem wird abschließend zusammenfasst (IV.).

I. Vertragliche Pflichten des Bauträgers

Auch in Spanien ist der Bauträger verpflichtet, ein mangelfreies Bauwerk gemäß dem Vertrag zu verschaffen[118]. Auf den mit ihm abgeschlossenen Vertrag sui generis finden unabhängig vom Fertigstellungszeitpunkt werk- und kaufvertrag-

---

116 Im Hinblick auf den Umfang der Pflichtversicherung, vgl. unten Teil 4.

117 Pagenkemper, 69.

118 STS, vom 20.06.1995, RJ 1995, 4934; Álvarez Olalla, 90; Carrasco Perera/Cordero Lobato/González Carrasco, 249.

liche Regeln Anwendung[119]. Diese Interpretation lässt sich aus der bisherigen Rechtsprechung gewinnen, die durch den Erlass der LOE in diesem Punkt nicht geändert wurde.

Auch wenn die LOE laut seiner Begründung den gesamten Prozess der Bauerrichtung umfassend neu regeln will, bestimmt es in Art. 9 lediglich Nebenpflichten des Bauträgers[120] und nach Art. 17 LOE werden nur die Ergebnisse des Bauprozesses beurteilt[121]. Im Gegensatz zu den anderen Baubeteiligten wurden die Hauptpflichten der Parteien des Bauträgervertrags jedoch nicht festgelegt[122].

II. Haftung nach Art. 17 f. LOE

Anspruchsgrundlage für die Haftung aus der LOE ist Art. 17. Er setzt viele Grundsätze um, die die Rechtsprechung zu Art. 1591 CC entwickelt hat. Art. 17 LOE regelt die Innen- und die Außenhaftung der Baubeteiligten untereinander, wobei z. T. umstritten ist, womit sich die jeweilige Haftung begründen lässt; der Meinungsstand wird wiedergegeben und eingeordnet (1.). Jedenfalls ist der Umfang der Haftung durch die LOE differenziert und beschränkt worden, und zwar sowohl in sachlicher (2.) als auch in zeitlicher Hinsicht (3.).

1. Haftungssphäre und -begründung

Die Haftungszuweisung gegenüber dem Bauträger erfolgt auf zwei Ebenen. Zum einen bestimmt Art. 17 LOE die Haftung im Außenverhältnis gegenüber dem Inhaber des Bauwerks (a). Zum anderen regelt Art. 18 Nr. 2 LOE die Innenhaftung der Beteiligten untereinander (b), indem die Norm dem im Hauptprozess Beklagten eine Regressmöglichkeit gegen den tatsächlich Verantwortlichen einräumt[123].

Die Einordnung und Rechtfertigung dieser Haftungsgründe ist unterschiedlich und teilweise umstritten.

a) Außenhaftung

Im Rahmen der Außenhaftung sind zwei Haftungsformen des Bauträgers zu unterscheiden. Entweder er haftet für sein eigenes Handeln (aa) oder gesamtschuldnerisch mit den anderen am Bau Beteiligten zusammen für eigenes oder für fremdes Handeln (bb).

---

119 Vgl. oben im 2. Teil, Gliederungspunkt B. V.

120 Vgl. oben im 2. Teil, Gliederungspunkt B. V. 1.

121 Vgl. oben Gliederungspunkt C. II. 1.

122 Ruiz-Rico Ruiz/Moreno-Torres Herrera/José Manuel Ruiz-Rico Ruiz, 145 f.

123 Dazu unten Gliederungspunkt C. II. 2.

aa) Art. 17 Nr. 1 LOE (responsabilidad personal e individualizada)

Gegenüber dem Inhaber des Bauwerks haftet grundsätzlich der Verursacher der Schäden nach Art. 17 Nr. 1 LOE.

Es gilt nach Art. 17 Nr. 2 der Grundsatz der „responsabilidad personal e individualizada", also der persönlichen, individuellen Haftung. Lässt sich also feststellen, wer ausschließlich für den Schaden verantwortlich ist, haftet nur dieser Beteiligte. Haben mehrere den Schaden zu klar abgrenzbaren Anteilen verursacht[124], so haften sie in Form der responsabilidad mancomunada[125] nach eben diesen Anteilen gemäß Art. 1137 S. 1 CC[126], was einer Teilschuld gemäß § 420 BGB im deutschen Recht entspricht. Lassen sich keine Verursachungsanteile feststellen, gilt Art. 17 Nr. 3 LOE[127].

Die rechtliche Einordnung der Haftung ist indes umstritten. Aus der Formulierung „unbeschadet der vertraglichen Haftung" in Art. 17 Nr. 1 LOE ließe sich schlussfolgern, dass es sich gerade nicht um eine vertragliche Haftung handelt. Für eine solche Interpretation würde auch sprechen, dass die Haftung nicht nur gegenüber den Ersterwerbern besteht, die einen Vertrag mit dem Bauträger schließen, sondern gemäß Art. 17 Nr. 1 LOE auch gegenüber allen weiteren Erwerbern[128]. Jedoch können auch letztere einen vertraglich begründeten Haftungsanspruch gegen den Bauträger haben. Dieser ließe sich über die Annahme einer konkludenten Zession dieser Ansprüche bei Veräußerung des Bauwerks begründen[129]. Schließlich wurde eine solche Zession von der Rechtsprechung bereits zu den Ansprüchen aus Art. 1591 CC angenommen[130], auch wenn die Rechtsnatur dieser Ansprüche nicht einheitlich als vertraglich angesehen wird[131].

---

[124] SSTS, vom 24. 01.1989, RJ 1989, 120; vom 09.06.1989, RJ 1989, 4417; vom 20.06.1989, RJ 1989, 4711; vom 19.10.1990, RJ 1990, 7983; vom 20.10.1990, RJ 1990, 8025; vom 28.07.1994, RJ 1994, 6930; vom 17.10.1995, RJ 1995, 7541; vom 24.09.1996, RJ 1996, 6653; vom 05.07.1997, RJ 1997, 5507; vom 22.11.1997, RJ 1997, 8077; vom 08.06.1998, RJ 1998, 4125; vom 18.06.1998, RJ 1998, 5064; vom 19.10.1998, RJ 1998, 7440; vom 20.11.1998, RJ 1998, 8413; vom 28.12.1998, RJ 1998, 10160; vom 25.06.1999, RJ 1999, 4560; vom 13.10.1999, RJ 1999, 7426.

[125] SSTS, vom 07.06.1985, RJ 1985, 3276; vom 29.11.1993, RJ 1993, 9183; vom 03.04.1995, RJ 1995, 2930; vom 27.04.1995, RJ 1995, 3259; vom 22.03.1997, RJ 1997, 2191.

[126] Albaladejo, 174.

[127] Vgl. dazu den nächsten Gliederungspunkt.

[128] Carrasco Perera/Cordero Lobato, 318.

[129] Díez-Picazo/de León, ADC 2000, 5, 14; Rouanet Mota, Act. Civ. 2002, 997, 1007.

[130] SSTS, vom 25.01.1993, Act. Civ. 1993, 523; vom 29.09.1993, RJ 1993, 6659; vom 03.02.1995, RJ 1995, 734.

[131] Vgl. dazu Pagenkemper, 40 f.

Zudem knüpft die Haftungsfrist der LOE an die Abnahme der Werkleistung an, die ihrerseits zu den vertraglichen Pflichten gehört[132]. Deswegen kann allein aus dem Wortlaut des Art. 17 Nr. 1 LOE nicht geschlossen werden, dass es sich nicht um eine vertragliche Haftung handelt. Vielmehr ist Art. 17 Nr. 1 LOE so zu verstehen, dass er nur die über seinen eigenen Anwendungsbereich hinausgehende[133] vertragliche Haftung unberührt lassen will.

Auf ein Verschulden kommt es nicht an[134]. Zwar forderte die Rechtsprechung, auf die diese Norm zurückzuführen ist, Verschulden als Haftungsvoraussetzung im Rahmen des Art. 1591 CC und schloss eine objektive Haftung aus. Gleichzeitig postulierte sie aber eine vom potentiellen Verursacher zu widerlegende Vermutung seines Verschuldens[135]. Der Gesetzgeber folgt hingegen beim Erlass der LOE seiner[136] Tendenz, die Haftung für Schäden zu objektivieren[137], indem letztere als Folge der Nichterfüllung der vertraglichen Pflichten aufgefasst werden[138]. Mit diesem Ansatz folgt der spanische Gesetzgeber dem europäischen[139], der beispielsweise in Art. 3 Abs. 1 i. V. m. Art. 2 der Verbrauchsgüterkaufrichtlinie[140] Ansprüche des Verbrauchers wegen Mängeln an der Kaufsache an die Abweichung der Kaufsache von der vertraglich vereinbarten oder gewöhnlichen Beschaffenheit knüpft. Auch in der Verbrauchsgüterkaufrichtlinie kommt es auf ein Verschulden nicht an.

Dieses Ergebnis lässt sich auch durch einen Vergleich mit der Haftung des Bauunternehmers stützen. Dieser haftet gemäß Art. 17 Nr. 6 LOE für Schäden, die durch die verwendeten Materialien verursacht werden, auch wenn diese schon schadhaft geliefert werden. Und auch er haftet verschuldensunabhängig. Seine Haftung lässt sich entweder dadurch begründen, dass ihm eine Untersuchungspflicht obliegt, die er schuldhaft – weil fahrlässig – verletzt hat. Oder man zählt die Verwendung geeigneter Materialien zu den Leistungspflichten, was bei Missachtung zu einer vertraglichen Nichterfüllung führt[141]. Für die letzte Auslegung spricht, dass es laut Art. 11 Nr. 2 d) LOE zu den vertraglichen

---

132 Cabanillas Sánchez, ADC 2000, 405, 444 ff.

133 Vgl. dazu unten Gliederungspunkt C. III.

134 González Tausz, RCDI 2000, 2691, 2701 f.; Cabanillas Sánchez, ADC 2000, 405, 466 f; González Poveda, ECI 2/2001, 3, 7.

135 González Poveda, ECI 2/2001, 3, 7; Femenía López, ECI 1/2002, 3, 5.

136 Díez-Picazo/de León, 159; Reglero Campos/Reglero Campos, II, 40.

137 González Poveda, ECI 2/2001, 3, 7.

138 González Poveda, ECI 2/2001, 3, 7.

139 Carrasco Perera/Cordero Lobato, 204, Fn. 22.

140 RL 1999/44/EG, EP/Rat, vom 25.05.1990, ABl. EG 1999 L-171, S. 12 – 16, vom 07.07.1999.

141 Díez-Picazo/de León, ADC 2000, 5, 19.

Pflichten des Bauunternehmers gehört, die für den Bau erforderlichen Materialien bereitzustellen. Es ist jedoch kein Grund ersichtlich, weswegen der spanische Gesetzgeber die Haftung des Bauträgers und die des Werkunternehmers unterschiedlich begründen sollte.

Daher sieht Art. 17 Nr. 1 LOE eine verschuldensunabhängige, vertragliche Haftung des Bauträgers vor, die sich ggf. aus abgetretenem Recht ergibt.

bb) Art. 17 Nr. 3 LOE (responsabilidad solidaria)

In Art. 17 Nr. 3 S. 1 LOE hat der Gesetzgeber die von der Rechtsprechung zu Art. 1591 CC aufgestellte Regel umgesetzt[142], wonach mehrere gemäß Art. 17 Nr. 1 LOE für einen Schaden Verantwortliche als Gesamtschuldner im Sinne des Art. 1137 S. 2 CC haften, wenn sich der jeweilige Verursachungsanteil nicht bestimmen lässt[143].

Dies ist angesichts der drei von der vorgesehenen Haftungsklassen[144] sinnvoll. Denn sie erleichtern nicht gerade die schon vor Erlass der LOE[145] schwierige, eindeutige Haftungszuordnung, da sie nicht an die jeweiligen Pflichten der Baubeteiligten anknüpfen, sondern an die Schwere des Schadens[146]. Lässt sich also der Verursachungsanteil[147] nicht eindeutig zuordnen, haften diejenigen, bei denen eine Mitverursachung feststeht, gemäß Art. 17 Nr. 3 S. 1 LOE als Gesamtschuldner. Der Gesamtschuldner muss, um der Haftung zu entgehen, beweisen, dass sein Handeln nicht für den Schaden ursächlich war[148].

Sofern der Bauträger nicht insolvent ist, dürften die Ansprüche aus Art. 17 Nr. 1 LOE in der Praxis angesichts der noch viel umfassenderen Haftung[149] des Bauträgers nach Art. 17 Nr. 3 LOE selten durch den Erwerber geltend gemacht werden[150]. Denn gemäß Art. 17 Nr. 3 S. 1 und S. 2 LOE haftet der Bauträger in jedem Fall, und zwar sowohl dann, wenn keine Ursache für den Schaden festzustellen ist, als auch zusammen mit dem jeweiligen Verursacher der Mängel als

---

142 Mezquita García-Granero, AC 1999, 2301, 2310 f.; Romero Pareja, ECI 11/2002, 10, 13.

143 SSTS, vom 29.05.1997, RJ 1997, 4117; vom 03.09.1997, Act. Civ. 1997, 1182; vom 22.11.1997, RJ 1997, 8097; vom 04.03.1998, RJ 1998, 1039; vom 19.10.1998, RJ 1998, 7440; vom 20.11.1998, RJ 1998, 8413; vom 05.12.1998, RJ 1998, 9618; vom 06.03.1999, RJ 1999, 1367; vom 25.06.1999, RJ 1999, 4560.

144 Vgl. unten Gliederungspunkt C. II. 2. b) .

145 Nieto Alonso, ECI 2/2004, 2, 9 f.

146 Marín García de Leonardo, 94.

147 Auf einen Verschuldensanteil kommt es hingegen nicht an, López Richart, 113 f.

148 STS, vom 29.12.1998, RJ 9980.

149 Álvarez Olalla, 93, zur Abgrenzung der Haftung des Bauträgers nach Art. 17 Nr. 1 und Nr. 3 LOE.

150 Ruiz-Rico Ruiz/Moreno-Torres Herrera/José Manuel Ruiz-Rico Ruiz, 141.

Gesamtschuldner[151], und zwar unabhängig davon, ob er den Schaden mit verursacht hat. Ebensowenig kommt es auf sein Verschulden an[152]. Der Geschädigte muss den Bauträger auch nicht zusammen mit einem anderen, möglicherweise allein verantwortlichen Baubeteiligten zusammen verklagen, denn es handelt sich um eine echte Gesamtschuldnerschaft[153].

Den Bauträger trifft somit die Unsicherheit, den Grund des Mangels und so ggf. den jeweiligen Verantwortlichen festzustellen[154], um ihn in Regress nehmen zu können[155]. Diese Feststellung dürfte insbesondere bei der drei- bzw. zehnjährigen Haftung schwierig sein, da in diesen Fällen die Mängel, auf die die Schäden zurückzuführen sind, nicht so offensichtlich sind wie bei der einjährigen Haftung für Mängel bei den Schlussarbeiten[156].

Die Gesetzesbegründung[157] und die Parlamentsdebatte[158] zur LOE lassen erkennen, dass diese weit reichende Haftung des Bauträgers durch den Verbraucherschutzgedanken motiviert war[159]. Jedoch ist eine konkrete Begründung für die Haftung der LOE nicht zu entnehmen[160]. Zumindest lässt sich auch hier der vertragliche Charakter der Haftung herleiten[161]. Schließlich steht der Bauträger vertragstechnisch zwischen Erwerber und ausführenden Unternehmen, die untereinander in keiner unmittelbaren Vertragsbeziehungen stehen. Der Bauträger seinerseits schuldet die Übergabe eines mangelfreien Werkes[162]. Ein Übergang der Ansprüche auf spätere Eigentümer des Bauwerks lässt sich ebenfalls als Folge einer Legalzession oder einer konkludenten Abtretung annehmen.

Anderen Ansätzen zur Haftungsbegründung kann nur bedingt gefolgt werden. Die meisten von der Rechtsprechung für die Zuweisung der Haftung des Bauträgers nach Art. 1591 CC angeführten Gründe sind nur beschränkt nachvollziehbar und vertretbar[163]. Die Gewinnerzielungsabsicht als Haftungsgrund ist

---

151 Vgl. oben Gliederungspunkt C. II. 1. a).

152 González Tausz, RCDI 2000, 2691, 2700.

153 Gómez Perals, 344.

154 Marín García de Leonardo, 95.

155 Vgl. dazu unten Gliederungspunkt C. II. 2. f).

156 Lacaba Sánchez, La Ley 2000, 1621, 1624.

157 Mezquita García-Granero, AC 1999, 2301, 2313.

158 González Tausz, RCDI 2000, 2691, 2704.

159 Pedro-José Vela Torres, in: Llamas Pombo, Debate, ECI 5/2002, 33, 43.

160 Cadarso Palau, ECI 7/2000, 3, 7.

161 Antonio Pastor Oliver, in: Llamas Pombo, Debate, ECI 5/2002, 33, 39.

162 Vgl. oben im 2. Teil, Gliederungspunkt B. V. 2.

163 Cadarso Palau, ECI 7/2000, 3, 6 f.

vollständig abzulehnen[164]. Eine Verletzung einer Auswahl- bzw. Aufsichtspflicht greift nur in seltenen Fällen ein und ist daher wenig geeignet[165].

Nur sofern der Bauträger professionell auftritt, kann seine Haftung auch damit begründet werden, dass er besonderes Vertrauen des Auftraggebers in Anspruch nimmt[166]. Allerdings ist abzulehnen, die Haftung allein anhand dieses Merkmals zu begründen, weil hierdurch der Anwendungsbereich des Gesetzes, das auch für nicht gewerblich handelnde Bauträger gelten soll[167], zu stark beschnitten würde. Auch dürfte die Voraussetzung professionellen Handelns für die Haftungsbegründung zu Umgehungsgeschäften führen, in denen ein privater Bauträger vorgeschoben würde. Schließlich hat der Gesetzgeber im Gegensatz zu den anderen Beteiligten[168] gerade vom Bauträger keinen besonderen Befähigungsnachweis verlangt, auch wenn das bedauert und kritisiert wird[169].

Die Vertrauenshaftung des Bauträgers wird teilweise auch damit begründet, dass der Bauträger nicht materiell auf das Bauwerk einwirke[170]. Dem ließe sich entgegenhalten, dass der Bauträger eine wichtige[171], wenn nicht sogar die entscheidende[172] Rolle beim Bau innehat, da die gesamte Bautätigkeit durch seine Planungs-, Koordinierungs-, Finanzierungs- und Kontrollfunktion in seiner Person zentriert ist[173]. Diese Funktionen übt er darüber hinaus mit Entscheidungsbefugnis aus[174] und wirkt so maßgeblich auf die Bauerrichtung ein[175]. Hinweise hierauf lassen sich auch unmittelbar aus der LOE gewinnen. So geht aus Art. 10 Nr. 1 und Nr. 2 b) LOE sowie aus Art. 11 Nr. 1 LOE hervor, dass sich der Bauingenieur und der Bauunternehmer an die mit dem Bauträger geschlossenen

164 Vgl. hierzu oben im 2. Teil, Gliederungspunkt B. I. 1.

165 Llamas Pombo, ECI 5/2002, 33, 34.

166 Carrasco Perera/Cordero Lobato, 325; dieses professionelle Auftreten fordert auch Ruiz-Rico Ruiz/Moreno-Torres Herrera/José Manuel Ruiz-Rico Ruiz, 145.

167 Vgl. oben Gliederungspunkte B. IV. 2.

168 Nachweise erforderlich bei: Projektingenieur nach Art. 10 Nr. 2 a) LOE, Bauunternehmer nach Art. 11 Nr. 2 b) LOE, Bauleiter nach Art. 12 Nr. 3 a) LOE, Leiter der Bauausführung nach Art. 13 Nr. 2 a) LOE.

169 González Tausz, RCDI 2000, 2691, 2715 f.; Ruiz-Rico Ruiz/Moreno-Torres Herrera/José Manuel Ruiz-Rico Ruiz, 145.

170 Carrasco Perera/Cordero Lobato, 203; Álvarez Olalla, 93.

171 SSTS, vom 01.10.1991, RJ 1991, 7255; vom 21.03.1996, RJ 1996, 2233; vom 13.10.1999, Act. Civ. 2000, 70; vom 31.03.2000, Act. Civ. 2000, 735.

172 González Tausz, RCDI 2000, 2691, 2716.

173 STS, vom 30.09.1991, RJ 1991, 6075.

174 Vgl. oben im 2. Teil, Gliederungspunkt B. IV. 4.

175 Estruch Estruch, 713 f., nennt das Merkmal der Entscheidungsbefugnis neben anderen Kriterien als erstes.

Verträge halten müssen und dass letzterer nach Art. 9 Nr. 2 b) a. E. LOE dem Bauleiter spätere Änderungen der Pläne bestätigen muss. Dies rechtfertigt, ihn als Baubeteiligten haften zu lassen[176].

Zudem lässt sich auf die Nichterfüllung der Pflichten[177] aus den – ggf. abgetretenen – vertraglichen Ansprüchen auf Lieferung einer mangelfreien Sache[178] abstellen. So lässt sich die Haftung des Bauträgers als gesetzliche Garantie für eine ordnungsgemäße Vertragserfüllung verstehen[179], die unabhängig davon besteht, ob der Bauträger beruflich handelt. So wird auch angemessen die tragende Rolle des Bauträgers[180] und seine Funktion im Bauprozess berücksichtigt. Dieser Ansatz wird durch die erste Zusatzbestimmung gestützt, wonach die – vor allem vom Bauträger[181] – abzuschließende Versicherung die vertragliche Nichterfüllung der nicht termingerechten Fertigstellung entschädigen soll[182].

Die Außenhaftung nach Art. 17 Nr. 3 LOE ist demnach auch verschuldensunabhängig und vertraglich. Sie beruht auf der Nichterfüllung vertraglicher Pflichten.

b) Innenhaftung

Im Bereich der Innenhaftung, also der Haftung der am Bau Beteiligten untereinander, gilt allein der Grundsatz der persönlichen und individuellen Haftung gemäß Art. 17 Nr. 2 LOE, deren Umfang sich nach dem Grad der Verursachung der Schäden aus Art. 17 Nr. 1 LOE ergibt[183]. Hier gilt nicht die gesamtschuldnerische Haftung des Bauträgers, die Art. 17 Nr. 3 S. 2 LOE nur zugunsten der Erwerber vorsieht.

Derjenige, der den Schaden ausgleicht, hat einen Regressanspruch gegen die anderen Verursacher[184].

---

176 Mit derselben Begründung, indes nicht zur LOE, sondern zu Art. 1591 CC, STS, vom 13.05.2002, RJ 2002, 5705.

177 Castro Bobillo, Act. Civ. 2001, Bd. II, 417, 431; Antonio Pastor Oliver, in: Llamas Pombo, Debate, ECI 5/2002, 33, 39.

178 Cabanillas Sánchez, ADC 2000, 405, 468.; ders. ADC 1990, 227 ff.

179 Díez-Picazo/de León, ADC 2000, 5, 14; González Tausz, RCDI 2000, 2691, 2702 ff.; Cabanillas Sánchez, ADC 2000, 405, 467; Gómez Perals, 217.

180 Pagenkemper, 24.

181 Vgl. dazu unten im 4. Teil, Gliederungspunkt B. I. 1. b) aa) .

182 Vgl. dazu unten im 4. Teil, Gliederungspunkt B. II. 2.

183 Carrasco Perera/Cordero Lobato, 333.

184 Vgl. zum Regressanspruch unten Gliederungspunkt C. II. 2. f) .

2. Haftungsumfang

a) Anwendungsbereich

Gemäß der Gesetzesbegründung findet die LOE laut seinem Art. 2 auf den Bauvorgang Anwendung. Darunter wird sowohl die Durchführung als auch das Ergebnis der Errichtung eines Gebäudes verstanden.

Demgegenüber knüpft die Haftung der Baubeteiligten gemäß Art. 17 Nr. 1 LOE an materielle Schäden „en el edificio", also am Gebäude als dem Ergebnis des Bauprozesses an. Laut Art. 2 LOE fallen darunter dauerhaft errichtete, öffentliche oder private Bauten, für die eine bestimmte Nutzungsart vorgesehen ist. Auf eine bestimmte Nutzungsart kommt es jedoch nicht an[185], da Art. 2 Nr. 1 LOE zwar verschiedene Zwecke aufzählt, jedoch schließlich in einer Generalklausel sämtliche Nutzungszwecke genügen lässt.

Nicht erfasst werden gemäß Art. 2 Nr. 2 a) LOE einstöckige Neubauten geringen baulichen Umfangs und mit einer einfachen technischen Struktur, sofern sie weder zeitweise noch dauerhaft bewohnt oder öffentlich genutzt werden; es sei denn die Bauarbeiten betreffen Bauwerke, die im Sinne des Art. 2 Nr. 2 c) LOE eingetragene Denkmäler sind oder aus Naturschutz- oder kunsthistorischen Gründen geschützt werden[186].

Die LOE bestimmt in seiner ersten Übergangsbestimmung als zeitliches Moment für den Beginn seiner Geltung die Antragstellung zur Erlangung einer behördlichen Baugenehmigung nach Inkrafttreten des Gesetzes[187]. Nicht erfasst werden daher Gebäude, für die bereits vor dem Inkrafttreten eine Baugenehmigung beantragt wurde bzw. deren Errichtung bei Erlass des Gesetzes bereits begonnen hatte, ohne dass eine vorherige Genehmigung eingeholt wurde[188]. Grund für diese Regelung ist, dass eine erfolgte Projektplanung nicht wegen des Erlasses der LOE wiederholt werden und somit keine doppelten Planungskosten für den Bauherrn anfallen sollten[189].

Die Rechtsprechung zu Art. 1591 CC verstand den Begriff der „edificio" weit und erfasste damit in Anlehnung an die Art. 389, 391, 1907 f. CC auch sämtliche Ergebnisse von Restaurations-[190] und Reparaturarbeiten[191] an Gebäuden. Diese Interpretation wird durch die LOE nicht vollständig übernommen.

---

[185] Marín García de Leonardo, 24.
[186] Carrasco Perera/González Carrasco, 71.
[187] Marín García de Leonardo, 26.
[188] Hernández Díaz-Ambrona, RDPat 2001, 369, 370.
[189] Carrasco Perera/Cordero Lobato, 589.
[190] STS, vom 17.12.1999, RJ 1999, 9355.
[191] STS, vom 17.12.1997, RJ 1997, 9099.

Zwar muss für Restaurationsarbeiten auch weiterhin eine Genehmigung eingeholt werden, sofern sie gemäß Art. 2 Nr. 2 b) LOE die architektonische Gestalt der Gebäude verändern. Dies ist verständlich, da unter Restaurationsarbeiten entweder Teil- oder Totaleingriffe verstanden werden, die eine wesentliche Abweichung von der allgemeinen äußeren Anordnung und Gestaltung des Rauminhalts oder der baulichen Grundstruktur zur Folge haben oder die eine Nutzungsänderung des Gebäudes verfolgen. Gemäß der ersten Übergangsbestimmung findet das Gesetz aber auf bereits begonnene Restaurationsarbeiten keine Anwendung, auch wenn kein Bauantrag gestellt wurde. Eine Haftung nach der LOE scheidet für diese Arbeiten folglich aus.

Die zweite Einschränkung betrifft die reinen Reparaturarbeiten. Wenn diese unterhalb der Schwelle architektonischer Gestaltung nach der obigen Definition liegen, werden sie in keinem Fall von der erfasst[192]. Denn diese erfordern als „obras menores“ (kleinere Arbeiten) keine Planerstellung gemäß Art. 2 Nr. 2 i. V. m. Art. 4 LOE und somit keine Baugenehmigung nach Art. 5 LOE[193].

Schäden, die an anderen Rechtsgütern verursacht werden als an dem Bauwerk selbst, sind nicht nach Art. 17 LOE zu ersetzen. Eine solche Haftung lässt sich auch nicht unter Hinweis auf das Verbraucherschutzgesetz begründen[194]. Zwar trifft der Schadensersatzanspruch nach Art. 2 Nr. 1 c) LGDCU keine Unterscheidung nach der Art des Schadens. Daraus lässt sich aber nicht schließen, dass andere Gesetze ebenfalls nicht danach differenzieren dürfen, an welchem Rechtsgut der Schaden entstanden ist. Der Wortlaut des Art. 17 LOE ist insofern eindeutig, da er ausdrücklich nur die Schäden am Gebäude betrifft. Außerdem gibt es Fälle, in denen beim Abschluss der Versicherung nach Art. 19 LOE noch nicht absehbar ist, ob überhaupt Verbraucher Eigentümer werden. Denkbar ist, dass nur spätere Eigentümer, für die der Versicherungsschutz gemäß Art. 19 Nr. 2 a) LOE ebenfalls gilt, Verbraucher sind. Sollte aber sicher gestellt werden, dass ein Verbraucher auch Schäden ersetzt bekommt, die nicht am Gebäude entstanden sind, so müsste die Prämie unabhängig von der Verbrauchereigenschaft des Ersterwerbers so hoch angesetzt werden, dass diese weitergehenden Schäden in jedem Fall ersetzt werden. Dies würde aber den Ersterwerber unverhältnismäßig belasten.

---

192 González Poveda, ECI 2/2001, 3, 5.

193 Carrasco Perera/Cordero Lobato, 589.

194 So aber González Tausz, RCDI 2000, 2691, 2706.

b) Schadenskategorien

In Art. 17 LOE sind drei Schadenskategorien vorgesehen, die jeweils eine unterschiedliche Haftungsfrist nach sich ziehen. Sie haben mit dem Begriff „ruina“ (Ruine), den Art. 1591 CC verwendet, nichts mehr gemein[195]. Ihre Unterscheidung dient nicht einer Haftungszuweisung unter verschiedenen Beteiligten, sondern einer Begrenzung der Haftung je nach der Schwere des Schadens[196].

Alle drei Kategorien knüpfen die Haftung an das Vorliegen von materiellen Schäden, die durch Fehler oder Mängel verursacht[197] wurden. Diese ungenaue Definition wird kritisiert und dahingehend präzisiert, dass nicht nur die Schäden zu ersetzen sind, bei denen sich der Mangel des Werks in einem materiellen Schaden bereits niedergeschlagen hat, sondern auch diejenigen, bei denen der eigentliche Schaden im Mangel erst angelegt ist[198]. Nur eine solche Interpretation wird dem Gesetzeszweck gerecht, da es dem Erwerber nicht zugemutet werden kann, erst den Schadensfall, z. B. bei Statikfehlern, abzuwarten, bevor die Haftung entsteht[199].

Bei der Beurteilung, ob ein Mangel vorliegt, kann der Código Técnico de la Edificación[200] herangezogen werden, der Anfang 2006 durch die Regierung auf Grundlage der Ermächtigung gemäß der zweiten Schlussbestimmung der LOE erlassen wurde. Er legt die technischen Anforderungen, die bei der Errichtung und Wartung eines Gebäudes erfüllt werden müssen, fest.

Die objektiv zu bestimmenden Mängel müssen sich in mindestens einer der folgenden drei Formen als Schäden ausdrücken[201].

aa) Schäden mit Auswirkung auf Stabilität

Nach Art. 17 Nr. 1 a) LOE haftet der Baubeteiligte für Schäden aufgrund von Mängeln an tragenden Elementen, wie Fundament, Stützen, Trägern, Tragwerk, tragenden Mauern und Wänden, soweit sie unmittelbar die mechanische Festigkeit und die Standsicherheit des Bauwerks gefährden. Diese Gefährdung muss bereits während der Haftungsfrist von zehn Jahren eingetreten sein. Ein potentieller Eintritt der Gefährdung nach deren Ablauf reicht nicht aus, auch wenn die Mängel bereits vor Fristablauf vorgelegen haben sollten[202].

---

195 Ruiz-Rico Ruiz/Moreno-Torres Herrera/José Manuel Ruiz-Rico Ruiz, 65.
196 Carrasco Perera/Cordero Lobato, 309.
197 Art. 17: „... daños materiales causados (...) por vicios o defectos (...)“.
198 Marín García de Leonardo, 92.
199 Seoane Prado, RJS 5/2003, 14, 23; González Poveda, ECI 2/2001, 3, 5 f.
200 BOE Nr. 74 vom 28.03.2006, 11816.
201 Carrasco Perera/Cordero Lobato, 309.
202 Carrasco Perera/Cordero Lobato, 312.

bb) Schäden mit Auswirkung auf Bewohnbarkeit

Art. 17 Nr. 1 b) LOE begründet eine Haftung für Schäden wegen Mängeln an baulichen Elementen oder Einrichtungen, die dazu führen, dass die Erfordernisse der Bewohnbarkeit nach Art. 3 Nr. 1 c) LOE nicht mehr erfüllt sind. Unter diese Schadenskategorie lassen sich die Mängel zusammenfassen, die laut der Rechtsprechung zu einer „ruina funcional" (funktionellen Ruine) führten[203]. Da die zehnjährige Haftung für diese Schäden teilweise für unverhältnismäßig lang erachtet wurde, wird die Verkürzung auf drei Jahre begrüßt[204].

In Art. 3 LOE werden technische Bauanforderungen festgelegt. Art. 3 Nr. 1 c.4) LOE schließt mit der Generalklausel, dass die Bauelemente derart sein müssen, dass sie eine zufrieden stellende Nutzung des Gebäudes erlauben. Gerade diese Formulierung erschwert die Abgrenzung zu der dritten Schadensgruppe[205]. Eine dementsprechende Begrenzung lässt sich aber unter Rückgriff auf die von der Rechtsprechung entwickelten Grundsätze zu den Funktionsmängeln vornehmen[206]. Eckpunkte dieser Rechtsprechung, bei deren Vorliegen ein Funktionsmangel anzunehmen ist, sind beispielsweise die eingeschränkte Möglichkeit, den vertraglich vorgesehenen oder gewöhnlichen Zweck zu erreichen[207] oder das Überschreiten der Grenze üblicher Mängel[208]. Sofern nach dieser Rechtsprechung ein Funktionsmangel vorliegt ist auch von einem Mangel der zweiten Gruppe im Sinne des Art. 17 Nr. 1 b) LOE auszugehen.

cc) Schäden bei Schlussarbeiten

Schließlich werden Schäden, die sich auf die Schlussarbeiten auswirken und die auf eine mangelhafte Bauausführung zurückgehen, durch Art. 17 Nr. 1 a. E. LOE erfasst. Für sie haftet der Bauunternehmer für die Dauer von einem Jahr.

Die LOE definiert nicht, was unter Schlussarbeiten zu verstehen ist. Daher sind Mängel an Schlussarbeiten schwer von den anderen beiden Gruppen zu unterscheiden und Überschneidungen sind möglich[209]. Jedenfalls stellt Art. 17 Nr. 1 a. E. LOE keine Auffangklausel für alle sonst nicht erfassten Schäden dar[210]. Die Norm erfasst vielmehr alle Schäden, die durch abschließende Arbei-

---

203 Marín García de Leonardo, 95, dort auch Fn. 241; vgl. Gliederungspunkt C. III. 1. b).
204 Díez-Picazo/de León, ADC 2000, 5, 16; González Tausz, RCDI 2000, 2691, 2708.
205 Vigo Morancho, La Ley 2001, 1438, 1443; vgl. zur dritten Schadenskategorie den nächsten Gliederungspunkt.
206 Carrasco Perera/Cordero Lobato, 315; vgl. Rechtsprechungsnachweise in Fn. 311.
207 SSTS, vom 21.03.1996, RJ 1996, 2233; vom 30. 01.1997, RJ 1997, 845.
208 STS, vom 30.01.1997, RJ 1997, 845.
209 García Macho/Martínez Vázquez de Castro, 106.
210 Carrasco Perera/Cordero Lobato, 316.

ten egal an welchem Element verursacht werden[211], aber gleichzeitig so unbedeutend sind, dass sie nicht ausreichen, dass der Vertrag als nicht erfüllt anzusehen wäre[212].

c) Art und Umfang des Anspruchs

Die LOE sieht in Art. 19 Nr. 6 nur für die einstandspflichtige Versicherung vor, dass sie zwischen Entschädigung in Geld oder Naturalrestitution wählen kann[213].

Ansonsten ist noch ungeklärt, ob und inwieweit ein solches Wahlrecht besteht. Zunächst könnte der Geschädigte ein Wahlrecht haben[214]. Es wird argumentiert, dass sowohl bei der vertraglichen Haftung gemäß Art. 1486 CC als auch bei der außervertraglichen Haftung gemäß Art. 1902 CC ein Wahlrecht vorgesehen sei, und somit auch im Rahmen des Art. 17 LOE gelten müsse[215]. Dagegen spricht jedoch, dass Art. 1486 CC nicht denselben Anwendungsbereich betrifft und die Rechtsfolge nicht vergleichbar ist. Vielmehr sieht er im Rahmen der Gewährleistung ein Wahlrecht vor zwischen Rücktritt vom Vertrag bei gleichzeitigem Ersatz der Kosten desselben und Minderung. Es geht also bei beiden Rechtsfolgen um die Erstattung von Geld und nicht um die Beseitigung eines Schadens. Deswegen kann kein allgemeines Prinzip angenommen werden, wonach dem Geschädigten ein Wahlrecht zustünde[216].

Des Weiteren ließe sich auch ein Wahlrecht des Schädigers annehmen. Dafür spricht, dass Art. 19 Nr. 6 LOE das Wahlrecht auch des Versicherers vorsieht. Allerdings kann es dann zu Problemen mit der Ausübung dieses Wahlrechts kommen, wenn ein Fall solidarischer Haftung mehrerer Beteiligter vorliegt und sich diese nicht einigen können, wie sie den Schaden beheben wollen[217].

Daher dürfte sich wohl die bisherige Rechtsprechung fortsetzen. Nach dieser war ein Schadensersatz in Geld subsidiär zu einer Naturalrestitution; zu letzterer musste der Geschädigte den Schädiger auffordern und ihm unter Fristsetzung eine solche ermöglichen[218]. Dies galt selbst in Notfällen[219]. Erst bei Nichtvor-

---

211 Carrasco Perera/Cordero Lobato, 316.

212 Vigo Morancho, La Ley 2001, 1438, 1443.

213 Vgl. dazu im 4. Teil, Gliederungspunkt B. I. 5. d) .

214 Gómez de la Escalera, 200; Meyer/Kirchheim, RIW 2000, 910, 915, beide jedoch ohne Begründung; auch Mezquita García-Granero, AC 1999, 2301, 2321, befürwortet zwar die freie Wahlmöglichkeit des Schuldners; sie nennt jedoch keine Begründung und fordert stattdessen wie die Rechtsprechung (dazu sogleich) zunächst die Verweigerung der Schadensbeseitigung durch den Schuldner, bevor Geldersatz verlangt werden könne.

215 Carrasco Perera/Cordero Lobato, 348.

216 Estruch Estruch, 502 f.

217 Álvarez Olalla, 146.

218 Selbst im Fall drohender, weiterer Schäden, vgl. STS, vom 09.10.2001, RJ 2001, 8789.

nahme oder Fehlschlagen der Reparatur bis zum Fristablauf konnte gerichtlich die Mangelbeseitigung auf Kosten des Verantwortlichen nach den Art. 1091 und 1098 CC gefordert werden[220]. Für diese Auslegung spricht insbesondere der Wortlaut des Art. 1098 CC, wonach ein Schuldner erst dann zu Kostenersatz verurteilt wird, wenn er seiner Handlungspflicht nicht nachgekommen ist. Für diese Betrachtungsweise[221] spricht auch das Zivilprozessrecht in Art. 705, 706 Ley 1/2000 de Enjuiciamiento Civil (LECiv) vom 07.01.2000[222]. Danach kann bei einer Verurteilung zur Mängelbeseitigung im Zwangvollstreckungsverfahren das Gericht bei vertretbaren Handlungen auf Antrag des Gläubigers eine Frist zur Beseitigung und anschließende Beauftragung eines Dritten auf Kosten des Schuldners bestimmen.

Die Behebung des Schadens umfasst jedenfalls die Kosten für die Reparatur an sich sowie die ansonsten im Zusammenhang damit anfallenden Kosten, so zum Beispiel für einen möglichen Abriss, eine erneute Planerstellung oder Gebühren für behördliche Genehmigungen[223]. Während Art. 1591 CC einen Anspruch auf Ersatz sämtlicher Schäden und somit nach Art. 1106 CC auch des entgangenen Gewinns gewährte, beschränkt sich die LOE auf die Schäden am Gebäude. Darüber hinaus gehende Schäden werden nicht erfasst[224].

d) Ausschluss der Haftung

Gemäß Art. 17 Nr. 8 LOE haftet der Baubeteiligte nicht, wenn er nachweisen kann, dass der Schaden auf Zufall, höhere Gewalt, Handeln des Geschädigten selbst oder eines Dritten, dessen Handeln sich keiner der Baubeteiligten zurechnen lassen muss, zurückzuführen ist. Mit dieser Regelung wird die bisherige Rechtsprechung kodifiziert[225]. Ist eine Handlung des Geschädigten nur neben der eines Beteiligten für den Schaden kausal, mindert sich sein Anspruch gemäß dem eigenen Verursachungsanteil[226].

---

219 Álvarez Olalla, 145.

220 SSTS, vom 12.12.1990, RJ 1990, 9999; vom 17.03.1995, RJ 1995, 7787.

221 Álvarez Olalla, 147.

222 BOE Nr. 7 vom 08.01.2000, Nr. 90 vom 14.04.2000.

223 STS, vom 18.06.1998, RJ 1998, 5064.

224 Mesa Marrero, AC 2001, 2337, 2363; inwieweit sie aufgrund anderer Anspruchsgrundlagen geltend gemacht werden können, vgl. unten Gliederungspunkt C. III.

225 Carrasco Perera/Cordero Lobato, 342.

226 Carrasco Perera/Cordero Lobato, 343; a. A. Álvarez Olalla, 93, die unter Hinweis auf die Garantiefunktion der solidarischen Haftung des Bauträgers eine volle Haftung annimmt; diesem Standpunkt ist jedoch nicht zu folgen: beruht der Schaden z. T. oder vollständig auf einem Verhalten des Geschädigten, ist der Kausalzusammenhang zwischen der Vertragspflichtverletzung des Bauträgers, die den Grund für seine Haftung bildet (vgl. oben

Auch der Bauträger kann sich auf Art. 17 Nr. 8 LOE berufen, da diese Norm auf alle Beteiligten im Außenverhältnis anzuwenden ist; allerdings kommt als Dritter, der den Schaden verursacht haben soll, nur ein nicht am Bau Beteiligter in Betracht, da sonst die Haftungsregel des Art. 17 Nr. 3 S. 2 LOE ausgehebelt würde[227], die auch zugunsten der anderen Baubeteiligten gilt.

Während der Nachweis des Bauunternehmers, die ihm in der LOE auferlegten Pflichten erfüllt zu haben, laut der Rechtsprechung seine Haftung ausschließt[228], ist dies dem Bauträger nicht möglich. Zum einen sind die gesetzlich nicht normierten[229] Pflichten des Bauträgers sehr weit, indem sie die Verschaffung eines mangelfreien Werkes umfassen[230]. Zum anderen würde ein solcher Ausschluss ebenfalls Art. 17 Nr. 3 S. 2 LOE leer laufen lassen.

Der Bauträger haftet im Außenverhältnis darüber hinaus sogar dann, wenn ein anderer Beteiligter den Schaden nachweislich allein verursacht hat. Denn gerade er soll dem Geschädigten mit seinem Vermögen[231] und der abgeschlossenen Versicherung verantwortlich sein.

e) Freizeichnungsmöglichkeit

Der Tribunal Supremo erachtet sämtliche Klauseln des Bauträgervertrags als nichtig, mit denen der Erwerber darauf verzichtet, seine Mängelgewährleistungsansprüche geltend zu machen[232].

Dies wird durch Art. 17 Nr. 3 S. 2 LOE bestätigt. Diese Vorschrift würde restlos fehl gehen, wenn der Bauträger seine Haftung durch Vertrag einschränken könnte.

f) Regressanspruch gegen den tatsächlich Verantwortlichen

Wie bereits angesprochen sind die interne und die externe Haftung zu unterscheiden[233]. Wird ein Bauträger im Rahmen der externen Haftung vom Erwerber oder einem späteren Wohnungseigentümer in Anspruch genommen, so kann er

---

Gliederungspunkt C. II. 1.), und dem Schaden unterbrochen, weswegen eine Haftung des Bauträgers grds. nur anteilig und ggf. überhaupt nicht besteht, SSTS, vom 24.11.1988, RJ 1988, 9040; vom 20.03.1992, RJ 1992, 2216.

227 Ruiz-Rico Ruiz/Moreno-Torres Herrera/José Manuel Ruiz-Rico Ruiz, 143.

228 STS, vom 01.02.2002, RJ 2002, 2100.

229 Vgl. oben im 2. Teil, Gliederungspunkt B. V. 1.

230 Vgl. oben Gliederungspunkt C. I.

231 Ruiz-Rico Ruiz/Moreno-Torres Herrera/José Manuel Ruiz-Rico Ruiz, 143 f.

232 SSTS, vom 13.04.1984, RJ 1984, 3236; vom 12.02.1988, RJ 1988, 941; vom 02.10.1992, RJ 1992, 7516; Carrasco Perera/Cordero Lobato, 311.

233 Carrasco Perera/Cordero Lobato, 323.

gegen denjenigen Baubeteiligten vorgehen, den er für den tatsächlich Verantwortlichen hält. Der Bauträger kann jedoch im Verhältnis zum Werkunternehmer keine Schäden aufgrund von Mängeln ersetzt verlangen, die ihm bei der Abnahme bekannt waren, da die Abnahme insoweit befreiende Wirkung hat[234].

aa) Materiellrechtlicher Regressanspruch

Bereits vor Erlass der LOE ging die Rechtsprechung von einer gesamtschuldnerischen Haftung des Bauträgers aus Art. 1591 CC aus. Unabhängig davon, ob er sich mit dem Geschädigten außergerichtlich einigte oder durch rechtskräftige Entscheidung zum Schadensausgleich verurteilt war[235], konnte der Bauträger innerhalb von 15 Jahren nach der Leistung an den Geschädigten[236] Regress beim Verursacher nehmen[237]. Klagen hierauf hatten allerdings nur selten Erfolg[238], da die Haftung des Regressschuldners nachgewiesen werden musste[239].

Nach der LOE lassen sich zwei Formen des Regresses unterscheiden[240]. Zum einen kann derjenige Regress von demjenigen verlangen, für dessen Handeln er haftbar gemacht worden ist. So kann sich der Werkunternehmer bei den Subunternehmern und Lieferanten schadhafter Produkte gemäß Art. 17 Nr. 6 LOE schadlos halten. Er kann daneben auch gemäß Art. 1904 CC seinen Angestellten in Regress nehmen[241], da er für die durch diesen verursachten Schäden gemäß Art. 1596 CC haftet. Schließlich kann der Projektleiter laut Art. 17 Nr. 5 LOE von einem von ihm beauftragten Dritten Regress für Fehler in Studien, Berechnungen, Gutachten und Berichten nehmen, die zu einer Haftung des Projektleiters gegenüber dem Erwerber führten. Eine solche Regressmöglichkeit wegen Zurechnung fremden Verschuldens sieht die LOE für den Bauträger nicht ausdrückliche vor.

Zum anderen ist derjenige, der gesamtschuldnerisch haftet, bezüglich der Schäden regressberechtigt, die er nicht verursacht hat. Dies ist zwar nicht ausdrücklich vorgesehen, wird aber aus Art. 18 Nr. 2 LOE i. V. m. Art. 1145 CC

---

234 Castro Bobillo, Act. Civ. 2001, Bd. II, 417, 435.
235 Mezquita García-Granero, AC 1999, 2301, 2319.
236 STS, 29.12.1998, RJ 1998, 10160.
237 Cabanillas Sanchez, ADC 1982, 878, 922.
238 Álvarez Olalla, CCJC 2002, 111, 112.
239 Álvarez Olalla, CCJC 2002, 111, 115.
240 Carrasco Perera/Cordero Lobato, 338.
241 Aus Art. 1904 Abs. 2 CC lässt sich schließen, dass dieser Rückgriff auf die eigenen Angestellten nur bei Vorsatz oder grober Fahrlässigkeit möglich ist; so RA Wiethaus und Abogado Murcia von Göhmann Wrede Haas Kappus & Hartmann, Barcelona, in ihrer E-Mail an den Verfasser vom 13.10.2004.

geschlossen[242]. Auch hier besteht der Ausgleichsanspruch unabhängig davon, ob der Haftende aufgrund außergerichtlicher Vereinbarung oder wegen rechtskräftiger Verurteilung leistet. Bei einer außergerichtlichen Vereinbarung beginnt der Ablauf der Frist zur Regresserhebung[243] mit nachgewiesenem Zeitpunkt der Zahlung an den Geschädigten. Bei einer Verurteilung läuft die Frist ab der Rechtskraft der Entscheidung[244]. Allerdings kann auch bei einer Verurteilung eines der Gesamtschuldner dieser gemäß Art. 1145 Abs. 2 CC nur dann Regress bei den anderen Gesamtschuldnern nehmen, wenn er bereits an den Gläubiger geleistet hat.

bb) Prozessuale Geltendmachung

Dem Bauträger stehen verschiedene Wege offen, gegen den Regressschuldner vorzugehen.

So kann er nach seiner Verurteilung gegen den verantwortlichen Baubeteiligten Klage erheben. Dabei ist es keine Zulässigkeitsvoraussetzung der Regressklage, dass der Berechtigte dem Regressschuldner gemäß der 7. Zusatzbestimmung zur LOE im Ausgangsprozess den Streit verkündet hat[245]. Zwar ermöglicht die Zusatzbestimmung eine Streitverkündung, sie enthält gleichzeitig aber keine Sanktion für den Fall der Nichtverkündung. Allerdings kann sich der Regresskläger, sollte er nicht den Streit verkünden, nicht gemäß Art. 222 Nr. 3 LECiv auf die Bindungswirkung des Ausgangsprozesses berufen, sondern muss sich gemäß Art. 1840 CC alle Einwendungen des Regressbeklagten entgegenhalten lassen, die dieser dem Kläger des Ausgangsprozesses hätte entgegensetzen können[246].

Gemäß der 7. Zusatzbestimmung kann der Bauträger aber auch schon im Ausgangsverfahren innerhalb der ihm zur Verfügung stehenden Klageerwiderungsfrist beim Gericht beantragen, dass einem anderen Beteiligten die Klage ebenfalls zugestellt werde. Er hat jedoch keinen Anspruch auf Zustellung, sondern nur auf Bescheidung nach gerichtlicher Anhörung des Ausgangsklägers gemäß Art. 14 Nr. 2 Ziffer 2 LECiv[247]. Allerdings ist die Frist zur Klageerwiderung des Ausgangsbeklagten gemäß Art. 14 Nr. 2 Ziffer 3 LECiv gehemmt bis ihm entweder der ablehnende Beschluss des Gerichts zugestellt wird, bis der Antwortschriftsatz des Regressbeklagten eingeht oder bis die letzterem einge-

---

242 Carrasco Perera/Cordero Lobato, 339.
243 Vgl. unten Gliederungspunkt C. II. 3. b) .
244 Mezquita García-Granero, AC 1999, 2301, 2320.
245 Carrasco Perera/Cordero Lobato, 341.
246 Carrasco Perera/Cordero Lobato, 576.
247 Carrasco Perera/Cordero Lobato, 581.

räumte Frist zur Stellungnahme abgelaufen ist. Unabhängig davon, ob der Regressbeklagte dem Streit beitritt oder nicht, entfaltet das Urteil des Ausgangsprozesses ihm gegenüber dann Bindungswirkung. Die 7. Zusatzbestimmung Abs. 1 LOE ist insoweit missverständlich formuliert, als dass sie diese Folge nur für den Nichtbeitritt bestimmt; tritt der Dritte bei, gleicht er aber ohnehin gemäß Art. 14 Nr. 2 i. V. m. Art. 13 Nr. 3 LECiv einer Partei[248], der gegenüber das Urteil in jedem Fall Rechtskraft entfaltet[249].

Art. 14 Nr. 2 Ziffer 4 LECiv kennt darüber hinaus auch die Möglichkeit, dass der ursprünglich Beklagte beantragen kann, dass statt seiner unmittelbar der Dritte, dem er die Klage hat zustellen lassen und der dem Streit beigetreten ist, durch gerichtlichen Beschluss nach Art. 18 LECiv in den Prozess eintritt und der Ausgangsbeklagte ausscheidet. Dieser „llamada en garantía" genannte Austausch des Beklagten ist dem Bauträger allerdings nur dann möglich, wenn er aufgrund seiner individuellen Haftung nach Art. 17 Nr. 1 LOE in Anspruch genommen wird, da er sich nicht aus seiner solidarischen Haftung „en todo caso", also in jedem Fall nach Art. 17 Nr. 3 LOE durch einen solchen Beklagtenaustausch entziehen kann[250].

cc) Notwendige Streitgenossenschaft

Bei den Prozessen zu Art. 1591 CC wurde von den Beklagten häufig[251] versucht, das Urteil in der Revision unter Geltendmachung einer Rechtsverletzung im Sinne des Art. 1692 Nr. 3 LECiv a. F.[252] anzugreifen, indem sie anführten, es habe ein Fall der notwendigen Streitgenossenschaft vorgelegen und ihre prozessualen Rechte seien dadurch verletzt worden, dass nur sie allein verurteilt wurden[253]. Allerdings wies die Rechtsprechung diesen Revisionsgrund regelmäßig dann zurück, wenn er in Verfahren vorgebracht wurde, in denen die Verantwortung für den Schaden oder der Verursachungsgrad nicht eindeutig bestimmt werden konnten und die Rechtsprechung deswegen den selbst entwickelten

---

248 García Laraña, ECI 7/2000, 24, 28.

249 Carrasco Perera/Cordero Lobato, 581.

250 Carrasco Perera/Cordero Lobato, 583.

251 Carrasco Perera/Cordero Lobato, 576.

252 Gemäß der 21. Schlussbestimmung des Zivilprozessgesetzes Ley 1/2000, vom 07.01.2000, de Enjuiciamiento Civil (LECiv) galt die alte Fassung noch bis einschließlich 07.01.2001.

253 Das spanische Zivilprozessrecht kennt keine allgemeine Streitverkündung im Sinne der §§ 72 ff. ZPO.

Grundsatz der gesamtschuldnerischen Haftung der Baubeteiligten anwendete[254]. Das Urteil des Ausgangsprozesses habe keine Präjudizwirkung, geschweige denn Bindungswirkung bezüglich der Haftung derjenigen, die am Prozess nicht beteiligt waren[255]. Noch drohe den Verurteilten die Einrede der entgegenstehenden Rechtskraft[256], so dass das Prinzip des effektiven Rechtsschutzes in keiner Weise verletzt werde[257]. Schließlich seien die beiden Haftungssphären der Innen- und der Außenhaftung zu trennen[258].

Auch in Zukunft dürfte die Rechtsprechung gerade auch mit Blick auf Art. 17 Nr. 2 LOE keine notwendige Streitgenossenschaft annehmen, wenn bei unklarer Verantwortlichkeit nur ein Baubeteiligter verklagt wird[259]. In der überwiegenden Zahl der Fälle lässt sich aber die Verantwortung nicht eindeutig zuweisen. Würde man hier jeweils eine notwendige Streitgenossenschaft annehmen, wäre dies mit dem Schutzzweck des Gesetzes nicht vereinbar. Denn auf diese Weise könnten die Prozesse verzögert werden und die Geschädigten müssten das Risiko hoher Prozesskosten und einer langen Prozessdauer tragen, weil sie eine Vielzahl von Personen verklagen müssten[260].

Schließlich entfällt durch die rechtstechnisch vernünftigere Möglichkeit der Streitverkündung gemäß der 7. Zusatzbestimmung die Notwendigkeit, andere Beteiligte über die Einrede der notwendigen Streitgenossenschaft in den Prozess einzubinden[261].

3. Fristen

In der LOE sind Haftungs- und Verjährungsfristen zu unterscheiden. Bereits zu Art. 1591 CC stellte die Rechtsprechung klar, dass die dort genannte Frist eine

254 SSTS, vom 06.06.1986, RJ 1986, 3294; vom 13.10.1994, RJ 1994, 7547; vom 19.04.1995, RJ 1995, 3428; vom 20.06.1995, RJ 1995, 4934; vom 22.03.1997, RJ 1997, 2191; vom 08.06.1998, RJ 1998, 4125.

255 SSTS, vom 17.03.1993, RJ 1993, 2018; vom 04.12.1993, RJ 1993, 9832; vom 19.04.1995, RJ 1955, 3428; vom 22.03.1997, RJ 1997, 2191; vom 05.07.1997, RJ 1997, 5507.

256 SSTS, vom 03.01.1990, RJ 1990, 4; vom 23.01.1990, RJ 1990, 310; vom 08.05.1991, RJ 1991, 358; vom 06.10.1992, RJ 1992, 7527.

257 Carrasco Perera/Cordero Lobato, 335.

258 Martínez de Aguirre, AC 1993, 1903, 1912, hebt besonders diesen Gesichtspunkt bei seiner Analyse der Rechtsprechung hervor.

259 Castro Bobillo, Act. Civ. 2001, Bd. II, 417, 433.

260 Mezquita García-Granero, AC 1999, 2301, 2314.

261 Marín García de Leonardo, 175.

Haftungsfrist ist, innerhalb derer der Schaden entstehen musste[262]. Ab diesem Zeitpunkt erst begann die Verjährungsfrist.

Die LOE setzt diese Zweiteilung der Fristen um. Danach ergeben sich die Haftungsfristen direkt aus der jeweiligen Schadenskategorie des Art. 17 LOE und können als Bewährungsphase für eine fehlerfreie Bauausführung verstanden werden, die weder unterbrochen noch gehemmt werden[263]. Die Verjährung ist hingegen in Art. 18 LOE geregelt.

Zu Art. 1591 Abs. 1 CC galt laut Rechtsprechung eine zehnjährige Haftungsfrist, innerhalb derer der Schaden entstehen musste[264]; lag das Schadensereignis innerhalb dieser Frist, schloss sich eine fünfzehnjährige Verjährungsfrist gemäß Art. 1964 a. E. CC an[265].

Die LOE sieht dagegen wesentlich kürzere Fristen vor[266]. Wie oben gezeigt, betragen sie abhängig von der Art des Mangels zehn, drei oder ein Jahr[267]. Die Verjährungsfrist wird durch Art. 18 LOE auch für die Regressklagen gegen den eigentlich Verantwortlichen einheitlich auf 2 Jahre begrenzt. Diese Verkürzung der 15-jährigen Frist des Art. 1964 CC wurde zum einen vorgenommen, um die Versicherungsprämien deutlich zu senken. Zum anderen wurden sie so an die Verjährungsregel des Art. 23 Ley 50/1980 de Contrato de Seguro, vom 08.10., (LCS, Versicherungsvertragsgesetz)[268] angeglichen, der für Schadenversicherungen gilt[269].

Zu konkretisieren ist der jeweilige Fristbeginn.

a) Beginn der Haftungsfrist

Art. 17 LOE knüpft den Beginn der Haftung an die Abnahme des Werkes ohne Vorbehalt oder an den Zeitpunkt, in dem die im Abnahmeprotokoll vermerkten Mängel beseitigt sind. Da die Abnahme gemäß Art. 6 Nr. 1 S. 1 LOE der Akt der Übergabe der Werkleistung durch den Werkunternehmer an den Bauträger und Annahme durch denselben ist, wird dieser in Art. 17 LOE normierte Zeitpunkt des Haftungsbeginns kritisiert. Denn hierdurch läuft bereits die Haftungsfrist, bevor der letztliche Erwerber, sofern er nicht autopromotor ist, das Bau-

---

262 SSTS, vom 30.01.1997, RJ 1997, 845; vom 17.12.1997, RJ 1997, 9099; vom 04.03.1998, RJ 1998, 1039; vom 28.12.1998, RJ 1998, 10160.

263 Cabanillas Sánchez, ADC 2000, 405, 471.

264 SSTS, vom 28.12.1998, RJ 1998, 10160; vom 04.03.1998, RJ 1998, 1039.

265 STS, vom 28.12.1998, RJ 1998, 10160.

266 Mezquita García-Granero, AC 1999, 2301, 2309; Marín García de Leonardo, 95.

267 Vgl. oben Gliederungspunkt C. II. 2. b).

268 BOE Nr. 250 vom 17.10.1980.

269 González Tausz, RCDI 2000, 2691, 2713.

werk entgegennimmt und eventuelle Schäden für ihn erkennbar auftreten können[270]. Wenn andererseits die Haftungsfrist erst mit der Übergabe an den Erwerber zu laufen anfinge, würde die Haftung der Baubeteiligten unkalkulierbar lang[271]. Zudem würde die Überprüfung des Bauwerks durch einen Sachverständigen der Versicherung insbesondere bei Mehrfamilienhäusern unterschiedlich lange nach der Fertigstellung stattfinden, was die Zusammenfassung gleichartiger Risiken und so die Berechnung bedarfsgerechter Prämien[272] erschweren würde. Aber auch darüber hinaus ist Art. 17 Nr. 1 LOE näher zu interpretieren, da er seinem Wortlaut nach im Widerspruch zu Art. 6 Nr. 5 und Art. 19 Nr. 9 i) LOE steht. Hierzu ist zunächst der Begriff der Abnahme näher zu erläutern.

Vor Erlass der LOE galten nur die Art. 1592 und 1598 CC. Diese definieren auch heute außerhalb des Geltungsbereichs der LOE die Abnahme. Diese Normen regeln die Abnahme aber nur sehr unzureichend[273]. Nach ihnen wird zwischen der provisorischen und der endgültigen Abnahme unterschieden. Erstere legt die noch zu leistenden Nachbesserungen und die Fristen hierfür fest und löst den Ablauf der Haftungsfrist nach Art. 1591 CC aus. Mit letzterer wird der Werklohnrest fällig und der Erfüllungsanspruch wandelt sich insgesamt in einen Gewährleistungsanspruch um. Dieser Aufteilung folgt die LOE nicht. Allerdings ähnelt die LOE diesem Konzept, indem es die Abnahme mit und ohne Vorbehalte vorsieht[274].

Nach der LOE unterscheidet man die Ablehnungserklärung nach Art. 6 Nr. 3 LOE, die Abnahme ohne und die Abnahme mit Vorbehalten nach Art. 6 Nr. 1 S. 2 LOE, über die ein Abnahmeprotokoll nach Art. 6 Nr. 2 LOE aufgenommen wird. Werden Vorbehalte in diesem Abnahmeprotokoll erklärt, ist ebenso eine Frist zur Beseitigung der Mängel aufzunehmen. Nach der Mängelbeseitigung wird hierüber gemäß Art. 6 Nr. 2 d) LOE ein gesondertes Protokoll aufgenommen.

Gemäß Art. 6 Nr. 4 LOE hat die Abnahme – vorbehaltlich einer anderen Vereinbarung[275] – innerhalb von 30 Tagen nach Zugang der Fertigstellungserklärung des Bauwerks beim Bauträger zu erfolgen; das Bauwerk gilt als abgenom-

270 Marín García de Leonardo, 96.
271 González Tausz, RCDI 2000, 2691, 2713.
272 Nur die Zusammenfassung gleichartiger Risiken ermöglicht die Nutzbarmachung einer statistischen Erfahrung und damit eine Wahrscheinlichkeitsrechnung; diese Faktoren sind als Grundlage für die Prämienabrechnung unabdingbar, Hofmann, § 2, 10.
273 Cabanillas Sánchez, ADC 2002, 413, 551.
274 Marín García de Leonardo, 75.
275 Cabanillas Sánchez, ADC 2002, 413, 557.

men, wenn nicht der Bauträger innerhalb dieser Frist schriftlich Vorbehalte oder eine begründete Ablehnung erklärt hat. In der Regel wird die Abnahme von dem Sachverständigen der Versicherung begleitet, wenn nicht sogar von diesem als einem Dritten im Sinne des Art. 1598 Nr. 2 CC übernommen[276]. Denn ab diesem Zeitpunkt beginnen der Versicherungsschutz und damit das Risiko für die Versicherung[277]. Befürwortet wird auch die Begleitung der Abnahme durch den Architekten oder auch den Planungsingenieur[278].

Entgegen Art. 17 Nr. 1 LOE, der die Haftung an die Abnahme ohne Vorbehalte oder an die Beseitigung der vorbehaltenen Mängel knüpft, bestimmt Art. 6 Nr. 5 LOE, dass die Haftungsfristen der LOE ab der Unterzeichnung des Abnahmeprotokolls oder ab der konkludenten Abnahme berechnet werden. Der Widerspruch liegt darin, dass das Abnahmeprotokoll im Sinne des Art. 6 Nr. 5 LOE gerade nicht die Heilung der Mängel erfasst, über die ja gemäß Art. 6 Nr. 2 d) LOE ein gesondertes Protokoll aufzunehmen ist.

Nun ließe sich Artikel 17 Nr. 1 LOE so auslegen, dass der Ablauf der Haftungsfrist für sämtliche Mängel erst mit der „endgültigen Abnahme" erfolgt[279]. Dem widerspricht jedoch der Wortlaut des Art. 6 Nr. 2 d), der ausdrücklich von einer „acta aparte", also einem gesonderten Protokoll und somit gerade nicht von einer „endgültigen Abnahme" spricht. Aus Art. 19 Nr. 2 b) LOE lässt sich ferner folgern, dass die Versicherung bereits im Zeitpunkt der Abnahme abgeschlossen sein muss und gemäß Art. 6 Nr. 5 LOE ab diesem Zeitpunkt auch Deckungsschutz besteht. Im Gegenschluss aus Art. 19 Nr. 9 i) LOE gilt dies aber nur für Schäden, die auf Mängeln beruhen, wegen derer kein Vorbehalt im Abnahmeprotokoll erklärt wurde.

Demnach beginnt die Frist des Versicherungsschutzes schon mit der Abnahme unabhängig davon, ob Vorbehalte erklärt wurden. Um zu vermeiden, dass Versicherungsschutz und Haftungsdauer auseinander fallen, ist Art. 17 Nr. 1 LOE so zu verstehen, dass auch die Haftungsfrist mit der Abnahme beginnt. Gleichzeitig wird aber nicht für Schäden gehaftet, die aufgrund von Mängeln entstehen, die Gegenstand eines Vorbehalts waren[280]. Für diese Teile des Werkes, wegen derer ein Vorbehalt in der Abnahme erklärt wurde, beginnt der Ab-

---

276 Marín García de Leonardo, 76.

277 Jiménez Clar, RdP 6/2001, 19, 66; vgl. dazu auch im 4. Teil, Gliederungspunkt B. I. 4. a).

278 Cabanillas Sánchez, ADC 2002, 413, 557.

279 Cabanillas Sánchez, ADC 2000, 405, 474; Marín García de Leonardo, 78; beide jedoch ohne sich mit Art. 6 Nr. 5 LOE näher auseinanderzusetzen.

280 Carrasco Perera/Cordero Lobato, 347.

lauf der Verjährungsfrist gemäß Art. 17 Nr. 1 LOE mit der Beseitigung der Mängel. Für dasselbe Bauwerk gelten dann unterschiedliche Fristabläufe[281].

b) Beginn der Verjährungsfrist

Die Verjährungsfrist beginnt laut Art. 18 LOE ab dem Zeitpunkt, in dem die Schäden entstehen. Da die Frist in der LOE sehr viel kürzer ist als die zum Art. 1591 CC, hat der Fristbeginn erhebliche Bedeutung[282]. Damit wird die Bestimmung, ab wann ein Schaden „entstanden“ ist, umso wichtiger.

Unbestritten hebt Art. 18 LOE nicht die Grundregel des Art. 1969 CC auf, nach der der Fristbeginn ab dem Tag gerechnet wird, an dem der Anspruch hätte geltend gemacht werden können[283]. Für diesen Zeitpunkt ist aber die objektive Kenntnisnahmemöglichkeit, also die bloße Erkennbarkeit des Mangels ausschlaggebend[284]. Für diese Interpretation des Art. 18 LOE spricht auch, dass ein Änderungsantrag im Gesetzgebungsprozess abgelehnt wurde, der ausdrücklich die positive Kenntnis des Geschädigten als Fristbeginn bestimmen wollte[285]. Eine solche subjektive Anknüpfung hätte hingegen, wie z. B. in Art. 1968 Nr. 2 CC, in Abweichung von der Grundregel[286] des Art. 1969 CC ausdrücklich normiert werden müssen. Zudem wäre die subjektive Kenntnis für Beklagte schwer nachweis- und für Gerichte ermittelbar[287]. Folglich kommt es für den Fristbeginn auf die objektive Kenntnisnahmemöglichkeit an.

Einer objektiven Interpretation folgte auch die Rechtsprechung zu Art. 1969 CC. Auch sie stellt auf die objektive Erkennbarkeit des Schadens ab. Unter Hinweis auf den Verbraucherschutz wählt sie als Maßstab, dass es gerade einem Verbraucher und nicht nur einem Experten[288] möglich sein muss, den Schaden

---

281 Cabanillas Sánchez, ADC 2002, 413, 607.

282 Carrasco Perera/Cordero Lobato 356.

283 Marín García de Leonardo, 125 f.; Carrasco Perera/Cordero Lobato, 356 f.; González Tausz, RCDI 2000, 2691, 2715.

284 González Tausz, RCDI 2000, 2691, 2714 f.

285 Enmienda Nr. 1 a, BOCG Congreso, Serie A, Nr. 163-9, vom 21.05.1999; Morlán, Sozialistische Parlamentsfraktion, Sitzungsprotokoll des Abgeordnetenkongresses (Diario de Sesiones del Congreso de los Diputados) zur Plenarsitzung Nr. 227 vom 29.04.1999, Nr. 235, S. 12581.

286 O'Callaghan Muñoz, Art. 1969, 3.

287 Ortiz González, Grupo Parlamentario Popular, Sitzungsprotokoll des Abgeordnetenkongresses (Diario de Sesiones del Congreso de los Diputados) zur Plenarsitzung vom 15.06.1999, Nr. 709, S. 20364.

288 Lacaba Sánchez, La Ley 2000, 1621, 1625.

zu erkennen[289]. Sonst würde der Geschädigte „wehrlos“ gestellt[290], was gegen Art. 2 Nr. 1 f) LGDCU verstieße. Dieser Maßstab dürfte auch im Rahmen des Art. 18 LOE Anwendung finden.

Gemäß Art. 18 Nr. 2 LOE beträgt auch die Verjährungsfrist für Regressklagen zwei Jahre. Sie beginnt mit der Rechtskraft des Urteils, das zum Schadensersatz verurteilt, oder zu dem Zeitpunkt, zu dem die Parteien des Ausgangsverfahrens einen außergerichtlichen Vergleich geschlossen haben, der die Zahlung des zunächst Verklagten vorsieht.

III. Weitere Anspruchsgrundlagen vertraglicher Haftung

Laut Art. 8, 17 und 18 LOE tritt die Haftung gemäß der LOE neben die vertragliche Haftung nach dem CC. So erklärt Art. 17 Nr. 9 LOE ausdrücklich die auf den Kaufvertrag anwendbaren Ansprüche des Erwerbers für weiterhin anwendbar. Auch die sonstige vertragliche Haftung soll nach Art. 17 Nr. 1 LOE bestehen bleiben. Demgegenüber bestimmt die erste Aufhebungsbestimmung der LOE, dass alle Regelungen gleichen oder niederen Ranges aufgehoben werden, sofern sie zu einem den Bestimmungen der LOE nicht entsprechenden Ergebnis führen würden.

Der Umstand, dass die Aufhebungsbestimmung entgegen parlamentarischen Konkretisierungsversuchen[291] als allgemeine Generalklausel gefasst wurde, wird unter anderem darauf zurückgeführt, dass das Ministerium zur Wirtschaftsförderung bei der schnellen Umsetzung des Gesetzesvorhabens[292] Konflikte mit dem Justizministerium und der Hauptkommission zur Gesetzgebung vermeiden wollte[293]. Jedoch stößt die gewählte, weit gefasste Formulierung auf Kritik[294], da sie Unsicherheiten verursacht[295].

Im Folgenden wird untersucht, welche Ansprüche des CC weiterhin geltend gemacht werden können. Sie gewähren vor allem weitergehende Ansprüche auf entgangenen Gewinn, Schäden an beweglichen Sachen oder Personenschäden

289 González Tausz, RCDI 2000, 2691, 2715; Carrasco Perera/Cordero Lobato 357; Marín García de Leonardo, 126.

290 STS, vom 16.02.1993, RJ 1993, 774.

291 Enmienda Nr. 1 a, BOCG Congreso, Serie A, Nr. 163-9, vom 21.05.1999. Beitrag Herrn Morláns der Sozialistischen Parlamentsfraktion, Sitzungsprotokoll des Abgeordnetenkongresses (Diario de Sesiones del Congreso de los Diputados) zur Plenarsitzung Nr. 227 vom 29.04.1999, Nr. 235, S. 12581.

292 Vgl. oben Gliederungspunkt B. II.

293 Cadarso Palau, ECI 7/2000, 3, 9.

294 Carrasco Perera/Cordero Lobato, 602; Mezquita García-Granero, AC 1999, 2301, 2302 f.; Cadarso Palau, ECI 7/2000, 3, 9; Vicente Domingo, Act. Civ. 2000, 1383, 1395 f.

295 Marín García de Leonardo, 83 f.; Mezquita García-Granero, AC 1999, 2301, 2302 f.

und haben z. T. eine sehr viel längere Verjährungsfrist als die Ansprüche aus der LOE[296].

1. Besonderes Schuldrecht

a) Art. 1484 CC

Der Erwerber hat gegenüber dem Bauträger Gewährleistungsansprüche nach Art. 1484 CC wegen versteckter Mängel[297], die der Erwerber beim Vertragsschluss nicht kannte oder hätte kennen müssen[298] und die zu Schäden führen, die nicht von der erfasst werden. Dieser Anspruch verjährt gemäß Art. 1490 CC innerhalb von sechs Monaten nach Übergabe der Sache. Die weitere Geltung der kaufrechtlichen Regeln wird in Art. 17 Nr. 9 LOE klarstellend[299] erwähnt.

b) Art. 1591 CC

Neben einer kaufrechtlichen Haftung finden auch die Regeln zur Haftung wegen Werkmängeln Anwendung[300], die von der Rechtsprechung entwickelt wurde. Ursprünglich regelte Art. 1591 CC nur die individuelle und persönliche[301] Haftung des Bauunternehmers sowie die des Architekten. Nach Abs. 1 gab es zwei verschiedene Formen der Mängel, um die jeweilige Haftung dieser Beteiligten zu begründen und sie voneinander abzugrenzen[302]. Der Bauunternehmer haftete für „vicios de la construcción“, also für sämtliche bei der Bauausführung verursachten Mängel für die Dauer von 10 Jahren. Für dieselbe Dauer war der Architekt hingegen verantwortlich für „vicios del suelo o de la dirección“, mithin für die Bebaubarkeit und Bauüberwachung[303]. Auf ein Verschulden kam es dabei letztendlich nicht an[304]. Darüber hinaus haftete der Bauunternehmer für Verletzungen der Vertragsbedingungen und -absprachen gemäß Art. 1591 Abs. 2 CC für die Dauer von 15 Jahren. Die Verjährungsfrist begann gemäß Art. 1591 Abs. 1 CC mit der Fertigstellung des Bauwerks.

Gerade die kurze Verjährungsfrist des Kaufrechts von sechs Monaten nach Art. 1490 CC und die Gefahr, dass der Verkäufer seine Verpflichtungen z. B.

---

[296] Carrasco Perera/Cordero Lobato, 350.
[297] Carrasco Perera/Cordero Lobato, 350.
[298] O'Callaghan Muñoz, Art. 1484, 2.
[299] Cabanillas Sánchez, ADC 2000, 405, 498 f.
[300] Vgl. zu dieser Entwicklung Estruch Estruch, RdP 1999, 307, 308 ff.
[301] STS, vom 03.04.1995, RJ 1995, 2930.
[302] Carrasco Perera/Cordero Lobato, 309.
[303] Marín García de Leonardo, 94.
[304] Carrasco Perera/Cordero Lobato, 323.

wegen Insolvenz nicht erfüllen könnte, haben dazu geführt, dass die Haftung nach Art. 1591 Abs. 1 CC weit ausgelegt wurde. Der subjektive Anwendungsbereich wurde in zweierlei Richtung ausgedehnt. Obwohl der Wortlaut des Art. 1591 CC nur Werkunternehmer und Architekten umfasst[305], wurde er auch auf den Bauträger erstreckt[306]. Außerdem wurde entgegen der systematischen Auslegung[307] nicht nur der Auftraggeber als aktivlegitimiert angesehen, sondern auch die nachfolgenden Erwerber der Wohnung[308].

Das Tatbestandsmerkmal „ruina“ (Ruine) wurde ebenfalls weit ausgelegt[309]. So erfasst sie zum einen mit der „ruina potencial“ auch Mängel, die nur wahrscheinlich zu über das übliche Maß hinausgehenden Schäden führen[310]. Zum anderen wurde er als „ruina funcional“ ausgedehnt auf Werkmängel, die die Qualität, die Nutz- oder Bewohnbarkeit des Bauwerks beeinträchtigen[311]. Vor allem gewährt der Anspruch aus Art. 1591 CC aber einen umfassenden Schadensersatzanspruch, der – entgegen der Begrenzung in Art. 17 LOE auf Schäden am Gebäude – gemäß Art. 1106 CC auch den entgangenen Gewinn erfasst.

Seit Erlass der LOE wird vor allem[312] diskutiert[313], ob und in welchem Umfang[314] Art. 1591 CC weiterhin gilt, denn obwohl die LOE die Rechtsprechung

---

305 Vgl. oben Gliederungspunkt B. I. 1.

306 Carrasco Perera/Cordero Lobato, 300.

307 Carrasco Perera/Cordero Lobato, 301.

308 SSTS, vom 03.10.1979, RJ 1979, 3236; vom 28.06.1982, RJ 1982, 3447; vom 22.04.1988, RJ 1988, 3271; vom 17.05.1988, RJ 1988, 4312; vom 25.11.1988, RJ 1988, 8713; vom 09.06.1989, RJ 1989, 4417; vom 22.06.1990, RJ 1990, 4861; vom 17.07.1990, RJ 1990, 5890; vom 03.02.1995, RJ 1995, 734; vom 27.03.1995, RJ 1995, 2143; vom 27.04.1995, RJ 1995, 3259; vom 06.02.1997, RJ 1997, 681.

309 Estruch Estruch, RdP 1999, 447, 448 ff.

310 SSTS, vom 20.11.1959, RJ 1959, 4452; vom 16.02.1985, RJ 1985, 558; vom 17.02.1985, RJ 1985, 685; vom 20.12.1985, RJ 1985, 6611; vom 17.07.1987, RJ 1987, 5805; vom 12.02.1988, RJ 1988, 941; vom 12.04.1988, RJ 1988, 3141; vom 17.05.1988, RJ 1988, 4312; vom 04.12.1989, RJ 1989, 8793; vom 18.01.1990, RJ 1990, 12; vom 13.07.1990, RJ 1990, 5858; vom 15.10.1990, RJ 1990, 7867; vom 23.01.1991, RJ 1991, 310; vom 30.07.1991, RJ 1991, 5424; vom 22.05.1995, RJ 1995, 4090; vom 17.12.1997, RJ 1997, 9099.

311 SSTS, vom 20.11.1959, RJ 1959, 4452; vom 23.02.1983, RJ 1983, 1068; vom 17.02.1984, RJ 1984, 690; vom 20.12.1985, RJ 1985, 6611; vom 17.02.1986, RJ 1986, 683; vom 04.04.1987, RJ 1987, 2490; vom 01.02.1988, RJ 1988, 580; vom 20.06.1989, RJ 1989, 1212; vom 09.04.1990, RJ 1990, 2710; vom 30.09.1991, RJ 1991, 6075; vom 16.07.1992, RJ 1992, 6623; vom 30.11.1993, RJ 1993, 9186; vom 02.12.1994, RJ 1994, 9394; vom 16.11.1996, RJ 1996, 8262; vom 29.05.1997, RJ 1997, 4117; vom 04.03.1998, RJ 1998, 1039; vom 06.03.1999, RJ 1999, 1367.

312 Carrasco Perera, AJ v. 28.09.2000, 1, 3.

zu Art. 1591 CC weitestgehend abbildet, bestehen Unterschiede[315] und Überschneidungen[316].

aa) Vollumfängliche Geltung des Art. 1591

Deswegen könnte die LOE als bloße Zusatzregelung verstanden werden, die neben dem CC ein eigenes Haftungssystem lediglich als Basis für die in der LOE vorgesehene Pflichtversicherung definiert[317]. So lässt Art. 17 Nr. 1 LOE ausdrücklich die vertragliche Haftung unberührt. Hierzu gehört auch die Haftung nach Art. 1591 CC[318]. Dies beschränkt Art. 17 Nr. 1 LOE auch nicht wie Art. 17 Nr. 9 LOE nur auf die kaufvertraglichen Regeln, so dass auch Art. 1591 CC weiterhin Geltung beanspruchen könnte[319].

Nach dieser Auffassung bliebe es der Rechtsprechung überlassen, die einen Anspruch stützenden Anspruchsgrundlagen herauszuarbeiten und zu benennen[320], insbesondere um festzustellen, ob das Versicherungsunternehmen eintrittspflichtig ist.

bb) Vollständige Verdrängung des Art. 1591 CC

Demgegenüber ließe sich mit dem weiten Anwendungsbereich gemäß Art. 2 LOE anführen, dass neben der speziellen und später erlassenen LOE[321] für eine Anwendung von Art. 1591 CC kein Raum mehr sei[322]. Schließlich habe die LOE die bestehende, lückenhafte Gesetzeslage überwinden sollen[323].

Damit dies erreicht würde, müssten die Regelungen der LOE auch für alle nicht unmittelbar unter Art. 2 LOE fallenden Gebäude gelten, da sonst die Möglichkeit bestünde, dass z. B. Eigentümer von Bauten außerhalb des Anwendungsbereichs besser geschützt würden als Eigentümer von Wohnraum, weil

---

313 Espinosa Labella, ECI 5/2000, 4, 5; Abascal Monedero, Act. Civ. 2003, 127; Monforte, E&J 2003, 26; mit einer Entscheidung des Tribunal Supremo ist laut der Einschätzung von Vicente Domingo, Act. Civ. 2000, 1383, voraussichtlich frühestens zwischen 2008 und 2010 zu rechnen.

314 Marín García de Leonardo, 32.

315 Vicente Domingo, Act. Civ. 2000, 1383, 1395 f.

316 Rouanet Mota, Act. Civ. 2002, 997, 1008.

317 López Fernández, RDU 1999, 1, 15; Tapia Gutiérrez, ECI 8/2000, 35, 46.

318 Vgl. zu dieser Frage Gómez de la Escalera, 44 ff., Mezquita García-Granero, AC 1999, 2301, 2307 f.

319 Cadarso Palau, ECI 7/2000, 3, 10.

320 Sala Sánchez/Almagro Nosete, 374 f.

321 Vicente Domingo, Act. Civ. 2000, 1383, 1396 ff.

322 González Tausz, RCDI 2000, 2691, 2701; im Ergebnis auch Álvarez Olalla, 26 ff.

323 García Macho/Martínez Vázquez de Castro, 95 ff.

nach dem CC eine längere Verjährungsfrist gilt[324]. Darüber hinaus ließen sich die Schäden, die nicht am Gebäude selbst entstehen, über die Regeln des allgemeinen Schuldrechts erfassen[325].

Weiterhin würde das Pflichtversicherungssystem inkohärent nur für die in Art. 17 LOE genannten Schäden und nicht auch für den weiter gehenden Fall der „ruina" im Sinne des Art. 1591 CC gelten[326].

cc) Teilweise Weitergeltung des Art. 1591 CC

Eine vermittelnde Ansicht weist darauf hin, dass Art. 1591 CC bereits seinem Wortlaut nach, also unabhängig von der Auslegung durch die Rechtsprechung, über den Anwendungsbereich des Art. 17 LOE hinausgeht[327], indem er z. B. auch Schäden erfasst, die nicht am Gebäude selbst oder bei Dritten[328] bzw. an Bauwerken entstanden sind, die nicht unter den Anwendungsbereich der LOE fallen[329]. Da sich diese Schäden – selbst bei Verbrauchern – mangels planwidriger Regelungslücke auch nicht durch eine analoge Anwendung des Art. 17 LOE erfassen lassen[330], würde die Annahme, Art. 1591 CC werde vollständig verdrängt, den Geltungsbereich der ersten Aufhebungsbestimmung der LOE überdehnen und zu weit reichenden Haftungslücken führen. Diese könnten auch nicht durch einen pauschalen Verweis auf die allgemeinen Nichterfüllungsregeln vermieden werden[331], weil deren Voraussetzungen für eine Haftung strenger als diejenigen nach Art. 1591 CC sind[332].

Dagegen ist eine vollständige Weitergeltung des Art. 1591 CC ebenfalls mit dem Wortlaut und dem Sinn der 1. Aufhebungsbestimmung zur LOE nicht zu vereinbaren. Bei Schäden, die nach beiden Anspruchsgrundlagen zu einer Haftung des Bauträgers führen, würden die verlängerten Haftungs- und Verjährungsfristen des Art. 1591 CC zu den Ergebnissen nach der LOE in Widerspruch

---

324 Vgl. dazu Carrasco Perera/Cordero Lobato, 350 ff.

325 Vicente Domingo, Act. Civ. 2000, 1383, 1398.

326 Cabanillas Sánchez, ADC 2000, 405, 407 ff.

327 Carrasco Perera/Cordero Lobato, 351; Hernández Díaz-Ambrona, RDPat 2001, 369, 372; González Poveda, ECI 2/2001, 3, 5; Martí Ferrer, RDUMA 2000, 467, 470.

328 Hernández Díaz-Ambrona, RDPat 2001, 369, 372; Cadarso Palau, ECI 7/2000, 3, 10; Marín García de Leonardo, 34; Tapia Gutiérrez, ECI 8/2000, 35, 44 ff.; Martí Ferrer, RDUMA 2000, 467, 471; Vicente Domingo, Act. Civ. 2000, 1383, 1397 f.

329 Jiménez Morago, La Ley 2001, 1434, 1443; Martí Ferrer, RDUMA 2000, 467, 470 ff.; Mesa Marrero, AC 2001, 2337, 2364 f.; Carrasco Perera, AJ vom 28.09.2000, 1, 5; Abascal Monedero, Act. Civ. 2003, Bd. I, 127, 134.

330 Vgl. oben Gliederungspunkt C. II. 2. a) .

331 So aber Álvarez Olalla, 28 f.

332 Vgl. unten Gliederungspunkt C. III. 2.

stehen, was nach der 1. Aufhebungsbestimmung zur LOE zu einer Verdrängung führen müsste. Wenig überzeugend scheint an dieser Stelle[333], einfach die Fristen der LOE auf die Haftung nach dem CC zu übertragen[334]; denn dann wären die Ansprüche aus Art. 1591 CC mit denjenigen aus Art. 17 LOE weitestgehend deckungsgleich, so dass die Weitergeltung des Art. 1591 CC rein theoretischer Natur wäre.

Vielmehr schränken die neuen, normierten Regelungen lediglich die Auslegungsfreiheit der Rechtsprechung zu dem weiterhin geltenden Art. 1591 CC ein[335]. Zwar folgte auch diese dem Motiv des Verbraucherschutzes, jedoch haben der Wille des Gesetzgebers und der gewählte Gesetzeswortlaut hier Vorrang vor einer richterlichen Interessenabwägung[336]. Denn laut Art. 1 Nr. 6 CC vervollständigt zwar die Rechtsprechung durch Auslegung und Anwendung das gesetzte Recht, sie ist aber selber keine Rechtsquelle[337]. Dementsprechend ist die Geltung des Art. 1591 CC auf die nicht von Art. 17 LOE erfassten Schäden zu reduzieren[338].

Für solche Fälle des Art. 1591 CC gelten auch nicht die Gewährleistungs- und Verjährungsfristen der LOE[339], da dies über den eigentlichen Anwendungsbereich der LOE hinausreichen würde[340]. Auch wenn für eine entsprechende Anwendung der Fristen der LOE im Rahmen des Art. 1591 CC spricht, dass nur so der Wertungswiderspruch vermieden werden könnte, dass z. B. ein Anspruch auf entgangenen Gewinn erst maximal nach 25 Jahren verjährt, während ein Anspruch auf Ersatz des Schadens an tragenden Elementen nach Art. 17 Nr. 1 a) LOE schon nach maximal 12 Jahren nicht mehr geltend gemacht werden könnte[341]. Hingegen wird der Widerspruch dadurch zumindest bezüglich Wohngebäuden entschärft, dass durch die LOE nicht nur die Fristen verkürzt, sondern auch die Versicherungen nach Art. 19 LOE in Verbindung mit der 2. Zusatzbestimmung LOE eingeführt wurde. Insbesondere die Insolvenzfestigkeit dieser Versicherungen gleicht die Verkürzung der Fristen aus der Perspektive des Verbrauchers aus[342]. Zwar ließe sich eine analoge Anwendung der Verjäh-

333 Martí Ferrer, RDUMA 2000, 467, 471.
334 Mesa Marrero, AC 2001, 2337, 2366.
335 Jiménez Morago, La Ley 2001, 1434, 1443.
336 Carrasco Perera/Cordero Lobato, 352; Carrasco Perera/González Carrasco, 603; Carrasco Perera, AJ vom 28.09.2000, 1, 3.
337 Pagenkemper, 9.
338 Nieto Alonso, ECI 2/2004, 2, 4 f.; Rouanet Mota, Act. Civ. 2002, 997, 999.
339 So aber Mezquita García-Granero, AC 1999, 2301, 2309 f. ohne nähere Begründung.
340 Martí Ferrer, RDUMA 2000, 467, 471.
341 Mesa Marrero, AC 2001, 2337, 2365 f.
342 González Tausz, RCDI 2000, 2691, 2708.

rungsregeln der LOE auf die Ansprüche aus dem CC aus dem Wortlaut des Art. 18 Nr. 1 a. E. LOE gewinnen, weil diese Vorschrift nur die Ansprüche wegen vertraglicher Nichterfüllung von der zweijährigen Verjährungsfrist ausnimmt. Ansprüche wegen Schlechterfüllung schließt Art. 18 LOE hingegen nicht ausdrücklich aus. Gegen eine analoge Anwendung spricht jedoch, dass keine Gesetzeslücke besteht, da Art. 1591 CC eindeutig eine Haftungsfrist für Schlechtleistungsfälle bestimmt. Außerdem würde durch die entsprechende Anwendung der Verbraucherschutz als erklärtes Ziel des Gesetzgebers eher eingeschränkt. Schließlich bezieht sich Art. 18 Nr. 1 a. E. LOE ausdrücklich nur auf die im vorhergehenden Artikel genannten Ansprüche, so dass hieraus kein Geltungsanspruch außerhalb der LOE abgeleitet werden kann[343].

Diesem Ansatz folgend gelten die kurzen Verjährungsfristen des Art. 18 LOE immer und nur dann, wenn der Anwendungsbereich der LOE, insbesondere nach Art. 2 und 17 eröffnet ist. Sobald dieser Anwendungsbereich eröffnet ist, haftet der Bauträger nicht mehr nach Art. 1591 CC.

2. Allgemeines Schuldrecht

Laut Art. 17 Nr. 9 LOE a. E. gelten neben Art. 1484 CC auch die sonstigen auf den Kaufvertrag anwendbaren Normen.

a) Art. 1101 CC

Zunächst kann eine Nichterfüllung der Ansprüche aus dem Vertrag vorliegen. Die Art. 1091, 1095, 1166 und 1258 CC bestimmen sehr detailliert die Haftung aus Vertrag für eine Speziesschuld. Hiernach ist der Schuldner ohne Änderungsrecht bzgl. des Vertragsgegenstands verpflichtet, den Vertrag wie mit dem Gläubiger vereinbart zu erfüllen, also im Fall des Bauträgervertrags genau das vereinbarte Objekt zu verschaffen.

Nicht jeder Schaden aufgrund der Nichterfüllung dieser Pflicht wird von Art. 1591 CC[344] oder von Art. 17 LOE umfasst[345]. Denn die Erfolgspflicht des Bauträgers erschöpft sich nicht schon in der Bewohnbarkeit der Immobilie oder in der Mangelfreiheit, sondern erfordert eine Übereinstimmung mit der vertraglichen Vereinbarung[346], also insbesondere mit den vereinbarten Bauplänen und

---

343 Díez-Picazo/de León, ADC 2000, 5, 20.

344 Vgl. STS, vom 21.01.1999, La Ley 1999, 1593, wonach ein Anspruch aus Art. 1101 CC neben einem Anspruch aus Art. 1591 CC ausgeschlossen wird.

345 Martí Ferrer, RDUMA 2000, 467, 470; der ablehnenden Meinung von Mesa Marero, AC 2001, 2337, 2363 kann aus den oben unter Gliederungspunkt C. III. 1. b) cc) zu Art. 1591 CC angeführten Argumenten nicht gefolgt werden.

346 Cabanillas Sánchez, ADC 2000, 405, 468.

zu verwendenden Materialien[347]. Hält sich der Bauträger nicht hieran und muss der Erwerber Änderungen vornehmen, um den vertragsgerechten Zustand herzustellen, hat der Erwerber einen Schadensersatzanspruch aus Art. 1101 CC, sofern der Bauträger schuldhaft gehandelt hat. Es ist nicht erforderlich, dass das Objekt zusätzlich andere Mängel aufweist als diese Vertragsabweichung.

Der Anspruch verjährt gemäß Art. 1964 a. E., 1969 CC nach 15 Jahren ab dem Tag, an dem sie erstmalig hätten geltend gemacht werden können. Auf sie sind die kurzen Fristen der LOE nicht anzuwenden, da hier keine eigene Haftungsfrist, sondern nur eine Verjährungsfrist vorgesehen ist[348].

b) Art. 1124 CC

Bei gegenseitigen Verträgen gewährt Art. 1124 CC im Falle der Nichterfüllung einen Anspruch auf Vertragserfüllung oder Vertragsaufhebung, jeweils nebst Schadensersatz.

Jedoch setzt eine Vertragsaufhebung wegen Nichterfüllung schwer wiegende Gründe voraus. Diese werden von der Rechtsprechung z. B. dann angenommen, wenn das geschuldete Bauwerk so starke Baumängel aufweist, dass der vereinbarte Zweck des Bauwerks nicht mehr erreicht werden kann[349], was z. B. bei Gefährdung der Bewohner der Fall ist. Dies dürfte jedoch in der Regel zu einer Überschneidung der Anwendungsbereiche von Art. 1124 CC und Art. 17 LOE führen; Art. 1124 CC würde insoweit verdrängt.

Sollten doch Ansprüche entstehen, die nicht unter Art. 17 LOE fallen, würden sie gemäß Art. 1964, 1969 CC erst fünfzehn Jahre nach der ersten Möglichkeit ihrer Geltendmachung, also der Erkennbarkeit des Mangels, verjähren[350].

Auch der Verzug ist eine der Formen der Nichterfüllung[351], obwohl er auch von Art. 1101 CC ausdrücklich erfasst wird. Allerdings setzt die Rechtsprechung in diesen Fällen in der Regel eine neue Leistungsfrist fest und gewährt einen Anspruch auf Schadensersatz; eine Vertragsauflösung kommt nur selten in Betracht[352].

---

347 Marín García de Leonardo, 87.

348 Mezquita García-Granero, AC 1999, 2301, 2317.

349 STS, vom 29.04.1994, RJ 1994, 2982; Estruch Estruch, RDP 1999, 307, 312.

350 STS, vom 13.07.1987, RJ 1987, 5461; mit einem Kommentar von Bercovitz Rodríguez-Cano, CCJC 1987, 4711, 4718.

351 Albaladejo, 185.

352 Marín García de Leonardo, 91.

IV. Zwischenergebnis

Der Bauträger haftet in Spanien aufgrund der LOE und der komplementär anwendbaren Normen des CC für die mangelfreie Erfüllung seiner vertraglichen Pflicht, ein mangelfreies Bauwerk zu verschaffen. Es handelt sich somit um eine vertragliche Haftung.

Dabei haftet nach der LOE grundsätzlich derjenige individuell und persönlich, der den Schaden verursacht hat. Wenn der Schaden keinem Beteiligten allein zugeordnet werden kann, haften die möglichen Verursacher solidarisch zu gleichen Teilen oder, soweit feststellbar, gemäß ihren Verschuldensanteilen. Eine Besonderheit besteht darin, dass der Bauträger für jeglichen Schaden solidarisch haftet. Die solidarisch Haftenden haben einen internen Ausgleichsanspruch gegen den oder die tatsächlich Verantwortlichen. Auf ein Verschulden kommt es bei der Haftung nicht an.

Die LOE unterscheidet drei Schadenskategorien anhand der Schwere des Schadens[353]. Für Schäden an Strukturelementen mit Auswirkung auf die Stabilität haftet der Bauträger zehn Jahre. Die Haftung des Bauträgers für Schäden mit Auswirkung auf die Bewohnbarkeit endet nach drei Jahren. Für Schäden an Ausbauelementen haftet der Bauunternehmer ein Jahr. Die Haftungsfrist beginnt mit der Abnahme des Bauwerks. Für Bestandteile des Gebäudes, an denen im Abnahmeprotokoll Mängel festgestellt wurden, beginnt sie erst, wenn die Arbeiten zur Beseitigung dieser Mängel beendet sind. Der Schaden muss vor Ablauf dieser Frist entstehen. Sobald er für einen Verbraucher objektiv erkennbar ist, beginnt die Verjährungsfrist von zwei Jahren. Ersetzt wird grundsätzlich nur der materielle Schaden am Gebäude.

Der Anspruch ist auf die Beseitigung des Schadens gerichtet. Erst nach Ablauf einer hierfür im Zwangsvollstreckungsverfahren gesetzten Frist kann der Geschädigte den für eine Mangelbeseitigung erforderlichen Geldbetrag verlangen. In Notfällen kann diese Fristsetzung vor einer Klage auf Aufwendungsersatz erfolgen.

Der Bauträger kann dem Geschädigten nur entgegenhalten, der Schaden sei auf Zufall, höhere Gewalt, Handeln des Geschädigten selbst oder eines Dritten, dessen Handeln sich keiner der Baubeteiligten zurechnen lassen muss, zurückzuführen. Ein vertraglicher Haftungsausschluss auch bei gleichzeitiger Abtretung der Gewährleistungsansprüche gegen die sonstigen Baubeteiligten ist nicht möglich.

Der aufgrund Urteil oder außergerichtlicher Einigung dem Geschädigten zu Schadensersatz verpflichtete Bauträger kann nach Leistung diejenigen in

---

[353] Vgl. oben im 2. Teil Gliederungspunkt B. I. 2.

Regress nehmen, die den Schaden verursacht haben. Er kann hierzu Regressklage erheben. Die LOE sieht zur Vorbereitung einer solchen Klage zusätzlich die Möglichkeit einer Streitverkündung im Ausgangsverfahren vor. Diese verlängert in jedem Fall die Klageerwiderungsfrist des Beklagten des Ausgangsverfahrens. Die Beklagten bilden aber keine notwendige Streitgenossenschaft.

Außerhalb des Anwendungsbereichs der LOE kann der Geschädigte die Ansprüche aus dem CC, unter anderem auch aus Art. 1591 CC, geltend machen. Insbesondere gelten im CC meist sehr viel längere Haftungs- und Verjährungsfristen.

D. Wesentliche Unterschiede und Übereinstimmungen

Der Bauträger haftet in Spanien und Deutschland für die Erfüllung seiner Verbindlichkeiten. Gewährleistungsansprüche treffen ihn, wenn er ein mangelhaftes Werk übergeben hat.

Die Haftung wird weitgehend gleich, nämlich mit mangelhafter Erfüllung der Vertragspflichten, begründet. Auch die spanische Garantiehaftung des Bauträgers ist hiermit zu erklären. Eine solche Garantiehaftung wird vom deutschen Recht nicht gesetzlich vorgeschrieben, kann aber vertraglich vereinbart werden. Schadensersatzansprüche setzen in Deutschland ein Verschulden des Bauträgers voraus. Gegen die entsprechende gesetzliche Vermutung kann der Bauträger Beweis antreten, nicht schuldhaft gehandelt zu haben.

In beiden Ländern finden sich für die Haftung des Bauträgers Anspruchsgrundlagen in mehreren Normen unterschiedlicher Rechtsbereiche. In Spanien sind die Anspruchsgrundlagen zwei verschiedenen Gesetzbüchern zu entnehmen. So gilt für bestimmte Schäden die LOE, die außerhalb ihres Anwendungsbereichs durch die Vorschriften des CC ergänzt wird. In diesen Gesetzen gelten insbesondere unterschiedliche Fristen zur Geltendmachung der Schäden. In Deutschland werden zur Haftungsbegründung Normen des Werk- und des Kaufvertragsrechts aus dem BGB herangezogen.

In Deutschland wird zwar auch zwischen Schäden am Bauwerk und sonstigen Schäden unterschieden. Jedoch werden die Schäden am Bauwerk nicht noch in Schäden an Schlussarbeiten, solchen, die die Bewohnbarkeit betreffen, und Schäden an Strukturelementen unterschieden.

In Deutschland hat der Geschädigte einen Schadensersatzanspruch auch wegen der Beschädigung einer anderen als der Werksache aus dem BGB. Statt der Wiederherstellung kann er wahlweise auch Geldersatz verlangen. Bei Beschädigung der Werksache hat der Werkunternehmer zunächst ein Nacherfüllungsrecht. In Spanien ist Wertersatz in Geld immer erst nach fruchtlosem Ablauf einer zur Schadensbeseitigung gesetzten Frist möglich, und zwar gilt dies auch, wenn eine andere als die Werksache beschädigt wurde.

Das spanische Recht gewährt bei Bauwerken, die unter die LOE fallen, eine zweijährige Verjährungsfrist und verschiedene, nach der Schwere der Schäden gestaffelte Haftungsfristen von einem, drei oder zehn Jahren. In Deutschland gilt hingegen für Mängelansprüche eine Verjährungsfrist bei Bauwerken von fünf, bei sonstigen Werkleistungen von zwei Jahren.

Beide Rechtsordnungen kennen die Abnahme durch einen Dritten. In Deutschland wird diese in der Regel nur bei Miteigentum, z. B. Wohnungseigentum vorgesehen. In Spanien hingegen bewirkt die Pflichtversicherung, dass die Sicherungsgeber den Bau und üblicherweise auch die Abnahme durch Kontrollbüros begleiten lassen[354].

Freizeichnungen der Bauträger sind in Spanien ausgeschlossen und in Deutschland nahezu unmöglich. In Deutschland gilt darüber hinaus der Grundsatz, dass der Anspruch des Geschädigten gegen den Bauträger jedenfalls dann wieder auflebt, wenn er sich beim Schadenverursacher, etwa beim Werkunternehmer, nicht schadlos halten kann.

In Deutschland gibt es im Außenverhältnis eine gesamtschuldnerische Haftung von Bauträger und Werkunternehmer gegenüber dem Erwerber nur, wenn letzterer mit dem Werkunternehmer Sonderwunschverträge abschließt. Anderenfalls kann sich der Erwerber immer nur an den Bauträger halten, der in einem möglichen Prozess dem Werkunternehmer den Streit verkündet, sofern er Regress- bzw. Gesamtschuldausgleichsansprüche zu haben glaubt. Dagegen sieht die LOE immer eine unmittelbare Haftung des Verursachers gegenüber dem Anspruchsinhaber vor. Haben mehrere Baubeteiligte den Schaden verursacht, haften sie anteilig. Ist der Verursachungsgrad nicht jeweils klar zuzuordnen, haften sie dem Geschädigten als Gesamtschuldner. Insbesondere haftet der Bauträger im Außenverhältnis gegenüber dem Eigentümer immer als Gesamtschuldner mit den anderen Verantwortlichen, auch wenn der Schaden einem anderen Baubeteiligten insgesamt zuzuordnen ist.

Im Innenverhältnis gilt wiederum der Grundsatz der individuellen und persönlichen Haftung. Lässt sich ein Verursachungsgrad nicht feststellen, haften der Bauträger und die sonstigen Beteiligten zu gleichen Teilen. Befriedigt der Bauträger den Geschädigten aufgrund von Urteil oder einer außergerichtlichen Einigung, kann er innerhalb von zwei Jahren einen Ausgleichsanspruch gegen

[354] Eingehender dazu im nächsten Teil, Gliederungspunkt B. I. 3. d) bb).

die Regressschuldner erheben. In einem Ausgangsverfahren kann der Bauträger diesen auch den Streit verkünden.

Hervorzuheben ist die Übereinstimmung, dass sich der Erwerber in Deutschland und in Spanien immer allein an den Bauträger halten kann. Letzterer trägt das Risiko eines Regressprozesses.

4. Teil: Sicherheiten im Bauträgerrecht zu Gunsten des Erwerbers

A. Deutschland

Das deutsche Sicherungssystem ist durch das Prinzip der Privatautonomie gekennzeichnet, wonach die Vertragsparteien grundsätzlich eigenverantwortlich im Wege des Vertragsschlusses ihre jeweiligen Interessen abstimmen müssen. Verschiedene Normen des BGB, wie z. B. der originäre Eigentumserwerb durch dauerhafte, feste Verbindung mit einem Grundstück, können zwar zu Gunsten eines Auftraggebers wirken. Da dieser Schutz jedoch nicht ausreicht, wird er durch zivil- oder gewerberechtliche Schutzgesetze ergänzt, um so Risiken untypischer Vertragsgestaltung oder ungleicher Verhandlungsmacht auszugleichen und das Äquivalenzprinzip zu gewährleisten.

Gesetzliche Schutzpflichten, die der Bauträger erfüllen muss, sieht die MaBV (I.), das BGB (II.) und das Gesetz über die Sicherung von Bauforderungen (BauFG[1], III.) vor. Daneben regeln die VOB/B sowie das BGB freiwillige Sicherungsmittel (IV.), wie z. B. Bürgschaften.

I. MaBV

Die MaBV wurde am 20.06.1974 zur Durchführung von § 34 c GewO erlassen[2], der in Abs. 3 das Bundesministerium für Wirtschaft ermächtigt, die Pflichten des gewerbsmäßig handelnden Bauträgers zum Schutze der Allgemeinheit und der Auftraggeber durch Rechtsverordnung zu regeln. Zu diesen Pflichten gehört insbesondere nach § 34 c Abs. 3 S. 1 Nr. 1 GewO, dass ausreichend Sicherheit zu leisten oder eine zu diesem Zweck geeignete Versicherung abzuschließen ist, sofern der Bauträger Vermögenswerte des Auftraggebers erhält oder verwendet.

Der Hintergrund und Zweck dieser Sicherheitsvorschriften (1.) geben einen bestimmten Anwendungsbereich (2.) vor. Dieser sieht die Sicherungsmittel des § 3 MaBV (3.) und als Ausnahme hierzu die des § 7 MaBV (4.) vor. Sie sind unter bestimmten Umständen kombinierbar (5.). Jedenfalls wird sichergestellt, dass die Sicherungsmittel angewendet werden (6.).

---

1 In der Fachliteratur auch mit BSG abgekürzt.

2 BGBl. 1974-I, 1314.

1. Hintergrund und Zweck der MaBV

Eine Sicherung des Erwerbers von Seiten des Gesetzgebers war angesichts des zunehmenden Wohnungsbaus durch Bauträger bei gleichzeitiger Vernachlässigung der treuhänderischen Pflichten[3] geboten. Denn um die Bauträger mit liquiden Mitteln auszustatten und damit den Bau überhaupt erst zu ermöglichen, zahlen die Erwerber in der Regel bereits vor Übereignung des Grundstücks Raten an den Bauträger. Da sie jedoch noch nicht Eigentümer des Grundstücks sind, werden sie auch nicht durch die Errichtung des Gebäudes gemäß §§ 946, 94 BGB Eigentümer der mit dem Grundstück verbundenen Gebäude. Ihr Interesse, die vereinbarte Gegenleistung auch zu erhalten, ist nicht geschützt.

Um dies auszugleichen, wurde die MaBV erlassen. Sie hat den Zweck, Besteller von Werkleistungen gegen eine Insolvenz des Bauträgers sowie gegen Vermögensschäden durch Unregelmäßigkeiten bei der Abwicklung[4] finanziell abzusichern. Solange der Besteller nämlich nicht Eigentum erworben hat, richtet sich sein Anspruch nur gegen die Insolvenzmasse, ohne für die eigenen Vorleistungen gesichert zu sein[5]. Gerade gegen dieses Vermögensrisiko des Erwerbers soll die MaBV schützen[6].

2. Anwendungsbereich

Die MaBV gilt gemäß § 1 S. 1 für Gewerbetreibende, die nach § 34 c Abs. 1 GewO der Erlaubnis bedürfen. Zu diesen gehören auch die Bauträger gemäß § 34 c Abs. 1 S. 1 Nr. 2 a) GewO[7].

Gemäß § 3 Abs. 1 S. 1 MaBV ist der Auftraggeber gesondert zu sichern, wenn ihm das Eigentum an einem Grundstück übertragen oder ein Erbbaurecht bestellt oder übertragen werden, er jedoch schon vorher Geldleistungen an den Bauträger erbringen soll. Dabei garantiert die MaBV nicht die Erfüllungsinteressen des Erwerbers, sondern seine Interessen für den Fall, dass der Bau „stecken bleibt“[8]. Sie gilt dementsprechend nur solange, wie der Erwerber nicht Eigentümer des Baugrundstücks oder Erbbauberechtigter ist, da sonst für die Vorgaben der MaBV kein Sicherungsbedarf mehr besteht[9].

Grundsätzlich gilt die MaBV für die Errichtung von Neubauten. Ab welchem Umfang auch eine Altbaumodernisierung als Bauvorhaben im Sinne des § 3

---

3 Vgl. oben Einleitung.
4 BR-Drucks. 786/73, 1.
5 Jacob/Ring/Wolf/v. Buttlar/Schmidt, § 2, 3.
6 Marcks, DNotZ 1975, 389, 391.
7 Vgl. oben im 2. Teil, Gliederungspunkt A. I.
8 Marcks, DNotZ 1975, 389, 391.
9 Jacob/Ring/Wolf/v. Buttlar/Schmidt, § 2, 8; Marcks, § 3, 5.

Abs. 2 S. 4 MaBV einzustufen ist, für das die Baufortschrittsratenregelung des § 3 Abs. 2 S. 1 und 2 MaBV entsprechend gelten, ist nicht abschließend geklärt[10]. Dies ausschließlich an das Erfordernis einer Baugenehmigung zu knüpfen[11], erscheint angesichts des Umstands, dass auch umfangreiche Arbeiten z. T. ohne Genehmigung möglich sind, unzweckmäßig[12]. Allein dass die Arbeiten unter die Baufortschritte des § 3 Abs. 2 MaBV subsumiert werden können, reicht ebenso wenig für eine Abgrenzung, weil dies Umfang und Bedeutung der Werkleistung völlig unbeachtet lässt. Vielmehr ist unter Betrachtung des Einzelfalls zu prüfen, ob die Leistungen wesentliche Bedeutung für die Konstruktion, den Bestand, die Erhaltung oder die Erneuerung des Grundstücks[13] und Gebäudes haben.

Der Erwerber wird dadurch geschützt, dass dem Bauträger schlechthin untersagt ist, vom Erwerber geschuldete Vermögenswerte von diesem entgegenzunehmen, ohne ihn ausreichend zu sichern[14]. Anderslautende Vereinbarungen sind nach § 12 MaBV unzulässig und zivilrechtlich nichtig[15].

Die MaBV unterscheidet zwei Grundmuster der Sicherung. Die Zahlungen des Käufers werden entweder durch die Sicherungsmittel nach § 3 MaBV oder durch diejenigen des § 7 MaBV abgesichert.

3. § 3 MaBV

Gemäß § 3 Abs. 1 MaBV muss der Bauträger bestimmte Voraussetzungen schaffen (a), die den Auftraggeber im Insolvenzfall absichern, bevor der Bauträger Vermögenswerte des Auftraggebers zur Ausführung des Auftrags entgegennehmen oder sich zu deren Verwendung ermächtigen lassen darf (b). Unter bestimmten Umständen steht dem Erwerber trotz entsprechender Zahlungspflichten ein Leistungsverweigerungsrecht zu (c).

a) Sicherungsvorkehrungen nach Abs. 1

Neben der Rechtswirksamkeit des Vertrags müssen die erforderlichen, öffentlich-rechtlichen Genehmigungen vorliegen. § 3 Abs. 1 Nr. 4 MaBV nennt insoweit ausdrücklich die Baugenehmigung. Ferner muss der Anspruch des Erwerbers auf Eigentumsübertragung oder Bestellung bzw. Übertragung eines Erbbau-

---

10 Jacob/Ring/Wolf/v. Buttlar/Schmidt, § 2, 111.

11 Warda, MittBayNot 1988, 1, 12.

12 Jacob/Ring/Wolf/v. Buttlar/Schmidt, § 2, 111.

13 Jacob/Ring/Wolf/v. Buttlar/Schmidt, § 2, 112.

14 Jacob/Ring/Wolf/v. Buttlar/Schmidt, § 2, 13.

15 Darüber hinaus können sie ordnungsrechtlich Bußgelder oder sogar einen Erlaubnisentzug auslösen.

rechts durch an vereinbarter Rangstelle eingetragene Vormerkung gesichert sein. Ausweislich § 3 Abs. 1 Nr. 3 MaBV muss eine Lastenfreistellung des Vertragsobjekts auch für den Fall, dass das Bauvorhaben nicht vollendet wird, gesichert sein. Dies wird in § 3 Abs. 1 S. 2 MaBV konkretisiert. Danach muss die Gläubigerbank des Bauträgers unverzüglich nach Baufertigstellung und Zahlung der geschuldeten Vertragssumme, oder für den Fall, dass der Bau stecken bleibt, unverzüglich nach Zahlung des dem erreichten Bautenstand entsprechenden Teils der geschuldeten Vertragssumme die Freistellung des Vertragsobjekts von vorrangigen Grundpfandrechten erklären. Nur so kann sicher gestellt werden, dass der Auftraggeber unbelastetes Eigentum an dem Grundstück erwerben kann[16].

b) Abschlagszahlungen nach Abs. 2

Wenn die Voraussetzungen des § 3 Abs. 1 MaBV vorliegen, kann sich der Bauträger die Gelder des Erwerbers in Baufortschrittsraten nach § 3 Abs. 2 MaBV zur Verfügung stellen lassen[17]. Es handelt sich dabei um Abschlagszahlungen, also um Zahlungen auf bereits erbrachte Teilleistungen[18], mithin für in sich abgeschlossene Teile des Werkes. Um den wirtschaftlichen Gegebenheiten des Einzelfalls gerecht zu werden, dürfen diese um maximal 5 % über den tatsächlichen Baufortschritt hinausgehen, ohne gegen § 3 Abs. 2 MaBV zu verstoßen[19].

Die Regelungen der MaBV betreffen aber nur die gewerberechtliche Zulässigkeit der Tätigkeit des Bauträgers, ohne zugleich über die zivilrechtliche mitzuentscheiden[20]. Die MaBV stellt keine abschließende, der Einwirkung anderer Rechtsnormen entzogene zivilrechtliche Regelung dar[21]. So ist zwar anzuerkennen, dass die MaBV auch zivilrechtliche Auswirkungen hat[22] und bei einer Abwägung nach § 307 BGB zu berücksichtigen ist[23]. Jedoch folgt aus der Ermächtigungsgrundlage des § 34 c GewO, dass der Erwerber nicht Normadressat der MaBV ist; sie regelt daher keine Fragen des zivilrechtlichen Vertragsrechts[24]. Schon gar nicht ist sie als lex specialis zum BGB anzusehen[25]. Folglich ist die Frage, ob eine Zahlungsvereinbarung, die von der Vorausleistungspflicht

16 Marcks, § 3, 12.
17 Marcks, § 3, 23.
18 Marcks, § 3, 24 a.
19 OLG Hamm, Beschl. v. 03.11.1994, MittRhNotK 1995, 142, 143.
20 Brych/Pause, 159.
21 Schöner/Stöber, 3210.
22 Blank, DNotZ 1996, 501, 505; Grziwotz, NJW 1994, 2745.
23 Speck, MittRhNotK 1995, 117, 120.
24 BGH, Urt. v. 22.12.2000, NJW 2001, 818, 820.
25 Ullmann, NJW 2002, 1073, 1076; Thode, ZfIR 2001, 345.

des Unternehmers nach dem Modell des § 641 BGB abweicht, wirksam vereinbart werden kann, auch am Zivilrecht, insbesondere an den AGB-rechtlichen Vorschriften zu messen[26].

Die europarechtlich umstrittene Frage, ob Bauträgerverträge angesichts ihres Grundstücksbezugs überhaupt vom Anwendungsbereich der Klauselrichtlinie[27] erfasst werden[28], stellt sich angesichts des Wortlauts der §§ 305 ff. BGB auf nationaler Ebene nicht. Der Bauträgervertrag wird durch die Ausnahmetatbestände des § 310 BGB nicht privilegiert. Dem steht auch nicht entgegen, dass einzelne Bestimmungen auf ihn nicht anwendbar sind. So setzen die §§ 308 Nr. 5 a. E., 309 Nr. 8 b) ff) BGB die Einbeziehung der VOB/B als Ganze voraus, was bei Bauträgerverträgen nicht möglich ist[29]. Der Bauträgervertrag ist folglich am AGB-Recht zu messen[30].

aa) Vorliegen von AGB

In Individualverträgen ist die Vereinbarung von Abschlagszahlungen jedenfalls unproblematisch[31]. Jedoch dürften nahezu alle Bauträgerverträge als Formularverträge einstufbar sein, da zu dieser Annahme bereits die Vorlage eines Bauträgervertrags ausreicht, der gemäß der Lebenserfahrung und seiner inhaltlichen Gestaltung nach für eine mehrfache Verwendung entworfen wurde[32]. Ist der Erwerber ein Verbraucher gelten derartige Verträge gemäß § 310 Abs. 3 Nr. 1 BGB als vom Unternehmer gestellt.

bb) Keine unangemessene Benachteiligung mangels Abweichens von Rechtsvorschrift gemäß § 307 Abs. 3 S. 1 BGB

Die Vereinbarung von Abschlagszahlungen nach § 3 Abs. 2 MaBV ist AGB-rechtlich zulässig, da keine unangemessene Benachteiligung anzunehmen ist.

Zwar wurden in § 3 Abs. 2 MaBV zwei Ansatzpunkte für eine unangemessene Benachteiligung im Sinne des § 307 Abs. 1 S. 1, Abs. 2 Nr. 1 BGB gesehen, die jedoch, wie zu zeigen sein wird, beide nicht eingreifen.

---

[26] Basty, DNotZ 1994, 15, 16.

[27] Richtlinie 93/13/EWG des Rates vom 05.04.1993, ABl. EG 1993 L-95, S. 29, vom 21.04.1993.

[28] Vgl. Staudinger, DNotZ 2002, 166, 168 f.; zu dieser Frage unten Gliederungspunkt A. I. 3. b) bb) (2).

[29] Vgl. oben Gliederungspunkt B. II. 2. c) aa) (2).

[30] BGH, Urt. v. 07.05.1987, NJW 1987, 2373, 2374.

[31] Schöner/Stöber, 3218, Fn. 59; Grziwotz, NJW 1994, 2745, 2746.

[32] BGH, Urt. v. 14.05.1992, NJW 1992, 2160, 2162.

Der erste Kritikpunkt setzt daran an, dass der Erwerber mit der ersten Rate im Sinne des § 3 Abs. 2 S. 2 Nr. 1 MaBV bereits das Grundstück bezahle, das Eigentum hieran aber erst nach der Fertigstellung übertragen bekomme[33]. Dies verstoße gegen das Äquivalenzprinzip und sei folglich mit wesentlichen Grundgedanken der gesetzlichen Regelung im Sinne des § 320 BGB nicht vereinbar[34]. Diesem Ansatz ist jedoch nicht zu folgen, weil er dem Charakter des Bauträgervertrags nicht gerecht wird. Denn er trennt die Pflicht zur Eigentumsverschaffung und die Errichtungspflicht, obwohl diese in einem einheitlichen Vertrag sui generis zusammengefasst sind[35]; der Erwerber will ja gerade nicht eine Eigentumsübertragung unabhängig von einer Werkerrichtung. Würden diese Pflichten konsequent getrennt, also das Eigentum am Grundstück bereits vor Werkerrichtung übertragen, wäre für die Anwendung der MaBV mangels Schutzbedürfnisses von vornherein schon kein Raum mehr[36]. Ansonsten ist diesem Ansatz die Begründung entgegenzuhalten, die auch gegen den zweiten Kritikpunkt anzuführen ist.

Auch der zweite Einwand verfängt nicht. Dieser basiert darauf, dass sich die nach § 632 a BGB vorgesehenen Abschlagszahlungen von denjenigen nach § 3 MaBV unterscheiden. Gemäß § 632 a BGB können Zahlungen aber nur für in sich abgeschlossene und somit für sich funktionsfähige[37] Teile verlangt werden. Auch muss der Unternehmer dem Besteller Eigentum an den Teilen des Werkes übertragen oder hierfür Sicherheit leisten. Das Erfordernis des Eigentumserwerbs dürfte im Rahmen des § 632 a BGB durch eine rangrichtig eingetragene

[33] Diese Argumentation wird auch bezüglich aller Raten nach § 3 Abs. 2 MaBV vorgebracht, Wagner, BauR 2004, 569, 581. Dieser sieht in den Raten nach § 3 Abs. 2 MaBV nur öffentlich-rechtliche Höchstgrenzen, die aber nicht dem jeweiligen, tatsächlichen Wert der erbrachten Teilleistung entsprechen müssten. Daraus schließt Wagner einen Verstoß gegen (europäisches) AGB-Recht, weil keine Kompensation für die erbrachte Vorleistung des Erwerbers vereinbart sei (vgl. dazu auch unten Gliederungspunkt A. I. 4. b)). Dem ist jedoch entgegenzuhalten, dass die Parteien auch zivilrechtlich vereinbaren können, dass für einen bestimmten Bauabschnitt ein bestimmter Preis gezahlt werden soll, dessen Höhe durch einen Prozentsatz bezogen auf die gesamten Baukosten dargestellt wird. Ob dieser Preis angemessen ist, ist rechtlich unerheblich, solange kein krasses Missverhältnis zwischen der gezahlten Rate und der erbrachten Bauleistung besteht, was nicht anzunehmen ist, wenn diese dem Ratenplan nach § 3 Abs. 2 MaBV folgen. Zudem leistet der Erwerber nicht kompensations- und damit schutzlos im Voraus, wie Wagner behauptet. Sicherheit wird dem Erwerber durch die Schutzmechanismen nach § 3 Abs. 1 MaBV vermittelt.

[34] Wagner, ZfIR 2001, Beilage, 3, 9.

[35] Vgl. oben im 2. Teil, Gliederungspunkt A. II. 4.

[36] Dies erkennt auch Wagner, ZfIR 2001, Beilage, 3, 26 selber an.

[37] Thode, ZfBR 1999, 116, 117 f.; Blank, ZfIR 2001, 85, 90.

Vormerkung nicht ersetzbar sein[38]. Doch gerade eine solche sieht § 3 Abs. 1 S. 1 Nr. 2 MaBV neben anderen Voraussetzungen als ausreichendes Sicherungsmittel an. Hierin könnte eine unangemessene Benachteiligung i. S. d. § 307 Abs. 1 S. 1, Abs. 2 Nr. 1 BGB mit der Begründung gesehen werden, § 632 a BGB sei auch für den Bauträgervertrag ein gesetzliches Leitbild[39], von dem eine Vereinbarung nach dem Muster der MaBV abweiche[40].

Um dieses Ergebnis zu vermeiden[41], muss jedoch nicht auf das dem Gesetz nicht zu entnehmende[42] Argument zurückgegriffen werden, § 632 a BGB sei auf Bauverträge unanwendbar[43]. Denn Abschlagszahlungsvereinbarungen im Sinne der MaBV sind schon gemäß § 307 Abs. 3 S. 1 BGB einer Inhaltskontrolle nach § 307 Abs. 1 und 2 BGB entzogen, da sie nicht von Rechtsvorschriften oder diese ergänzende Regelungen abweichen.

(1) MaBV

Die zunächst vertretene Auffassung, die MaBV sei bereits als eine solche Rechtsvorschrift anzusehen[44], die ein nach § 307 Abs. 3 S. 1 BGB zu berücksichtigendes Leitbild darstelle, ist aufgrund der bereits oben dargestellten[45] mangelnden zivilrechtlichen Regelungswirkung[46] nicht aufrechtzuerhalten und wird z. T. ausdrücklich aufgegeben[47].

(2) Abschlagszahlungsverordnung

Allerdings stellt die auf der Grundlage des Art. 244 EGBGB[48] erlassene Verordnung über Abschlagszahlungen bei Bauträgerverträgen vom 23.05.2001[49] eine

38 Blank, ZfIR 2001, 85, 90.

39 Blank, ZfIR 2001, 85, 90; Quack, BauR 2001, 507, 511; Pause, NZBau 2001, 181, 182; Rösler, ZfIR 2001, 259, 260; Thode, ZfIR 2001, 345, 346.

40 A. A. Hertel, ZNotP 2001, 5, 8 f., der zutreffend darauf hinweist, dass § 632 a BGB erstmalig Abschlagszahlungen im BGB vorsieht und die erst nach Einführung dieser Norm aufkommende Kritik im übrigen begründen müsste, warum sie nicht schon vorher Abschlagszahlungen als Verstoß gegen das Leitbild des § 640 BGB angegriffen habe.

41 Kiesel, NJW 2000, 1673, 1675; Brambring, ZfIR 2001, 257, 258.

42 Blank, ZfIR 2001, 85, 90 f.; Wagner, ZfIR 2001, Beilage, 3, 11.

43 Schmidt-Räntsch, NZBau 2001, 356, 357 mit Hinweis auf die Beschlussempfehlung des Rechtsausschusses des Bundestages, BT-Drucks. 14/2752, S. 14.

44 Blank, DNotZ 1996, 501; Grziwotz, NJW 1994, 2745; Reithmann, NJW 1997, 1816, 1817; Speck, MittRhNotK 1995, 117, 120 f. und 128 ff.

45 Vgl. oben Gliederungspunkt A. I. 3. b).

46 BGH, Urt. v. 22.12.2000, NJW 2001, 818, 820.

47 Vgl. z. B. Blank, ZfIR 2001, 85, 90.

48 Vor der Schuldrechtsreform § 27 a AGBG.

solche Rechtsvorschrift dar. Sie sieht vor, dass in Bauträgerverträgen Abschlagszahlungen entsprechend § 3 Abs. 2 MaBV vereinbart werden können, sofern entweder die Voraussetzungen nach § 3 Abs. 1 MaBV vorliegen oder Sicherheit nach § 7 MaBV geleistet wurde.

Die Verordnung ist auch europarechtskonform. Sie hält einer Überprüfung an der Klauselrichtlinie stand.

Der Anwendungsbereich der Klauselrichtlinie erfasst auch Bauträgerverträge[50], die ihrer Natur nach auch Immobilien betreffen. Dies allein wegen des Wortlauts „Waren und Dienstleistungen" in der deutschen Übersetzung auszuschließen[51], würde einer europäisch-autonomen Auslegung nicht gerecht, die auch die gleichermaßen verbindlichen verschiedenen Sprachfassungen zu beachten hat[52]. In der französischen Fassung wird der Begriff mit „biens" übersetzt, was auch Immobilien mit einbezieht[53]. Die spanische Übersetzung „bienes" ist ebenfalls so auszulegen[54]. Wäre anderes gewollt gewesen, hätte der europäische Gesetzgeber dies in den Anwendungsausschlüssen der Klauselrichtlinie wie in Art. 3 Abs. 2 Buchst. a) der Haustürwiderrufsrichtlinie[55] konkret vorsehen können[56].

Die von der Abschlagszahlungsverordnung vorgesehenen Abschlagszahlungen sind weder gemäß dem Klauselkatalog im Anhang zur Klauselrichtlinie noch nach der Generalklausel des Art. 5 KlauselRL als rechtsmissbräuchlich anzusehen. Nach Nr. 1 Buchstabe o) des Anhangs ist eine Klausel als rechtsmissbräuchlich einzustufen, nach der der Verbraucher allen seinen Verpflichtungen nachkommen muss, obwohl der Gewerbetreibende seine Verpflichtungen nicht erfüllt. Dies ist bei Abschlagszahlungen nicht der Fall, bei denen der Erwerber erst bei Erreichen eines bestimmten Baustadiums die entsprechende Vergütung leisten muss. Eine andere Auslegung wäre schon aus grammatikalischen Gründen unhaltbar[57]. Auch wird kein erhebliches Missverhältnis im Sinne von Art. 5 KlauselRL begründet, weil der Zahlung des Erwerbers grundsätzlich eine Leis-

---

[49] BGBl. 2001-I, S. 981.

[50] Staudinger, DNotZ 2002, 166, 168 f.

[51] Kappus, NJW 1994, 1847, 1848.

[52] Grabitz/Hilf/Pfeiffer, KlauselRL, Vorbemerkung, 19.

[53] Schulte-Nölke, NJW 1999, 3176.

[54] Vgl. Art. 333 CC.

[55] Richtlinie 85/577/EWG des Rates vom 12.12.1985, ABl. EG 1985 L-372, S. 31, vom 31.12.1985.

[56] Staudinger, DNotZ 2002, 166, 169.

[57] Staudinger, DNotZ 2002, 166, 180 f.

tung des Unternehmers gegenübersteht, so dass keine ausreichend schwere Störung des Äquivalenzverhältnisses anzunehmen ist[58].

Die folglich europarechtskonforme Abschlagszahlungsverordnung ist somit eine wirksame Rechtsvorschrift im Sinne des § 307 Abs. 3 S. 1 BGB. Entsprechen Abschlagszahlungsvereinbarungen in Bauträgerverträgen der Verordnung und erfüllen infolgedessen die Vorgaben der MaBV, unterliegen sie keiner Inhaltskontrolle nach § 307 Abs. 1 und 2 BGB.

cc) Zwischenergebnis

Demnach ist die Vereinbarung von Abschlagszahlungen gemäß § 3 Abs. 2 MaBV nicht nur gewerbe-, sondern auch zivilrechtlich zulässig.

c) Zurückbehaltungsrecht aus § 320 BGB

Bei Mängeln besteht gemäß § 320 BGB ein Leistungsverweigerungsrecht des Erwerbers bezüglich jeder einzelnen Rate[59]. Dieses Recht kann auch die Funktion haben, den Bauträger unter Druck zu setzen. Daher ist es laut Rechtsprechung dem Erwerber erlaubt, die Beseitigungskosten für einen Mangel bis zur dreifachen Höhe[60] einzubehalten, solange die geschuldete Leistung nicht erbracht ist[61]. Dies gilt aber nur, solange nicht der Gläubiger in Annahmeverzug ist[62]. Allerdings darf nicht die Leistung der Rate im Ganzen verweigert werden, da nicht das gesamte Baufortschrittssystem außer Kraft gesetzt werden können soll, um lediglich eine Sachmangelgewährleistung zu erzwingen[63].

Die letzte Rate in Höhe von maximal 3,5 % der ganzen Vertragssumme ist erst nach vollständiger Fertigstellung des Bauwerks fällig. Die Zahlung hat bei der Abnahme zu erfolgen. Mängel stellen die Fälligkeit dieser Rate nur dann in Frage, wenn sie schwer wiegen, weil der Zweck der MaBV verfehlt würde, wenn dem Käufer ein Zurückbehaltungsrecht bis zur Beseitigung auch des letzten – noch so geringen – Mangels eingeräumt würde. Die Ratenzahlungen sollen zwar die Vorleistungspflicht des Bauträgers festschreiben, aber nicht dem Käufer einen Hebel zur Durchsetzung von Ansprüchen gewähren[64].

---

[58] Staudinger, DNotZ 2002, 166, 181.

[59] BGH, Urt. v. 10.11.1983, NJW 1984, 725, 726; Urt. v. 14.05.1992, NJW 1992, 2160, 2163.

[60] Wie es nunmehr auch § 641 Abs. 3 BGB vorsieht, der sich seinerseits aber nicht auf die einzelnen Raten des § 3 Abs. 2 MaBV bezieht, sondern auf die Schlussabnahme.

[61] BGH, Urt. v. 14.05.1992, NJW 1992, 2160.

[62] OLG Celle, Urt. v. 17.02.2004, NZBau 2004, 328, 329 zu §§ 320, 641 Abs. 3 BGB.

[63] Jacob/Ring/Wolf/v. Buttlar/Schmidt, § 2, 43.

[64] Jacob/Ring/Wolf/v. Buttlar/Schmidt, § 2, 42.

Nur in dem Ausnahmefall, dass eine Nacherfüllung gemäß § 634 BGB nicht mehr möglich ist, wäre eine Beschränkung auf einen Teileinbehalt dem Erwerber unzumutbar, da er im Fall einer Rückabwicklung ja seine gesamten Leistungen rückerstattet verlangen könnte[65].

Dem Erwerber kann folglich trotz seiner Pflicht zur Leistung von Abschlagszahlungen ein Leistungsverweigerungsrecht zustehen.

4. § 7 MaBV

Der Bauträger kann sich vom Katalog der Sicherungspflichten der §§ 2 – 6 MaBV durch eine Sicherungsleistung nach § 7 MaBV befreien. Allerdings muss sich der Bauträger diesen Austausch des Sicherungsmittels vertraglich vorbehalten. Sieht der Vertrag dies nicht vor, gilt zwingend § 3 MaBV[66].

§ 7 Abs. 1 MaBV verweist unter anderem auf § 2 Abs. 2 MaBV, der als Sicherungsmittel die Beibringung einer Bürgschaft regelt. Ihr Sicherungsumfang und damit auch der Betrag sind noch nicht abschließend geklärt[67]. Die Bürgschaft ist gemäß § 7 Abs. 1 S. 3 MaBV bis zur Fertigstellung (a) aufrechtzuerhalten. Sie hat vor (b) und nach diesem Zeitpunkt (c) unterschiedliche Sicherungswirkungen. Bei der Geltendmachung (d) und Rückgabe (e) der Bürgschaft sind verschiedene Besonderheiten zu beachten.

a) Vollständige Fertigstellung entspricht Abnahmereife

Der Begriff der vollständigen Fertigstellung in § 7 Abs. 1 MaBV wird verschieden ausgelegt.

aa) Fertigstellung mit Ablauf der Gewährleistungsfrist

Auf der einen Seite wird postuliert, dass eine vollständige Fertigstellung nur angenommen werden könne, wenn die geschuldete Leistung auch vollständig mangelfrei erbracht worden sei[68]. Dies sei aber erst nach Ablauf der Verjährungsfrist für Sach- und Rechtsmängel anzunehmen[69]. Gegen diese Auffassung spricht, dass sich weder aus der Entstehungsgeschichte noch aus den Regelungen der MaBV ableiten lässt, dass die Verordnung den Erwerber stärker schützen sollte als das Zivilrecht[70], denn die Verordnung diente allein als Instrument

---

[65] Jacob/Ring/Wolf/v. Buttlar/Schmidt, § 2, 43.
[66] Jacob/Ring/Wolf/v. Buttlar/Schmidt, § 2, 53.
[67] Jacob/Ring/Wolf/v. Buttlar/Schmidt, § 2, 55.
[68] Blomeyer, NJW 1999, 472, 474; Blank, 213.
[69] Thode, WuB I E 5. – 6.01, 01/2002, 33, 34, und 06/2001, 530, 531; Wagner, WM 2001, 718, 722.
[70] Riemenschneider, ZfIR 2002, 949, 957.

der Gewerbeaufsicht und hatte nicht den Erwerber als Adressaten[71]. Außerdem soll die Bürgschaft das Äquivalenzprinzip bezüglich der Hauptleistungspflicht auch bei Vorleistung wahren[72]. Nach der Abnahme ist jedoch ein Erfüllungsanspruch ausgeschlossen[73], denn der Bauträger hat seine Leistung erbracht. Ein weitergehender Schutz entspräche folglich nicht dem Sicherungszweck der MaBV.

bb) Fertigstellung mit Eigentumsübertragung

Zum Teil wird ein über die Abnahme hinausgehender Schutz angestrebt, indem die Fertigstellung ihrerseits über den Schutzzweck der Bürgschaft definiert wird. Ihre Aufgabe aber sei es, den Erwerber vor Insolvenz des Bauträgers zu schützen. Das Insolvenzrisiko bleibt aber bis zur Eigentumsumschreibung bestehen. Erst ab diesem Zeitpunkt seien daher ein Schutz und damit auch Ansprüche aus der Bürgschaft nicht mehr notwendig. Daher sei erst mit der Eigentumsumschreibung von der Fertigstellung im Sinne des § 7 Abs. 1 S. 3 MaBV auszugehen[74]. Gegen diesen Ansatz spricht zum einen der Wortlaut. Die „Fertigstellung" eines Bauwerks hat sprachlich nichts mit der „Eintragung" des neuen Eigentümers zu tun. Zum anderen darf die Fertigstellung und mit ihr die Fälligkeit der letzten Rate nicht von der Eintragungsgeschwindigkeit des Grundbuchamts abhängen. Nicht zuletzt werden die Werklohnansprüche der beauftragten Unternehmer gegen den Bauträger mit der Abnahme fällig. Dieser könnte Solvenzschwierigkeiten bekommen, wenn er selber noch bis zur Eintragung warten müsste, bis er vom Erwerber die letzte Rate erhält.

cc) Fertigstellung mit Bezugsfertigkeit

Die andere Extremposition nimmt die Fertigstellung im Sinne des § 7 Abs. 1 S. 3 MaBV bereits bei Funktionsfähigkeit des Bauwerks an[75], die häufig schon bei der Abnahme gegeben ist. Der Erwerber sei ausreichend durch seine zivilrechtlichen Leistungsverweigerungsrechte geschützt[76]. Auf eine Mangelfreiheit komme es, wie bei den anderen, vorangehenden Raten im Sinne des § 3 Abs. 2 MaBV[77], nicht an[78]. Demnach sollen Mängel, selbst wenn sie im Abnahme-

---

[71] Vgl. oben Gliederungspunkt A. I. 3. b) .
[72] Wagner, WuB I E 5. – 5.02, 11/2002, 1033, 1034 f.
[73] Palandt/Sprau, § 640, 11.
[74] Vogel, ZfIR 2003, 60, 62.
[75] Brych/Pause, 154.
[76] Basty, DNotZ 1994, 873.
[77] Brych/Pause, 143.
[78] Brych/Pause, 154.

protokoll vermerkt waren, einer vollständigen Fertigstellung nicht entgegenstehen[79]. Gegen diese Auffassung spricht, dass schon nach dem Begriffsverständnis weder Bauträger noch Erwerber ein Gewerk als „fertig gestellt" ansehen können, wenn im Abnahmeprotokoll einvernehmlich Mängel aufgenommen wurden[80]. Der Erwerber erklärt insoweit, dass er die Leistung nicht als vertragsgemäß ansieht, also auch nicht als „fertig". Dies dürfte umso mehr seit der Schuldrechtsreform gelten, da die Mangelfreiheit nunmehr Hauptleistungspflicht ist[81]. Außerdem widerspricht dies einer systematischen Wortlautauslegung des § 3 Abs. 2 S. 2 Nr. 2 MaBV, der Raten jeweils für die „Bezugsfertigkeit" und für die „Fertigstellung" vorsieht.

dd) Fertigstellung mit Abnahmereife

Die vermittelnde Ansicht fordert zwar ebenfalls die vollständige, mangelfreie Leistungserbringung, beschränkt dies jedoch hinsichtlich der Mängel auf diejenigen, die im Abnahmeprotokoll vermerkt sind[82]. Erst nach der Abnahme geltend gemachte Mängel werden demnach nicht von der Bürgschaft besichert[83]. Gegen diese Auslegung wird angeführt, dass auf den privatrechtlichen Begriff der Abnahme gemäß § 640 Abs. 1 BGB nicht ohne weiteres zurückgegriffen werden könne[84], da die MaBV als lex posterior bewusst autonome Begriffe benutze[85]. Auf den Abnahmebegriff des § 640 BGB könnte daher nicht für die Auslegung der Verordnung herangezogen werden[86]. Dieses Argument verfängt jedoch deswegen nicht, weil der Begriff der vollständigen Fertigstellung eben nicht eindeutig definiert ist[87]. Insoweit wurde er offenbar gerade nicht bewusst[88]

---

79 Brych/Pause, 154; Pause, BauR 1999, 1270 f.; Fischer, WM 2003, 1, 3 f.; Basty, 436 ff., insbesondere 438.

80 Riemenschneider, ZfIR 2002, 949, 958.

81 Palandt/Sprau, § 633, 3; zumindest von einem privaten Erwerber ist nicht zu erwarten, dass er nachvollzieht, dass sein Gebäude gewerberechtlich „fertig" ist, während zivilrechtlich sein Vertragspartner noch nicht erfüllt hat.

82 BGH, Urt. v. 30.04.1998, NJW 1998, 2967, 2968; OLG Hamm, Urt. v. 13.09.2001, BauR 2002, 641; Reithmann/Reithmann B, 111; Ewenz, ZfIR 2000, 8, 13; von Heymann/Rösler, WuB I E 5. – 4.99, 07/1999, 701; Fischer, WM 2003, 1, 3; Weise, 788; Schulze-Hagen, BauR 1992, 320, 324; Conrad, BauR 1990, 546, 547 f., wohl auch Marcks, § 3, 42 und DNotZ 1975, 389, 401, der die Erbringung von Restarbeiten verlangt, die bei einer Schlussabnahme festgelegt worden sind.

83 BGH, Urt. v. 22.10.2002, NJW 2003, 285, 286.

84 Wagner, WuB I E 5. – 3.03, 02/2003, 135, 136.

85 Vogel, ZfIR 2003, 60, 61; Basty, DNotZ 1994, 873 f.

86 Riemenschneider, ZfIR 2002, 949, 957.

87 Kunze, ZfIR 2003, 540, 545.

in Abgrenzung zur zivilrechtlichen Begrifflichkeit gewählt. Zudem ist schon aus Gründen der Rechtssicherheit und des praktischen Bedürfnisses einer klaren zeitlichen Begrenzung des Sicherungsumfangs ein Rückgriff auf die Regelung des § 640 BGB geboten[89].

Außerdem hat der Unternehmer ab der Abnahmereife gemäß § 640 Abs. 1 S. 2 BGB seine Leistung vollständig erbracht. Dass er zuvor besser gestellt war, weil er entgegen der Regel der §§ 640, 641 BGB nicht vorleistungsverpflichtet war, wirkt sich ab diesem Zeitpunkt nicht mehr aus[90]. Er hat jetzt einen Anspruch auf Zahlung seines Werklohns. Der Erwerber muss nicht mehr gesondert geschützt werden. Der Begriff der vollständigen Fertigstellung geht folglich nicht über denjenigen der Abnahmereife hinaus[91].

Die vollständige Fertigstellung ist infolgedessen anzunehmen, wenn das Werk abnahmereif im Sinne des § 640 Abs. 1 S. 2 BGB ist.

b) Vor der Fertigstellung

Gemäß § 7 MaBV müssen Bürgschaften Sicherheit für alle etwaigen Ansprüche des Auftraggebers auf Rückgewähr oder Auszahlung seiner Vermögenswerte bieten.

aa) Bisheriger Standpunkt der Literatur

Mangels einer Legaldefinition des Begriffs der Rückgewähransprüche[92] in der MaBV wurden im Wege der Auslegung hierunter verschiedene Ansprüche gefasst. Die bislang überwiegende Mehrheit[93] in der Literatur verstand darunter die Ansprüche, die in der einen oder anderen Form den Ausgleich zuvor geleisteter Zahlungen anordnen[94]. Jedenfalls sollten nur Ansprüche darunter fallen, die auf Rückzahlung, und nicht solche, die auf weitergehenden Schadens- oder Aufwendungsersatz gerichtet waren[95]. Die Sicherungssysteme der MaBV könnten nicht gegen das Risiko der Nichtvollendung des Bauvorhabens und damit der

---

88 VO zur Änderung der MaBV, vom 13.05.1975, BR-Drucks. 179/75, Begründung S. 12 f.
89 Kunze, ZfIR 2003, 540, 545.
90 Fischer, WM 2003, 1, 3.
91 Fischer, WM 2003, 1, 3; anders Rösler, ZfIR 2001, 259, 263, der eine vollständige Mängelbeseitigung fordert.
92 Pause, BauR 1999, 1270, 1272.
93 Basty, DNotZ 2002, 567, 569.
94 Marcks, § 7, 7; Pause, BauR 1999, 1270, 1272; Brych/Pause, 161; Basty, 484 und 503.
95 Brych/Pause, 161; Pause, BauR 1999, 1270, 1273; Speck, MittRhNotK 1995, 117, 125; Ewenz, ZfIR 2000, 8, 12.

Nichterfüllung des Werkvertrags durch den Bauträger schützen[96], sondern allein gegen das Risiko, dass der Erwerber Ansprüche gegen den Bauträger z. B. wegen dessen Insolvenz nicht durchsetzen kann.

Diese Auffassung wurde insbesondere für den Fall vertreten, dass der Erwerber zu Abschlagszahlungen im Sinne des § 3 Abs. 2 MaBV verpflichtet war[97].

bb) Jüngste Rechtsprechung

Die Rechtsprechung äußerte sich erstmals[98] 1999 zum Sicherungsumfang und zwar im Zusammenhang mit einer Bürgschaft für eine Vorausleistungsvereinbarung[99].

(1) Begriff und Notwendigkeit einer Vorausleistungsvereinbarung

Bei einer Vorausleistung zahlt der Erwerber bereits vor Baubeginn höhere als in § 3 Abs. 2 MaBV vorgesehene Raten. Dies kann bis zur Gesamtleistung der Vertragssumme vor Leistungserbringung durch den Bauträger führen. Diese Zahlungsmodalität war motiviert durch das Fördergebietsgesetz[100] (FördG), das Steuervergünstigungen für Investitionen gewährte, die innerhalb eines bestimmten Veranlagungszeitraumes getätigt wurden[101].

(2) Rechtliche Zulässigkeit von Vorausleistungsvereinbarungen gemäß der deutschen Rechtsprechung

Gewerberechtlich sind Vorausleistungen gemäß § 7 MaBV zwar zulässig[102], da nach seinem Wortlaut sowohl von Abs. 1 als auch von Abs. 2 des § 3 MaBV abgewichen werden darf. Wie Abschlagszahlungen[103] müssen aber auch Voraus-

---

96 Rösler, ZfIR 2001, 259.

97 Kanzleiter, DNotZ 2002, 819, 822.

98 Jacob/Ring/Wolf/v. Buttlar/Schmidt, § 2, 55.

99 BGH, Urt. v. 14.01.1999, NJW 1999, 1105.

100 Art. 6 Steuerrechtsänderungsgesetz v. 24. 6. 1991, BGBl. 1991-I, 1322, mit Änderung durch das Standortsicherungsgesetz v. 13. 9. 1993, BGBl. 1993-I, 1569; Neufassung v. 23. 9. 1993, BGBl. 1993-I, 1654.

101 Diese steuerlichen Abschreibungsmöglichkeiten gemäß § 4 Abs. 2 des FördG machten Vorauszahlungen für Investoren attraktiv. Nur durch die Möglichkeit solcher Vorauszahlungen ließen sich zum einen hohe Jahresgewinne durch die Zahlung des Gesamtkaufpreises im Jahr ihrer Erwirtschaftung steuergünstig anlegen. Zum anderen konnte zum Ende des Förderzeitraums nur so der Gesamtkaufpreis von der Abschreibungsregel erfasst werden.

102 Basty, DNotZ 1994, 15, 16.

103 Vgl. oben Gliederungspunkt A. I. 3.

leistungsvereinbarungen den AGB-rechtlichen Anforderungen genügen[104], da sie in aller Regel in Formularverträgen getroffen werden.

Für Vorausleistungen gilt die Verordnung über Abschlagszahlungen bei Bauträgerverträgen nicht[105]. Zwar orientierte sich der Gesetzgeber im Gesetz zur Beschleunigung fälliger Zahlungen vom 30.03.2000[106] bei der Einführung des § 632 a BGB an den Regelungen der VOB/B und bei der des § 27 a AGBG[107] an denjenigen der MaBV[108], so dass man annehmen könnte, er wolle nur die Bestimmungen der MaBV in einer zivilrechtlich verbindlichen Form bestätigen, ohne den strengeren Maßstab des § 632 a BGB auch in die MaBV-Regelungen hineinzutragen[109]. Jedoch ist schon wegen des übereinstimmenden Wortlauts ein gewisser Gleichlauf zwischen den Begriffen des § 632 a BGB und denjenigen des § 27 a AGBG bzw. der auf seiner Grundlage erlassenen Verordnung über Abschlagszahlungen bei Bauträgerverträgen vom 23.05.2001 zu fordern[110]. Schließlich ging auch der Gesetzgeber davon aus, dass das Modell der MaBV nur Abschlagszahlungen vorsieht[111]. Daher gilt für Vorauszahlungsvereinbarungen die Privilegierung des § 307 Abs. 3 S. 1 BGB i. V. m. der Verordnung nicht.

Bei Formularverträgen muss eine Vorauszahlungsvereinbarung daher nach dem Maßstab des § 307 Abs. 2 Ziffer 1 BGB mit wesentlichen Grundgedanken der gesetzlichen Regelung vereinbar sein, da sie sonst den Erwerber im Sinne des § 307 Abs. 1 BGB unangemessen benachteiligt[112]. Auf eine solche Unvereinbarkeit kann aber nicht allein schon aus der Einführung von § 632 a BGB zu Abschlagszahlungen und von § 27 a AGBG sowie der Verordnung zu § 27 a AGBG geschlossen werden. Allerdings hat der Normgeber in diesen Regelungen positiv nur Abschlagszahlungen für zulässig erklärt. Daraus lässt sich jedoch nur schließen, dass er Vorauszahlungen zwar grundsätzlich als unzulässig erachtet, nicht aber, dass er sie per se ausschließen will[113], indem er ein neues gesetzliches Leitbild auch für Regelungen im Sinne der MaBV festlegt[114].

---

104 Basty, DNotZ 1994, 15, 16.
105 Blank, 254; Basty, DNotZ 2001, 421, 424 f.; Kanzleiter, DNotZ 2002, 819, 824.
106 BGBl. 2000-I, 330.
107 Heute Art. 244 EGBGB; im Folgenden wird § 27 a AGBG genannt, da diesen auch die angeführte Literatur zitiert.
108 Beschlussempfehlung des Rechtsausschusses, BT-Drucks. 14/2752, 14.
109 Marcks, § 3, 24 a; Kiesel, NJW 2000, 1673, 1681.
110 Kiesel, NJW 2000, 1673, 1682.
111 Beschlussempfehlung des Rechtsausschusses, BT-Drucks. 14/2752, 14.
112 BGH, Beschl. v. 02.05.2002, NZM 2002, 754; Basty, DNotZ 1994, 15, 18; Schöner/Stöber, 3218;
113 Kanzleiter, DNotZ 2002, 819, 824.
114 Beschlussempfehlung des Rechtsausschusses, BT-Drucks. 14/2752, 14.

Denn allein das Fehlen einer positiven Regelung über Vorauszahlungsvereinbarungen in den Normen begründet nicht schon die Annahme, entsprechende Vereinbarungen benachteiligten unangemessen die Interessen des Erwerbers und verstießen deswegen gegen Treu und Glauben[115]. Dies bestätigt auch eine europarechtskonforme Auslegung von § 632 a BGB und der Verordnung zu § 27 a AGBG, da Art. 3 der Richtlinie über missbräuchliche Klauseln in Verbraucherverträgen vom 05.04.1993[116] strengere Anforderungen[117] an die Missbräuchlichkeit einer Klausel stellt als § 307 Abs. 1 BGB, indem er ein erhebliches und ungerechtfertigtes Missverhältnis der vertraglichen Rechte und Pflichten der Vertragspartner voraussetzt. Ein solches Missverhältnis ist jedoch nach der Rechtsprechung bei Vorauszahlungsvereinbarungen nicht zwingend[118] anzunehmen.

Die Rechtsprechung geht vielmehr davon aus, dass die Vereinbarung von Vorauszahlungen dann keine unangemessene Benachteiligung darstellt, wenn sie aus einem sachlichen Grund erfolgt und keine überwiegenden Belange des Vertragspartners entgegenstehen[119]. So setzte sich bei Bauträgerverträgen in der Rechtsprechung die Auffassung durch[120], dass Vorausleistungen dann vereinbart werden können, wenn sie sachlich gerechtfertigt sind[121] und die mit den Vorausleistungen verbundenen Nachteile durch für den Vertragspartner günstige Vereinbarungen ausgeglichen werden. Dieser Ausgleich kann durch die Stellung einer Bürgschaft erfolgen, die sicherstellt, dass die Vorausleistung abgesichert ist, so dass ihre Vereinbarung nicht mehr als unangemessene und treuwidrige Benachteiligung des Vertragspartners anzusehen ist[122]. Nur so werde das Äquivalenzprinzip aufrechterhalten.

---

[115] BGH, Beschl. v. 02.05.2002, NZM 2002, 754, arg. e cont.; wie Kanzleiter, DNotZ 2002, 819, 828 zutreffend anmerkt, dürfte auch der BGH nicht von einem neuen Leitbild seit Einführung des § 632 a BGB und § 27 a AGBG ausgegangen sein, da sonst nahegelegen hätte, in dem Vorlagebeschluss einen Hinweis darauf zu geben, dass die angefragte Entscheidung des EuGH nur auf die Rechtslage bis zu diesem Zeitpunkt Bedeutung haben werde.

[116] ABl. der EG, NR. L-95, S. 29, vom 21.04.1993.

[117] Staudinger, DNotZ 2002, 166, 182.

[118] Hierauf wird später unter Gliederungspunkt A. I. 4. b) cc) eingegangen.

[119] BGH, Urt. v. 06.12.1984, NJW 1985, 855, 857; Urt. v. 20.03.1986, NJW 1986, 1613, 1614.

[120] Kanzleiter, DNotZ 2002, 819, 823 f.

[121] BGH, Urt. v. 07.06.2001, NJW 2002, 140, 141.

[122] BGH, Beschl. v. 02.05.2002, NZM 2002, 754, 755.

(3) Notwendiger Umfang einer Bürgschaft nach § 7 MaBV

Um eine unangemessene Benachteiligung zu vermeiden, den merkwürdigen Wertungswiderspruch[123] zur MaBV aufzulösen und folglich Vorausleistungsvereinbarungen in Bauträgerverträgen zu ermöglichen[124], weitete die Rechtsprechung den Sicherungsumfang der Bürgschaft im Sinne des § 7 MaBV kontinuierlich aus[125]. Nachdem sie zunächst offen ließ, ob Mängelansprüche besichert sind[126], bestätigte sie dies[127] unter Hinweis auf den Schutzzweck des § 7 MaBV[128] und ließ die Bürgschaft auch Ansprüche aus positiver Vertragsverletzung[129] umfassen. Eine Bürgschaft gemäß § 7 MaBV soll die vom Erwerber eingegangene Verpflichtung ausgleichen, die Vergütung für das herzustellende Werk sofort und nicht erst, entsprechend der gesetzlichen Regelung des § 641 Abs. 1 S. 1 BGB, bei Abnahme oder, wie es 3 Abs. 2 MaBV gestattet, in Raten gemäß dem Bauablauf nach Bauabschnitten zu entrichten. Denn eine solche Vorleistungspflicht benachteiligt den Erwerber in erheblichem Maße und verletzt das in § 3 Abs. 2 und § 7 MaBV verankerte Äquivalenzprinzip[130]; so verliert er vor allem die Möglichkeit, sein gesetzliches Leistungsverweigerungsrecht des § 320 BGB geltend zu machen oder mit (Schadensersatz-)Ansprüchen aufzurechnen, wenn der Bauträger nicht oder schlecht erfüllt. Um diese Nachteile auszugleichen, ist der Sicherungsumfang der zu stellenden Bürgschaft zur Erfüllung des Schutzzweckes des § 7 MaBV weit zu bestimmen[131].

So besichert laut der Rechtsprechung die Bürgschaft das Risiko, dass die tatsächlich erbrachte Bauleistung weniger wert ist, als die vertraglich geschuldete Leistung, für die der Erwerber die Vorausleistung erbracht hat. Von der Bürgschaft sind deswegen entsprechende Minderungsansprüche gedeckt[132]. Darüber hinaus erfasst die Bürgschaft weitere Ansprüche, die sich aus mangelhafter oder unterlassener Erfüllung des Vertrags ergeben[133]. Darunter fallen Schadensersatz-

[123] Wagner, WuB I E 5. – 5.02, 11/2002, 1033, 1035.
[124] BGH, Urt. v. 22.10.2002, NJW-RR 2003, 452, 453; Kanzleiter, DNotZ 2002, 819, 822.
[125] Jacob/Ring/Wolf/v. Buttlar/Schmidt, § 2, 55; vgl. BGH, Urt. v. 14.01.1999, NJW 1999, 1105; Beschl. v. 02.05.2002, NZM 2002, 754; Urt. v. 22.10.2002, NJW 2003, 285; Urt. v. 18.06.2002, NJW 2002, 2563.
[126] BGH, Urt. v. 14.01.1999, NJW 1999, 1105, 1107.
[127] BGH, Beschl. v. 02.05.2002, NZM 2002, 754, 755.
[128] BGH, Urt. v. 22.10.2002, NJW 2003, 285 f.
[129] BGH, Urt. v. 18.06.2002, NJW 2002, 2563, 2565.
[130] Thode, WuB I E 5. – 1.02, 01/2002, 33; Wagner, WuB IE 5. – 5.02, 11/2002, 1033, 1035; Vogel, ZfIR 2003, 60, 61.
[131] BGH, Beschl. v. 02.05.2002, NZM 2002, 754 f.; Urt. v. 22.10.2002, NJW 2003, 286.
[132] BGH, Urt. v. 19.07.2001, NJW 2001, 3329, 3330.
[133] BGH, Beschl. v. 02.05.2002, NZM 2002, 754 f.

ansprüche wegen Nichterfüllung des Vertrags und alle auf Zahlung von Geld gerichteten Gewährleistungsansprüche. Gesichert ist aber nur das Interesse des Erwerbers, für die geleistete Zahlung den versprochenen Gegenwert zu erhalten. Alle sonstigen Schäden, die der Erwerber an Rechtsgütern oder vermögenswerten Interessen erleidet, fallen nicht in den Schutzbereich[134].

Voraussetzung dafür, dass ein Schadensersatzanspruch von der Bürgschaft erfasst wird, ist jedoch immer, dass er sich aus einer Störung des Gleichgewichts zwischen der geschuldeten oder geleisteten Zahlung und dem Wert der geschuldeten oder erbrachten Bautenstände ergibt[135]. Somit fallen in den Sicherungsumfang nur Schäden aufgrund von werkbezogenen Mängeln. Außerdem muss die Leistungsstörung vom Bauträger zu verantworten sein[136]. Die Bürgschaft haftet nicht für erwartete Steuervorteile[137], öffentliche Abgaben[138], Schadensersatzansprüche wegen entgangener Nutzungen[139] oder einen Verzugsschaden bei Überschreitung der vereinbarten Bauzeit, da diese nicht das Gleichgewicht der gegenseitigen Leistungen betreffen[140].

Ausdrücklich sind somit nicht nur die auf eine Rückzahlung gerichteten Ansprüche erfasst, sondern auch die, die einen Vorschuss auf Mängelbeseitigungskosten oder Erstattung der -aufwendungen gewähren[141].

Bei einem so gefassten Sicherungsumfang der Bürgschaft neigt der Bundesgerichtshof dazu, die Vereinbarung von Vorausleistungen als mit dem Europarecht vereinbar anzusehen. Er setzte ein derzeit anhängiges Verfahren aber angesichts bleibender Zweifel an der Missbräuchlichkeit der die Vorauszahlung vorsehenden Klausel aus und legte entsprechende Fragen dem Gerichtshof der Europäischen Gemeinschaften (EuGH) zwecks Eröffnung eines Vorabentscheidungsverfahrens nach Art. 234 EGV vor[142]. Diese Vorlage wurde motiviert durch die Entscheidung „Océano“ des EuGH, in der das Gericht zu einer konkreten Klausel des Ausgangsverfahrens feststellte, dass diese alle Kriterien erfülle, um als missbräuchlich im Sinne der Klauselrichtlinie qualifiziert zu werden[143].

---

134 Fischer, WM 2003, 1, 2.

135 BGH, Beschl. v. 02.05.2002, NZM 2002, 754, 755.

136 BGH, Urt. v. 22.10.2002, NJW 2003, 286.

137 BGH, Urt. v. 18.06.2002, NJW-RR 2002, 2563 f.; Urt. v. 11.03.2003, NJW-RR 2003, 959.

138 BGH, Urt. v. 22.10.2002, NJW 2003, 285, 286.

139 BGH, Urt. 18.06.2002, NJW 2563, 2565; Urt. v. 22.10.2002, NJW 2003, 285, 286.

140 BGH, Urt. v. 21.01.2003, NJW-RR 2003, 592 f.; Basty, DNotZ 2002, 567, 570.

141 BGH, Beschl. v. 02.05.2002, NZM 2002, 754, 755.

142 BGH, Beschl. v. 02.05.2002, NZM 2002, 754, 755.

143 EuGH, Urt. v. 27.06.2000, NJW 2000, 2571, 2572, Entscheidungsgrund 21.

Der EuGH traf mit seinem Urteil im Vorlageverfahren[144] indes keine abschließende Entscheidung zur der vom BGH vorgelegten Frage. Er urteilte vielmehr, dass die im Verfahren „Océano" streitige Klausel ausschließlich und ohne Gegenleistung zuungunsten des Verbrauchers für den Gewerbetreibenden vorteilhaft und somit offensichtlich missbräuchlich war. Deswegen konnte der EuGH die Missbräuchlichkeit der Klausel im Fall „Océano" feststellen, ohne alle Umstände des Vertragsschlusses zu prüfen und die Vor- und Nachteile im Rahmen des auf den Vertrag anwendbaren nationalen Rechts zu würdigen[145]. Im Gegensatz dazu wird die Missbräuchlichkeit einer allgemeinen Geschäftsbedingung gemäß Art. 4 der Klauselrichtlinie grundsätzlich unter Berücksichtigung aller den Vertragsschluss begleitenden Umstände beurteilt[146]. Hierzu gehört auch das rechtliche Umfeld der betreffenden Klausel im nationalen Recht[147]. Der EuGH kann aber nur die allgemeinen Kriterien, die den Begriff der missbräuchlichen Klauseln definieren, auslegen und diese nicht auf eine bestimmte Klausel anwenden[148]. Daher hat das nationale Gericht festzustellen, ob eine Vertragsklausel – wie die Vorleistungsvereinbarung – unter Abwägung aller den Vertrag begleitenden Umstände als missbräuchlich zu qualifizieren ist[149].

Aus dem Urteil des EuGH lässt sich entnehmen, dass jedenfalls kein Fall evidenter Missbräuchlichkeit vorliegt[150]. Die Prüfung der Klausel anhand der Umstände des Einzelfalls und somit des nationalen Rechts hätte das nationale Gericht, mithin der BGH, vorzunehmen. Allerdings wurde zogen die Kläger des Verfahrens, das zu der Vorlage beim EuGH geführt hat, ihr Rechtsmittel zurück[151].

cc) Europa- und nationalrechtliche Vorbehalte

Der BGH hat bezüglich der Vorleistungsvereinbarung in Bauträgerverträgen noch nicht entschieden. Ob er bei seiner tendenziell geäußerten Meinung bleiben wird, lässt sich nicht abschließend beurteilen[152]. Die weite Auslegung des BGH zum Sicherungsumfang der Bürgschaft nach § 7 MaBV in dem Vorlagebeschluss zum EuGH begegnet aber berechtigter Kritik.

---

144 EuGH, Urt. v. 01.04.2004, NJW 2004, 1647.
145 EuGH, Urt. v. 01.04.2004, NJW 2004, 1647, Entscheidungsgrund 23.
146 EuGH, Urt. v. 01.04.2004, NJW 2004, 1647, Entscheidungsgrund 21.
147 Freitag, EWiR 8/2004, 397.
148 EuGH, Urt. v. 01.04.2004, NJW 2004, 1647, Entscheidungsgrund 22.
149 EuGH, Urt. v. 01.04.2004, NJW 2004, 1647, Entscheidungsgrund 25.
150 Freitag, EWiR 8/2004, 397, 398.
151 NJW-Spezial, Nachrichten, 04/2005, 170.
152 Weise, NJW-Spezial 02/2004, 69.

Diese Kritik ist unter anderem dadurch motiviert, dass der angenommene Sicherungsumfang der Bürgschaft sowohl für den der Entscheidung des BGH zu Grunde liegenden Vorausleistungsfall als auch für die Vereinbarung einer Bürgschaft bei Abschlagszahlungen gelten würde[153]. Wenn aber der Vertragswortlaut eine „Bürgschaft gemäß § 7 MaBV" vorsieht, lässt sich der Sicherungsumfang nicht je nach vereinbarter Zahlungsmodalität unterschiedlich beurteilen[154]. Vielmehr würden in diesem Fall die Zweifel über eine mögliche Beschränkung der zu besichernden Ansprüche nach § 305 c Abs. 2 BGB zu Lasten des verwendenden Bauträgers auszulegen sein, was zur Annahme des weitesten Sicherungsumfangs führt[155]. Mithin würden auch bei den Abschlagszahlungsbürgschaften die zur Vorausleistungsbürgschaft entwickelten Maßstäbe gelten[156]. Indem der Sicherungsumfang aber für beide Bürgschaftsarten gelten soll und dementsprechend weit ist, erhöhen sich nachträglich die Risiken und somit Kosten der Sicherung für die Kreditinstitute[157].

Neben diesen ökonomischen Bedenken basieren weitere Zweifel auf europa- und nationalrechtlichen Gesichtspunkten und betreffen zum einen die Notwendigkeit des Sicherungsumfangs (1) und zum anderen die hierfür geleistete Bürgschaft (2).

(1) Notwendigkeit des Sicherungsumfangs

Der Sicherungsumfang einer Bürgschaft nach § 7 MaBV muss nicht zwingend so weit wie vom BGH gefasst sein. Eine entsprechende Bürgschaft muss nicht alle Gefahren für den Verbraucher ausschalten, die sich auch aus risikoreicheren Vorausleistungsvereinbarungen ergeben können. Dies ergibt sich jedenfalls nicht aus dem Europarecht, das zum einen durch das nationale Zivilrecht umgesetzt wird und zum anderen bei der richtlinienkonformen Auslegung zu berücksichtigen ist[158].

So stellt Art. 3 Abs. 1 der Klauselrichtlinie sogar höhere Anforderungen als das BGB an die Missbräuchlichkeit einer Klausel. Eine solche wird erst bei ei-

153 Kanzleiter, DNotZ 2002, 819, 821.

154 Blank, 251 ff.; Basty, DNotZ 2002, 567, 571, der diesen Schluss aus der Rechtsprechung jedoch nur zieht, um die dadurch entstehende Rechtsunsicherheit dann gegen die Entscheidung des BGH anzuführen.

155 BGH, Urt. v. 14.01.1999, NJW 1999, 1105, 1107.

156 BGH, Urt. v. 18.06.2002, NJW 2002, 2563, 2564.

157 Basty, DNotZ 2002, 567, 575.

158 EuGH, Urt. v. 14.07.1994, NJW 1994, 921, 2473, Entscheidungsgrund 26; Urt. v. 17.09.1997, NJW 1997, 3365, Entscheidungsgrund 43; Urt. v. 21.11.2002, EuZW 03, 27, 29, Entscheidungsgrund 32; BGH, Urt. v. 09.04.2002, NJW 2002, 1881, 1883.

nem erheblichen und ungerechtfertigten Missverhältnis der vertraglichen Rechte und Pflichten der Vertragspartner angenommen. Jedoch verweist Art. 3 Abs. 3 der Richtlinie seinerseits auf den Anhang derselben Richtlinie, der Klauseln enthält, die für missbräuchlich erklärt werden können. Diesem Anhang entnimmt der Europäische Gerichtshof eine gewisse Indizwirkung[159]. Für den vorliegenden Fall ist Nr. 1 Buchstabe o) des Anhangs[160] relevant, der auch Vorausleistungsklauseln betrifft[161]. Erfüllt eine Klausel einen solchen Tatbestand, muss jedoch nicht automatisch auf die Missbräuchlichkeit der Klausel geschlossen werden[162]. Eine Klausel kann dann[163], muss aber nicht für missbräuchlich erklärt werden[164]. Der Klauseltatbestand greift nur, wenn der Verbraucher seinen Verpflichtungen vollständig nachkommen muss, während der Gewerbetreibende nicht oder nicht vollständig leistet. Von Missbräuchlichkeit ist nur auszugehen, wenn das Äquivalenzverhältnis spürbar verschoben wird oder werden kann[165].

Bei der Abwägung zur Beurteilung der Missbräuchlichkeit sind nach Art. 4 der Richtlinie alle sonstigen, den Vertragsabschluss begleitenden Umstände sowie alle anderen Klauseln desselben Vertrags zu berücksichtigen, was auch eine Prüfung des nationalen Rechtssystems impliziert[166]. Bei der Beurteilung der Vorausleistungsvereinbarung sind also

etwaige Sicherungsabreden, die z. B. Bürgschaften zugunsten des Erwerbers vorsehen, oder auch die Belehrung durch den Notar[167] zu berücksichtigen und können eine Vorausleistungsvereinbarung letztendlich als nicht missbräuchlich erscheinen lassen.

Für das deutsche Recht ist zu bedenken, dass bei bereits gegebenen Bürgschaften das Schicksal der Vorauszahlungsvereinbarung weder Einfluss auf den

---

159 EuGH, Urt. v. 27.06.2000, „Océano“, Slg. I-4941, Rz. 22 f.

160 Wortlaut: „ANHANG, KLAUSELN GEMÄSS ARTIKEL 3 ABSATZ 3, 1. Klauseln, die darauf abzielen oder zur Folge haben, dass ... o) der Verbraucher allen seinen Verpflichtungen nachkommen muss, obwohl der Gewerbetreibende seine Verpflichtungen nicht erfüllt“.

161 Grabitz/Hilf/Pfeiffer, Anh. KlauselRL, 129.

162 EuGH, Urt. v. 07.05.2002, EuZW 2002, 465, Entscheidungsgrund 20; Staudinger, DNotZ 2002, 166, 180.

163 Vgl. OLG Karlsruhe, Urt. v. 19.04.2001, BB 2001, 1325, 1326, das dem Vorlagebeschluss des BGH v. 02.05.2002, NZM 2002, 754 zu Grunde liegt und von einer Unwirksamkeit der Klausel aufgrund unangemessener Benachteiligung gemäß § 9 Abs. 2 Nr. 1 AGBG und Verstoßes gegen § 11 Nr. 2a AGBG ausgeht.

164 Weise, NJW-Spezial 02/2004, 69.

165 Grabitz/Hilf/Pfeiffer, Anh. KlauselRL, 131.

166 EuGH, Urt. v. 01.04.2004, NJW 2004, 1647, Entscheidungsgrund 22.

167 Volmer, ZfIR 2004, 460, 462.

Bestand noch auf den Sicherungsumfang der Bürgschaft hat. Denn die Vereinbarung der Vorausleistung und die für sie geleistete Bürgschaft sind zwei selbständige Rechtsgeschäfte, die getrennt zu betrachten sind[168]. Die Bürgschaft ist nur zu der Hauptschuld akzessorisch. Auch wenn die Vereinbarung von Vorauszahlungen unwirksam sein sollte und – wie bei unwirksam vereinbarten Abschlagzahlungen[169] – an ihre Stelle die allgemeine Regelung der §§ 640 f. BGB treten würde[170], bleibt der durch die Bürgschaft zu besichernde Anspruch des Erwerbers auf Rückgewähr seiner Zahlungen weiterhin durch diese gesichert[171]. Die Bürgschaft fällt nicht mit der Wirksamkeit der Zahlungsvereinbarung, denn der Erwerber darf nicht schutzlos gestellt werden. Es kommt allein darauf an, dass die Bürgschaft den Erwerber veranlassen sollte und veranlasst hat, den Erwerbspreis vorauszuleisten und sich damit der Gefahr auszusetzen, Ansprüche wegen Mängeln nicht verwirklichen zu können[172].

(2) Zielsetzung und Auslegung

Der Auffassung der Rechtsprechung zur Bürgschaft[173] lassen sich verschiedene Gesichtspunkte entgegenhalten.

Zunächst stellt sie mit ihrer Prämisse, dass Bürgschaften die Störung des Äquivalenzverhältnisses vollständig ausgleichen sollen, sehr hohe Anforderungen. Der EuGH sanktioniert hingegen nur Fälle evidenter Missbräuchlichkeit unmittelbar selbst. Im übrigen weist er darauf hin, dass sich die Missbräuchlichkeit in Abwägung aller Umstände ergeben muss. Wenn aber eine Abwägung erfolgen soll, müssen auch Klauseln rechtsgültig sein können, die nicht vollständig das Äquivalenzverhältnis wieder herstellen.

Doch nicht nur das Ziel des vollständigen Ausgleichs der Äquivalenz ist fragwürdig. Auch der Ansatz, demgemäß laut BGH diese Äquivalenz wieder hergestellt sein soll, ist unzureichend. Denn selbst der von ihm angenommene, sehr weite Sicherungsumfang ist nicht geeignet, die mit der Vorausleistung des Erwerbers verbundenen Risiken insgesamt[174] auszugleichen[175]. Vor allem in den Fällen der Rückabwicklung des gesamten Vertrags oder der Geltendmachung des „großen" Schadensersatzanspruchs kann es zu deutlichen Benachteiligungen

---

168 Weber/Kesselring, NJW 2004, 3469, 3474; Riemenschneider, DNotZ 2004, 50, 51.
169 BGH, Urt. v. 22.12.2000, NJW 2001, 818, 819 f.
170 Weise, NJW-Spezial 02/2004, 69, 70.
171 Pause, BauR 1999, 1270, 1273.
172 BGH, Urt. v. 14.01.1999, NJW 1999, 1105, 1107.
173 Vgl. oben Gliederungspunkt A. I. 4. b) bb) (3) .
174 Weise, NJW-Spezial 02/2004, 69.
175 Kanzleiter, DNotZ 2002, 819, 823 ff.; Weber/Kesselring, NJW 2004, 3469, 3474.

kommen. Zwar muss ein Erwerber unabhängig davon, ob Abschlagszahlung oder Vorausleistung vereinbart waren, den über die Rückabwicklung hinausgehenden oder den weitergehenden, vom Schadensersatzanspruch nicht umfassten Schaden tragen; dieser schließt den Ausfall von Nutzungen, den Wegfall von Steuervorteilen und die nutzlos aufgewendeten Kosten der Finanzierung, Zinsen und Disagio ein[176]. Diese Schadenspositionen fallen jedoch bei einem Erwerber höher aus, der seine – im Extremfall gesamte – Leistung im Voraus erbringt, und diese vorfinanzieren muss, als bei einem Erwerber, der seine Gelder gemäß den Bauabschnitten nach § 3 Abs. 2 MaBV aufbringen kann. Der Unterschied ist umso größer, je früher die Leistungsstörung, im Regelfall die Insolvenz des Bauträgers, eintritt[177]. Folglich reicht selbst eine so weit wie vom BGH verstandene Bürgschaft nicht aus, um die Nachteile des Erwerbers komplett auszugleichen.

Dies gilt umso mehr[178] als der XI. Senat des BGH eine Sicherung der Bürgschaft nur für Mängelansprüche anerkannt hat, die bis zur Abnahme aufgetreten sind[179], und damit den Sicherungsumfang, den der VII. Senat in der Begründung zum Vorlagebeschluss an den EuGH ohne zeitliche Beschränkung definiert hat[180], einschränkend konkretisiert.

Als konsequente Folge müsste der BGH, wenn er an seiner Prämisse festhält, jede Vorausleistungsvereinbarung als rechtsmissbräuchlich im Sinne des Art. 4 KlauselRL ansehen, weil sie nicht geeignet ist, einen vollständigen Interessenausgleich in Form eines intakten Äquivalenzverhältnisses zu Gunsten des Erwerbers herzustellen. Ob der BGH jedoch diesen Schluss zieht, steht nicht zu erwarten. Richtiger wäre es jedenfalls, den Äquivalenzausgleich nicht vollständig zu fordern.

Hierfür spricht auch ein weiterer grundlegender Einwand. Die weite Interpretation der Rechtsprechung geht über den Sinn und Zweck der Makler- und Bauträgerverordnung hinaus. Dieser schlägt sich auch im Wortlaut des § 7 Abs. 1 S. 1 MaBV nieder. Im Fall einer Leistungsstörung soll die Bürgschaft die Rückgewähr gezahlter Gelder[181] und nicht eine ordnungsgemäße Leistungserbringung bzw. wirtschaftliche Aufrechterhaltung des Synallagmas sicherstellen[182]. Ur-

---

176 Kanzleiter, DNotZ 2002, 819, 827.

177 Kanzleiter, DNotZ 2002, 819, 827.

178 Wagner, WuB I E 5. – 3.03, 02/2003, 135, 137.

179 BGH, Urt. v. 22.10.2002, NJW 2003, 285, 286.

180 BGH, Beschl. v. 02.05.2002, NZM 2002, 754, 755.

181 So auch noch BGH, Urt. v. 21.04.1988, NJW 1988, 2610.

182 Pause, BauR 1999, 1270, 1272, 1273; vor allem zum Begriff der „Rückgewähr" Pauly, BauR 2004, 19, 22 f.

sprünglich wurde sie geschaffen, um eine fehlende Sicherung nach § 3 MaBV auszugleichen und so Abschlagszahlungen zu ermöglichen[183]. Ein Mängelbeseitigungsanspruch ist aber kein Rückforderungsanspruch[184]. Eine Bürgschaft im Umfang der von der Rechtsprechung vorgenommenen Auslegung nähert sich vielmehr bewusst[185] der Reichweite einer Vertragserfüllungs- und Gewährleistungsbürgschaft an[186]. Die Rechtsprechung bezieht sich dabei auf Vorleistungsbürgschaften im Sinne des § 16 VOB/B[187]; eine solche haben aber jedenfalls Parteien, die in einem Vertrag nach dem BGB eine „Bürgschaft nach § 7 MaBV" vereinbaren, gerade nicht vor Augen.

Da der Bürge nun aber nach dieser Rechtsprechung auch für die mangelfreie Beendigung des Bauwerks eintreten muss, ist der Erwerber durch eine solche Bürgschaft besser geschützt als durch die Sicherungsmittel des § 3 Abs. 1 MaBV[188]. Damit begründet die Rechtsprechung eine Übersicherung des Erwerbers und setzt sich zu eigenen Entscheidungen in Widerspruch, in denen sie eine solche Besserstellung gerade zu vermeiden suchte[189]. Zudem führt dies zu einem Bruch im System der Sicherheiten der MaBV. Diese sollten seit der Änderung der MaBV von 1990[190] in zeitlicher und inhaltlicher Hinsicht denselben Sicherungsumfang haben[191]. Ausdruck dieses Gleichlaufs war vor allem § 7 Abs. 1 S. 4 MaBV, der den Austausch der Sicherungssyteme nach § 7 MaBV und § 3 MaBV explizit zulässt. Aufgrund der dargestellten Übersicherung wird aber ein solcher Austausch bei gleichmäßiger Sicherungswirkung unmöglich.

dd) Stellungnahme

Die Auffassung der Rechtsprechung ist in der Praxis der Vertragsgestaltung zu berücksichtigen[192], auch wenn dies in manchen Punkten kritisch zu beurteilen ist.

---

183 Kanzleiter, DNotZ 2002, 819, 822.

184 Tiedtke, NJW 2003, 1359, 1365; Pauly, BauR 2004, 19, 23.

185 BGH, Urt. v. 14.01.1999, NJW 1999, 1105, 1106, zitiert das OLG Karlsruhe, Urt. v. 11.07.1984, BauR. 1986, 227, 228 f.

186 Fischer, WM 2003, 1, 2.

187 BGH, Urt. v. 14.01.1999, NJW 1999, 1105, 1106.

188 Pause, BauR 1999, 1270, 1273.

189 BGH, Urt. v. 22.10.2002, Az. XI ZR 393/01, NJW 2003, 285, 286; Urt. v. 22.10.2002, Az. XI ZR 394/01, NJW-RR 2003, 452, 453.

190 Dritte Verordnung zu Änderung gewerberechtlicher Vorschriften vom 07.11.1990, BGBl. 1990-I, 2476; rechtskräftig seit dem 01.03.1991.

191 Basty, DNotZ 1991, 18, 25 f.

192 Basty, DNotZ 2002, 567, 569; Formulierungs- und Gestaltungsvorschläge bei Blank, ZfIR 2001, 785, 790.

Selbst wenn man den Sicherungsumfang der Bürgschaft so weit wie die Rechtsprechung versteht, reicht dies nicht für einen Ausgleich aller Nachteile einer Vorleistungsvereinbarung. Wollte man diese zivilrechtlich insgesamt ausgleichen, müsste eine über den Sicherungsumfang einer Bürgschaft nach § 7 MaBV hinausgehende Erfüllungs- oder Gewährleistungsbürgschaft vereinbart werden. Diese wird aber von § 7 MaBV nicht gefordert. Überhaupt gibt der Wortlaut der MaBV nicht vor, dass die Rückzahlung aus einem bestimmten Rechtsgrund erfolgen muss. Jedoch lässt sich hieraus genauso wenig unter Hinweis auf die Einführung des zentralen Haftungstatbestands der Pflichtverletzung im BGB durch die Schuldrechtsmodernisierung schließen, dass eine Unterscheidung unzulässig ist und deswegen alle Schadensersatz- und Gewährleistungsansprüche besichert sind[193].

Berücksichtigt man aber neben dem Wortlaut auch den Sinn und Zweck der MaBV, ist die Interpretation des § 7 MaBV durch die Rechtsprechung abzulehnen. Denn eine Klausel muss nicht alle Vor- und Nachteile vollends im Gleichgewicht halten. Auch eine Klausel, die nicht dieser Vorgabe entspricht, ist europarechtlich nicht als missbräuchlich anzusehen.

Da derzeit aus Kostengründen in Bauträgerverträgen nicht mehr auf die Möglichkeit des § 7 MaBV zurückgegriffen wird[194], stellt sich aktuell die Frage nach einer gerichtsfesten Vereinbarung nicht. Allerdings müsste die Vertragspraxis bei zukünftigen Bauträgerverträgen auf diese Rechtsprechung möglicherweise reagieren. Zwar wird für diesen Fall vertreten, dass in Bürgschaften, die Abschlagszahlungen besichern, Erfüllungs- und Gewährleistungsansprüche, sofern sie über die Rückgewähr von Vermögenswerten hinausgehen, oder Ansprüche auf Ersatz von Aufwendungen für Mängelbeseitigung nach § 633 Abs. 3 BGB vom Sicherungsumfang ausgenommen werden können[195]. Allerdings bleibt abzuwarten, ob und mit welchem Inhalt in Zukunft Bürgschaften nach § 7 MaBV vereinbart werden, da die Kreditinstitute kein Interesse haben dürften, sich der Möglichkeit von Gewährleistungsstreitigkeiten auszusetzen[196].

c) Nach der Fertigstellung

Auch nach der Fertigstellung steht dem Erwerber ein Zurückbehaltungsrecht wegen nicht unwesentlicher Mängel an der Werksache zu[197]. Ab der Fertigstel-

---

193 So aber Kaufmann, BauR 2002, 997, 1002 f.
194 Volmer, ZfIR 2004, 460, 461.
195 Basty, 507.
196 Volmer, ZfIR 2004, 460, 461, Fn. 12.
197 Fischer, WM 2003, 1, 4.

lung[198], spätestens wenn die Abnahme[199] erfolgt ist, sichert die Bürgschaft nur noch die Ansprüche wegen zuvor an der Werkleistung in Erscheinung getretener und im Abnahmeprotokoll vermerkter[200] und somit vorbehaltener[201] Mängel. Andere, erst nach Abnahme auftretende Mängel können zwar zu einem Rückzahlungsanspruch gegen den Bauträger führen. Dieser Anspruch ist aber nicht durch die Bürgschaft nach § 7 MaBV gesichert; diese kann somit in diesem Fall nicht in Anspruch genommen werden[202]. Sonst würde der vorauszahlende Erwerber besser stehen als derjenige, der nach Baufortschritt zahlt[203]. Letzterer wäre nämlich nach der Abnahme auch zur Zahlung verpflichtet, wenn er nach § 3 MaBV besichert worden wäre[204]. Außerdem müsste der Bauträger die Bürgschaft während der gesamten Gewährleistungsfrist aufrechterhalten und dafür Avalprovisionen zahlen[205]. Eine solche Regelung widerspricht seinem Interesse und ist nur dann anzunehmen, wenn sie ausdrücklich vereinbart wurde[206].

d) Höhe der Bürgschaft und Kosten

Die Höhe der Bürgschaft bemisst sich in der Regel nach dem Gesamterwerbspreis. Auch sind Bürgschaften üblich, bei denen von vornherein 3, 5 % wegen der regelmäßig geltend gemachten Mängelansprüche abgezogen werden. Ebenso sind Bürgschaften für einzelne Raten nach § 3 Abs. 2 MaBV möglich. Der Umfang der zu stellenden Bürgschaft richtet sich letztendlich nach den Umständen des Einzelfalls[207].

Die Kosten für die Bürgschaft trägt der Bauträger.

e) Besonderheiten und Geltendmachung der Bürgschaft

Als taugliche Bürgen kommen laut § 7 Abs. 1 S. 2 i. V. m. § 2 Abs. 2 S. 2 MaBV nur Körperschaften des öffentlichen Rechts mit Sitz im Geltungsbereich

---

198 Weber/Kesselring, NJW 2004, 3469, 3475.

199 Vgl. zum Gleichlauf von Fertigstellung und Abnahmereife oben Gliederungspunkt A. I. 4. a).

200 BGH, Urt. v. 22.10.2002, Az. XI ZR 394/01, NJW-RR 2003, 452, 453.

201 Fischer, WM 2003, 1, 4.

202 BGH, Urt. v. 22.10.2002, Az. XI ZR 394/01, NJW-RR 2003, 452, 453; Urt. v. 22.10.2002, Az. XI ZR 393/01, NJW 2003, 285, 286; Ewenz, ZfIR 2000, 8, 13; grds. auch Rösler, ZfIR 2001, 259, 263, der aber eine Inanspruchnahme bei schwerwiegenden Mängeln für nicht ausgeschlossen hält.

203 BGH, Urt. v. 22.10.2002, NJW-RR 2003, 452, 453.

204 Jacob/Ring/Wolf/v. Buttlar/Schmidt, § 2, 58.

205 Rösler, ZfIR 2001, 259, 263.

206 BGH, Urt. v. 22.10.2002, NJW-RR 2003, 452, 453.

207 Rösler, ZfIR 2001, 259, 263.

der Verordnung, Kreditinstitute, die im Inland zum Geschäftsbetrieb befugt sind und Versicherungsunternehmen, die insbesondere eine Erlaubnis zum Betrieb der Bürgschaftsversicherung im Inland innehaben.

Die Bürgschaft muss laut § 7 Abs. 1 S. 2 i. V. m. § 2 Abs. 2 S. 3 MaBV den Verzicht auf die Einrede der Vorausklage im Sinne der §§ 771, 773 Nr. 1 BGB enthalten. Folglich darf die Inanspruchnahme der Bürgschaft keinen erfolglosen Vollstreckungsversuch beim Bauträger voraussetzen[208]. Damit wird jedoch nur die Subsidiarität und nicht die Akzessorietät der Bürgschaft aufgehoben[209]. Nicht erforderlich ist eine Bürgschaft auf erstes Anfordern. Denn bei dieser Form könnte der Auftraggeber vom Bürgen Zahlung verlangen und erhalten, ohne dass er schlüssig das Bestehen seiner Forderung nachweisen müsste. Abgesehen von Missbrauchsfällen könnten etwaige Einwendungen erst im Rückforderungsprozess des Bürgen geltend gemacht werden. Die Bürgschaft auf erstes Anfordern führt also dem Auftraggeber sofort liquide Mittel zu, während der Auftragnehmer das Risiko zu tragen hätte, dass der Bürge vom Auftraggeber ungerechtfertige Zahlungen nicht wieder zurückerhalten kann und sich dann aus der Bürgschaftsabrede an ihn hält. Insoweit würde aber der Auftragnehmer benachteiligt, weil er allein ohne sachlichen Grund das Bonitätsrisiko des Auftraggebers zu tragen hätte[210]. Eine AGB-Verpflichtung, die der Erwerber vorgibt, laut derer der Bauträger eine Bürgschaft auf erstes Anfordern zu stellen hat, ist wie bei Verträgen mit einem Werkunternehmer[211] als unwirksam anzusehen. Der Bürge hat vielmehr gemäß §§ 765 und 767 BGB die Möglichkeit, Einwände gegen die besicherte Hauptforderung auch dann noch zu erheben, wenn der Bauträger selber wegen Baumängeln zur teilweisen Rückzahlung des Kaufpreises verurteilt worden ist[212].

Auch wenn Bürgschaften der Versicherungsunternehmen und Kreditinstitute, auf die nach § 1 Abs. 1 HGB und ggf. i. V. m. § 6 Abs. 1 HGB die Vorschriften für Kaufleute Anwendung finden, als zum Betrieb ihrer Handelsgeschäfte gehörige Geschäfte im Sinne der §§ 343 f. HGB einzustufen sind, sind sie nicht nach § 350 HGB formfrei, weil § 7 Abs. 1 S. 2 i. V. m. § 2 Abs. 4 S. 3 MaBV die Aushändigung einer Bürgschaftsurkunde verlangt[213]. Außerdem dient der Nachweis der Übergabe einer solchen Urkunde auch dem Bauträger, der dadurch bei

208 Palandt/Sprau, § 771, 1 f.
209 Palandt/Sprau, § 773, 2.
210 BGH, Urt. v. 05.06.1997, NJW 1997, 2598, 2599.
211 BGH, Urt. v. 04.07.2002, NJW 2002, 3098, 3099.
212 OLG Koblenz, Urt. v. 17.10.2002 (nicht rechtskräftig), ZfIR 2002, 897.
213 Im Einzelfall ist aber auch ein mündlich geschlossener Bürgschaftsvertrag denkbar; vgl. hierzu Kaufmann, BauR 2002, 997, 999.

einer möglichen Prüfung beweisen kann, seine gewerberechtlichen Pflichten eingehalten zu haben[214]. Die Bürgschaftsurkunde sollte vom Bürgen unterschrieben sein[215], damit sie den Beweiswert einer privatschriftlichen Urkunde erhält[216]. Sie muss dem Erwerber gemäß § 7 Abs. 1 S. 2 i. V. m. § 2 Abs. 4 S. 3 MaBV ausgehändigt werden. Eine einfache Hinterlegung beim Notar reicht nicht aus[217]. Der Notar muss sie vielmehr aufgrund eines besonderen Treuhandauftrags des Erwerbers gemäß § 24 BNotO entgegennehmen und nach dessen Weisungen verwahren[218]. Nur so ist sichergestellt, dass mögliche Auseinandersetzungen mit dem Notar vermieden[219] werden, die bei einem Treuhandauftrag beider Vertragsparteien dadurch entstehen könnten, dass der Bauträger dem Notar die Herausgabe der Unterlagen untersagt, die der Erwerber zur Geltendmachung der Bürgschaft benötigt und deren Herausgabe er vom Notar verlangt.

Zwischen dem Institut und dem Erwerber kann eine Sicherungsabrede vereinbart werden. Als Rechtsgrund für die Bürgschaft ist sie aber nicht erforderlich, da dieser in dem Avalkreditvertrag zwischen dem Bauträger und der Bank liegt[220]. Sie kann aber Regelungen z. B. zu Fälligkeit und Rückgabe der Bürgschaftsurkunde enthalten und ist insoweit sinnvoll.

Aufgrund der Akzessorietät hat die bürgende Bank zu zahlen, wenn ein verbürgter Anspruch gegeben ist. Im Falle einer gerichtlichen Durchsetzung des Bürgschaftsanspruchs des Geschädigten gegen die bürgende Bank wird letztere dem Bauträger gemäß § 72 ZPO den Streit verkünden, um bei der Durchsetzung der eigenen Regressansprüche nach § 774 Abs. 1 BGB dem Bauträger die Interventionswirkung der §§ 74 Abs. 3, 68 ZPO entgegenhalten zu können. Da dem Erwerber gemäß § 2 Abs. 4 S. 3 MaBV die zur unmittelbaren Inanspruchnahme von Sicherheiten erforderlichen Urkunden, mithin auch eine Bürgschaftsurkunde, auszuhändigen sind, kann dieser seinen Anspruch gegen den Bürgen im Urkundenprozess nach § 592 S. 1 ZPO geltend machen. Das Ziel dieser Verfahrensart ist es, dem Kläger rasch einen Titel zu verschaffen[221]. Hierfür sind die Beweismittel auf Urkunden und ausnahmsweise auf Parteivernehmung be-

---

214 Basty, 493.
215 Speck, MittRhNotK 1995, 117, 123.
216 Thomas/Putzo/Thomas, § 416, 2.
217 OLG München, Beschl. v. 23.09.1999, DNotI-Report 2001, 25, 26; OVG Bremen, Urt. v. 27.06.1986, NJW-RR 1987, 600, 601.
218 Schöner/Stöber, 3218; Speck, MittRhNotK 1995, 117, 124; Basty, 495; Marcks, § 7, 9.
219 Diese befürchtet bei einer normalen Hinterlegung das OVG Bremen, Urt. v. 27.06.1986, NJW-RR 1987, 600, 601.
220 Riemenschneider, ZfIR 2002, 949, 959.
221 Thomas/Putzo/Reichold, vor § 592, 1.

schränkt. Erst im Nachverfahren wird über vorbehaltene oder neue Einwendungen Beweis erhoben und entschieden. Der Erwerber kann folglich relativ rasch seine Ansprüche befriedigen.

Die Höhe des Schadens und damit der Betrag, für den die Bürgschaft in Anspruch genommen werden kann, wird grundsätzlich durch den Geschädigten ermittelt. Die bürgende Bank kann gemäß § 485 Abs. 2 S. 1 Nr. 3 ZPO ein selbständiges Beweisverfahren anstrengen, um den Aufwand für die Beseitigung der Mängel an dem Bauwerk ermitteln zu lassen.

f) Rückgabe der Bürgschaft ohne Geltendmachung

§ 7 MaBV benennt keinen Zeitpunkt, zu dem die Bürgschaft ohne weiteres erlischt[222]. Gemäß § 7 Abs. 1 S. 3 MaBV ist die Bürgschaft in vollem Umfang[223] aufrechtzuerhalten, bis die Voraussetzungen des § 3 Abs. 1 erfüllt sind und das Vertragsobjekt vollständig fertig gestellt[224] ist. Auch muss dem Erwerber der Besitz hieran eingeräumt sein[225].

Der Bürge hat ggf. aus der getroffenen Sicherungsabrede einen Anspruch auf Rückgabe der Bürgschaftsurkunde, wenn die vereinbarten Voraussetzungen vorliegen. Diese Abrede darf jedoch den Schutz der MaBV nicht verkürzen, da sie sonst gemäß § 12 MaBV unwirksam ist. Ohne explizite Sicherungsabrede besteht ein Rückgabeanspruch bei Erlöschen der Schuld gemäß § 371 S. 1 BGB, der auch für Bürgschaftsurkunden gilt[226]. Die Bürgschaftsschuld erlischt bei Bürgschaften auf bedingte, also noch nicht entstandene Verbindlichkeiten gemäß § 765 Abs. 2 BGB aufgrund der Akzessorietät zur Hauptforderung, wenn letztere nicht mehr entstehen kann[227]. Hauptforderung im Sinne des § 7 Abs. 1 S. 2 MaBV sind alle etwaigen Ansprüche des Auftraggebers auf Rückgewähr oder Auszahlung seiner Vermögenswerte. Da nach einer vorbehaltlosen Abnahme entstehende Ansprüche des Erwerbers von der Bürgschaft nicht mehr gesichert sind[228], erlischt zu diesem Zeitpunkt auch die Sicherungswirkung der Bürgschaft und die Urkunde ist zurückzugeben.

---

222 Fischer, WM 2003, 1, 4.
223 KG, Urt. v. 29.11.1999, NZBau 2000, 566, 567.
224 Zum Begriff vgl. oben Gliederungspunkt A. I. 4. a).
225 Marcks, § 7, 10; Basty, 516.
226 OLG München, Urt. v. 19.11,1997, NJW-RR 1998, 992.
227 Palandt/Sprau, § 765, 13.
228 Vgl. oben Gliederungspunkt A. I. 4. c).

5. Austausch und Vermischung von Sicherheiten

Die verschiedenen Sicherungssysteme der §§ 3 und 7 MaBV lassen sich vermischen oder vertauschen bzw. gegeneinander auswechseln. Diese Möglichkeiten werden unterschiedlich behandelt.

Ein Austausch, also eine Ersetzung der Bürgschaften nach § 7 MaBV durch die Voraussetzungen des § 3 MaBV, wird in § 7 Abs. 1 S. 4 MaBV für zulässig erklärt und ist somit unproblematisch möglich[229]. Allerdings gilt diese Zulässigkeit nur gewerberechtlich, so dass der Bauträger einen Tausch nicht einseitig fordern kann, sondern die Parteien ihn vereinbaren müssen[230]. Ebenfalls können die Bürgschaften bei Erreichen eines neuen Bauabschnitts den Leistungen des Erwerbers entsprechend aufgestockt werden[231].

Anders wird die Vermischung der Sicherheiten betrachtet, die verschiedene Ausformungen haben kann. Zunächst könnten die zunächst gestellten Bürgschaften nachträglich Schritt für Schritt reduziert werden, sobald und soweit die Voraussetzungen des § 3 Abs. 1 und 2 MaBV erfüllt worden sind. Dies würde eine entsprechende Vereinbarung erfordern, da die MaBV jedenfalls keinen entsprechenden Automatismus enthält[232]. Weiterhin könnten auch unter Einhaltung der Sicherungen nach § 3 MaBV vom Erwerber über Abschlagszahlungen hinausgehende Leistungen verlangt werden, die durch eine Bürgschaft nach § 7 MaBV gesichert werden können[233]. Schließlich könnte nur für die letzte, die Fertigstellungsrate des § 3 Abs. 2 MaBV eine Bürgschaft gestellt werden, um eine zögerliche Zahlung dieser Rate durch den Erwerber zu vermeiden, der unter anderem zu diesem Zweck ungerechtfertigt Sachmängelansprüche erheben könnte[234].

Gegen diese Mischung von Sicherungen nach § 3 und § 7 MaBV ließe sich mit dem Wortlaut des § 7 Abs. 1 S. 1 und S. 2 MaBV argumentieren, dass nur ein kompletter Austausch möglich sein soll[235], da dort Sicherheit für alle etwaigen Ansprüche gefordert wird. Dieser Ansatz führt jedoch zu kumulierten Si-

229 Brych/Pause, 165 ff.

230 Brych/Pause, 167.

231 Jacob/Ring/Wolf/v. Buttlar/Schmidt, § 2, 63.

232 KG, Urt. v. 29.11.1999, NZBau 2000, 566, 568.

233 Jacob/Ring/Wolf/v. Buttlar/Schmidt, § 2, 64.

234 Volmer, ZfIR 1999, 493, 494.

235 BGH, Urt. v. 06.05.2003, NJW-RR 2003, 1171, 1172; KG, Urt. v. 29.11.1999, NZBau 2000, 566, 567; OVG Bremen, NJW-RR 1987, 600, 601; Reithmann/Meichssner/v. Heymann, B, 133; Locher, NJW 1997, 1427, 1428; Brych/Pause, 164; Marcks, § 7, 4; Blank, 257; Schöner/Stöber, 3218; Basty, DNotZ 1991, 18, 25 f.; Schulze-Hagen, BauR 1992, 320, 325; Riemenschneider, DNotZ 2004, 50, 51.

cherheiten[236], wenn zunächst Bürgschaften gestellt wurden und nachträglich sukzessive die Voraussetzungen des § 3 MaBV geschaffen werden, ohne die Bürgschaften, z. B. auf den voraussichtlichen Gewährleistungsumfang[237], reduzieren zu können, oder wenn eine Bürgschaft für die letzte Rate in Höhe des gesamten Erwerbspreises gestellt werden muss. Der Erwerber hat dann bis zum Zweifachen[238] höhere Zwischenfinanzierungskosten zu tragen, die der Bauträger mittels einer vorherigen Berücksichtigung in der Kalkulation über den Erwerbspreis auf ihn abwälzen würde. Diese Kosten würden ihn auch dann treffen, wenn nur noch geringfügige Mängelbeseitigungsarbeiten fehlen[239].

Gegen eine Mischung wird außerdem angeführt, dass die Zielrichtungen der beiden Sicherungen unterschiedlich seien, da § 3 MaBV den Bauträger zur Fertigstellung des Baus anhalten, während § 7 MaBV den Erwerber lediglich vor Insolvenz des Bauträgers schützen solle[240]. Ein solcher Unterschied ist jedoch nicht gegeben, denn beide Regelungen motivieren den Bauträger gleichermaßen zum Abschluss des Vorhabens[241]. Zwar werden die Kosten der Zwischenfinanzierung der Bürgschaften nach § 7 MaBV vom Bauträger auf den Erwerber abgewälzt. Trotzdem streben Bauträger auch in diesem Fall eine frühzeitige Baufertigstellung an, da sie hierdurch die Zwischenfinanzierungskosten senken und so wettbewerbsfähige Produkte anbieten können. Sie drängen somit auch bei Abschluss einer Bürgschaft auf die Fertigstellung des Objekts.

Die aktuelle Rechtsprechung zum Sicherungsumfang der Bürgschaft nach § 7 MaBV[242] weicht das soeben genannte Argument der unterschiedlichen Zielsetzung von § 3 und § 7 MaBV ebenfalls auf. Die unterschiedliche Zielsetzung sollte damit begründet werden, dass der Bürge nur bei einer Rückabwicklung in Anspruch genommen werden könne. Sollte der Erwerber im Fall des Steckenbleibens des Baus das Objekt behalten und selbst fertig stellen wollen, so sollte er die Bürgschaft nicht realisieren können[243]. Doch nach der neuen Rechtsprechung haftet die Bürgschaft nun z. B. auch für Ansprüche auf Mängelbeseitigungskosten. Demzufolge kann ein Erwerber vom Bürgen einen Vorschuss zur Mängelbeseitigung und Baufertigstellung verlangen. Folglich ist auch der Zweck der Bürgschaft die Fertigstellung des Bauwerks.

236 Brych/Pause, 166; Boergen, NJW 2000, 251, 254.
237 Laut Pauly, BauR 2004, 19, 24, geboten.
238 Boergen, NJW 2000, 251, 252.
239 Locher, NJW 1997, 1427, 1428.
240 Marcks, § 7, 4; Basty, DNotZ 1994, 15, 20.
241 Boergen, NJW 2000, 251, 253.
242 Vgl. oben Gliederungspunkt A. I. 4. b) bb) (3) .
243 Basty, 515.

Darüber hinaus erscheint es widersinnig, wegen der Einführung des Satzes 4 in § 7 Abs. 1 MaBV[244] zwar anzuerkennen, dass die Inkongruenz der beiden Sicherungssysteme aufgehoben sei, gleichzeitig aber zu fordern, dass die Bürgschaft zur Restfertigstellung – im Gegensatz zu den Sicherheiten nach § 3 MaBV – nicht nur die noch ausstehenden Raten, sondern umfassend alle Ansprüche des Erwerbers auf Rückgewähr oder Auszahlung seiner insgesamt geleisteten Vermögenswerte in voller Höhe sichern müsse[245]. Eine so weit reichende Bürgschaft dürfte schon aus wirtschaftlichen Gründen kaum praktische Bedeutung haben[246], womit der Zweck der Änderung einer Gleichstellung der Sicherheiten nach § 3 und § 7 MaBV aber leer liefe.

Zudem geht der Restfertigstellungsbürgschaft die Abnahme der wesentlichen Werkleistung voraus, auch wenn dies angesichts einer möglicherweise noch zu erfolgenden Abnahme von Restarbeiten oder von Außenanlagen bzw. des Gemeinschaftseigentums nur eine Teilabnahme darstellt[247]. Der Erwerber billigt die abgenommenen Arbeiten also als die geschuldete Leistung. Nicht nachvollziehbar wird aber damit, ihn jetzt noch für die Rückgewähr oder Auszahlung sämtlicher und somit auch der Vermögenswerte zu sichern[248], für die er bereits eine Gegenleistung erhalten und die er akzeptiert hat. Insoweit ist er mangels gesonderten Sicherungsinteresses nicht mehr schutzwürdig[249].

Doch auch in Anbetracht dieser Einwände erscheint eine einschränkende Auslegung oder teleologische Reduktion des Begriffs „Austausch der Sicherheiten“[250] nicht angezeigt[251]. Denn eine solche setzt eine Gesetzeslücke, also eine planwidrige Unvollständigkeit des Gesetzes[252], voraus. Eine Unvollständigkeit lässt sich aber für die MaBV nicht erkennen[253]. Vielmehr hat der Verordnungsgeber das Abschmelzen von Sicherheiten bereits[254] vor Einführung der Austauschmöglichkeit lediglich in § 2 Abs. 5 MaBV für Baubetreuer, Makler und andere Gewerbetreibende vorgesehen[255]. Auf diesen verweist § 7 Abs. 1 S.

---

244 Durch die ÄnderungsVO vom 07.11.1990.

245 Basty, 488; Brych/Pause, 166.

246 Locher, NJW 1997, 1427, 1428; Brambring, FWW 1991, 9, 12.

247 Brych/Pause, 166.

248 Schulze-Hagen, BauR 1992, 320, 325.

249 Brambring, FWW 1991, 9, 13.

250 Boergen, NJW 2000, 251, 253 f.

251 BGH, Urt. v. 06.05.2003, NJW-RR 1171, 1172; Brandhofer, NZBau 2001, 305, 306.

252 Engisch, 180 ff.

253 Basty, 514; Brandhofer, NZBau 2001, 305, 306.

254 Durch Art. 4 Nr. 2 Buchstabe b) der zweiten Verordnung zur Änderung gewerberechtlicher Vorschriften vom 28.11.1979, BGBl. 1979-I, 1986.

255 OVG Bremen, NJW-RR 1987, 600, 601.

2 MaBV aber nicht. Ebensowenig verweist diese letztgenannte Vorschrift auf § 2 Abs. 4 S. 1 MaBV, wonach verschiedene Sicherungsmittel nebeneinander geleistet und abgeschlossen werden können. Auch dies spricht für eine bewusste Entscheidung gegen eine Vermischung der Sicherungssysteme.

Insbesondere angesichts der Übersicherung sind für eine strikte Anwendung des Vermischungsverbots zwar keine zwingenden[256] teleologischen Argumente erkennbar. Das Verbot stützt sich aber auf Wortsinn und systematischen Zusammenhang, die vom Verordnungsgeber bewusst gewählt wurden. De lege ferenda sollten die Sicherheiten nach § 3 und § 7 MaBV frei austauschbar und mischbar sein, sofern die jeweilige Sicherungswirkung gewährleistet ist. Einem erhöhten Sicherungsbedürfnis eines Erwerbers ließe sich durch Vereinbarungen im Einzelfall Rechnung tragen. Auf diese Möglichkeit könnte dieser durch Informationspflichten des Bauträgers hingewiesen werden. Bevor jedoch der Verordnungsgeber nicht den klaren Wortlaut und die Regelungssystematik der einschlägigen Normen in diesem Sinne angepasst hat, bleibt es bei dem strengen Vermischungsverbot.

6. Kontrollmechanismen

a) Notarielle Kontrolle

Vor allem der Notar stellt sicher, dass die MaBV ihren Schutz zu Gunsten des Verbrauchers entfalten kann[257]. Denn weil der Bauträgervertrag auch die Übertragung des Eigentums an einem Grundstück beinhaltet, muss er gemäß § 311 b Abs. 1 S. 1 BGB beurkundet werden. Diese Beurkundung nimmt der Notar vor. Dabei wirkt er als unparteiische Person in Ausübung eines öffentlichen Amtes an der Vertragsgestaltung mit, bei der ihn Belehrungs- und Aufsichtspflichten treffen. Insbesondere hat der Notar gemäß § 17 Abs. 1 S. 1 BeurkG darauf zu achten, dass eine unerfahrene und ungewandte Partei nicht benachteiligt wird. So kann er unter anderem auch auf eine ausgewogene Interessenwahrung hinwirken, um z. B. Vorausleistungen zu ermöglichen, ohne dass der Vertrag für eine bereitzustellende Bürgschaft einen zu weiten Umfang[258] vorsieht[259].

---

256 Jacob/Ring/Wolf/v. Buttlar/Schmidt, § 2, 66.
257 Wagner, ZfIR 2001, Beilage, 3, 4 f.
258 Vgl. dazu oben Gliederungspunkt A. I. 4. b) bb) (3) .
259 Volmer, ZfIR 2004, 460, 462.

b) Gewerbeuntersagung

Eine dem Bauträger rechtswidrig erteilte Erlaubnis zur Ausübung eines Gewerbes kann gemäß § 48 Verwaltungsverfahrensgesetz (VwVfG) zurückgenommen werden. Dies kommt in Betracht, wenn das im Zeitpunkt der Erlaubnis geltende Recht nicht richtig angewendet worden ist[260].

Häufiger[261] wird jedoch eine rechtmäßig erteilte Erlaubnis gemäß § 49 VwVfG widerrufen. Hauptanwendungsfall ist der Widerruf nach § 49 Abs. 2 Nr. 3 VwVfG[262]. Danach kann die Erlaubnis widerrufen werden, wenn nachträglich Umstände eintreten, die die Behörde berechtigen, den Verwaltungsakt der Erlaubnis nicht mehr zu erlassen. Beispiele für einen solchen Versagungsgrund sind Unzuverlässigkeit des Bauträgers, ungeordnete Vermögensverhältnisse und ähnliches[263]. In Anbetracht des Verhältnismäßigkeitsprinzips und des Übermaßverbots ist der Widerruf dabei jedoch das Mittel, das die Aufsichtsbehörde als letztes wählen soll. Als mildere Mittel kommen zunächst Abmahnungen und Auflagen in Betracht.

Ein bloßer Verstoß gegen die MaBV reicht für eine sofortige Gewerbeuntersagung grundsätzlich nicht aus. Zulässig ist sie nur, wenn andernfalls das öffentliche Interesse gefährdet würde. Dies ist anzunehmen, wenn für den Staat, die Allgemeinheit oder für wichtige Gemeinschaftsgüter, wozu auch fiskalische Interessen zählen, ein Schaden zu beseitigen ist oder unmittelbar droht[264].

c) Persönliche Haftung

Da es sich bei den §§ 3 Abs. 1, 2 und 7 Abs. 1 MaBV um Schutzgesetze im Sinne des § 823 Abs. 2 BGB handelt[265], haftet auch der Geschäftsführer des Bauträgers bei Vermögenseinbußen des Erwerbers persönlich, sofern er schuldhaft gehandelt hat[266].

7. Zwischenergebnis

§ 3 MaBV sichert die vorgeleisteten Vermögenswerte dadurch, dass der Erwerber jedenfalls Eigentümer des Grundstücks und damit des Gebäudes wird. Je-

---

260 Landmann/Rohmer/Marcks, § 34 c, 99.
261 Landmann/Rohmer/Marcks, § 34 c, 102.
262 Landmann/Rohmer/Marcks, § 34 c, 102.
263 Landmann/Rohmer/Marcks, § 34 c, 81 ff.
264 Landmann/Rohmer/Marcks, § 34 c, 102.
265 Thode, WuB I E 5. – 1.02, 2002, 33, 34.
266 Vogel, ZfIR 2003, 60, 62.

doch werden keine Gewährleistungsansprüche gesichert. Abschlagszahlungsvereinbarungen sind sowohl gewerbe- als auch zivilrechtlich zulässig.

Bürgschaften nach § 7 Abs. 1 S. 1 und 2, § 2 Abs. 2 MaBV besichern darüber hinaus laut der Rechtsprechung auch Gewährleistungsansprüche des Erwerbers, und zwar unabhängig davon, ob diese als Rückgewähransprüche ausgestaltet sind. Unter der Voraussetzung dieses weiten Sicherungsumfangs der Bürgschaft neigt[267] der BGH zu der Auffassung, dass auch Vorausleistungsvereinbarungen zivilrechtlich, insbesondere AGB-rechtlich zulässig sind. Eine Entscheidung ist hierzu jedoch nicht ergangen, weil im betroffenen Verfahren das Rechtsmittel zurückgenommen worden ist.

Bürgschaften sichern nur bis zur Abnahme und Besitzübergabe des vollständig fertig gestellten Vertragsobjekts an den Erwerber dessen Ansprüche. Danach können zwar noch Ansprüche gegen den Bauträger bestehen. Für diese haftet die Bürgschaft jedoch nicht mehr.

Ein Austausch der Sicherungen ist erlaubt. Eine Vermischung ist hingegen selbst zur Vermeidung einer Übersicherung nicht erlaubt.

II. § 632 a BGB

Auch § 632 a BGB sieht Abschlagszahlungen vor. Doch unabhängig von der Frage, ob § 632 a BGB auf Bauverträge überhaupt anwendbar ist[268], wird die Norm verdrängt, wenn die Parteien Sicherungsmechanismen nach § 3 oder § 7 MaBV vereinbaren[269].

Ist die MaBV nicht anwendbar, weil dem Erwerber bereits Eigentum an dem Grundstück verschafft wurde, so ist dieser gleichzeitig gemäß § 94 Abs. 1 S. 1 BGB Eigentümer des mit dem Grundstück verbundenen Gebäudes. Einen darüber hinaus gehenden Sicherungsanspruch hat der Erwerber dann nicht.

III. BauFG

Am 01.06.1909 wurde das Gesetz über die Sicherung von Bauforderungen (BauFG) erlassen[270]. § 1 BauFG dient öffentlichen Interessen, weil er verhindern soll, dass Baugeld zu dem Bauvertrag fremden Zwecken verwendet wird. Vor allem soll der Baugeldempfänger das Baugeld nicht privat oder zur Bezahlung anderer Schulden verwenden[271]. Das BauFG ist Schutzgesetz im Sinne des § 823

---

[267] BGH, Beschl. v. 02.05.2002, NZM 2002, 754, 755.
[268] Vgl. dazu oben Gliederungspunkt A. I. 3. b) bb) .
[269] Palandt/Sprau, § 632 a, 3.
[270] RGBl. 449.; auch BSG abgekürzt.
[271] BGH, Urt. v. 16.12.1999, NJW 2000, 956.

Abs. 2 BGB[272]. Seinem Schutzzweck entsprechend ist § 1 BauFG weit auszulegen, so dass er Bauträger als Verpflichtete erfasst[273]. Jedoch wird der Baugeldempfänger nach § 1 Abs. 1 BauFG nur verpflichtet, das Baugeld zur Befriedigung solcher Personen zu verwenden, die an der Herstellung des Baus aufgrund eines Werk-, Dienst- oder Lieferungsvertrags beteiligt sind. Nur dieser Personenkreis, und nicht der Erwerber des Gebäudes ist folglich vom Schutzbereich erfasst[274]. Das Gesetz wirkt demnach nur mittelbar zum Schutze des Erwerbers, indem es den Werkunternehmern ein Druckmittel zur Durchsetzung ihrer Ansprüche gibt.

Der Erwerber kann nicht aus dem BauFG, auch nicht aus § 823 Abs. 2 BGB i. V. m. § 1 BauFG, gegen den Bauträger vorgehen. § 1 BauFG schützt nicht einen „geordneten Bauablauf" zu Gunsten des Erwerbers. Eine solche Auslegung verstieße gegen den Wortlaut der Norm, ihre Entstehung und liefe dem Gesetzeszweck zuwider[275]. Eine weitere Betrachtung im Rahmen dieser Arbeit erübrigt sich daher.

IV. Freiwillige Sicherungsmittel

Da die Bürgschaft der MaBV nur bis zur Fertigstellung Wirkung entfaltet, stellt sich für den Auftraggeber die Frage, wie er seine Ansprüche auch für die Zeit danach gegen eine Insolvenz des Auftragnehmers absichern kann. Da sich eine Pflicht, Sicherheit zu leisten, weder aus einer Verkehrssitte, noch aus einem Handelsbrauch oder einer sonstigen Üblichkeit herleiten lässt[276], setzen alle weiteren Sicherungsmittel eine vertragliche Vereinbarung voraus, die so genannte Sicherungsabrede[277], die häufig nur unzureichend von den Parteien ausgearbeitet wird[278].

In der vertraglichen Sicherungsabrede ist zu vereinbaren, dass eine Sicherheit in einer bestimmten Art für einen bestimmten Sicherungszweck in bestimmter Höhe zu leisten ist und in welchem Zeitpunkt der Sicherungsfall eintritt, also ab wann der Sicherungsnehmer berechtigt ist, die Sicherheit zu verwerten[279]. Fehlen der Zweck oder die Höhe der Sicherheit, ist die Sicherungs-

272 Jacob/Ring/Wolf/Moufang, § 9, 353.
273 BGH, Urt. v. 16.12.1999, NJW 2000, 956, 957.
274 Heerdt, BauR 2004, 1661, 1662.
275 Heerdt, BauR 2004, 1661, 1662.
276 Weise, 15; Jacob/Ring/Wolf/Moufang, § 9, 9; zu Bauverträgen.
277 Weise, 9, nennt als Synonyme „Sicherungsvertrag" und „Sicherstellungsvertrag".
278 Thode, ZfBR 2002, 4.
279 BGH, Urt. v. 13.09.2001, NJW 2001, 3629, 3630.

abrede unwirksam[280]. Diese Regelungsinhalte der Sicherungsabrede können die Parteien in den Grenzen der §§ 138, 242 BGB bei Individual- und der §§ 305 ff. BGB bei Formularverträgen frei bestimmen[281]. Auf sie wird in der folgenden Darstellung näher eingegangen, sofern sie relevant werden.

Sofern die VOB/B vereinbart ist, würden sich Sicherheitsleistungen gemäß § 17 VOB/B anbieten (1.), die gemäß Nr. 8 entweder zum vereinbarten Zeitpunkt oder spätestens nach Ablauf der Frist für die Gewährleistung zurückzugeben sind, sofern der Vertrag vollständig erfüllt worden ist. Wird hingegen ein Vertrag allein nach dem BGB (2.), also ein Vertrag, bei dem die VOB/B weder als Ganzes noch teilweise vereinbart wurde[282], geschlossen, gelten für die Sicherheiten die §§ 232 – 240 BGB, es sei denn die Parteien haben eine gesonderte Abrede getroffen.

1. VOB/B

a) Unmittelbare Vereinbarung im Bauträgervertrag

Wie oben bereits dargestellt[283] sind die VOB/B für Bauträgerverträge nicht geeignet. Dies gilt auch für die gesonderte Vereinbarung des § 17 VOB/B, der die Regeln zur Sicherheitsleistung in den §§ 232 – 240 BGB für die Besonderheiten am Bau anpasst.

Vielmehr findet § 17 VOB/B im VOB-Bauvertrag Anwendung, setzt also eine wirksame Einbeziehung der VOB/B in den Vertrag voraus[284]. Ob eine isolierte Vereinbarung des § 17 VOB/B einer AGB-Kontrolle standhalten würde, ist umstritten. Dies wird zum Teil ohne[285] oder mit der Begründung bejaht, § 17 VOB/B trage den berechtigten Interessen beider Vertragspartner Rechnung[286]. Diesem Standpunkt ist jedoch nicht zu folgen. Einige Regelungen des § 17 VOB/B verstoßen gegen § 307 Abs. 1 BGB. So schließt z. B. § 17 Nr. 6 Abs. 4 VOB/B bei einem Bareinbehalt die Verzinsungspflicht des öffentlichen Auftraggebers aus. Diese Benachteiligung des Bauträgers als Auftragnehmer ist

---

280 Weise, 21.

281 Jacob/Ring/Wolf/Moufang, § 9, 15.

282 Weise, 13.

283 Vgl. oben im 3. Teil, Gliederungspunkt B. II. 2. c) aa) (2).

284 Ganten/Jagenburg/Motzke/Jagenburg, § 17, 9.

285 OLG Hamburg, Urt. v. 06.09.1995, NJW-RR 1997, 1040, 1041; Ingenstau/Korbion/Joussen, B § 17, 6.

286 OLG Stuttgart, Urt. v. 17.12.1975, BauR 1976, 435; OLG Karlsruhe, Urt. v. 05.10.1988, BauR 1989, 203; in dem vom OLG Karlsruhe zu entscheidenden Fall war § 17 VOB/B jedoch gerade von der Anwendbarkeit ausgenommen.

jedoch unangemessen. Zulasten des Auftraggebers wirkt sich beispielsweise § 17 Nr. 6 Abs. 3 VOB/B aus, wonach der Auftragnehmer ein Rückforderungsrecht erhält, wenn ein vereinbarter Sicherungseinbehalt nicht rechtzeitig innerhalb von 18 Werktagen auf ein Sperrkonto eingezahlt wird[287].

Aufgrund dieser Einwände kann § 17 VOB/B grundsätzlich[288] nicht isoliert vereinbart werden[289].

b) Mittelbare Geltung durch abgetretenes Recht

Allenfalls kommen Ansprüche aus einer Sicherheitsleistung gemäß § 17 VOB/B in Betracht, die dem Erwerber vom Bauträger abgetreten worden sind und die dieser zuvor mit dem Bauunternehmer vereinbart hatte[290]. Denn dem Erwerber, der sich im Rahmen einer Freizeichnung die Gewährleistungsansprüche des Bauträgers gegen den Bauunternehmer abtreten lässt, stehen auch die Rechte aus der vom Bauträger mit dem Bauunternehmer abzuschließenden Sicherheitsleistung zu, weil sie gemäß § 401 BGB auf ihn als neuen Gläubiger übergehen[291].

Hierauf wird an dieser Stelle jedoch nicht näher eingegangen, weil Freizeichnungen nur in Individualverträgen möglich sind und diese in aller Regel nicht abgeschlossen werden[292]. Schließlich ändert § 17 VOB/B lediglich die dispositiven Regeln zu den Sicherheitsleistungen der §§ 232 - 240 BGB ab[293]. Sein Regelungsgehalt kann daher durch die Parteien weitestgehend auch mit Mitteln des BGB abgebildet werden[294].

2. BGB-Vertrag

Infolge der vorstehenden Ausführungen sind auf einen Bauträgervertrag die Normen des BGB anzuwenden. Hierbei muss beachtet werden, dass das BGB

---

287 Weise, 26, noch zu § 9 AGBG.

288 Die Vereinbarung inhaltlich dem § 17 VOB/B entsprechender Regelungen soll hierdurch nicht ausgeschlossen werden. Lediglich die Vereinbarung des „§ 17 VOB/B“ ist ausgeschlossen. Zu den flexiblen Gestaltungsmöglichkeiten vgl. unten Gliederungspunkt A. IV. 2.

289 Weise, 26, noch zu § 9 AGBG.

290 Vgl. oben Gliederungspunkt B. II. 3.

291 Ingenstau/Korbion/Joussen, B § 17, 2.

292 Vgl. dazu oben im 3. Teil, Gliederungspunkt B. II. 5. b) . Außerdem vereinbaren Bauträger, selbst wenn sie mit dem Erwerber einen Individualvertrag schließen, aus Kostengründen nur in absoluten Ausnahmefälle eine Sicherheitsleistung mit dem Werkunternehmer (Auskunft eines Mitarbeiters der Gothaer-Versicherung in einem Telefonat mit dem Verfasser am 26.11.2003).

293 Nicklisch/Weick, § 17, 15.

294 Vgl. dazu den nächsten Gliederungspunkt.

bis auf die §§ 232 – 240 BGB keine Regeln enthält, die den Inhalt der Sicherungsabrede bestimmen. Folglich müssen die Parteien detaillierte Regelungen treffen, um das Risiko einer unvollständigen oder unbestimmten Sicherungsabrede zu vermeiden[295]. Insbesondere der Sicherungszweck (a) ist nicht wie bei einer Sicherheit nach § 17 VOB/B vorgegeben. Es stehen unterschiedliche Sicherungsmittel zur Verfügung (b). Darüber hinaus können beispielsweise Vereinbarungen zu einem Wahl- und/oder Austauschrecht des Sicherungsgebers (c), zur Fälligkeit der Sicherheitsleistung und ihrer Durchsetzung (d), und zur Rückgabe der Sicherheit (e) getroffen werden.

a) Sicherungszweck

Der Sicherungszweck bestimmt, für welche Ansprüche zwischen dem Schuldner und dem Gläubiger, der zugleich Sicherungsnehmer ist, das Sicherungsmittel haftet. Der Sicherungszweck bildet somit ab, welche Risiken erfasst werden, die sich aus dem Vertragsverhältnis ergeben können[296]. Dies können beispielsweise Gewährleistungsansprüche[297], Ansprüche auf Vertragserfüllung, Rückforderungsansprüche im Zusammenhang mit Abschlagszahlungen, Vorauszahlungen[298] oder Überzahlungen sein. Durch die Schuldrechtsreform verschwimmen dabei die Grenzen bislang gängiger, unterschiedlicher Sicherungszwecke, so zum Beispiel die der Gewährleistungs- und der Vertragserfüllungsbürgschaft[299].

Die Parteien sind in der Festlegung des Zwecks der Sicherung frei[300], sie muss lediglich konkret genug sein und eine eindeutige Auslegung des Gewollten ermöglichen. Steht dies fest, lassen sich die jeweils in Rede stehenden Ansprüche der Sicherheit zuordnen oder nicht[301].

b) Sicherungsmittel

Durch das Sicherungsmittel wird dem Sicherungsnehmer ein Vermögensteil in Aussicht gestellt, auf den dieser zur Erfüllung des vereinbarten Sicherungszwecks bei Eintreten des Sicherungsfalls zugreifen kann. Die nähere Ausgestaltung des Sicherungsmittels können die Parteien frei vereinbaren[302]. Grundsätzlich stehen den Parteien die Sicherungsmittel des § 232 BGB, dessen Aufzäh-

---

295 Weise, 20.
296 Weise, 33.
297 Vgl. oben in Teil 3 Gliederungspunkt B. II.
298 Vgl. oben in Teil 4 Gliederungspunkt A. I. 3.
299 v. Westphalen, WuB I E 5. – 1.03, 01/2003, 22, 23.
300 Weise, vgl. nur 38 und 44.
301 Vgl. die Rechtsprechungssammlung bei Weise, Fußnoten ab S. 16
302 Weise, 130.

lung nicht abschließend ist[303], zur Verfügung. Sofern die Parteien nichts anderes vereinbart haben, steht dem Schuldner hiernach auch ein Wahl- und Austauschrecht zwischen den Sicherheiten zu[304]. Allerdings hat § 232 BGB insgesamt keine große praktische Bedeutung, weil sich die Parteien in der Regel auf eine von den §§ 232 ff. BGB abweichende, wirtschaftlichere Art der Sicherheitsleistung einigen, so vor allem auf die Bankbürgschaft[305]. Eine besondere Form sind Versicherungen, die – auch in Deutschland – für bestimmte Risiken des Bauträgervertrags angeboten werden. Auf diese beiden Sicherungsmittel wird wegen ihrer Wichtigkeit und Parallelität zum spanischen System im Folgenden stärker eingegangen, während die anderen Sicherungsmittel nur kurz dargestellt werden.

aa) Bürgschaft

Ein mögliches Sicherungsmittel ist die Bürgschaft, die gemäß § 765 Abs. 1. BGB akzessorisch zur Hauptschuld ist.

§ 232 Abs. 2 BGB bestimmt grundsätzlich die Subsidiarität der Bürgschaft gegenüber den in § 232 Abs. 1 BGB genannten Realsicherheiten. In Anbetracht der üblichen Praxis darf eine Bankbürgschaft jedoch nicht mehr zurückgewiesen werden[306].

(1) Gesetzliche Voraussetzungen

Nach § 232 Abs. 2 BGB kann eine Bürgschaft nur von einem tauglichen Bürgen gestellt werden. Dieser muss gemäß § 239 Abs. 1 BGB über ein angemessenes Vermögen verfügen und seinen allgemeinen Gerichtsstand im Inland haben. Dabei dürfte auch ein gewillkürter deutscher Gerichtsstand ausreichen, wenn anzunehmen ist, dass eine etwaige Vollstreckung keine nennenswerten Nachteile für den Sicherungsnehmer bedeuten würde. Dies ist anzunehmen, wenn der Bürge einen Zustellungsbevoll-

mächtigten in Deutschland benennt, die Bürgschaft deutschem Recht unterstellt wird und das Vermögen des Bürgen in einem Land liegt, in dem aus einem deutschen Titel aufgrund eines Vollstreckungsabkommens vollstreckt werden kann[307]. Neben Großbanken und Sparkassen sind auch die Volksbanken geeignete Bürgen[308], da sie einer für die Anlage ausreichenden Sicherungseinrich-

---

[303] Palandt/Heinrichs, vor § 232, 2.

[304] Vgl. dazu unten Gliederungspunkt A. IV. 2. c) .

[305] Palandt/Heinrichs, vor § 232, 2; Weise, 130.

[306] Weise, 190.

[307] OLG Hamburg, Urt. v. 04.05.1995, NJW 1995, 2859, 2860; offen gelassen von OLG Koblenz, Beschl. v. 29.03.1995, RIW 1995, 775.

[308] Palandt/Heinrichs, § 239, 1.

tung[309] angehören. Auch große Bauunternehmen können für Bauträger bürgen[310].

§ 232 Abs. 2 BGB verlangt eine selbstschuldnerische Bürgschaft. Der Bürge muss also im Sinne des § 773 Abs. 1 Nr. 1 BGB auf die Einrede der Vorausklage verzichten. Bei Banken als Kaufleuten ergibt sich dies bereits gesetzlich aus § 349 S. 1 HGB. In Zweifelsfällen, z. B. bei ausländischen Banken, kann eine ausdrückliche Erklärung verlangt werden[311].

Grundsätzlich ist die Bürgschaft auch unbedingt und unbefristet zu erteilen, es sei denn die Sicherungsabrede sieht etwas anderes vor[312]; möglich sind insoweit eine zeitliche und eine gegenständliche, also anspruchsbezogene Begrenzung[313]. Eine Kündbarkeit ist hingegen in der Baupraxis grundsätzlich nicht anzunehmen[314]. Sofern nichts anderes vereinbart wird, trägt der Hauptschuldner, also der Bauträger, die Kosten der Bürgschaft[315].

Die Bürgschaftserklärung, die den Verpflichtungswillen, die Bezeichnung des Gläubigers, der verbürgten Hauptschuld und des Hauptschuldners zu enthalten hat[316], muss nach § 766 BGB schriftlich erteilt werden. Dies gilt auch für Nebenabreden und nachträgliche Änderungen. Dem Gläubiger ist die tatsächliche Gewalt über die Urkunde einzuräumen[317].

Die Bürgschaftserklärung eines Kaufmannes, also auch einer Bank, ist hingegen gemäß § 350 HGB formfrei möglich, muss aber ebenfalls den oben aufgezeigten Inhalt haben.

Soweit der Bürge den Gläubiger befriedigt, geht dessen Anspruch gegen den Hauptschuldner gemäß § 774 BGB auf den Bürgen über. Er hat zudem Ansprüche gegen den Hauptschuldner auf Aufwendungsersatz aus §§ 670, 683, 256 BGB.

Der Bürge kann unter gewissen Umständen gemäß § 775 BGB vom Hauptschuldner Befreiung von der Bürgschaftsschuld verlangen, unter anderem wenn sich die Vermögensverhältnisse des Hauptschuldners wesentlich verschlechtern.

---

309 Bei Genossenschaftsbanken ist dies die Sicherungseinrichtung des Bundesverbandes der Deutschen Volksbanken und Raiffeisenbanken e. V.

310 OLG Hamm, Urt. v. 01.07.1997, BauR 1998, 135.

311 Weise, 193.

312 Weise, 194.

313 Weise, 206 ff.

314 Weise, 293.

315 Weise, 294.

316 BGH, Urt. v. 02.02.1989, NJW 1989, 1484.

317 Palandt/Sprau, § 766, 4.

(2) Verwertung

Die Verwertung der Bürgschaft setzt den Eintritt des Sicherungsfalls voraus, dem Bürgen dürfen keine Einwendungen und Einreden zustehen. Ist ein Prozess notwendig, muss hier der Anspruch nachgewiesen werden.

(a) Sicherungsfall

Neben der Fälligkeit der Hauptschuld müssen die in einer Sicherungsabrede ggf. getroffenen Vereinbarungen den Gläubiger zur Verwertung der Bürgschaft berechtigen. Auch wenn regelmäßig in der Baupraxis keine derartigen vertraglichen Absprachen getroffen werden[318], kann die Verwertung ein bislang nicht ausgeübtes Austauschrecht des Schuldners verletzen. Insofern kann sich die Art der Hauptschuld auch auf die Bürgschaft auswirken. So tritt bei der Vertragserfüllungs- und Gewährleistungsbürgschaft der Sicherungsfall grundsätzlich nicht mit dem fälligen Anspruch auf Herstellung des Bauwerks oder auf Beseitigung des Mangels ein, sondern erst wenn die Verpflichtung sich in einen geldwerten Anspruch des Auftraggebers gewandelt hat[319]. Dies setzt den Ablauf der entsprechenden Nacherfüllungs- und Nachbesserungsfristen voraus[320].

(b) Einwendungen und Einreden

Haben die Parteien die Regel des § 239 Abs. 2 BGB abbedungen, steht dem Bürgen die Einrede der Vorausklage nach § 771 S. 1 BGB zu, so dass der Sicherungsnehmer vor der Inanspruchnahme des Bürgen gezwungen ist, die Zwangsvollstreckung gegen den Hauptschuldner zu versuchen. Die Einrede der Vorausklage ist nach § 773 Abs. 1 BGB ausgeschlossen, wenn nach der Übernahme der Bürgschaft die Durchsetzung derselben wesentlich erschwert wird, weil der Hauptschuldner einen anderen Wohnsitz, Aufenthaltsort oder eine andere gewerbliche Niederlassung wählt, wenn über das Vermögen des Hauptschuldners das Insolvenzverfahren eröffnet wurde oder wenn anzunehmen ist, dass die Zwangsvollstreckung in das Vermögen des Hauptschuldners nicht zur Befriedigung des Gläubigers führen wird.

Der Bürge kann die Befriedigung des Gläubigers gemäß § 770 Abs. 1 BGB verweigern, solange dem Hauptschuldner das Recht zusteht, das seiner Verbindlichkeit zugrunde liegende Rechtsgeschäft anzufechten. Dieses Recht kann durch Fristablauf nach §§ 121, 124 BGB oder durch Bestätigung nach § 144

---

318 Weise, 238.
319 Weise, 238.
320 Vgl. oben Gliederungspunkt B. II. 2. c) aa) (1) .

BGB erlöschen. Wenn der Hauptschuldner die Anfechtung erklärt, kann der Bürge einwenden, dass die Bürgschaft mangels Hauptschuld nicht bestehe.

Der Bürge darf laut § 770 Abs. 2 BGB weiterhin seine Leistung verweigern, wenn der Gläubiger mit einer ihm gegen den Schuldner zustehenden Forderung gemäß § 387 BGB aufrechnen kann. Diese Vorschrift ist auf andere Gestaltungsrechte des Hauptschuldners entsprechend anzuwenden, soweit der Bürge nicht auf diese Einrede verzichtet hat[321].

Schließlich kann der Bürge gemäß § 768 BGB alle ihm aus dem Bürgschaftsvertrag zustehenden Einreden sowie alle Einwendungen und Einreden des Hauptschuldners geltend machen[322].

(c) Verfahrensrecht

Für den Bestand der Hauptverbindlichkeit trägt der Gläubiger die Beweislast[323]. Dass Einwendungen oder Einreden bestehen, oder dass die Hauptschuld erloschen ist, muss hingegen der Bürge beweisen[324]. Erst nachdem der Gläubiger ein stattgebendes Urteil erstritten hat, kann er aus diesem gegen den Bürgen vorgehen[325].

(3) Bürgschaft auf erstes Anfordern

Zuweilen wird auch die Stellung einer Bürgschaft auf erstes Anfordern vereinbart bzw. vom Auftraggeber verlangt. Bei einer solchen Bürgschaft verzichtet der Bürge nicht nur auf die Einrede der Vorausklage, sondern verpflichtet sich darüber hinaus, an den Gläubiger auf erstes schriftliches Anfordern zu zahlen. Sie wird deswegen auch einredefreie Bürgschaft genannt[326]. Eine solche Klausel „auf erstes Anfordern" ist mit dem Wesen einer Bürgschaftsverpflichtung vereinbar, da sie die Akzessorietät der Bürgschaftsschuld nicht aufhebt[327], sondern nur zeitweilig, bis zur Durchführung eines Rückforderungsprozesses, einschränkt[328].

---

321 Palandt/Sprau, § 770, 4.

322 Vgl. näher hierzu Weise, 246 ff.

323 Weise, 249.

324 BGH, Urt. v. 10.12.1987, NJW 1988, 906.

325 Vgl. im Gegensatz dazu Sicherheiten auf erstes Anfordern; zur Bürgschaft auf erstes Anfordern sogleich, zur Kautionsversicherung im spanischen Recht vgl. unten Gliederungspunkte B. I. 2. c) und B. I. 5. c) bb) .

326 BGH, Urt. v. 02.04.1998, NJW 1998, 2280 f.

327 BGH, Urt. v. 21.04.1988, NJW 1988, 2610.

328 Weise, 281

Zweck der Bürgschaft auf erstes Anfordern ist es, dem Gläubiger beim Eintritt des Sicherungsfalles sofort liquide Mittel unter Verzicht auf eine Aufrechnung zu verschaffen[329]. Der Bürge hat ohne vorherige Durchführung eines Prozesses sofort zu zahlen. Der Gläubiger ist nicht verpflichtet, den Bestand der Hauptforderung schlüssig darzulegen[330]. Bis auf die Einwendung des offensichtlichen Rechtsmissbrauchs[331] kann der Bürge alle Einwendungen oder Streitfragen tatsächlicher oder rechtlicher Art erst in der durch ihn zu erhebenden Rückforderungsklage geltend machen. In dieser liegen die Darlegungs- und Beweislast für die erbrachte Zahlung beim Bürgen bzw. Schuldner, diejenige für das Bestehen und die Fälligkeit der Forderung beim Gläubiger[332].

Im Rahmen der Vertragsfreiheit darf grundsätzlich jeder eine Bürgschaft auf erstes Anfordern erteilen[333]. Allerdings sind die bürgenden Vertragspartner, die mit dem Inhalt und den Rechtsfolgen einer Bürgschaft auf erstes Anfordern nicht vertraut sind, durch eine hinreichende Auslegung der Willenserklärungen sowie dadurch zu schützen, dass den geschäftskundigen Vertragspartner bestimmte Hinweis- und Aufklärungspflichten treffen, wenn derjenige, der eine solche Erklärung abgeben soll, eine Aufklärung nach Treu und Glauben erwarten darf[334]. Da jedoch Bürgschaften auf erstes Anfordern in der Baupraxis in der Regel von Banken übernommen werden, bestehen solche Unsicherheiten bezüglich der Wirksamkeit selten[335].

Anders ist dies bei Sicherungsabreden, in denen sich der Schuldner verpflichtet, eine Bürgschaft auf erstes Anfordern zu stellen, da sie im Hinblick auf die vorgesehenen Rechtsfolgen ein risikoreiches Geschäft ist. Dieses liegt darin, dass der Bürge ohne eine Überprüfung des Bestandes der Hauptschuld zahlen muss[336]. Vor allem während der Dauer eines eventuellen Rückforderungsprozesses des Bürgen gegen den Hauptschuldner trägt somit letzterer zusätzlich das Risiko, dass der Gläubiger insolvent wird. Denn dann könnte der Hauptschuldner möglichen Rückforderungsansprüchen des Bürgen, der sich aus §§ 812, 826 BGB mangels Solvenz nicht an den Gläubiger halten kann, aus § 774 BGB oder

329 BGH, Urt. v. 21.04.1988, NJW 1988, 2610; Urt. v. 05.06.1997, NJW 1997, 2598, 2599; Urt. v. 18.04.2002, NJW 2002, 2388, 2389; Weise, 265.

330 BGH, Urt. v. 05.06.1997, NJW 1997, 2598, 2599.

331 BGH, Urt. v. 21.04.1988, NJW 1988, 2610; Urt. v. 05.06.1997, NJW 1997, 2598, 2599; OLG Stuttgart, Urt. v. 27.10.1993, NJW-RR 1994, 1204.

332 Weise, 267.

333 BGH, Urt. v. 02.04.1998, NJW 1998, 2280, 2281.

334 BGH, Urt. v. 02.04.1998, NJW 1998, 2280, 2281.

335 Weise, 269.

336 BGH, Urt. v. 05.06.1997, NJW 1997, 2598, 2599.

aus §§ 670, 683, 256 BGB ausgesetzt sein[337], ohne sich beim insolventen Gläubiger wegen Verstoßes gegen die Sicherungsabrede für die ungerechtfertigte Zahlung schadlos halten zu können[338]. Da für die Risikoverlagerung über das angemessene Interesse des Sicherungsnehmers hinaus[339] keine Rechtfertigung besteht[340], verstößt die Vereinbarung der Stellung einer Bürgschaft auf erstes Anfordern gegen § 307 BGB, wenn es keine andere angemessene Ausweichmöglichkeit oder kein Austauschrecht für den Schuldner gibt[341]. Diese Beschränkung der Forderbarkeit der Bürgschaft auf erstes Anfordern unterstreicht die Funktion der Bürgschaft auf erstes Anfordern als in erster Linie Sicherungs-, und nicht als Zahlungsmittel, und vermeidet so einen Missbrauch der Bürgschaft als Lückenfüller für Liquiditätsengpässe durch unseriöse Auftraggeber[342]. Bei öffentlichen Auftragnehmern gilt diese Einschränkung mangels Insolvenzrisikos nicht[343].

(4) Abgrenzung zu anderen Sicherungsmitteln

Die Bürgschaft unterscheidet sich von der Schuldmitübernahme dadurch, dass bei letzterer eine eigene Verbindlichkeit begründet wird[344]. Die Garantie setzt nicht das Bestehen einer Hauptschuld voraus, zu der sie akzessorisch wäre, sondern ist ebenfalls eine selbständige Schuld[345].

Die Grenzen zur Bürgschaft sind bei beiden Sicherungsmitteln fließend. Was von den Parteien gewollt war, ist durch Auslegung nach §§ 133, 157 BGB zu ermitteln; im Zweifel ist eine Bürgschaft anzunehmen[346].

bb) Hinterlegung

Eine Hinterlegung wird selten vereinbart und wenn, dann wird in der Regel entgegen der grundsätzlich geltenden Hinterlegungsordnung eine Hinterlegung auf

---

337 BGH, Urt. v. 18.04.2002, NJW 2002, 2388, 2389.
338 Weise, 271.
339 BGH, Urt. v. 18.04.2002, NJW 2002, 2388, 2389.
340 Kainz, BauR 1995, 616, 625.
341 BGH, Urt. v. 05.06.1997, NJW 1997, 2598, 2599; OLG Hamm, Urt. v. 01.07.1997, BauR 1998, 135; OLG München , Urt. v. 20.06.1995, NJW-RR 1996, 534, 535; Näheres bei Weise, 273.
342 Kainz, BauR 1995, 616, 617 f.
343 OLG Stuttgart, Urt. v. 27.10.1993, NJW-RR 1994, 1204 ; OLG München, Urt. v. 20.06.1995, NJW-RR 1996, 534, 535.
344 Palandt/Heinrichs, vor § 414, 4.
345 Palandt/Sprau, vor § 765, 17.
346 Palandt/Heinrichs, vor § 414, 4; Palandt/Sprau, vor § 765, 17.

Anderkonten ausbedungen[347], nicht zuletzt weil hinterlegtes Geld nach § 8 HintO nur mit einem Zinssatz von eins vom Tausend pro Monat verzinst wird.

Das Geld geht gemäß § 7 Abs. 1 HintO in das Eigentum des Fiskus über; bei einem Anderkonto in das Eigentum des Kontoinhabers. Der Hinterleger hat einen Rückforderungsanspruch, an dem der Sicherungsnehmer ein Pfandrecht erhält.

Die Verwertung erfolgt bei Eintritt des Sicherungsfalls mit einvernehmlicher Freigabe des Sperrkontos bzw. des hinterlegten Betrags. Weigert sich der Hinterlegende die Freigabe zu erteilen, muss der Gläubiger die Freigabe klagweise geltend machen. Ein stattgebender Titel würde gemäß § 894 ZPO vollstreckt.

cc) Einbehalt

Auch wenn der Sicherheitseinbehalt im BGB nicht geregelt ist, kann er vereinbart werden; dabei kann, muss aber nicht auf die VOB-Regeln zurückgegriffen werden[348]. Zu Inhalt und Bedeutung dieses Sicherungsmittels werden die Fälligkeitstheorie und die Bardepottheorie vertreten. Die erste nimmt an, dass die Parteien die Fälligkeit eines Teils des Vergütungsanspruchs hinausschieben und gleichzeitig ein Zurückbehaltungsrecht des Auftraggebers vereinbaren[349]; eine Stundung liege hingegen nicht vor, weil diese eine Abrede sei, die erst nach Eintritt der Fälligkeit diese hinausschiebe[350].

Gegen die Fälligkeitstheorie wird argumentiert, dass die beiden geldwerten Ansprüche, nämlich der Anspruch des Sicherungsgebers auf „Zahlung einer Vergütung" und der Anspruch des Sicherungsnehmers auf „Leistung einer baren Sicherheit", nicht gegenseitig zurückbehalten, sondern nur aufgerechnet werden könnten[351]. Folgerichtig

müsste der Sicherheitseinbehalt nicht allein nach der Rechtsfolge der Nichtforderbarkeit als Zurückbehaltungsrecht eingestuft, sondern gemäß der Vereinbarung der Parteien als Bardepot angesehen werden, das der Auftraggeber ähnlich wie bei der Hinterlegung beanspruchen könne. Der Einbehalt sei eine vertragliche Verrechnungsmöglichkeit. Bei Wegfall des Sicherungszwecks werde das Bardepot, also die Sicherheit, und nicht die (Rest-)Vergütung ausgezahlt[352]. Diese Bardepottheorie berücksichtigt jedoch nicht ausreichend, dass das Gesetz seit der Schuldrechtsreform in §§ 433 und 631, 633 BGB die vereinbarte Ver-

347 Palandt/Heinrichs, Überbl. v. § 232, 2.
348 Weise, 159.
349 Kleine-Möller/Merl/Oelmaier, § 2, 571.
350 Kleine-Möller/Merl/Oelmaier, § 2, 571.
351 Weise, 160.
352 Weise, 160.

gütung als Gegenleistung für die Verschaffung eines mangelfreien Objekts vorsieht. Dem würde die Annahme zuwiderlaufen, der vereinbarte Erwerbspreis würde durch die Sicherungsabrede in eine Vergütung für das mangelhafte Werk und einen Bonus, der nur bei Mangelfreiheit gezahlt würde, aufgespalten. Hierzu würde aber die Bardepottheorie führen.

Folglich ist anzunehmen, dass bei der Vereinbarung eines Sicherheitseinbehalts die Fälligkeit eines Teils der Werklohnforderung abweichend von der gesetzlichen Regelung des § 641 Abs. 1 S. 1 BGB über den Zeitpunkt der Abnahme hinausgeschoben wird. Dies würde dem Auftragnehmer das Risiko der Insolvenz des Auftraggebers aufbürden und damit mit dem wesentlichen Grundgedanken des Gesetzes kollidieren[353]. Eine entsprechende Vereinbarung wäre daher nach §§ 307 ff. BGB unwirksam. Sollte keine Verzinsung vereinbart werden, würde die Regelung darüber hinaus gegen § 641 Abs. 4 BGB verstoßen. Klauseln, die einen Sicherheitseinbehalt vorsehen, halten einer AGB-Prüfung daher nur dann stand, wenn sie eine Verzinsung und die Einzahlung auf ein Sperrkonto oder die Möglichkeit der Ablösung durch eine andere Sicherheit vorsehen, damit der Auftragnehmer nicht das Insolvenzrisiko tragen muss[354].

Die Verwertung erfolgt durch Aufrechnung durch den Auftraggeber und Auszahlung vom Sperrkonto an ihn. Allerdings muss dafür der Sicherungsfall eingetreten sein. Sofern keine Vereinbarung getroffen wurde, ist dieser erst dann anzunehmen, wenn der zu sichernde Anspruch in einen Anspruch auf Geldzahlung übergegangen ist. Dies ist nach Ablauf der zu setzenden bzw. ersatzweise der gesetzlichen Fristen der Fall[355], vgl. dazu §§ 636 ff. BGB.

Ist das Geld auf ein Sperrkonto eingezahlt und weigert sich der Auftragnehmer, die der Aufrechnung entsprechenden Summen freizugeben, muss der Auftraggeber gegen den Auftragnehmer auf Zustimmung der Freigabe wie bei der Hinterlegung klagen; das Urteil wird nach § 894 ZPO vollstreckt.

dd) Sicherungsabtretung

In Bauträgerverträgen wird zunehmend die Sicherungsabtretung von Erfüllungs- und Gewährleistungsansprüchen des Bauträgers gegen Subunternehmer vereinbart[356], die in der Praxis in Form einer stillen Zession vorgenommen wird[357]. Bei dieser bleibt der bisherige Gläubiger, also der Bauträger, befugt, Gestaltungs-

---

353 OLG Hamm, Urt. v. 19.01.1988, NJW-RR 1988, 726.
354 BGH, Urt. v. 03.05.1984, NJW 1984, 2100 f.; Kleine-Möller/Merl/Oelmaier, § 2, 572.
355 Weise, 182.
356 Weise, 350.
357 Weise, 361.

rechte auszuüben[358], seine Forderungen gegen die Subunternehmer einzuziehen, Zahlung an sich zu verlangen, bei Nichtleistung in gewillkürter Prozessstandschaft zu klagen und die Forderung im Wege der Zwangsvollstreckung durchzusetzen[359]. Für die Handlungen zur Geltendmachung des Anspruchs bedarf es nicht der Offenlegung der Abtretung[360]. Primärer Zweck der Abtretung ist auch nicht, dass der Zessionar Gläubiger der Forderung wird. Sie soll vielmehr in erster Linie die Ansprüche des Zessionars sichern[361]. Ist der Zessionar berechtigt, sich aus den abgetretenen Forderungen zu befriedigen, gelten diese nicht als an Erfüllungs statt im Sinne des § 364 Abs. 1 BGB, sondern nur als erfüllungshalber abgetreten[362].

Bei Verwertung der Sicherheit legt der Zessionar dem Schuldner die Abtretung offen und verfolgt selber die ihm abgetretenen Rechte. Da dies die Kreditwürdigkeit des Zedenten beeinträchtigen[363] und ihn so unangemessen benachteiligen kann, ist eine Abrede, nach der die Offenlegung jederzeit erfolgen kann, nicht mit § 307 BGB vereinbar[364].

Der Schuldner ist in jedem Fall dadurch geschützt, dass er trotz der Abtretung wegen §§ 404, 406 BGB alle Einwendungen und Einreden, die ihm gegen den Zedenten zustünden, auch dem neuen Gläubiger entgegenhalten kann.

ee) Versicherungen

Schließlich sind auch Versicherungen als Sicherungsmittel denkbar. Dieses Sicherungsmittel wird jedoch in Deutschland nicht häufig gewählt, obwohl es geeignet ist, die Liquidität des Versicherungsnehmers aufgrund des Wegfalls umfangreicher Rückstellungen oder Rücklagen zu erhöhen[365]. Nur ein einziges Versicherungsunternehmen bietet in Deutschland überhaupt eine spezielle Bauträgergewährleistungsversicherung an[366].

---

358 BGH, Urt. v. 17.01.2002, NJW 2002, 1568, 1569.

359 BGH, Urt. v. 19.10.2000, NJW 2001, 231.

360 BGH, Urt. v. 23.03.1999, NJW 1999, 2110, 2111; Urt. v. 17.01.2002, NJW 2002, 1568, 1569.

361 MüKo/Roth, 398, 101.

362 MüKo/Roth, 398, 101.

363 OLG München, Urt. v. 18.10.1985, WM 1986, 718.

364 Weise, 362.

365 Jakob/Ring/Wolf/Wahner/Schrank, 8, 213.

366 Information der VHV Vereinigte Hannoversche Versicherung a. G. (im Folgenden VHV-Versicherung) vom 03.11.2003 per E-Mail an den Verfasser. In 2003 waren ca. 150 laufende Verträge im Bestand, wobei ca. 30 bis 40 in 2003 gezeichnet bzw. neu abgeschlossen wurden.

Ein Versicherungsvertrag ist ein Rechtsgeschäft, bei dem der Versicherer gegen Entgelt für den Fall eines ungewissen Ereignisses Leistungen übernimmt, wobei das übernommene Risiko auf eine Vielzahl von Personen, die durch die gleiche Gefahr bedroht sind, verteilt ist und der Risikoübernahme eine Kalkulation zugrunde liegt, die auf dem Gesetz der großen Zahl beruht[367]. Dabei werden gleichartige Risiken zu einer Gefahrengemeinschaft planmäßig zusammengefasst[368]. Sie basiert somit auf der Erfahrung, dass sich die versicherte Gefahr aus der großen Zahl der gleichartig Gefährdeten stets nur bei einem kleinen Prozentsatz der Risiken verwirklicht und dass Abweichungen vom statistischen Durchschnittswert im Verlauf eines längeren Zeitraums ausgeglichen werden[369].

Grundsätzlich bleibt es den Vertragsparteien überlassen, die versicherten Risiken wie z. B. Mängel oder die Bezugsfertigkeit bis zu einem bestimmten Termin festzulegen. Daneben müssen sie die Dauer des Versicherungsschutzes, die Prämienhöhe, den Direktzugriff des Versicherten gegen den Versicherer und andere Fragen bestimmen. In der Regel erfolgen diese Festlegungen aber im Rahmen der Versicherungsvertragsbedingungen.

Die in Deutschland angebotene Bauträgergewährleistungsversicherung z. B. versichert gemäß §§ 1 – 3 ihrer Bedingungen[370] innerhalb von fünf Jahren nach der Abnahme auftretende Mängel. Insbesondere wird gemäß § 6 das Bauvorhaben durch einen vom Versicherer beauftragten Bausachverständigen in Form von Baustellenbegehungen während der einzelnen Bauphasen durchgehend begleitet und bei der Fertigstellung abgenommen. Vor Baubeginn sind gemäß § 7 umfangreiche Unterlagen einzureichen, so der Bauträgervertrag, die Ausführungspläne, die Leistungsverzeichnisse, Bodengutachten sowie Angaben zu Statik, Wärme- und Schallschutz. Der Beitrag bemisst sich laut § 8 aus der tatsächlichen Nettobausumme, wobei sich die Bestimmung des Beitragssatzes nach verschiedenen Kriterien wie der Art des Objekts oder Anzahl der zu versichernden Objekte im Jahr bemisst. Als Faustformel gilt, dass ca. 1,3 % der Nettosumme aller Handwerkerleistungen plus der Kosten für das Baucontrolling als Beitrag fällig werden[371]. Das Baucontrolling stellt einen großen Posten innerhalb

---

367 BVerwG, Urt. v. 25.11.1986, NJW 1987, 1900 f.

368 BGH, Urt. v. 11.07.1960, NJW 1960 1903; Bühren, § 1, 3.

369 Hofmann, § 2, 4.

370 Die Angaben zu dieser Versicherung sind den „Versicherungsbedingungen für die Baugewährleistungs-Versicherung für Generalübernehmer/Bauträger 2003" der VHV-Versicherung entnommen.

371 Information der VHV-Versicherung vom 01.04.2004 per E-Mail an den Verfasser.

des Produktes dar und erhöht die Kosten der Versicherung wesentlich[372]. Da die preisbildenden Faktoren jedoch vielfältig sind, lässt sich der Gesamtpreis der Versicherung und damit die Prämie nicht allgemein bestimmen[373].

Schließlich regelt § 12 der Versicherungsbedingungen, dass der Erwerber nur dann einen unmittelbaren, eigenen Anspruch gegen den Versicherer auf Ersatz der Mängelbeseitigungskosten bzw. auf Erstattung des Minderungsbetrages hat, wenn die Erfüllung dieser Mängelansprüche durch den Versicherungsnehmer infolge seiner Insolvenz nicht mehr möglich ist.

c) Wahl- und Austauschrecht des Auftragnehmers

Das in § 232 BGB vorgesehene Wahlrecht des Sicherungsgebers lässt sich durch vertragliche Absprache auf andere Sicherungsmittel erstrecken. Auch Teilsicherheiten sind möglich[374]. Das Wahlrecht steht dem Schuldner selbst dann zu, wenn er mit der Sicherheitsleistung in Verzug ist. Der Gläubiger kann die Wahl auch nicht ersatzweise ausüben[375]. Wird der Anspruch auf Sicherheitsleistung klagweise durchgesetzt, muss dem Schuldner in der Klage und im Urteil die Art der Sicherheitsleistung freigestellt werden. Erst in der nach § 887 Abs. 1 ZPO durchzuführenden Zwangsvollstreckung geht analog § 264 BGB das Wahlrecht auf den Gläubiger über[376].

Ein Austausch der Sicherheiten ist in § 235 BGB nur für den Fall der Hinterlegung vorgesehen, der auch nur den Austausch des Hinterlegten und nicht des Sicherungsmittels an sich zulässt. Ein solcher Austausch bedarf grundsätzlich der Zustimmung des Sicherungsnehmers[377]. Dem Sicherungsgeber steht daher auch kein Austauschrecht zu, wenn die Parteien eine Bürgschaft vorgesehen haben, denn es gibt keine Verkehrssitte, die einen Austausch generell erlauben würde[378]. Allenfalls aus § 242 BGB lässt sich ein Austauschrecht herleiten, wenn der Sicherungsgeber sachliche Gründe für einen Austausch nennen kann und diesem keine schutzwürdigen Interessen des Sicherungsnehmers entgegenstehen[379].

---

372 So ein Mitarbeiter der Gothaer-Versicherung in einem Telefonat mit dem Verfasser am 26.11.2003.

373 Information der VHV-Versicherung vom 02.04.2004 per E-Mail an den Verfasser.

374 Weise, 132 f.

375 Weise, 134.

376 OLG Düsseldorf, Beschl. v. 12.03.1984, FamRZ 1984, 704; Palandt/Heinrichs, § 231, 1.

377 Palandt/Heinrichs, § 235, 1.

378 OLG Dresden, Urt. v. 25.09.1995, BauR 1997, 484.

379 Weise, 144.

d) Fälligkeit und Durchsetzung des Anspruchs auf Sicherheitsleistung

Haben die Parteien keine Vereinbarung darüber getroffen, wann der Sicherungsgeber die Sicherheit zu erbringen hat, ist diese gemäß § 271 BGB sofort nach Vertragsschluss bzw. Vereinbarung der Sicherungsabrede zu leisten.

Je nach Sicherheitsleistung sind verschiedene Vereinbarungen denkbar. So wird z. B. bei einer Gewährleistungssicherheit zur Sicherung von Gewährleistungsansprüchen, die nach der Abnahme auftreten, die Leistung der Sicherheit erst zur Abnahme fällig sein. Bei Abschlags- oder Vorauszahlungssicherheiten ergibt sich aus dem Sicherungszweck, dass die Sicherheit sofort zu leisten ist, da der Sicherungsnehmer sonst keine Zahlungen bewirkt[380].

Sollte der zur Sicherheitsleistung Verpflichtete diese nicht bereitstellen, steht dem Sicherungsnehmer ein Zurückbehaltungsrecht gemäß § 273 BGB bezüglich der von ihm zu leistenden Vergütungsansprüche zu. Er kann auch auf Erfüllung seines Anspruchs auf Sicherheitsleistung klagen, denn hierbei handelt es sich um eine selbständige Nebenleistungs- und nicht um eine nicht klagbare Nebenpflicht[381]. Bei einer solchen Klage sind allerdings ggf. bestehende Wahl- und Austauschrechte des Sicherungsverpflichteten zu berücksichtigen[382].

e) Rückgabe der Sicherheit

Aufgrund der Treuhandnatur des Sicherungsvertrags ist der Sicherungsnehmer verpflichtet, die Sicherheit schon vor Beendigung des Vertrags zurückzugeben, wenn und soweit sie nicht mehr benötigt wird[383] bzw. in Anspruch genommen werden kann[384]. Dies ergibt sich gemäß § 157 BGB aus dem fiduziarischen Charakter der Sicherungsabrede sowie der Interessenlage der Parteien[385]. Ein Rückgabeanspruch kann sich darüber hinaus aus § 812 Abs. 1 Satz 2 Var. 2 BGB ergeben.

Entscheidend ist folglich der Wegfall des Sicherungszwecks[386]. Dies kann beispielsweise bei Baufertigstellung, bei Abnahme, bei Ablauf der Gewährleistungsfrist oder bei Erreichen eines anderen vereinbarten Zeitpunkts oder Eintritt einer festgelegten Bedingung der Fall sein.

Die Sicherheit ist auch zurückzugeben, wenn die Sicherungsabrede zwischen Auftraggeber und Auftragnehmer unwirksam ist, so bei Verstoß gegen §§ 307

---

380 Weise, 375, auch zu anderen Fälligkeitszeitpunkten.
381 OLG Düsseldorf, Urt. v. 10.03.1981, BauR 1982, 592.
382 Weise, 384 ff.
383 BGH, Beschl. v. 27.11.1997, NJW 1998, 671, 672.
384 BGH, Urt. v. 04.07.2002, NJW 2002, 3098.
385 BGH, Beschl. v. 27.11.1997, NJW 1998, 671, 672.
386 Weise, 425.

ff. BGB. Der Rückgabeanspruch folgt dann aus § 812 Abs. 1 BGB, da die Sicherheit ohne Rechtsgrund gewährt wurde.

Die Rückgabe erfolgt bei einer Bürgschaft oder Garantie durch Rückgabe der Bürgschaftserklärung oder der Garantieurkunde, bei einer Hinterlegung durch Zustimmung zur Auszahlung, bei einem Sicherheitseinbehalt durch Auszahlung und bei einer Sicherungsabtretung durch Rückabtretung bzw. durch Übertragung des bereits eingezogenen Leistungsgegenstands[387].

f) Gerichtliche Geltendmachung des Sicherungsfalls

Leistet der Sicherungsgeber im Sicherungsfall und nach Anzeige desselben nicht in der ggf. vereinbarten Form, kann der Gläubiger auf Leistung klagen.

Auch hier wird der Sicherungsgeber regelmäßig dem Hauptschuldner gemäß § 72 ZPO den Streit verkünden, um seinen in der Regel im Innenverhältnis vereinbarten Ausgleichsanspruch im Nachhinein geltend zu machen. Die Art der im Prozess möglichen Einwendungen hängt von der Sicherungsvereinbarung zwischen Schuldner und Gläubiger ab.

V. Zwischenergebnis und Ausblick

Zum Schutz des Erwerbers vor Insolvenz verpflichten die Vorschriften der MaBV den Bauträger, bestimmte Voraussetzungen zu erfüllen oder eine Bürgschaft zu stellen. Der Umfang gerade dieser Bürgschaften wurde von der Rechtsprechung kontinuierlich ausgedehnt und umfasst mittlerweile alle Ansprüche, die auf einer Störung des Äquivalenzverhältnisses beruhen, insbesondere Gewährleistungsansprüche. Der Erwerber wird also in seinem Interesse an einer vertragsgerechten, mithin mangelfreien Leistung geschützt. Diese Tendenz ist nicht zuletzt auf den europäischen Verbraucherschutz, insbesondere auf die Klauselrichtlinie zurückzuführen, auch wenn diese Richtlinie nicht so weit gehende Vorgaben macht. Der Schutz der MaBV reicht jedoch nur bis zur Fertigstellung, also Abnahmereife des Bauwerks. Es ist nicht auszuschließen, dass Kreditinstitute aufgrund des weit reichenden Sicherungsumfangs nur noch eingeschränkt Bürgschaften nach der MaBV gewähren.

Zeitlich über die Fertigstellung hinausgehende Sicherungen bleiben auch nach der Schuldrechtsreform, mit der der Gesetzgeber den Bereich der Bausicherheiten anders hätte regeln können[388], der freien Verantwortung der Vertragsparteien

---

387 MüKo/Roth, § 398, 101.

388 Wobei zu berücksichtigen ist, dass die Rechtsprechung zur MaBV, die eine mögliche Reformnotwendigkeit auch im Bereich des BGB hätte anstoßen können, bis 1999 nur wenig öffentlich war, Thode, WuB I E 5.-6.01, 06/2001, 530. So äußerte sich der BGH

überlassen. Doch auch hier wird eine verbesserte Sicherung der Erwerber zunehmend diskutiert. Für sie könnte auch sprechen, dass nach dem neuen Schuldrecht eine Freizeichnung nahezu ausgeschlossen ist[389]; damit fällt aber gleichzeitig die sonst mit der Freizeichnung einhergehende Pflicht des Bauträgers, mit den Bauunternehmern eine Sicherheit für etwaige Mängel zu vereinbaren[390]. Daraus folgt eine zusätzliche, wenn auch nicht grundlegende[391] Einschränkung des Verbraucherschutzes.

Ohnehin scheint es interessengerecht, den Erwerber zusätzlich abzusichern. Einem Bauträger ist ein Sicherheitseinbehalt in Höhe von 5 % der Baukosten, also 3,5 % der Gesamtherstellungskosten des Erwerbers ebenso zuzumuten, wie er den bauausführenden Unternehmen durch den Bauträger zugemutet wird[392]. Ob eine solche Sicherung eher dem Wettbewerb unter den Anbietern[393] oder einer Intervention durch Rechtsprechung und Gesetzgebung überlassen werden sollte, bedarf näherer Betrachtung[394].

Bis zum Erlass einer gesetzlichen Regelung können die Parteien sehr individuell zwischen diversen Sicherungsmöglichkeiten wählen und diese inhaltlich weitgehend frei bestimmen. Vor allem Bürgschaften bieten sich an, da sie im Vergleich mit anderen Sicherheiten preisgünstiger sind. Bei Ungenauigkeiten in der Sicherungsabrede ist durch Auslegung der Erklärungen der Wille der Parteien zu ermitteln. Versicherungen werden von deutschen Versicherungsgesellschaften nur vereinzelt angeboten.

B. Spanien

In Spanien wird die Haftung des Bauträgers vor allem in der LOE (I.) geregelt. Zusätzlich entfaltet das Avalgesetz Schutzwirkung zu Gunsten des vorleistenden Erwerbers (II.). Auch freiwillige Versicherungen werden in Spanien verstärkt angeboten (III.).

---

erstmal mit seinem Urt. v. 14.01.1999 zum Sicherungsumfang der Bürgschaft nach der MaBV, Jacob/Ring/Wolf/v. Buttlar/Schmidt, § 2, 55.

389 Vgl. oben im 3. Teil, Gliederungspunkt B. II. 5. b) .

390 Vgl. oben im 2. Teil, Gliederungspunkt B. I. 3. .

391 Vgl. oben im 3. Teil, Gliederungspunkt B. II. 3.

392 Pause, NZBau, 2002, 648, 655.

393 Diese befürwortet Pause, NZBau, 2002, 648, 655.

394 Erste Argumente für eine solche Diskussion finden sich im 5. Teil der Arbeit. Auf die Überlegung von Wagner, ZfIR 2001, Beilage, 3, 31, die MaBV auch auf Fälle anzuwenden, bei denen der Erwerber auf eigenem Grund und Boden bauen lässt, wird indes nicht eingegangen, da dies nicht mehr den Bauträgervertrag betrifft (vgl. oben im 2. Teil, Gliederungspunkt A. II. 1.), auch wenn sie die zunehmende Verbraucherschutzorientierung gut illustriert.

I. LOE

Die zentrale Norm, die in der LOE die Pflichtversicherung näher bestimmt, ist Art. 19. Diese gestaltet die Zielvorgabe des Art. 1 Nr. 1 LOE, ein Sicherungssystem zu schaffen, näher aus und wird durch verschiedene Vorschriften ergänzt. Der Anwendungsbereich des Art. 19 LOE wird von anderen Normen wiederum konkretisierend eingeschränkt (1.). Als Sicherungsmittel sind Versicherungen bzw. teilweise Einbehalte (2.) vorgesehen. Näherer Betrachtung bedürfen der Vertragsabschluss (3.) und die Versicherungsdauer (4.), sowie die Geltendmachung der Sicherheit im Versicherungsfall, also die Durchsetzung der Ansprüche (5.).

1. Anwendungsbereich

In der LOE werden das Sicherungssystem und die Haftung unabhängig voneinander geregelt[395]. So ist der Anwendungsbereich des Art. 19 LOE gegenüber demjenigen des Art. 17 LOE, der die Haftung festlegt, sowohl in objektiver als auch in subjektiver Hinsicht eingeschränkt.

a) Objektiver Anwendungsbereich

Der objektive Anwendungsbereich legt die versicherte Gefahr fest und wird positiv, sog. primäre Risikoabgrenzung[396], und negativ, sog. sekundäre Risikoabgrenzung, bestimmt[397].

aa) Primäre Risikoabgrenzung

Der Aufbau des Art. 19 LOE orientiert sich an dem des Art. 17 LOE. Die Norm unterscheidet die drei oben genannten Schadensarten[398]. Versicherungsschutz besteht für die materiellen Schäden am Gebäude, für die eine Haftung nach Art. 17 LOE begründet ist[399], und zwar jeweils für die Dauer der Gewährleistungsfrist. So fordert Art. 19 Nr. 1 a) LOE eine einjährige Versicherung für Schäden aufgrund von Mängeln an Elementen der Schlussfertigung. Nach Art. 19 Nr. 1 b) LOE ist eine Versicherung über drei Jahre für Schäden wegen Män-

395 Soriano Ortín, CM 11/2000, 1, 2.

396 Begrifflichkeit bei v. Bühren, § 1, 240 f.

397 Jiménez Clar, RdP 6/2001, 19, 29.

398 Vgl. oben im 3. Teil, Gliederungspunkt C. II. 2. b).

399 Alle weiteren Schäden (z. B. solche, für die nach Art. 1591 CC eine Haftung besteht, vgl. oben im 3. Teil, Gliederungspunkt C. II. 2.) wurden vom Gesetzgeber nicht erfasst, damit die Höhe der Prämie überschaubar bleibt, Lacaba Sánchez, La Ley 2000, 1621, 1625.

geln an Werkteilen, die die Bewohnbarkeit des Gebäudes gewährleisten, beizubringen. Schließlich ist gemäß Art. 19 Nr. 1 c) LOE eine Versicherung über 10 Jahre abzuschließen für Schäden aufgrund von Mängeln, die die Stabilität und Standfestigkeit des Gebäudes betreffen. Allerdings bestimmt die zweite Zusatzbestimmung, dass ab Inkrafttreten des Gesetzes bis zu einem entsprechenden Regierungserlass nur der Abschluss der Zehnjahresversicherung zwingend ist, und dies auch nur dann, wenn das Gebäude Wohnzwecken dienen soll[400].

Die LOE trifft keine exakte Festlegung, welche genauen Risiken zwingend von der abzuschließenden Zehnjahresversicherung gedeckt sein müssen[401]. Während andere Pflichtversicherungen, wie z. B. Art. 5 des Gesetzes über die zivilrechtliche Haftung und Versicherung im Kraftfahrzeugverkehr[402], den Inhalt der Versicherungspolice

genau vorschreiben, überlässt die LOE den Parteien, die Police näher auszugestalten. Der Inhalt muss daher gemäß Art. 24 Nr. 5 der Ley 30/1995, vom 08.11.1995, de Ordenación y Supervisión de los Seguros Privados (Versicherungsaufsichtsgesetz, LOSSP)[403] dem Aufsichtsamt für Versicherungswesen weder gemeldet, noch von diesem genehmigt werden.

Der jeweils Verpflichtete hat die Wahl zwischen einer Schaden-, einer Kautionsversicherung und ggf. einem Einbehalt[404].

Da das Versicherungsunternehmen für die Einschätzung des Risikos grundsätzlich die Errichtung des gesamten Baus begleiten muss[405] und Wechselwirkungen zwischen dem bisherigen Bautenstand und den Restaurations-, also nachträglichen Reparaturarbeiten weder auszuschließen noch exakt bestimmbar sind[406], wurden die ohnehin schwierig zu definierenden[407] Restaurationsarbeiten durch Art. 105 des Gesetzes 53/2002 vom 30.12.2002[408] aus dem Anwendungsbereich des Art. 19 LOE herausgenommen.

---

400 Vgl. hierzu genauer unten Gliederungspunkt B. I. 3. a) .

401 Carrasco Perera/Cordero Lobato, 440 f.

402 Gesetz 30/1962, vom 24.12.1962 in seiner Fassung der Verordnung 632/1968, vom 21.03.1968, BOE, Nr. 85, vom 08.04.1968, geändert durch das Gesetz 30/1995, vom 08.11.1995, über Regelung und Überwachung der privaten Versicherungen (Versicherungsaufsichtsgesetz), BOE, Nr. 268, vom 09.11.1985.

403 BOE, Nr. 268, vom 09.11.1985.

404 Vgl. dazu unten Gliederungspunkt B. I. 2.

405 Vgl. dazu unten Gliederungspunkt B. I. 3. d) bb) .

406 Jiménez Clar, ECI 6/2003, 50, 62.

407 Jiménez Clar, ECI 6/2003, 50, 63.

408 BOE, Nr. 313, vom 31.12.2002, 46086 ff.

bb) Sekundäre Risikoabgrenzung

Nicht von der Versicherung gedeckt werden die in Art. 19 Nr. 9 LOE aufgezählten Schäden und Risiken, es sei denn die Parteien treffen eine abweichende Vereinbarung. So schließt Art. 19 Nr. 9 a) LOE Schäden von der Versicherung aus, für die die LOE keine Haftung vorsieht[409]. Dies sind Personen- und weitergehende Vermögensschäden, wie entgangener Gewinn, Schadensermittlungskosten, Mietkosten für eine Ersatzsache oder Zinsverluste[410]. Gemäß Art. 19 Nr. 9 b) LOE sind auch die Schäden an benachbarten Gebäuden oder gemäß Art. 19 Nr. 9 c) LOE an beweglichen Sachen im Gebäude ausgenommen. Versichert sind folglich nur Schäden am Gebäude an sich. Diese dürfen jedoch gemäß Art. 19 Nr. 9 d) LOE nicht kausal[411] auf Veränderungen am Gebäude zurückzuführen sein, die nach der Abnahme eintraten, es sei denn diese Veränderungen waren im Abnahmeprotokoll zur Beseitigung von Mängeln bereits vorgesehen und die späteren Schäden beruhen kausal auf diesen Mängeln[412]. Nach Art. 19 Nr. 9 i) LOE sind Schäden gerade dieser im Protokoll vermerkten Mängel ebenfalls solange nicht versichert, bis über die Mängelbeseitigung das Abschlussprotokoll gefertigt wurde. Gemäß Art. 19 Nr. 9 e) LOE dürfen die Schäden nicht auf einem Fehlgebrauch oder auf mangelnde Wartung des Gebäudes beruhen, denn die Eigentümer und Nutzer sind nach Art. 16 LOE zur Wartung, Pflege und Erhaltung des Gebäudes verpflichtet. Art. 19 Nr. 9 f) LOE stellt in diesem Zusammenhang zusätzlich klar, dass Wartungskosten keine Schäden sind. Art. 19 Nr. 9 g) LOE schließt Schäden aufgrund von Feuer oder Explosionen aus, sofern diese nicht auf Mängel am Gebäude zurückgehen. Gemäß Art. 19 Nr. 9 h) LOE dürfen die Schäden auch nicht durch Zufall, höhere Gewalt oder Schädigung durch Dritte oder den Geschädigten selbst verursacht worden sein, es sei denn der Geschädigte ist gleichzeitig Bauträger[413]. Damit korrespondiert[414] der in Art. 19 Nr. 2 c) LOE normierte Ausschluss einer Eintrittspflicht der Gemeinschaft für Versicherungsschäden, einer Art Rückversicherung für Schäden, die auf bewaffnete Konflikte oder außergewöhnliche Risiken, worunter nur große Unglücks- und Katastrophenfälle verstanden werden[415], zurückgehen.

409 Vgl. oben im 3. Teil, Gliederungspunkt C. II. 2. a) .
410 Carrasco Perera/Carrasco Perera, 446.
411 Carrasco Perera/Carrasco Perera, 446.
412 Carrasco Perera/Carrasco Perera, 450 f.
413 Carrasco Perera/Carrasco Perera, 449.
414 Boldó Roda, RES 2000, 531, 541.
415 Espinosa Labella, ECI 5/2000, 3, 8.

Auch wenn die Ausnahmetatbestände in Art. 19 Nr. 9 LOE nicht als abschließender, sondern als offener Beispielkatalog konzipiert sind[416], dürften weitere Ausschlüsse wegen Art. 8 und 10 des Gesetzes 7/1998, vom 13. April zu allgemeinen Vertragsbedingungen[417] in Verbindung mit Art. 10 f. des Verbraucherschutzgesetzes zumindest gegenüber dem Versicherten wirkungslos sein[418].

b) Subjektiver Anwendungsbereich

Im Rahmen des subjektiven Anwendungsbereichs des Art. 19 LOE sind die zum Abschluss einer Versicherung Verpflichteten und die von ihr Begünstigten zu unterscheiden.

aa) Verpflichtete

Zum Abschluss von Versicherungen ist insbesondere der Bauträger verpflichtet. Der Werkunternehmer hat nur die einjährige Haftung durch Abschluss eines Versicherungsvertrags oder durch Vereinbarung eines Einbehalts durch den Bauträger abzusichern.

Trotz ihrer Haftungspflicht nach Art. 17 LOE sind die sonstigen am Bau Beteiligten nicht zum Versicherungsabschluss verpflichtet[419].

(1) Bauträger

Der Bauträger ist nach Art. 9 Nr. 2 d) LOE verpflichtet, die in Art. 19 LOE vorgesehenen Versicherungen abzuschließen. Diese Pflicht wird durch Art. 19 Nr. 1 und 2 LOE näher ausgestaltet. Nach Art. 19 Nr. 2 a) i. V. m. Nr. 1 b) und c) LOE hat der Bauträger Versicherungen gegen Stabilitätsschäden nach Art. 17 Nr. 1 a) LOE und gegen Schäden, die die Bewohnbarkeit betreffen, nach Art. 17 Nr. 1 b) Abs. 1 LOE abzuschließen.

Der Grund für diese Pflicht gerade des Bauträgers[420] liegt in seiner in Art. 17 Nr. 3 LOE vorgesehenen gesamtschuldnerischen Haftung[421].

Der Bauträger kann mit dem Werkunternehmer vereinbaren, dass letzterer die Versicherung auf Rechnung des Bauträgers abschließt. Diese Vereinbarung muss gemäß Art. 19 Nr. 2 a) LOE ausdrücklich erfolgen. Sie bietet sich für den

---

416 Carrasco Perera/Carrasco Perera, 385.
417 Ley sobre condiciones generales de la contratación, BOE Nr. 98, vom 14.04.1998.
418 Carrasco Perera/Carrasco Perera, 441.
419 Femenía López, ECI 1/2002, 3, 7.
420 Espinosa Labella, ECI 5/2000, 3, 6.
421 Vgl. oben im 3. Teil, Gliederungspunkt C. II. 1. a) bb).

ebenfalls zum Versicherungsabschluss verpflichteten[422] autopromotor an[423], da dieser, meist Privatmann, in der Regel entweder nicht die für den Versicherungsabschluss notwendigen Informationen besitzt oder die ihm vom Werkunternehmer überlassenen Informationen mangels Sachverstands nicht zu verarbeiten mag[424].

Zwar bezweckte das Gesetz 53/2002, vom 30.12.2002[425], durch eine Modifikation der 2. Zusatzbestimmung der LOE, gerade die autopromotores von dieser Versicherungspflicht auszunehmen. Hierfür wurden zwei Unterabsätze eingefügt, wonach die autopromotores von der Versicherungspflicht befreit sind, wenn sie nur ein Einfamilienhaus für den Eigenbedarf errichten lassen, dieses nach Eigennutzung nicht innerhalb der Gewährleistungsfrist des Art. 17 LOE veräußern, oder – bei Veräußerung vor Fristablauf – der Erwerber ausdrücklich auf eine Versicherung verzichtet.

Da jedoch gemäß der 2. Zusatzbestimmung Abs. 1 Unterabs. 2 S. 2 LOE bei einer Übertragung unter Lebenden innerhalb der Gewährleistungsfrist die Versicherungspflicht wieder auflebt, sofern der Erwerber nicht hierauf verzichtet, wird es für den erst später verkaufswilligen autopromotor schwierig, überhaupt noch ein Versicherungsunternehmen zu finden, das im Nachhinein, also ohne den Bau begleitet zu haben, eine solche Versicherung anbietet[426]. Denn der Hauptzweck der Pflicht, die Versicherung bereits zum Zeitpunkt des Vertragsschlusses zwischen Bauträger und Erwerber abzuschließen[427], liegt gerade darin, den Versicherungen zu ermöglichen, die Bauausführung von Anfang an durch Sachverständigenbüros begleiten zu lassen[428].

Folge eines nachträglichen Versicherungsabschlusses sind höhere Prämien, so dass es für den autopromotor sinnvoller sein kann, sofort bei Bauauftrag mit dem Werkunternehmer nach Art. 19 Ziffer 2 a) LOE auch den Abschluss einer Versicherung zu vereinbaren. Sofern es sich um eine Schadenversicherung und

---

422 Sifre Puig, RCDI 2002, 97, 150 ff. zum Diskussionsstand vor dem Gesetz 53/2002 vom 30.12.2002, BOE, Nr. 313, vom 31.12.2002, 46086 ff.

423 Marín García de Leonardo, 192.

424 Femenía López, ECI 1/2002, 3, 9.

425 Vgl. oben 4. Teil, Fn. 422.

426 Marín Leonardo de García, Figura del Promotor, 66; Ruiz-Rico Ruiz/Moreno-Torres Herrera/José Manuel Ruiz-Rico Ruiz, 151; Jiménez Clar, RdP 6/2001, 19, 50.

427 Vgl. unten Gliederungspunkt B. I. 4. a) .

428 Marín García de Leonardo, 56.

nicht um eine Kautionsversicherung handelt[429], kommt dann auch der autopromotor zunächst als Versicherter in den Genuss des Versicherungsschutzes.

Tatsächlich kann die Reform der zweiten Zusatzbestimmung wegen der Notwendigkeit der Bauüberwachung den Bauträger faktisch nicht von der Versicherungspflicht entbinden, solange nicht die technische Begleitung des Baus unabhängig von einer entsprechenden Versicherung vorgesehen wird[430].

Der autopromotor kann sich natürlich auch auf das Risiko einlassen, später einen Käufer finden zu müssen, der bereit ist, das Einfamilienhaus ohne Versicherungsschutz zu übernehmen. In dieser Situation ist der Dritterwerber dann frei in der Entscheidung, ob er lieber einen wegen der nachträglichen Versicherung höheren Preis entrichtet, oder ob er für einen niedrigeren Preis das Schadenrisiko zu tragen bereit ist[431]. Jedenfalls muss der autopromotor nachweisen, dass er die Wohnung selber genutzt hat. Mit dieser Vorschrift soll vermieden werden, dass sich ein Bauträger als autopromotor ausgibt und so die Versicherungspflicht umgeht. Allerdings ist der Begriff der eigenen Nutzung sehr weit gefasst und beschränkt sich weder auf das Bewohnen noch auf das Besitzen, weswegen fraglich bleibt, ob nicht schon die Zwischenvermietung für eine solche, eigene Nutzung ausreicht[432]. Gesetzesumgehungen werden hier befürchtet[433] und sind nur durch eine entsprechend enge Wortlautauslegung vermeidbar. Rechtsprechung hierzu liegt noch nicht vor. Es steht zu erwarten, dass die Gerichte den Willen des Gesetzgebers, ausschließlich die für die Eigennutzung bauenden Bauträger zu entlasten, umsetzen und den Begriff der „eigenen Nutzung" eng auslegen werden.

Trotz einer Haftung nach Art. 17 Nr. 4 LOE müssen juristische Personen des öffentlichen Rechts, auch wenn sie als Bauträger handeln, gemäß Art. 1 Nr. 3 LOE keine Versicherungen abschließen.

(2) Werkunternehmer

Der Werkunternehmer hat nach Art. 11 Nr. 2 h), 19 Nr. 1 a) LOE eine Versicherung gegen Schäden an Schlussarbeiten abzuschließen. Die Versicherung kann

---

429 Vgl. unten Gliederungspunkt B. I. 2. c) : bei einer Kautionsversicherung kann der Bauträger und somit auch der Autopromotor nicht Versicherter werden, weil Art. 68 LCS eine Personenverschiedenheit von Versicherungsnehmer und Versichertem vorschreibt.

430 Marín Leonardo de García, 66.

431 Llamas Pombo, ECI 3/2003, 52, 55.

432 Llamas Pombo, ECI 3/2003, 52, 55.

433 Estruch Estruch, 769 ff.

durch einen Einbehalt des Bauträgers in Höhe von 5 % des Gesamtwertes ersetzt werden[434].

(3) Persönliche Haftung

Im Falle der Nichterfüllung haftet gemäß Art. 19 Abs. 7 LOE der „obligado", also der „Verpflichtete". Diese Vorschrift hat keinerlei Bedeutung, wenn der Bauträger keine Gesellschaft, sondern eine natürliche Person ist, weil ihn als solche ohnehin die Pflicht zum Versicherungsabschluss trifft, für deren Erfüllung er persönlich haftet.

Fraglich ist aber, ob auch die hinter einer Bauträgergesellschaft stehenden natürlichen Personen haften. Zwar war es das Ziel des Gesetzentwurfs von 1994, durch eine Sekundärhaftung der Organe hinter einer Bauträgergesellschaft die Erfüllung der Verpflichtung sicherzustellen. Der schließlich gewählte Wortlaut verbietet jedoch eine Haftung auch der Organe für die Nichterfüllung[435]. Nach ihm ist zum Versicherungsabschluss „obligado", also verpflichtet, nicht das Organ, sondern die Bauträgergesellschaft. Einem Antrag auf Klarstellung durch ausdrückliche, zusätzliche Nennung der Geschäftsführer wurde im Gesetzgebungsverfahren nicht entsprochen[436]. Stattdessen wiederholt Art. 19 Nr. 7 LOE nun lediglich den allgemeinen Grundsatz des Art. 1911 CC, nach dem jeder Schuldner für seine Verpflichtungen mit seinem Vermögen einzustehen hat[437].

Notwendig für die Begründung einer Sekundärhaftung der natürlichen oder juristischen Personen, die als Organe für die Bauträgergesellschaft hätten handeln müssen, wäre eine Regelung gewesen wie sie beispielsweise in Art. 262 Abs. 5 des spanischen Aktiengesetzes[438] für Geschäftsführer von Aktiengesellschaften normiert ist.

bb) Begünstigte

(1) Bauträger

Gemäß Art. 19 Nr. 2 a) LOE ist der Bauträger selber Begünstigter im Rahmen der vom Werkunternehmer abzuschließenden Versicherung gegen Schäden wegen Mängeln an den Schlussarbeiten. Bei einem Eigentumswechsel bezüglich der versicherten Sache vom Bauträger auf den Erwerber rücken gemäß Art. 34

---

[434] Vgl. dazu unten Gliederungspunkt B. I. 2. d) .
[435] Carrasco Perera/Carrasco Perera, 387.
[436] Seoane Prado, RJS 5/2000, 14, 18.
[437] Jiménez Clar, RdP 6/2001, 19, 37.
[438] Ley de Sociedades Anónimas, in seiner Fassung des Real Decreto Legislativo 1564/1989, vom 22.12.1989, BOE Nr. 310, vom 27.12.1989.

LCS die neuen Eigentümer in dessen Position ein. Folglich verliert der Bauträger im Moment der Übertragung seinen Versichertenstatus[439].

Aus Art. 19 Nr. 3 a) S. 2 LOE lässt sich entnehmen, dass der Bauträger nicht Versicherter wird, wenn eine Kautionsversicherung abgeschlossen wird. Der Grund hierfür liegt darin, dass bei dieser Versicherungsart die Versicherung immer einen Regressanspruch aus Art. 43 LCS gegen den Sicherungsnehmer hat, woraus die notwendige Personenverschiedenheit von Versicherungsnehmer und Versichertem geschlossen wird[440].

(2) Erwerber und spätere Eigentümer

In erster Linie sind die Erwerber sowie spätere Eigentümer gemäß Art. 19 Nr. 2 a) LOE Versicherte, denn die Versicherung bezweckt vor allem den Verbraucherschutz[441].

Sie treten durch Surrogation in die Versichertenstellung ein[442]. Dem Versicherer muss der Übergang des Eigentums an dem versicherten Gebäude nicht angezeigt werden, obwohl dies Art. 34 LCS grundsätzlich vorsieht. Denn der Zweck dieser Vorschrift, die vorzeitige Vertragsbeendigung durch den Versicherer zu ermöglichen, ist im Falle der LOE ausgeschlossen[443].

cc) Versicherer

Indem der Gesetzgeber die Versicherung als Sicherungsmittel[444] wählte, behielt er gleichzeitig den Versicherungsunternehmen die Funktion des Sicherungsgebers vor. Ihre Tätigkeit steht laut Art. 6 Ley 30/1995, vom 08.11.1995, de Ordenación y Supervisión (Versicherungsaufsichtsgesetz, LOSSP)[445] unter Genehmigungsvorbehalt. Ihr Gesellschaftsgegenstand ist gemäß Art. 6 Nr. 2 b) LOSSP auf Versicherungsgeschäfte und diesbezügliche Hilfsgeschäfte beschränkt. Verträge, die von Unternehmen ohne Genehmigung geschlossen werden, sind gemäß Art. 5 Nr. 2 LOSSP nichtig.

---

439 Seoane Prado, RJS 5/2000, 14, 25.
440 Vgl. dazu unten Gliederungspunkte B. I. 2. b) und c).
441 Jiménez Clar, RdP 6/2001, 19, 23 und 50.
442 Jiménez Clar, RdP 6/2001, 19, 53.
443 Jiménez Clar, RdP 6/2001, 19, 53.
444 Vgl. dazu unten Gliederungspunkt B. I. 2.
445 BOE Nr. 268, vom 09.11.1995, 32480.

c) Zeitlicher Anwendungsbereich

Die LOE trat am 06.05.2000 in Kraft. Ab diesem Zeitpunkt mussten Versicherungen[446] abgeschlossen werden[447].

2. Sicherungsmittel

Art. 19 LOE sieht den Abschluss einer Pflichtversicherung vor, die materielle Schäden des Versicherten abdeckt. Eine Haftpflichtversicherung ist nicht vorgesehen (a). Für alle drei Schadensarten kann entweder eine Schadenversicherung (seguro de daños) (b) oder eine Kautionsversicherung (seguro de caución) (c) abgeschlossen werden. In Einzelfällen kann ein Einbehalt vereinbart werden (d).

a) Keine „seguro de responsabilidad civil"

Bei den zulässigen Versicherungsarten handelt es sich nicht um „seguros de responsabilidad civil", also Haftpflichtversicherungen. Denn sie versichern nicht die Entschädigung eines Dritten für einen durch den Verpflichteten schuldhaft verursachten Schaden im Sinne des Art. 73 Abs. 1 LCS, sondern die ordnungsgemäße Vertragserfüllung des Verpflichteten gegenüber seinem Vertragspartner[448]. Letzterer ist auch nicht bei Vertragsschluss Dritter im Sinne einer Haftpflichtversicherung, sondern begünstigter Teil eines Vertrags zugunsten Dritter[449].

Die vom Gesetz vorgesehenen Mindestdeckungssummen werden auch nicht von den einem Bauträger zugänglichen Haftpflichtversicherungen angeboten[450].

b) Seguro de daños

Die Schadenversicherung (seguro de daños) ist in Art. 1 LCS definiert als ein Vertrag, nach dem sich der Versicherer gegen Zahlung einer Prämie für den Fall des Eintritts des versicherten Risikos im Rahmen der vertraglichen Vereinbarungen verpflichtet, dem Versicherten den eingetretenen Schaden auszugleichen oder den Versicherten durch eine einmalige Geldzahlung, Rentenzahlung oder sonstige vereinbarte Leistungen zu entschädigen.

Die Schadenversicherung setzt kein Verschulden des Versicherungsnehmers voraus. Hierdurch wird der mit der LOE verfolgte Zweck, dass sofort liquide Mittel zur Schadenbehebung zur Verfügung stehen sollen, erreicht, da die Fest-

---

446 Vgl. folgenden Gliederungspunkt B. I. 2.
447 Espinosa Labella, ECI 5/2000, 3, 5.
448 Carrasco Perera/Carrasco Perera, 379.
449 Carrasco Perera/Carrasco Perera, 380.
450 Marín García de Leonardo, 199.

stellung der eigentlichen Verantwortung auf einen möglichen Regressprozess verlagert wird[451]. Deswegen ist es möglich, dass auch der Bauträger Versicherter ist, wie es Art. 19 Nr. 2 a) LOE festlegt.

Durch die Entschädigung des Versicherten gehen dessen Rechte gegen die Verantwortlichen im Wege der Surrogation auf die Versicherung gemäß Art. 43 LCS über. Sie hat infolgedessen die Wahl, ob sie gegen den jeweiligen Verursacher vorgeht oder den Bauträger aus dessen gesamtschuldnerischer Haftung in Anspruch nimmt[452].

Während die erste Variante angesichts der in der Regel bestehenden Haftpflichtversicherungen der sonstigen am Bau Beteiligten zu einem Ausgleich zwischen den Versicherungen führen dürfte, begegnet die Möglichkeit, dass sich die Versicherung in jedem Fall auch an den Bauträger direkt halten kann, Bedenken[453]. Zwar erkennt die Rechtsprechung an, dass eine Versicherung auf fremde Rechnung nur bei ausdrücklicher Vereinbarung einen Rückgriff gegen den Versicherungsnehmer ausschließt[454]. Und einen solchen Ausschluss, wie z. B. in Art. 15 des katalanischen Wohnungsgesetzes[455], sieht die LOE jedenfalls nicht von Gesetzes wegen vor. Jedoch war die Rechtsfigur der gesamtschuldnerischen Haftung ohne Verschuldensanteil, wie sie jetzt in Art. 17 Nr. 3 S. 2 LOE geregelt ist, bei Erlass des Art. 43 LCS unbekannt. Der Rückgriff in Art. 43 LCS auf „den Haftenden" bezog sich daher ursprünglich nur auf den unmittelbaren Verursacher des Schadens[456].

Dass die LOE nun den Bauträger als nach Art. 17 Nr. 3 S. 2 LOE ohne Verschuldensnachweis Haftenden einem solchen Rückgriff aussetzt, würde sich nur dann im Versicherungsverhältnis nicht auswirken, wenn die Rechtsprechung ihre Anforderungen an eine Surrogationsklage aufrechterhält und vor dem Hintergrund des Art. 17 LOE modifiziert. Denn sie sah bislang in der Zahlung der Versicherung aufgrund einer Schadenversicherung noch keinerlei Indiz für die Verantwortung eines Handelnden und somit auch des Versicherungsnehmers. Im Rahmen der Rückforderungsklage musste die Versicherung vielmehr diese Verantwortung des Regressbeklagten nachweisen[457]. Folgt die Rechtsprechung dieser Linie auch in Zukunft und schränkt insoweit Art. 17 LOE ein, bewirkt sie,

451 Femenía López, ECI 1/2002, 3, 8.
452 González Pérez, 493.
453 Marín García de Leonardo, 200 f.
454 STS, vom 25.04.1986, RJ 1986, 2002; vom 02.01.1996, RJ 1996, 6365; vom 18.07.1997, RJ 1997, 5613.
455 Vgl. oben im 2. Teil, Gliederungspunkt B. I. 3.
456 Marín García de Leonardo, 201.
457 Bataller Grau/Bataller Grau, Art. 43, I.

dass schließlich eher der tatsächlich Verantwortliche herangezogen wird[458] und nicht der Bauträger das Risiko eines non-liquet gegenüber anderen möglichen Verantwortlichen zu tragen hätte. Andererseits würde durch das Erfordernis, dass im Rahmen des Regressanspruchs der Bauträger den Schaden verursacht haben muss, zum einen der Wortlaut des Art. 17 Nr. 3 LOE missachtet. Zum anderen ist zu befürchten, dass aufgrund einer solchen Rechtsprechung die Prämien für Versicherungen steigen, weil dann die Versicherungen und nicht der Bauträger den Prozess gegen den tatsächlich Verantwortlichen führen müssten und die Beweislast trügen, so dass sich insgesamt das versicherte Risiko erhöhen würde.

c) Seguro de caución

Eine Kautionsversicherung (seguro de caución) war zunächst im Gesetzentwurf nicht vorgesehen, denn ursprünglich sollte als Alternative zu einer Schadenversicherung nicht eine Kautionsversicherung, sondern eine Bankbürgschaft abgeschlossen werden können[459]. Diese für das spanische Bauwesen an sich typische Sicherungsart[460] fand jedoch trotz eines entsprechenden Antrags im Gesetzgebungsverfahren ohne ersichtlichen Grund[461] keinen Eingang in die gesetzliche Regelung[462]. Stattdessen wurde die seguro de caución zugelassen.

Die Kautionsversicherung ist in Art. 68 LCS geregelt. Danach ist der Versicherungsfall die verschuldensunabhängige Nichterfüllung der gesetzlichen oder vertraglichen Pflichten des Versicherungsnehmers. Die Einstandspflicht der Versicherung ist zur Pflicht des Versicherungsnehmers akzessorisch[463]. Bei Vorliegen eines Titels gegen den Versicherungsnehmer gleicht die Versicherung die Vermögensschäden des Verletzten aus. Dessen Anspruch gegen den Versicherungsnehmer geht auch hier auf die Versicherung über, die somit sowohl beim Versicherungsnehmer aus Art. 68 LCS als auch beim Verursacher des Schadens aus Art. 43 Abs. 1 LCS Regress nehmen kann.

Für die nähere Ausgestaltung der Kautionsversicherung verweist Art. 19 Nr. 3 LOE auf die Regelung in Nr. 2, bestimmt aber in Nr. 3 Buchstabe a), dass Versicherte immer nur die jeweiligen Eigentümer des Bauwerks seien. Denn die Kautionsversicherung setzt laut der herrschenden Meinung in der Literatur[464] die

---

458 Marín García de Leonardo, 202.
459 Marín García de Leonardo, 196.
460 Meyer/Kirchheim, RIW 2000, 910, 915.
461 Carrasco Perera/Carrasco Perera, 368.
462 Jiménez Clar, RdP 6/2001, 19, 68.
463 Carrasco Perera/Carrasco Perera, 380 f.
464 Femenía López, ECI 1/2002, 3, 9.

Personenverschiedenheit von Versicherungsnehmer und Versichertem voraus, da sie der Versicherung immer einen Regressanspruch gegen den Versicherungsnehmer einräumt[465]. Hierin liegt ein wichtiger Unterschied zur Schadenversicherung[466].

Weiter bestimmt Art. 19 Nr. 3 b) LOE die Besonderheit, dass die Versicherung auf erstes Anfordern zu zahlen hat. Gemäß Art. 19 Nr. 3 c) LOE darf die Versicherung dem Versicherten nicht die Einwände entgegenhalten, die ihr gegen den Versicherungsnehmer zustünden. Nur so konnte das Ziel des Gesetzes erreicht werden, dem Geschädigten so schnell wie möglich liquide Mittel zur Schadenbeseitigung zukommen zu lassen[467], denn eine Kautionsversicherung setzt normalerweise voraus, dass der Verursacher des Schadens festgestellt werden muss, da der Versicherer ausschließlich für das Verhalten des Versicherungsnehmers haftet. Aus diesem Grund begründet die Zahlbarkeit auf erstes Anfordern auch keine bloße Umkehrung der Beweislast.

Da sämtliche, also auch die aus dem Versicherungsvertrag herrührenden Einwendungen[468], die dem Versicherer gegen den Versicherungsnehmer zustehen würden, ausgeschlossen sind[469], ist die Position des Versicherten bei dieser Versicherungsform wesentlich besser als bei einer bloßen Schadenversicherung[470]. Der Versicherte muss sich gemäß Art. 19 Nr. 9 e) und h) LOE lediglich entgegenhalten lassen, den Schaden selber durch fehlerhafte Nutzung oder mangelhaften Erhalt des Gebäudes verursacht zu haben. Alle anderen sekundären Risikobegrenzungen, also Ausschlussgründe nach Art. 19 Nr. 9 LOE[471], können ihm nicht entgegengehalten werden[472].

Die Kautionsversicherung gleicht insgesamt einer Bürgschaft auf erstes Anfordern[473] und ist nur schwierig von dieser abgrenzbar[474], denn bei beiden kann der Sicherungsgeber nach Zahlung des Sicherungsbetrags den Schuldner in Re-

465 Boldó Roda, RES 2000, 531, 545 f.; Barres Benlloch, 164 f.

466 Carrasco Perera/Carrasco Perera, 381; vorausgesetzt, die Rechtsprechung schränkt die Haftung des Bauträgers nach Art. 17 Nr. 3 LOE ein, vgl. dazu den vorhergehenden Gliederungspunkt B. I. 2. b) .

467 Carrasco Perera/Carrasco Perera, 382.

468 García Macho/Boldó Roda, 154

469 SSTS, vom 14.11.1989, RJ 1989, 8056; Boldó Roda, RES 2000, 531, 551.

470 Marín García de Leonardo, 199.

471 Vgl. oben Gliederungspunkt B. I. 1. a) bb) .

472 Seoane Prado, RJS 5/2000, 14, 21.

473 Jiménez Clar, RdP 6/2001, 19, 33 und 68; Boldó Roda, RES 2000, 531, 553; Seoane Prado, RJS 5/2000, 14, 27 f.; zu diesem und anderen Ansätzen vgl. García Macho/Boldó Roda, 146 ff.

474 Bataller Grau/Ferrando Villalba, Art. 68, VII.2; Marín García de Leonardo, 197.

gress nehmen. Die Kautionsversicherung ist gesetzlich nicht detailliert geregelt, sondern überlässt den Parteien einen großen Spielraum[475]. Der Unterschied besteht vor allem darin, dass die Kautionsversicherung nur von Versicherungsunternehmen angeboten werden kann[476].

Die Kautionsversicherung verlagert das Insolvenzrisiko sowohl des eigentlich Verantwortlichen als auch eines Eigentümers, der zu Unrecht von der Versicherung Zahlung verlangt und erhalten hat, auf den Bauträger als Versicherungsnehmer. Diese Risikoerhöhung dürfte dazu führen, dass Bauträger eher Schadenversicherungen abschließen werden[477], um sich diesem Risiko nicht auszusetzen.

d) Einbehalt

Statt für die Abschlussarbeiten eine Versicherung abzuschließen, können Bauträger und Werkunternehmer laut Art. 19 Nr. 1 a) LOE auch vereinbaren, dass der Bauträger 5 % der Bausumme einbehält. Begünstigter eines solchen Vertrags zugunsten Dritter im Sinne des Art. 1257 Abs. 2 CC ist der jeweilige Eigentümer.

In diesem Fall wissen die späteren Eigentümer jedoch nicht immer, inwieweit sie geschützt sind, da der Einbehalt in der Regel in den Bauverträgen zwischen Werkunternehmer und Bauträger vereinbart wird[478], in die spätere Eigentümer keine Einsicht haben. Doch auch die unmittelbar vom Bauträger erwerbenden Vertragspartner müssen sich mit komplizierten Vertragsklauseln auseinandersetzen, weil der Einbehalt in der Regel durch Bankbürgschaften oder durch Kreditversicherungen abgesichert wird[479]. Vor Eintritt eines Schadens ist der Bauträger gesetzlich jedenfalls nicht verpflichtet, die einbehaltenen Beträge an den Erwerber – z. B. durch Stundung eines Teils des Erwerbspreises – weiterzugeben[480]. Zudem schützt der Einbehalt den Erwerber oder Eigentümer nur eingeschränkt, weil nicht diese, sondern der Bauträger als Gesicherter vorgesehen ist[481].

Der Eigentümer kann zwar weiterhin vom Werkunternehmer die Erfüllung seiner vertraglichen Verpflichtung aus Art. 17 Nr. 1 b) Abs. 2 LOE verlangen, denn ein Einbehalt oder der Abschluss einer Versicherung ersetzt diese Haftung

---

475 Barres Benlloch, 127.
476 Vgl. oben Gliederungspunkt B. I. 1. b) cc) .
477 Jiménez Clar, RdP 6/2001, 19, 69
478 Marín García de Leonardo, 191.
479 González Tausz, RCDI 2000, 2691, 2717.
480 Carrasco Perera/Carrasco Perera, 391.
481 González Tausz, RCDI 2000, 2691, 2717.

nicht[482]. Jedoch trägt der Eigentümer dann das Risiko, dass Bauträger und Werkunternehmer insolvent werden. Dieses Risiko wird auch seinerseits nicht durch Versicherungen des Bauträgers abgefangen, da seine Versicherungen nicht die Schäden an Schlussarbeiten umfassen[483]. Auch die zwischen Bauträger und Werkunternehmer üblicherweise statt des Einbehalts vereinbarten Bankbürgschaften oder Versicherungen auf erstes Anfordern sichern nicht den Eigentümer, sondern den Bauträger[484].

Auch aus Sicht des Bauträgers ist ein Einbehalt nicht vorteilhaft, da er nach einem Jahr den Einbehalt an den Werkunternehmer auszahlen muss, während er selbst gemäß Art. 18 LOE noch in den folgenden zwei Jahren der Verjährungsfrist möglichen Ansprüchen des Erwerbers ausgesetzt sein kann[485]. Er muss für diese Zeit also selber Vorsorge treffen.

Im Fall des Bauträgers, der gleichzeitig Werkunternehmer ist, entfällt die Möglichkeit des Einbehalts. Vielmehr ist der Bauträger dann gehalten, eine der oben genannten Versicherungen abzuschließen, da die Sicherheit für Schlussarbeiten sonst leerliefe[486].

3. Vertragsabschluss

a) Abschlusspflicht

aa) Gesetzliche Anknüpfung

Die Pflicht zum Abschluss eines Versicherungsvertrags ergibt sich aus Absatz 1 der 2. Zusatzbestimmung in Verbindung mit Art. 19 LOE. Der Versicherungsschutz ist in doppelter Hinsicht gegenüber der Haftung des Art. 17 LOE enger. Zum einen sind nur die Strukturschäden im Sinne des Art. 19 Nr. 1 c) LOE zwingend zu versichern. Zum anderen ist die Versicherung nur für Gebäude abzuschließen, die hauptsächlich Wohnzwecken dienen.

Absatz 2 der 2. Zusatzbestimmung überlässt es der Regierung, durch ein real decreto (wörtlich: „königlicher Erlass“) auch für die anderen Schadensgruppen eine Pflichtversicherung einzuführen. Auch die Erweiterung der Versicherungspflicht auf nicht Wohnzwecken dienende Gebäude ist einem solchen Erlass vorbehalten. Dabei handelt es sich gesetzestechnisch nicht um einen Verordnungs-

---

482 Carrasco Perera/Carrasco Perera, 391.
483 Vgl. oben Gliederungspunkt B. I. 1. b) aa) (1).
484 Carrasco Perera/Carrasco Perera, 392.
485 Marti Ferrer, RDUMA 2000, 467, 474; vgl. dazu auch unten Gliederungspunkt B. I. 4. b).
486 Carrasco Perera/Cordero Lobato, 392.

vorbehalt, sondern um eine bloße Einschränkung des Tatbestands des Art. 19 LOE, deren bloße Aufhebung einer Entscheidung der Regierung bedarf[487].

bb) Konsequenzen bei Nichtabschluss

(1) Klagbarer Anspruch

Die Pflicht zum Versicherungsabschluss wird durch Art. 9 Nr. 2 d) und Art. 11 Nr. 2 h) LOE als vertragliche Hauptleistungspflicht im Sinne des Art. 1258 CC ausgestaltet. Dies hat zur Folge, dass der Verpflichtete bei Nichterfüllung seiner Pflicht auf Abschluss eines entsprechenden Vertrags gemäß Art. 1098 CC und Art. 706 LECiv verklagt werden kann; vollstreckt wird ein solches Urteil, indem der Gläubiger im eigenen Namen und zu eigenen Gunsten einen entsprechenden Vertrag auf Rechnung des Verpflichteten abschließt[488]. Wahlweise kann der Berechtigte nach Art. 1124 CC vom Erwerbsvertrag zurücktreten.

(2) Öffentliche Kontrolle

Das Gesetz überlässt es nicht allein dem Erwerber, für den Abschluss der Versicherung zu sorgen. Denn die Versicherung soll nicht nur den Erwerber, sondern auch den späteren Eigentümer sowie die Allgemeinheit schützen. Zu diesem Zweck wird zum einen der Versicherungsabschluss durch öffentliche Kontrolle sichergestellt. Zum anderen hat der Gesetzgeber besondere Regeln für den Fall der Nichterfüllung der Pflichten aus diesen Verträgen aufgestellt[489].

Um zu vermeiden, dass unversicherte Gebäude auf den Immobilienmarkt gelangen, wurden den Notaren und Registerbeamten Kontrollaufgaben zugewiesen[490]. So sieht Art. 20 Nr. 1 LOE vor, dass die Beglaubigung und Eintragung einer „declaración de obra nueva“ (Neubauerklärung) gemäß Art. 45 Reglamento Hipotecario (RH)[491] erst erfolgen darf, wenn der Abschluss der Versicherungen nachgewiesen ist[492].

In diesem Zusammenhang fordert die „Dirección General de los Registros y del Notariado“ (Generaldirektion für Register- und Notariatswesen) in ihrer

---

487 Carrasco Perera/Cordero Lobato, 515 f.

488 Carrasco Perera/Cordero Lobato, 386.

489 Jiménez Clar, RdP 6/2001, 19, 30.

490 Jiménez Clar, RdP 6/2001, 19, 38 ff.

491 Verordnung vom 14.02.1947 in der Fassung des Real Decreto 1867/1998, vom 04.09.1998, BOE Nr. 233, vom 29.09.1998.

492 Damit entschied sich der Gesetzgeber dagegen, den Nachweis erst bei Übertragung der Immobilie zu fordern, Jiménez Clar, RdP 6/2001, 19, 39.

Ausführungsrichtlinie vom 11.09.2000[493] von den Notaren und Registerbeamten auch inhaltliche Prüfungen der Versicherungsverträge und Einhaltung des Art. 19 LOE. Das wird allerdings unter anderem mit dem Argument angegriffen, dass der öffentliche Glaube in eine Neubauerklärung nicht so weit reiche[494].

Problematischer erscheint jedoch eine andere Vorgabe der Generaldirektion. Sie bezieht sich auf Neubauerklärungen, für noch im Bau befindliche Gebäude. Laut Art. 46 des Real Decreto 1093/1997, vom 04.07.1997[495], können solche Neubauerklärungen eingetragen werden, wenn die Baugenehmigung vorliegt und die Eintragung den Plänen entspricht, für die die Genehmigung erteilt wurde. Während Art. 22 der Ley 6/1998, vom 13.04.1998, sobre Régimen del Suelo y Valoraciónes[496] (Bodenwertgesetz) zwischen Neubauerklärungen für fertig gestellte und für noch im Bau befindliche Gebäude differenziert, schließt Art. 20 Nr. 1 LOE ohne Unterscheidung Neubauerklärungen von einer Eintragung aus[497], wenn kein Versicherungsnachweis erbracht wird. Nach dem eindeutigen Wortlaut[498] müsste allerdings allen Neubauerklärungen die Eintragung versagt werden, wenn kein Versicherungsnachweis erbracht wurde.

Vor diesem Hintergrund erklärte die Generaldirektion in ihrer Ausführungsrichtlinie, dass sich Art. 20 LOE nur auf Neubauerklärungen für fertig gestellte Gebäude bezieht, so dass Neubauerklärungen für Gebäude im Bau unabhängig von einer Versicherung eintragbar sind. Begründet hat die Generaldirektion diese restriktive Auslegung des Art. 20 LOE damit, dass erst mit der Fertigstellung des Gebäudes ein versicherbares Objekt existiert[499]. Hieran wird jedoch kritisiert, dass der Versicherungsvertrag schon vor Baubeginn abzuschließen ist, weil die Versicherungen in aller Regel sowohl den Bau als auch dessen Planung von Anfang an begleiten[500]. Zu einem Versicherungsabschluss anlässlich einer Neubauerklärung während der Bauzeit sind die Versicherer aber nur bei deutlicher Prämienerhöhung[501] oder gegenüber sehr solventen Bauträgern bereit[502].

Die Auslegung der Generaldirektion kann zu Problemfällen führen. Denn die Neubauerklärung für Gebäude im Bau reicht einer Bank für die Auszahlung ei-

---

493 BOE Nr. 227, vom 21.09.2000, 1.

494 Carrasco Perera/Cordero Lobato, 450.

495 BOE Nr. 175, vom 23.07.1997, 22451, 22464.

496 BOE Nr. 89, vom 14.04.1998, 12296.

497 Martí Ferrer, RDUMAMA 2000, 467, 479.

498 García Conesa, BCRE 2000, 343, 347.

499 Jiménez Clar, RdP 6/2001, 19, 41; vgl. zu der Frage der Versicherbarkeit auch unten Gliederungspunkt B. I. 4. a).

500 Vgl. unten Gliederungspunkt B. I. 4. a).

501 Meyer/Kirchheim, RIW 2000, 910, 916.

502 Avila Navarro, La Ley 2000, 1730, 1731.

nes hypothekenbesicherten Darlehens aus[503]. Gerade kleinere Bauträger, die nicht über die notwendige Sachkenntnis verfügen, um ordnungsgemäß mit den Kontrollbüros zusammenzuarbeiten, dürften diese Möglichkeit wählen[504] oder den Erwerbern nur das Grundstück übertragen und Vertragsgestaltungen wählen, bei denen der Erwerber die Eigenschaft eines (Schein-)Bauträgers und sie selbst die des Bauunternehmers innehaben[505]. Bei der Veräußerung des laut Eigentumsregister erst im Bau befindlichen, tatsächlich jedoch schon fertig gestellten Hauses, dürfte es dann jedoch nur zu unverhältnismäßig hohen Kosten oder gar nicht möglich sein[506], ein Versicherungsunternehmen zu finden, das eine Schadenversicherung anbietet, ohne selber zuvor den Bauprozess begleitet zu haben[507]. Allenfalls bliebe noch eine Kautionsversicherung[508], bei der die Versicherung weit reichende Rückgriffsmöglichkeiten hat[509].

Eine andere Sicherungswirkung soll Art. 20 Nr. 2 LOE entfalten. Hiernach werden vor Ablauf der Verjährungsfristen gemäß Art. 18 LOE die Seiten des Handelsregisters für den Bauträger weder geschlossen noch die Auflösung einer Bauträgergesellschaft eingetragen, sofern nicht für jedes der von ihm errichteten Gebäude die Versicherung vorgelegt wurde. Doch auch diese Vorschrift hat eher den Charakter einer Absichtserklärung, da sie praktisch nicht umsetzbar oder aber wirkungslos ist[510]. Zum einen ist der Individualbauträger gemäß Art. 19 Nr. 1 Código de Comercio (Handelsgesetzbuch, CCom)[511] i. V. m. Art. 81 der Handelsregisterordnung[512] überhaupt nicht zur Eintragung in das Handelsregister verpflichtet. Zum anderen kann der Registrar weder überblicken, welche Gesellschaften überhaupt Bauträger im Sinne des Gesetzes sind[513], noch welche Gebäude der jeweilige Bauträger errichtet hat, noch kann er den Ablauf der Frist des Art. 18 CC berechnen, da er die Schadensfreiheit nicht beurteilen kann und zudem nicht weiß, ob die Verjährungsfrist z. B. durch gerichtliche Geltend-

503 Marín García de Leonardo, 194.

504 Femenía López, ECI 1/2002, 3, 9; vgl. auch Ramón Muñoz, El Pais v. 03.09.2001, Economía, http://www.elpais.es/archivo/buscador.html, Stand 19.01.2005, wonach bei nur einem Drittel der Neubauten von Wohngebäuden eine Versicherung abgeschlossen wurde.

505 Jiménez Clar, RdP 6/2001, 19, 50.

506 Jiménez Clar, RdP 6/2001, 19, 50.

507 Marín García de Leonardo, 195.

508 Jiménez Clar, RdP 6/2001, 19, 69.

509 Vgl. oben Gliederungspunkt B. I. 2. c).

510 Jiménez Clar, RdP 6/2001, 19, 42.

511 Vom 22.08.1885.

512 Real Decreto 1784/1996, vom 19.07., BOE Nr. 184, vom 31.07.1996.

513 Avila Navarra, La Ley 2000, 1730, 1732.

machung unterbrochen wurde[514]. Es wird angenommen, dass die Registerpraxis diesen Schwierigkeiten dadurch begegnen wird, dass entweder Art. 20 Nr. 2 LOE flexibel gehandhabt wird oder die jeweiligen Eintragungen nicht erfolgen[515].

Weitere öffentlich-rechtliche Sanktionsmöglichkeiten für den Nichtabschluss bestehen nicht[516]. Zivilrechtlich sollte mit Art. 19 Nr. 7 LOE erreicht werden, dass der Geschäftsführer einer Bauträgergesellschaft, der eine Versicherung nicht abschließt, persönlich haftet[517]. Tatsächlich läuft die Formulierung jedoch leer[518].

b) Form

Damit die Notare den ordnungsgemäßen Abschluss der Versicherung prüfen können, muss die Versicherungspolice oder eine ihren Inhalt wiedergebende Bestätigung[519] in schriftlicher Form bei der Beurkundung der Neubauerklärung vorgelegt werden. Art. 8 Ley 50/1980, vom 08.10.1980, de Contrato de Seguro (Versicherungsvertragsgesetz, LCS)[520] gibt den notwendigen Mindestinhalt vor und bestimmt, dass der Versicherungsnehmer eine der am Unterzeichnungsort offiziellen Sprachen für die Police wählen bzw. eine anderen Sprache mit dem Versicherungsunternehmen vereinbaren kann.

c) Versicherungssumme

Die LOE bestimmt nicht, dass das versicherte Interesse oder sein Wert, also die Kosten für die Wiederherstellung, vollständig zu ersetzen sind. Stattdessen gibt es eine Mindestversicherungssumme vor[521]. Diese begrenzt gemäß Art. 27 LCS den Schadensersatzanspruch pro Schadensfall gegen den Versicherer.

In Art. 19 Nr. 5 LOE wird die jeweilige Mindestversicherungssumme festgelegt, die sich auf die letztendlichen Baukosten bezieht und hiervon 5 % für Schäden an der Schlussfertigung, 30 % für Schäden auf Grund von Mängeln an Werkteilen, die der Bewohnbarkeit dienen, und 100 % für die Versicherung wegen Stabilität und Standsicherheit umfassen muss. Die Kosten werden anhand

---

514 González-Meneses Robles, BCRE 2000, 1517, 1524.
515 Carrasco Perera/Carrasco Perera, 457.
516 Marín García de Leonardo, 194.
517 Jiménez Clar, RdP 6/2001, 19, 30.
518 Vgl. oben Gliederungspunkt B. I. 1. b) aa) (3) .
519 Jiménez Clar, RdP 6/2001, 19, 61 f.
520 BOE, Nr. 250, vom 17.10.1980.
521 Carrasco Perera/Carrasco Perera, 431.

objektiver Kriterien vor der Bauausführung im Projekt gemäß Art. 4 LOE kalkuliert, nach Abschluss des Baus konkret ermittelt und im Abnahmeprotokoll angegeben. Sie müssen in der notariellen Kaufurkunde ausdrücklich genannt und in einer Versicherungsurkunde ggf. angepasst werden[522]. Sie lassen sich unterteilen in die direkten Baukosten, also Werkleistung, Zuschläge, Sozialversicherungsbeiträge, Material-, Maschinen- und Energiekosten auf der Baustelle einerseits, und die indirekten Baukosten andererseits, zu denen Büros, vorübergehende Unterkünfte, Lagerhaltung und Werkhallen auf der Baustelle gehören[523].

Als problematisch wird angesehen, dass das Gesetz trotz der langen Gewährleistungszeit keinerlei Anpassung der Versicherungssumme während der Laufzeit vorsieht und individualvertragliche, ergänzende Vereinbarungen eher unwahrscheinlich sind, da der Bauträger die Versicherungskosten so gering wie möglich halten will. Dies führt aber nahezu unvermeidlich zu einer Unterversicherung, da die Kosten für eine Schadenbehebung wegen allgemeiner Preissteigerungen höher ausfallen als die Versicherungshöchstsumme, die sich am ursprünglichen Auftragswert im Zeitpunkt der Abnahme orientiert[524]. Außerdem sind zu den Kosten eines Neubaus noch die Kosten einer möglichen Beseitigung der schadhaften Gebäudeteile hinzuzurechnen. Zwar umfasst die Versicherung auch die Kosten für diese vorbereitenden Arbeiten[525]; letztendlich bleibt aber eine Versicherung, die sich an der Mindestversicherungssumme orientiert, summenmäßig begrenzt und somit unterhalb des notwendigen Aufwands.

Diese Unterversicherung führt dann gemäß Art. 30 LCS, der durch die LOE nicht abbedungen wurde, dazu, dass der Versicherer nur in dem Verhältnis den Schaden auszugleichen hat, in dem die Versicherungshöchstsumme zum versicherten Interesse, im Extremfall also zu den Kosten eines Neubaus, steht. Zwar bedeutet dies für den Bauträger ein Risiko, da er trotz des Abschlusses der Versicherung noch für die nicht von der Versicherung gedeckten Schäden nach der LOE haftet[526]. Da der Bauträger aber ohnehin für die nicht von der gedeckten Schäden aus Art. 1591 CC haftet, fällt eine solche Unterversicherung für ihn nicht allzu sehr ins Gewicht.

Der Versicherte hingegen behält trotz der Begrenzung der Versicherungssumme seinen Anspruch gegen den Bauträger auf Ausgleich des nicht durch die

---

522 Jiménez Clar, RdP 6/2001, 19, 59 f.

523 Jiménez Clar, RdP 6/2001, 19, 59.

524 Carrasco Perera/Carrasco Perera, 434.

525 Soriano Ortín, CM 11/2000, 1, 8 und 10.

526 Jiménez Clar, RdP 6/2001, 19, 35.

Versicherung übernommenen Schadens[527]; diesen muss er aber erst durchsetzen. Alternativ könnte er aber auch das über die von der Versicherung zu zahlende Entschädigung hinausgehende Insolvenzrisiko des Bauträgers absichern. Ob er sich aber der bestehenden Schutzlücke bewusst ist, erscheint fraglich. Der durch die LOE auch bezweckte Insolvenzschutz ist insoweit eingeschränkt.

d) Prämie

aa) Zahlung

Die Prämie ist bei der Schadenversicherung gemäß Art. 19 Nr. 2 b) LOE und bei der Kautionsversicherung gemäß Art. 19 Nr. 2 b) i. V. m. Nr. 3 a) LOE bei der Abnahme fällig. Grundsätzlich ist die Prämie einheitlich und in einem Betrag vor Ausgabe der Police zu zahlen[528]. Wie sich aus Art. 19 Nr. 2 b) S. 2 LOE ergibt, können die Parteien aber auch eine ratenweise Zahlung der Prämie vereinbaren. In diesem Fall ist grundsätzlich nur die erste Rate vor der Abnahme zu zahlen[529].

bb) Bestimmung der Höhe

Neben der Beschränkung des Haftungsumfangs in Art. 17 LOE sieht das Gesetz zur Unterstützung der Versicherungen[530] die Einführung von so genannten „oficinas de control de calidad“[531] vor, die von den Versicherungsunternehmen anerkannt werden müssen. Dies wird teilweise damit begründet, dass den Versicherern das nötige Fachwissen fehle, um die Schadensanfälligkeit eines Gebäudes und so die Wahrscheinlichkeit eines Schadensfalls einschätzen zu können, um in Relation dazu die Prämie angemessen festzulegen[532]. Vor allem können aber durch die Möglichkeit, auf die Kontrollbüros zurückgreifen zu können, auch Versicherungsunternehmen motiviert werden, eine Bauversicherung im Sinne der LOE anzubieten, die bislang nicht in diesem Marktsegment vertreten waren.

Die Aufgabe der Kontrollbüros ist es, die Risikosituation vor und während des Baus sowie bei Übergabe des Gebäudes zu bewerten und den Versicherer darüber in Kenntnis zu setzen[533]. Die Prämie wird demnach zunächst bei

[527] Jiménez Clar, RdP 6/2001, 19, 25.
[528] Carrasco Perera/Carrasco Perera, 415.
[529] Boldó Roda, RES 2000, 531, 539.
[530] Merchán Gabaldón, 164.
[531] Dt.: Büro zur Qualitätskontrolle, im Folgenden auch Kontrollbüros.
[532] Carrasco Perera/Carrasco Perera, 369.
[533] Carrasco Perera/Carrasco Perera, 369 f.

Vertragsschluss provisorisch anhand der kalkulierten Baukosten und erst bei der Abnahme endgültig berechnet[534].

Schwierigkeiten bereitet die geringe Zahl[535] der Kontrollbüros, die von anderen Baubeteiligten unabhängig sein müssen[536]. Der Wortlaut des Art. 14 LOE lässt nur die durch die Autonomen Regionen offiziell anerkannten Büros zu[537]. Da jedoch der Versicherer einen möglichen Schaden ausgleichen muss, spricht viel dafür, auch die Versicherungsunternehmen frei entscheiden zu lassen, welchen Kontrollbüros sie vertrauen[538]. Jedenfalls sind in Zukunft weitere, unabhängige Büros einzurichten[539].

4. Zeitraum des Versicherungsschutzes

a) Beginn der Sicherungswirkung und Zeitpunkt des Vertragsschlusses

Neben dem Zeitpunkt der Neubauerklärung, in dem der Vertragsabschluss nachgewiesen werden muss[540], ist zu klären, wann der Bauträger die Versicherung gemäß Art. 9 Nr. 2 Buchstabe d) LOE abzuschließen hat und ab wann sie ihren Schutz entfaltet.

Wie bereits erörtert[541], besteht der Versicherungsschutz gemäß Art. 19 Nr. 2 b) und Art. 6 Nr. 5 LOE spätestens ab dem Zeitpunkt der Abnahme, da ab diesem Moment auch die Haftung beginnt, die die Versicherung absichern soll[542]. Bezüglich der Mängel, wegen derer ein Vorbehalt erklärt wurde, läuft die zehnjährige Frist erst ab der Beseitigung dieser Mängel, auch wenn dies von den Versicherern wegen der deswegen notwendigen, höheren Prämie kritisiert wird[543].

Die Pflicht zum Versicherungsabschluss besteht jedoch nicht erst im Zeitpunkt der Abnahme; sie ist schon vor Beginn der Bauarbeiten zu erfüllen[544]. Dieser Zeitpunkt zum Vertragsabschluss ergibt sich nicht unmittelbar aus dem

---

534 Carrasco Perera/Carrasco Perera, 415; vgl. dazu auch den vorhergehenden Gliederungspunkt B. I. 3. c).

535 Marín García de Leonardo, 56; Carrasco Perera/Carrasco Perera, 369.

536 Jiménez Clar, RdP 6/2001, 19, 36.

537 Zum Verfahren ihrer Zulassung Nevado-Batalla Moreno, ECI 5/2002, 23, 29.

538 Martí Ferrer, RDUMAMA 2000, 467, 482.

539 Ariza Arca, ECI 2/2000, 4, 22.

540 Vgl. oben Gliederungspunkt B. I. 3. a) bb).

541 Vgl. oben im 3. Teil, Gliederungspunkt C. II. 3. a).

542 Seoane Prado, RJS 5/2000, 14, 24.

543 Carrasco Perera/Carrasco Perera, 451.

544 Marín García de Leonardo, 56.

Gesetz. Auch lässt er sich nicht aus der Ausführungsrichtlinie der Generaldirektion vom 11.09.2000 entnehmen, die bestimmt, dass der Versicherungsabschluss bei Antrag auf Bauabschlusserklärung nachgewiesen werden muss[545]. Denn der Zeitpunkt über den Nachweis einer Pflichterfüllung sagt nichts über den Entstehungszeitpunkt der Pflicht aus. Aber folgende Gründe sprechen für diese frühe Abschlusspflicht.

Vorab ist festzuhalten, dass auch vor der Abnahme geschlossene Versicherungsverträge nicht nichtig sind. Zwar sieht Art. 25 LCS diese Rechtsfolge vor, wenn zum Zeitpunkt des Vertragsschlusses kein Interesse des Versicherten besteht. Dieses Interesses wird definiert als eine wirtschaftliche Beziehung zwischen einem Rechtsträger und einer Sache[546]. Die Wirksamkeit der vor Abnahme geschlossenen Versicherungsverträge lässt sich entweder damit begründen, dass neben Art. 25 LCS auch Art. 4 LCS gilt[547], der bestimmt, dass die Nichtigkeit wegen mangelnden Risikos nur dann eintritt, wenn gesetzlich nichts anderes vorgesehen ist. Eine solche, abweichende Bestimmung könnte aber gerade Art. 19 LOE treffen. Oder man stellt darauf ab, dass der Bauträger oder Erwerber auch schon vor und während der Bauphase ein wirtschaftliches Interesse an dem Objekt hat, da bereits jetzt erhebliche Mittel für den Bau aufgewendet werden mussten und gerade mit Beginn der grundlegenden Arbeiten Mängel an tragenden Elementen oder solche, die die Standsicherheit beeinträchtigen, möglich sind. Eine rechtliche Beziehung besteht beim Bauträger darin, dass er die Berechtigung innehat, auf dem Grundstück zu bauen[548], oder – wie der Erwerber und spätere Inhaber – Eigentümer desselben ist, sowie darin, dass er für Mängel haftet, die bereits im Planungsstadium angelegt werden können.

Gemäß Art. 14 LOE sollen die Kontrollbüros die Umsetzung der in den Bauplänen vorgesehenen Qualitätsstandards sicherstellen. Dies ist ihnen aber nur bei Einschaltung vor Baubeginn möglich, da sie gerade auch die Pläne zu überprüfen haben[549]. Dies ist notwendig, weil in über 40 % aller Schadensfälle bereits in den Plänen Mängel angelegt sind, die neben anderen Ursachen zum Schaden führen[550]. Da jedoch der Versicherer das jeweilige Kontrollbüro mit auswählt, ist auch er früh in den Prozess einzubinden, was nur durch Abschluss einer entsprechenden Versicherung gewährleistet ist.

---

545 Vgl. oben Gliederungspunkt B. I. 3. a) bb).
546 Sánchez Calero/Tirado Suárez, 155.
547 Hierauf weist Jiménez Clar hin, RdP 2001, 19, 33.
548 Vgl. oben im 2. Teil, Gliederungspunkt B. IV. 3.
549 Martí Ferrer, RDUMA 2000, 467, 483; Soriano Ortín, CM 11/2000, 1, 13.
550 San Segundo Manuel, ECI 6/2000, 41, 42.

Problematisch an dem frühen Termin zum Versicherungsabschluss ist zwar, dass die Höhe der Prämie auch von der Qualität der Bauausführung abhängt, welche aber erst nach einer Begleitung der Bauphase beurteilt werden kann[551]. Dieser Schwierigkeit lässt sich aber dadurch begegnen, dass die Versicherungssumme zunächst anhand geschätzter Baukosten kalkuliert, endgültig aber erst nach der Abnahme festgelegt und die Prämie entsprechend angepasst wird[552].

Für den frühen Zeitpunkt des Versicherungsabschlusses spricht weiterhin, dass Versicherungsverträge gemäß Art. 4 LCS nichtig sind, wenn der Schaden bei Abschluss des Vertrags bereits vorliegt. Um auszuschließen, dass vor der Abnahme entstehende und unerkannte Schäden zur Nichtigkeit des Versicherungsvertrags führen, ist dieser schon vor Beginn der Bauphase abzuschließen.

b) Ende der Sicherungswirkung

Zum Schutz des Versicherten endet die Sicherungswirkung nur unter sehr engen Voraussetzungen.

aa) Einvernehmliche Vertragsaufhebung

Gemäß Art. 19 Nr. 4 LOE ist eine Vertragsaufhebung, selbst durch Einigung zwischen Bauträger und Versicherung, nicht möglich, sobald die Sicherungswirkung eingetreten ist. Deswegen kann der Versicherungsvertrag nicht durch Vertrag zwischen Versicherer und Versicherungsnehmer aufgehoben werden.

bb) Einseitige Kündigung und Verzicht

Der Wortlaut des Art. 19 Nr. 4 LOE ließe die Annahme zu, dass nur die einvernehmliche Vertragsaufhebung ausgeschlossen sein sollte. Dann wäre ein Rücktritt vom Vertrag z. B. wegen eines risikoerhöhenden Verhaltens seitens des Versicherungsnehmers gemäß Art. 10 und 12 LCS möglich. Jedoch sprechen der Sinn des Erwerberschutzes sowie die hohen Risiken eines Deckungsausschlusses dafür, jegliche Vertragsaufhebung, also auch die einseitig erklärte, zumindest ab der Abnahme auszuschließen[553].

Aus demselben Grund stellt Art. 19 Nr. 2 b) S. 1 LOE für die Nichtleistung der Prämie, den Hauptgrund für einseitige Vertragsaufhebungen[554], eine Sonder-

---

551 Jiménez Clar, RdP 6/2001, 19, 40.

552 Zur Notwendigkeit einer solchen Anpassung während der Versicherungsdauer vgl. Gliederungspunkt B. I. 3. c)

553 Carrasco Perera/Carrasco Perera, 400 f.

554 Carrasco Perera/Carrasco Perera, 400.

regelung auf. Sollte eine ratenweise Zahlung vereinbart sein[555], so darf der Versicherer nicht wegen verspäteter oder Nichtleistung einer nach der Abnahme fälligen Rate vom Vertrag zurücktreten oder den Versicherungsschutz in sonstiger Weise verweigern. Diese Abweichung von Art. 15 LCS erfolgte zum Schutz des Erwerbers, der nicht von der vertragsgemäßen Prämienzahlung des Versicherungsnehmers, also meist des Bauträgers, abhängen sollte[556]. Sinn und Zweck des Art. 19 Nr. 2 b) S. 1 LOE verlangen diese Einschränkung des Art. 15 LCS auch für den vom Gesetzgeber nicht bedachten Fall, dass die Police herausgegeben wird, ohne dass selbst ein Teil der Prämie gezahlt wurde[557].

Sollten also einzelne der ratenweise zu erbringenden Zahlungen ausbleiben, wird die Wirksamkeit des Vertrags und somit die Sicherungswirkung für den Berechtigten davon nicht berührt. Die Deckung der Versicherung wird nicht gemäß Art. 15 Abs. 2 LCS ausgesetzt. Auch darf die Versicherung trotz Nichtzahlung den Vertrag nicht gemäß Art. 15 LCS auflösen. Beide Folgen des Art. 15 LCS werden ausdrücklich durch Art. 19 Nr. 2 b) LOE ausgeschlossen.

Das öffentliche Interesse an einem ordnungsgemäßen Erhalt der Sache geht einer freien Disposition der Vertragspartner sowie des Begünstigten bezüglich eines einseitigen Verzichts vor[558]. Auch das Interesse des Versicherers steht insofern zurück.

Ebensowenig erlaubt der Zweck des Gesetzes, auch die zukünftigen Eigentümer zu schützen, dass der Versicherer gemäß Art. 35 LCS den Versicherungsvertrag kündigt, wenn das Gebäude veräußert wird.

cc) Fristablauf

Das Ende des Versicherungsschutzes bestimmt sich nach dem Ende der Gewährleistungsfrist. Auch hier ist eine Aufspaltung des Fristablaufs möglich. Für die Teile des Gebäudes, wegen derer ein Vorbehalt in der Abnahme erklärt wurde, und daher die Gewährleistungsfrist später beginnt[559], besteht ein ebenso langer Versicherungsschutz[560].

---

555 Vgl. auch oben Gliederungspunkt B. I. 3. d) .
556 Marín García de Leonardo, 200.
557 Carrasco Perera/Carrasco Perera, 416.
558 Seoane Prado, RJS 5/2000, 14, 19.
559 Und auch später endet, vgl. oben im 3. Teil, Gliederungspunkt C. II. 3. a) .
560 Carrasco Perera/Carrasco Perera, 451.

c) Verjährung

Geltend gemacht werden kann der Versicherungsfall gegenüber der Versicherung bis zum Ablauf der Verjährungsfrist[561] im Sinne des Art. 18 LOE. Dies kann auch nicht durch vertragliche Vereinbarung ausgeschlossen oder die Frist verkürzt werden, da eine solche Absprache gegen das Verschlechterungsverbot des Art. 2 LCS verstoßen würde[562]. Für Ansprüche aus Schadenversicherungen schreibt Art. 23 LCS eine Verjährungsfrist von minimal zwei Jahren vor, die ab dem Entstehen, also dem Schadensfall, gerechnet wird.

5. Durchsetzung der Ansprüche

a) Bewertung des Schadens und des Auszahlungsbetrags

Die Bestimmung des Schadens richtet sich gemäß Art. 26 LCS nach dem Wert des versicherten Interesses unmittelbar vor dem Schadensfall. Gleichzeitig gilt Art. 30 LCS, wonach der Versicherer dann, wenn die Versicherungssumme im Zeitpunkt des Schadenseintritts geringer ist als das versicherte Interesse, den entstandenen Schaden auch nur in dem Verhältnis ersetzen muss, in dem die Versicherungssumme zum versicherten Interesse steht.

b) Direktanspruch gegen die Versicherung

Der Versicherte hat aus dem Versicherungsvertrag einen Direktanspruch gegen die Versicherung auf Zahlung der Entschädigung[563]. Diesen kann er auch im Falle einer Kautionsversicherung geltend machen, ohne die Nichterfüllung der Pflichten des Bauträgers als Versicherungsnehmers nachweisen zu müssen[564].

c) Einwendungen

Bei beiden Versicherungsarten kann der Versicherer geltend machen, dass der Versicherungsvertrag nicht besteht oder überhaupt kein Schaden eingetreten ist[565]. Denn in diesem Fall würde der Versicherte etwas erhalten, was er sofort zu erstatten hätte. Bei anderen Einwendungen ist zu differenzieren.

---

561 Vgl. oben im 3. Teil, Gliederungspunkt C. II. 3.
562 Carrasco Perera/Carrasco Perera, 412 f.
563 Boldó Roda, RES 2000, 531, 538.
564 González Perez, 491.
565 Carrasco Perera/Carrasco Perera, 422.

aa) Schadenversicherung

In der Schadenversicherung kann der Versicherer zusätzlich geltend machen, dass der Schaden außerhalb des Verantwortungsbereichs des Versicherungsnehmers lag, z. B. durch mangelhafte Wartung des Gebäudes durch den Geschädigten verursacht wurde[566]. Dagegen kann er dem Versicherten nicht die Nichtleistung der Prämie entgegen halten. Ebensowenig kann die Versicherung dem Geschädigten vorhalten, der Versicherungsnehmer habe den Schaden nicht zu vertreten, da es auf ein Verschulden nicht ankommt[567].

bb) Kautionsversicherung

Für die Kautionsversicherung bestimmt Art. 19 Nr. 3 LOE sowohl die Zahlungspflicht auf erstes Anfordern als auch, dass dem Versicherten nicht die Einwendungen entgegen gehalten werden dürfen, die der Versicherung gegen den Versicherungsnehmer zustehen.

Die Verpflichtung, auf erstes Anfordern zu zahlen, ist dabei keine einfache Beweislastumkehr, sondern sie bewirkt, dass der Versicherer auf die Anforderung sofort zur Leistung verpflichtet ist[568]. Erst in einem möglichen Rückforderungsprozess kann die Nichthaftung des Versicherungsnehmers durch die Versicherung vorgebracht werden.

d) Wahlrecht

Der Versicherer hat nach Art. 19 Nr. 6 LOE ein Wahlrecht zwischen Beseitigung des Mangels und der Zahlung einer Geldentschädigung. Dabei ist er in Abweichung von Art. 18 Abs. 2 LCS nicht auf die Zustimmung des Geschädigten angewiesen, wenn er sich zu einer Reparatur entschließt. Zum Teil wird das Motiv des Gesetzgebers für dieses freie Wahlrecht darin gesehen, dass so Schäden leichter behoben werden, woran insbesondere bei Strukturschäden neben dem individuellen Interesse auch ein nachbarschaftliches oder öffentliches Interesse besteht[569].

Reicht die von der Versicherung z. B. auf einen Kostenvoranschlag gezahlte Entschädigung nicht aus, muss die Differenz zu den tatsächlichen Kosten nachträglich ausgeglichen werden. Dies gilt nur in dem Fall nicht, dass die Versicherung zur Zahlung per Gerichtsurteil verpflichtet worden ist, da dann die Leistungspflicht der Versicherung durch das Urteil abschließend konkretisiert

---

566 Parejo Alfonso/Fonseca Ferrandis, 376.
567 Carrasco Perera/Carrasco Perera, 379.
568 Carrasco Perera/Carrasco Perera, 422.
569 Boldó Roda, RES 2000, 531, 556 f.

wurde. Ein Fehlbetrag muss dann vom jeweils für den Schaden verantwortlichen Baubeteiligten oder vom Bauträger aufgrund seiner Auffanghaftung gezahlt werden[570].

e) Streitverkündung

Gemäß Art. 14 Nr. 2 LECiv ist eine Streitverkündung nur in den gesetzlich vorgesehenen Fällen möglich. Eine solche Möglichkeit eröffnet die 7. Zusatzbestimmung zur LOE nur denjenigen, die aus Gewährleistungsansprüchen in Anspruch genommen werden[571]. Aus dem Wortlaut dieser Regelung lässt sich entnehmen, dass hierunter nur die am Bau Beteiligten fallen und nicht das Versicherungsunternehmen. Denn der Gewährleistungsanspruch muss auf einer Verletzung der Pflichten beruhen, die dem Beklagten aus „seiner Beteiligung am Bauprozess" gemäß der LOE obliegen („basadas en las obligaciones resultantes de su intervención en el proceso de la edificación previstas en la presente ley").

Folglich kann der Versicherer auch im Falle einer gerichtlichen Auseinandersetzung um den Anspruch mit dem Geschädigten nicht einem Dritten den Streit verkünden.

II. Avalgesetz

Als Vorläufer zur LOE wird die auch nach Inkrafttreten der LOE gültige Ley 57/68 vom 27. Juli über die Entgegennahme von Vorauszahlungen im Bauwesen und beim Verkauf von Wohneigentum[572], auch Avalgesetz genannt[573], angesehen[574].

1. Gesetzliche Regelungen

Das Avalgesetz hat den Zweck, Erwerber von Wohneigentum bei der Hingabe von Vorausleistungen gegen eine Insolvenz des Geldempfängers abzusichern[575]. Die Definition des Geldempfängers in Art. 1 AvalG gleicht derjenigen des Art. 9 LOE, indem darunter alle natürlichen und juristischen Personen verstanden werden, die den Bau von Wohneigentum betreiben; Art. 2 AvalG spricht dann vom „promotor" also dem Bauträger.

570 Estruch Estruch, 506 f.
571 Vgl. dazu oben im 3. Teil, Gliederungspunkt C. II. 2.
572 BOE, Nr. 181, vom 29.07.1968.
573 Meyer/Kirchheim, RIW 2000, 910, 917, der darauf hinweist, dass „aval" im Sprachgebrauch mit „Bankgarantie" oder „Bankbürgschaft" gleichgesetzt wird.
574 Espinosa Labella, ECI 5/2000, 3, 4.
575 Meyer/Kirchheim, RIW 2000, 910, 917.

Diese Personen müssen gemäß Art. 1 AvalG eine mögliche Rückzahlung der empfangenen Gelder nebst 6 % Zinsen sicherstellen. Als Sicherungsmittel sind in Art. 1 Nr. 1 AvalG Versicherungen oder Bankbürgschaften vorgesehen. Gerade letztere haben große Ähnlichkeit mit einer Kautionsversicherung. Als Versicherung sind Kautionsversicherungen abzuschließen[576], wie sie eben dargestellt wurden[577].

Gemäß Art. 2 AvalG muss sich im Erwerbsvertrag der Bauträger auch dem Erwerber gegenüber zu einer solchen Rückzahlung für den Fall verpflichten, dass zum jeweils vereinbarten Zeitpunkt entweder die Bauarbeiten nicht begonnen oder die Wohnung nicht übergeben worden ist. Außerdem gibt der Vertrag Auskunft über den Abschluss des jeweiligen Sicherungsmittels.

Das Avalgesetz besichert allein die Rückzahlung der Vorauszahlungsbeträge zu diesen Zeitpunkten. Weder die Vertragserfüllung noch die Mangelfreiheit sind Gegenstand der Versicherung[578]. So gewährt Art. 3 AvalG dem Vorauszahlenden für den Fall, dass einer der genannten Termine fruchtlos verstreicht, ein Wahlrecht zwischen Rücktritt und Auszahlung des Geldes nebst 6 % Zinsen seit der Übergabe einerseits und der Stundung der Leistungspflicht andererseits. Auf den Grund der Nichterfüllung der Pflichten kommt es nicht an[579].

Wählt der Erwerber die Vertragsauflösung, so hat er der Versicherung gegen Vorlage einer beweiskräftigen Urkunde nachzuweisen, dass die Arbeiten nicht begonnen wurden oder die Wohnung nicht übergeben wurde. Außerdem muss der Erwerber nachweisen, dass er das Geld gezahlt und den Bauträger zur Rückerstattung aufgefordert hat. Diese Nachweise erfolgen in der Regel durch notarielle Urkunden und Zustellung[580].

Wird eine Versicherung in Anspruch genommen, hat das Versicherungsunternehmen aus Art. 68 LCS einen Anspruch auf Ersatz gegen den Bauträger. Eine bürgende Bank hat bei Ausgleich der Bürgschaftsforderungen ebenso einen Erstattungsanspruch aus Art. 1838 CC.

Das Sicherungsmittel verliert laut Art. 4 AvalG spätestens mit der Ausstellung des Bewohnbarkeitszeugnisses seine Wirkung.

Im Gegensatz zur LOE sieht das AvalG keine Kontrollmechanismen vor, die den Abschluss der vorgesehenen Sicherungsmittel gewährleisten. Bei Nichterfüllung der Verpflichtung droht dem Bauträger gemäß Art. 6 AvalG allerdings ein Bußgeld, das die Autonomen Regionen verhängen und das immerhin bis zu

576 González Pérez, 509.
577 Vgl. oben Gliederungspunkt B. I. 2. c).
578 Carrasco Perera/Carrasco Perera, 482.
579 Carrasco Perera/Carrasco Perera, 500.
580 Carrasco Perera/Carrasco Perera, 504.

25 % der zu versichernden Summe betragen kann[581]. Jedoch wird der Versicherungsabschluss nicht kontrolliert. Nicht zuletzt deswegen werden laut Schätzungen der Versicherungsunternehmen nur ca. 30 % aller mit Vorleistungen gebauten Wohnungen gemäß dem Avalgesetz besichert[582].

2. Modifikation durch die LOE

Das Avalgesetz wird durch die Erste Zusatzbestimmung der LOE für weiterhin anwendbar erklärt und in Einzelpunkten modifiziert[583].

Der Wortlaut der Zusatzbestimmung legte die zentrale Fragestellung nahe, ob nur Versicherungen und keine Bankbürgschaften mehr zur Sicherung des Erwerbers zulässig sein sollen[584]. Allerdings ergibt sich aus dem Zweck der Regelung als Kollisionsnorm, dass der Schutz der Verbraucher nicht durch Abschaffung einer über dreißig Jahre praktizierten Sicherungsart eingeschränkt werden sollte[585]. Hierfür spricht auch, dass das Avalgesetz laut der ersten Zusatzbestimmung LOE „analog angewendet" werden soll und dass in den Modifikationen am Avalgesetz, die die Zusatzbestimmung sodann vornimmt, die Abschaffung der Avale nicht genannt sind[586].

Die Erste Zusatzbestimmung der LOE bestimmt darüber hinaus, dass die abzuschließende Versicherung die Nichterfüllung des Vertrags ausgleichen soll und weicht damit deutlich vom Avalgesetz ab, wonach lediglich die gezahlten Beträge zurückzugewähren sind. Aus dieser Abweichung ergibt sich jedoch keine Ausweitung des Anwendungsbereichs des Avalgesetzes[587]. Die angesprochene Nichterfüllung liegt nicht in einer mangelhaften oder verspäteten Leistungserbringung durch den Bauträger, sondern darin, dass der Bauträger nicht die erhaltenen Gelder an den Erwerber zurückzahlt, wozu er bei Rücktritt durch letzteren verpflichtet ist. Dies ergibt sich aus dem Wortlaut der ersten Zusatzbestimmung, wonach die Versicherung die „vorausgezahlten Gelder" absichern soll. Außerdem solle diese Sicherung „analog" zu der nach dem Avalgesetz erfolgen[588].

Weiter ist der vorausgezahlte Betrag nicht mehr mit 6 % zu verzinsen, sondern mit dem gesetzlichen Zinssatz. Dieser ergibt sich aus Art. 1 der Ley

581 García Macho/Martínez Vázquez de Castro, 169.
582 Carrasco Perera/Carrasco Perera, 506.
583 Carrasco Perera/Carrasco Perera, 485 ff.
584 Meyer/Kirchheim, RIW 2000, 910, 917; Guilarte Martín-Calero, ECI 8/2003, 3, 11.
585 Carrasco Perera/Carrasco Perera, 481.
586 Gónzalez Pérez, 509.
587 Guilarte Martín-Calero, ECI 8/2003, 3, 12.
588 Carrasco Perera/Carrasco Perera, 482 f.; Guilarte Martín-Calero, ECI 8/2003, 3, 12.

24/1984, vom 29.06., sobre Modificiacón del Tipo de Interés Legal del Dinero (Gesetz zur Anpassung des gesetzlichen Zinssatzes)[589] in Verbindung mit dem spanischen Haushaltsgesetz. Gemäß der 21. Zusatzbestimmung der Ley 30/2005 de Presupuestos Generales del Estado para el año 2006 (Haushaltsgesetz) vom 29.12.2005[590] gilt für das Jahr 2006 ein Zinssatz von 4 %.

Außerdem passt die Erste Zusatzbestimmung den Kreis der Abschlussverpflichteten demjenigen der Bauträger nach der LOE an[591]. Autopromotores werden von der Pflicht nicht betroffen. Das versteht sich angesichts mangelnder Personenverschiedenheit und daher der Unmöglichkeit der Vorauszahlung von selbst.

III. Freiwillige Versicherungen

Selbst wenn der Abschluss der Versicherungen nach Art. 19 Nr. 1 a) und b) LOE nicht durch königlichen Erlass zu einer Pflicht für Bauträger und Bauunternehmer werden würde[592], ist der Gesetzeszweck schon erreicht worden, weil neben den bislang üblichen aber seltenen[593] Haftpflichtversicherungen[594] – wenn auch zögerlich[595] – weitere freiwillige Versicherungen auch für diese Schadengruppen angeboten werden[596]. Dabei handelt es sich um Schaden- oder Haftpflichtversicherungen, deren Inhalt den Bedürfnissen der Parteien jeweils angepasst werden kann[597].

Auch für die Zeit vor der Abnahme werden mittlerweile diverse Versicherungen angeboten[598], was wohl auf die LOE zurückzuführen ist.

C. Wesentliche Übereinstimmungen und Unterschiede

Sowohl in Deutschland, als auch in Spanien ist das Hauptmotiv für eine Pflichtsicherung des Erwerbers der Verbraucherschutz. Allerdings beschränkt sich dieser in Deutschland auf die Zeit vor der Abnahme bzw. Abnahmereife des Bauwerks.

---

589 BOE, Nr. 158, vom 03.07.1984.
590 BOE, Nr. 312, vom 30.12.2005.
591 González Pérez, 506.
592 Vgl. zur Abschlusspflicht oben Gliederungspunkt B. I. 3. a).
593 Soriano Ortín, CM 11/2000, 1, 4.
594 Meyer/Kirchheim, RIW 2000, 910, 915.
595 Soriano Ortín, CM 11/2000, 1, 4.
596 González Tausz, RCDI 2000, 2691, 2708, insbesondere Fn. 44.
597 Carrasco Perera/Carrasco Perera, 369 ff.
598 Soriano Ortín, CM 11/2000, 1, 5 f.

Hier soll vor allem das Äquivalenzprinzip durch die MaBV gewährleistet werden. Um Störungen dieses Prinzips durch Abschlags- und Vorauszahlungen zu vermeiden, sieht die MaBV vor, dass der Bauträger entweder bestimmte Sicherungsanforderungen erfüllen oder eine Bürgschaft stellen muss. Ein Austausch der Sicherungsmittel ist möglich, eine Vermischung ist ausgeschlossen.

Ebenfalls mit dem Argument, das Äquivalenzprinzip sicherzustellen, weitete die Rechtsprechung den Sicherungsumfang einer Bürgschaft nach der MaBV kontinuierlich aus, bis insbesondere die Mängelgewährleistungsansprüche und Aufwendungsersatzansprüche umfasst waren, vor allem um Vorauszahlungsvereinbarungen nicht schlechthin am europäisch geprägten AGB-Recht scheitern zu lassen. Ob diese Ausweitung der Haftung eine zurückhaltendere Verwendung dieses Sicherungsmittels auch bei verbesserter Wirtschaftslage zur Folge haben wird, bleibt abzuwarten.

Die Sicherungssumme ist auf die vorausgeleisteten Beträge beschränkt. Die Bürgschaft kann ggf. im Urkundenprozess gelten gemacht werden. Diese Möglichkeit hat eine rasche Titelerlangung zum Ziel. Der Bürge wird dem Hauptschuldner regelmäßig den Streit verkünden.

Den Notar, der den Vertrag aufgrund der Verpflichtung zur Eigentumsverschaffung beurkunden muss, treffen Belehrungs- und Aufsichtspflichten. Er hat im Allgemeinen darauf zu achten, dass eine unerfahrene und ungewandte Person nicht benachteiligt wird. Das für eine Gesellschaft handelnde Organ haftet dem Erwerber bei schuldhafter Verletzung der Schutzpflichten der MaBV aus § 823 Abs. 2 BGB. Erfüllt der Bauträger nicht seine Pflichten aus der MaBV, kann die ihm erteilte Erlaubnis zurückgenommen oder widerrufen werden. Wird der Bauträger unzuverlässig, kann die ihm erteilte Erlaubnis widerrufen werden. Dieses Mittel ist jedoch nach Abmahnungen und Auflagen die ultima ratio.

In Spanien wird der Verbraucher vor der Abnahme ebenfalls geschützt, wenn er in Vorleistung geht. Der Empfänger von Geldern muss laut Avalgesetz diese durch Bankbürgschaft absichern und sich selbst zur Rückzahlung im Sicherungsfall verpflichten[599].

Ansonsten, insbesondere für den Zeitraum nach der Abnahme, bleibt es in Deutschland den Parteien überlassen, nach einer individuellen Risikoabschätzung ein Sicherungsmittel zu vereinbaren. In der Praxis wird üblicherweise eine Bürgschaft gewählt. Nur ein deutsches Unternehmen bietet bislang eine Bauträgergewährleistungsversicherung an. Bei den Sicherungsmitteln sind Sicherungszweck, -fall, -umfang und zeitliche Geltungsdauer zu vereinbaren. Ebenso kann ein Wahl- und Austauschrecht des Sicherungsgebers vereinbart oder ausge-

---

[599] Vgl. unten.

schlossen werden. Folglich ist nicht nur die Frage, ob eine Sicherheit gestellt wird, sondern auch, wie sie inhaltlich ausgestaltet wird, den Parteien überlassen. Eine Verpflichtung, eine Bürgschaft auf erstes Anfordern zu stellen, ist engen Grenzen unterworfen. Hiervon abgesehen sind in Deutschland bei freiwilligen Sicherungsmitteln sehr viele Gestaltungsmöglichkeiten denkbar[600]. Ob Erwerber über alle möglichen Sicherungsmittel, sowie ihre Chancen und Risiken aufgeklärt werden und diese nachvollziehen und gegeneinander abwägen können, ist fraglich. Grundsätzlich besteht für den Sicherungsgeber die Möglichkeit der Streitverkündung.

In Spanien setzt die LOE der Parteiautonomie hingegen engere Grenzen, um den Verbraucher auch nach der Abnahme zu schützen. Der Bauträger hat eine Versicherung abzuschließen, deren Sicherungszweck vorgegeben ist. Der Erwerber eines Wohngebäudes ist zwingend gegen Strukturschäden am Gebäude abzusichern. Versicherungen gegen Schäden am Gebäude, die die Bewohnbarkeit einschränken, oder an den Abschlussarbeiten können durch königlichen Erlass zur Pflicht werden. Die nach Ablauf der Gewährleistungsfristen entstehenden oder sachlich über den Anwendungsbereich hinaus gehenden Schäden werden nicht von den Sicherheiten nach der LOE erfasst.

Der Bauträger kann lediglich zwischen einer Kautions- und einer Schadenversicherung wählen, wobei in der Praxis wegen der gesetzlichen Vorgaben und der Regressgefahren in der Regel die Schadenversicherung abgeschlossen wird. Bei dieser ist der Sicherungsfall der Eintritt von Schäden innerhalb der zehnjährigen Gewährleistungsfrist. Die Versicherungssumme ist auf die Baukosten beschränkt, wenn die Parteien nicht eine Anpassung vereinbaren. Die von der vorgesehenen Kontrollmechanismen stellen nicht lückenlos sicher, dass ein Versicherungsvertrag auch tatsächlich abgeschlossen wird. Der geschädigte Eigentümer hat einen Direktanspruch gegen die Versicherung und erhält auf diese Weise sofort liquide Mittel, sofern nicht die Versicherung stattdessen die Beseitigung des Schadens wählt. Mangels der Möglichkeit einer Streitverkündung kann die Zahlung nicht durch eine Prozesserweiterung und -verschleppung verzögert werden.

Gegen die Insolvenz des Bauträgers sichert im spanischen Recht auch das Avalgesetz. Der Bauträger hat sich demnach dem Erwerber gegenüber zur Rückzahlung der empfangenen Leistungen für den Fall zu verpflichten, dass zum vereinbarten Zeitpunkt entweder die Bauarbeiten nicht begonnen wurden oder das Gebäude nicht übergeben wurde. Diese Pflicht hat der Bauträger durch Abschluss einer Kautionsversicherung oder Bereitstellung einer Bankbürgschaft

---

600 Vgl. oben Gliederungspunkt A. IV. 2.

abzusichern. Durch diese wird nur die Rückzahlung der vorausgeleisteten Beträge gesichert. Der Sicherungsfall tritt im Gegensatz zum deutschen Recht nur dann ein, wenn jeweils zum vereinbarten Zeitpunkt die Arbeiten nicht beginnen oder die Wohnung nicht übergeben wurde. Auf den Grund der Nichteinhaltung der Frist oder die Mangelfreiheit kommt es nicht an. Das AvalG droht Bußgelder für den Fall der Nichtbesicherung an. Andere Mechanismen, die den Abschluss kontrollieren sollen, sind nicht vorgesehen.

Zusätzlich bietet der spanische Markt freiwillige Versicherungen an.

5. Teil: Vergleich der Regelungen

Der spanische Gesetzgeber verfolgte beim Erlass der LOE verschiedene Ziele. Ob und inwieweit das eingeführte Pflichtversicherungssystem dazu beiträgt, diese Ziele tatsächlich zu erreichen, wird im Folgenden untersucht. Ein Vergleich der spanischen mit der deutschen Rechtslage soll hierzu und zu der Frage Anhaltspunkte liefern, ob und ggf. in welcher Form auch in Deutschland eine Pflichtversicherung eingeführt bzw. das private Baurecht in Teilbereichen neu gefasst werden sollte.

In Spanien sollte zunächst der Bausektor vollständiger rechtlich normiert werden. Denn durch eine umfassende Baugesetzgebung sollte vor allem rechtliche Sicherheit erzeugt werden (A.). Außerdem sollte der wachsenden Forderung der Bevölkerung nach höherer Qualität der Bauwerke Rechnung getragen (B.) und der Verbraucherschutz gestärkt werden (C.).

A. Sicherheit durch rechtlichen Rahmen

Sinn und Zweck einer rechtlichen Regelung liegen unter anderem darin, dass die betroffenen Kreise die Rechtslage erkennen und sich zwischen verschiedenen Handlungsalternativen entscheiden können[1].

Ob der Erlass der LOE und speziell der Pflichtversicherung hierzu betragen, soll unter den Gesichtspunkten der Normierung von höchstrichterlicher Rechtsprechung bzw. Richterrecht (I.) und Dekodifikation (II.) untersucht werden. Im Zuge dessen wird auch die deutsche Gesetzeslage angesprochen.

I. Normierung von höchstrichterlicher Rechtsprechung

Sowohl in Spanien als auch in Deutschland entwickelte sich zu bestimmten Rechtsfragen des privaten Baurechts eine umfangreiche und zum Teil unüberschaubare Rechtsprechung. In manchen Bereichen führte diese Entwicklung zu großer Verunsicherung der beteiligten Rechtskreise. In Spanien legte der Tribunal Supremo Art. 1591 CC immer weiter aus[2]. In Deutschland stellte die Rechtsprechung die Vereinbarkeit der auf der Grundlage der MaBV geschlossenen Bauträgerverträge mit dem Zivilrecht in Frage und dehnte den Sicherungsumfang der Bürgschaft nach § 7 MaBV sehr weit aus[3].

---

[1] BVerfG, Urt. v. 24.04.1991, BVerfGE 84, 133 ff.; Schmidt-Bleibtreu/Kannengießer, Art. 2, 18.

[2] Vgl. oben im 2. Teil, Gliederungspunkt B. I. 1.

[3] Vgl. oben im 3. Teil, Gliederungspunkt A. I. 3. bis A. I. 4.

Angesichts dieser Entwicklungen könnte fraglich erscheinen, ob die Gerichte beider Länder hierbei in ihren jeweiligen Bereichen die Grenzen einer teleologischen Wortlautauslegung überdehnt[4] und eigenes Richterrecht geschaffen haben. Unter Richterrecht versteht man die von den Gerichten vorgenommene Rechtsetzung[5], die über Fortentwicklung des Rechts durch Ausfüllung von Lücken bzw. Auslegung von unbestimmten Rechtsbegriffen hinausgeht. Richterrecht ist in beiden Ländern[6] nicht als Rechtsquelle anerkannt. In Deutschland ist die Rechtsprechung vielmehr gemäß Art. 20 Abs. 3 GG an Gesetz und Recht gebunden und sind die Richter gemäß Art. 97 Abs. 1 GG dem Gesetz unterworfen. Dies konkretisiert den Grundsatz der Gewaltenteilung[7]. Die Aufgabe der Rechtsetzung weist das Grundgesetz dem Gesetzgeber zu. Somit hat der Richter nur bei legislatorischem Gestaltungsspielraum die Möglichkeit, auf die Verfassungsvorgaben zurückzugreifen und ist im übrigen an das Gesetzesrecht gebunden[8]. Richter dürfen zwar rechtsfortbildend tätig werden, sich jedoch nicht in die Rolle einer normsetzenden Instanz begeben[9]. Auch in Spanien sind die Richter gemäß Art. 117 Nr. 1 CE dem Recht unterworfen. Nach Art. 1 Nr. 1 CC zählen gerichtliche Entscheidungen nicht zu den Rechtsquellen. Gemäß Art. 1 Nr. 6 CC ist es Aufgabe des Tribunal Supremo, die Gesetze, die Rechtsbräuche und die allgemeinen Rechtsprinzipien auszulegen und anzuwenden. Die Richter sind gemäß Art. 1 Nr. 7 CC dazu verpflichtet, sich an die Rechtsquellen zu halten.

Den Gerichten eine verfassungsverletzende Überschreitung ihrer Kompetenzen durch die Schaffung von Richterrecht vorzuwerfen, ginge jedoch in beiden Ländern zu weit. Vielmehr ist zu berücksichtigen, dass die Rechtsprechung mangels einer lückenlosen, anwendungsbereiten Gesetzeslage zuweilen in methodischer Orientierung an Normtexten neben Entscheidungen auch eigene Rechtsnormen hervorzubringen hat[10]. In dieser Funktion spielt die Rechtsanwendung in der Praxis eine bedeutende Rolle[11]. Vor allem die höchstgerichtlichen Urteile werden in Zukunft eine noch wichtigere Rolle einnehmen[12]. Denn sie können Änderungen im Gerechtigkeitsempfinden der Gesellschaft fließender

4 Beispielsweise wird auf die extreme Ausdehnung des Anwendungsbereichs des Art. 1591 CC durch den Tribunal Supremo verwiesen, vgl. oben im 2. Teil, Gliederungspunkt B. I. 1. und im 3. Teil, Gliederungspunkt C. III. 1. b) .

5 Stern, § 37 II 2 e).

6 Für Deutschland: Starck/Sommermann, Art. 20, 276; Heldrich, ZRP 2000, 497, 499.

7 Jarass/Pieroth, Art. 20, 25 ff.

8 Röthel, JuS 2001, 424, 429.

9 BVerfG, Urt. v. 12.11.1997, BVerfGE 96, 375, 394.

10 Sendler, NJW 1987, 3240.

11 Heldrich, ZRP 2000, 497, 499.

12 Heldrich, ZRP 2000, 497, 499 f.

und schneller Rechnung tragen, neue Maßstäbe artikulieren und in gewissem Maß auch prägen. Die von den Gerichten im Zuge dessen entwickelten Grundsätze spielen in der Vorbereitung neuer Gesetze eine wichtige Rolle[13]. Für die Rechtsprechung an sich wirkt das so gesetzte Richter-„recht“ zwar nicht letztendlich verbindlich; jedoch sprechen in der Regel der Gedanke der Rechtssicherheit und des Vertrauensschutzes für ein Festhalten an der bisherigen Rechtsentwicklung[14]. Auch die Rechtslehre wird sich möglicherweise auch aufgrund einer vermehrten Aus- und Fortbildung der europäischen Juristen in den Vereinigten Staaten von Amerika zunehmend an der Urteilspraxis orientieren[15]. Gerade im nicht gesondert geregelten Bauträgerrecht mussten die Gerichte beider Länder rechtsfortbildend tätig werden. Die umfangreichen, progressiven Rechtsprechungen zur Bauträgerhaftung in Spanien und zum Sicherungsumfang einer Bürgschaft in Deutschland sind aber nicht zu beanstanden.

In Spanien hatte sich die extrem umfangreiche Rechtsprechung zu Art. 1591 CC[16] aufgrund der unzureichenden und den sozialen Gegebenheiten nicht mehr entsprechenden Gesetzeslage im privaten Baurecht[17] entwickelt. Diese Praxis wurde durch jahrelange, konstante und kohärente Praxis[18] gefestigt und bot für die Mehrzahl der Fälle eine akzeptable Lösung an[19]. Das auf diese Weise zu Art. 1591 CC entwickelte „Richterrecht“ wurde daher zum Teil begrüßt[20], da es vor allem der fortschreitenden Spezialisierung am Bau Rechnung trug. Es konnte auch den Aufschwung des Verbraucherschutzes[21] begleiten, indem es zunehmend die Interessen der Letztbewohner stärkte. Andererseits wurde es wegen übertriebener und nicht klar zuzuordnender[22] Haftung, einer den Wortlaut überspannenden Auslegung und mangels Systematik als unsicher kritisiert[23]. Gerade eine Systematisierung wurde durch die große Zahl der Urteile erschwert. So ergingen allein zur Haftung und Gewährleistung der Baubeteiligten in Spanien

---

13 Heldrich, ZRP 2000, 497, 500.
14 Palandt/Heinrichs, Einl. vor § 1, 32.
15 Heldrich, ZRP 2000, 497, 499.
16 Carrasco Perera, AJ vom 28.09.2000, 1, 3 f.
17 Boldó Roda, RES 2000, 531.
18 Vicente Domingo, Act. Civ. 2000, 1383, 1384.
19 Mezquita García-Granero, AC 1999, 2301, 2302.
20 Mezquita García-Granero, AC 1999, 2301, 2302.
21 Fischer, 25 ff., für den die spanische Verfassung von 1978 in der Entwicklung des Verbraucherschutzes einen „Markstein“ darstellt.
22 Espinosa Labella, ECI 5/2000, 3.
23 Sánchez-Ruiz de Valdivia, 2.

insgesamt 250 bis 270 Urteile monatlich[24]. Der Mangel an klaren Entwicklungslinien verursachte Unsicherheiten vor allem bei den am Bau beteiligten Berufsgruppen[25]. Zudem kann eine ständige Rechtsprechung auch geändert werden[26]. Gerade diese Umorientierungen der Rechtsprechung können die beteiligten Wirtschaftskreise zusätzlich verunsichern und dazu führen, dass rechtliche Möglichkeiten gemieden werden. Eine solche Entwicklung ist auch in Deutschland bei Bürgschaften nach § 7 MaBV zu beobachten[27]. Solche Unsicherheiten können jedoch im Einzelfall sowie gesamtgesellschaftlich immense Kosten verursachen[28].

Doch selbst wenn der Gesetzgeber höchstrichterliche Rechtsprechung bzw. Richterrecht normiert, muss dies noch nicht die Orientierung der Normadressaten erleichtern[29], denn jede Reform bringt ihrerseits wieder neue Streitfragen hervor[30]. Insbesondere wenn von der bisherigen Rechtsprechung abgewichen wird und eine höchstrichterliche Interpretation der neu geregelten Bereiche noch und auch für längere Zeit nicht vorliegt[31], kann dies zu Verunsicherung[32] und Zurückhaltung der Betroffenen führen. Die weit reichenden Regelungen des Pflichtversicherungssystems könnten in Spanien Versicherungsunternehmen beispielsweise veranlassen, sich mit Angeboten zurückzuhalten[33], um mögliche Anfangsschwierigkeiten zu vermeiden. Außerdem orientieren sich die Haftungsgruppen der LOE nur teilweise an der bisherigen Rechtsprechung, so dass auch hier zunächst die Rechtsprechung die Tatbestände konkretisieren und Zweifelsfälle hierunter subsumieren muss. Bis dahin sind nicht zuletzt durch

---

24 Avilés Inglés, F., in seiner Rede vor dem ersten Kongress der Unión de Arquitectos, Peritos y Forenses de España, der am 10./11.12.1999 in Santiago de Compostela stattfand, zitiert nach Rodríguez Achútegui RICASV 1999, 25, 26, Fn. 1.

25 Cadarso Palau, ECI 7/2000, 3, 4.

26 Palandt/Heinrichs, Einl. vor § 1, 32, für das deutsche Recht.

27 Vgl. oben im 4. Teil, Gliederungspunkt A. I. 4. b) dd) .

28 Adams, 253 ff.

29 Zur französischen Unternehmerhaftung Fabré, 25; vgl. auch folgenden Gliederungspunkt A. II.

30 Schulze/Ebers, JuS 2004, 265.

31 Mit entsprechenden Urteilen zur LOE wird in Spanien nicht vor dem Jahr 2007 gerechnet, Vicente Domingo, Act. Civ. 2000, 1383.

32 Ruiz-Rico Ruiz/Moreno-Torres Herrera/José Manuel Ruiz-Rico Ruiz, 23; Sala Sánchez/ Burgos y Pérez de Andrade/García Varela, 80, zählt verschiedene, offen gebliebene Gesichtspunkte auf.

33 Rodríguez Achútegui, RICASV 1999, 25, 42.

unklare Definitionen wie „Schäden bei Schlussarbeiten"[34] Verunsicherungen zu erwarten.

Letztlich muss der Gesetzgeber abwägen, wann durch eine Normierung die Rechtssicherheit erhöht wird. Im Fall der LOE ist die – wenn auch entgegen der Ankündigung des Gesetzgebers nur unvollständige[35] – Normierung des privaten Baurechts in Spanien grundsätzlich zu begrüßen[36]. Sie erleichtert unter anderem zu bestimmen, ob ein Beteiligter Bauträger ist oder nicht, auch wenn die abschließende Einordnung wiederum von den Gerichten vorzunehmen ist[37]. Außerdem wird anhand der Systematik der Rechtsprechung[38] die Haftung aller Beteiligten und die Fristenproblematik[39] normiert und verfestigt.

Hingegen hatte sich die Rechtsprechung vor Erlass der LOE weder zu einem Sicherungssystem für Bauträger zugunsten der Erwerber, noch zu einer Abschlusspflicht einer entsprechenden Versicherung geäußert. In diesem Bereich bestand folglich keine Rechtsunsicherheit durch höchstrichterliche Rechtsprechung, geschweige denn durch Richterrecht. Die klareren Haftungsregelungen der LOE erleichtern den Betroffenen zwar eine Orientierung, indem sie die Rahmenbedingungen einer Sicherung vorgeben. Diese hätten möglicherweise aber auch ohne das Pflichtversicherungssystem dazu geführt, dass der Markt von sich aus Versicherungen oder andere Sicherungsmodelle anbietet. Das eingeführte Pflichtversicherungssystem war für sich genommen nicht zwingend notwendig zum Erreichen einer besseren Rechtssicherheit für die Anwender.

In Deutschland führte insbesondere die jüngere Rechtsprechung zur MaBV zu Verunsicherung und Diskussionen vor allem der notariellen Praxis, die bis zu der Frage reichte, ob Bauträgerverträge überhaupt noch rechtswirksam abgeschlossen werden könnten[40]. Den skeptischen Anmerkungen[41] begegnete der deutsche Gesetzgeber mit Erlass der Verordnung vom 23.05.2001[42], die die Rechtssicherheit wieder herstellen bzw. absichern sollte[43]. Indes sind Streitpunkte offen geblieben. Sie reichen von der Feststellung, dass Rechtssicherheit

34 Vgl. oben im 3. Teil, Gliederungspunkt C. II. 2. b) cc) .
35 Ragel Sánchez, RCC 8/2000, 27, 35.
36 Cabanillas Sánchez, ADC 2000, 405, 416.
37 Vázquez Iruzubieta, 78.
38 Rodríguez Achútegui, RICASV 1999, 25.
39 Carrasco Perera/Cordero Lobato, 352.
40 Vgl. schon die Titel der Beiträge von Blank, ZfIR 2001, 85 „Das „Aus" für den Bauträgervertrag?"; Brambring, ZfIR 2001, 257 „Kein „Aus" für den Bauträgervertrag"; Sorge, DNotZ 2001, 261 „Das Ende vom Ende des Bauträgervertrags".
41 Vgl. oben im 4. Teil, Gliederungspunkt A. I. 4. b) .
42 BGBl. 2001-I, 981 ff.
43 Schmidt-Räntsch, NZBau 2001, 356, 359.

für den Bauträgervertrag überhaupt nicht erreicht werden könne[44], bis zu der Forderung, dass die zunächst nur für Bauträgerverträge geltende Verordnung durch eine umfassendere Hausbauverordnung ergänzt bzw. ersetzt werden sollte[45]. Noch weiter geht der Vorschlag des Ausschusses der Bundesnotarkammer für Schuld- und Liegenschaftsrecht[46], wonach ein „Bauträgervertrag" und darauf bezogene Regelungen innerhalb des BGB normiert werden sollten. Begründet wird diese Initiative ebenfalls mit der Lückenhaftigkeit im geltenden Recht und der Rechtsunsicherheit in der Praxis aufgrund der parallelen Geltung von zivil- und gewerberechtlichen Normen im Bauträgerwesen[47].

Motiviert wurde der letztgenannte Vorstoß durch die von der Bundesregierung im Sommer 2004 eingesetzte Bund-Länder-Arbeitsgruppe, die unter umfassender Beteiligung der gerichtlichen Praxis, der betroffenen Verbände und der Wissenschaft ergebnisoffen prüfen soll, ob sich das geltende Bauvertragsrechts bewährt hat oder ob und inwieweit Änderungsbedarf besteht[48]. Zu diesem Zweck veröffentlichte sie einen Fragebogen, der unter anderem die Frage aufwirft, welche Vor- und Nachteile eine Integration der Makler- und Bauträgerverordnung in das BGB mit sich brächte[49]. Die Bundesnotarkammer begründet ihren Vorschlag für die Schaffung des Vertragstypus eines Bauträgervertrages im BGB insbesondere mit einer verbesserten Rechtssicherheit und Vorhersehbarkeit aller Beteilgten und zwar vor allem der betroffenen Bürger, da die Rechtsprechung und die Einflüsse „aus Brüssel" zu großer Ungewissheit über die Gestaltungsmöglichkeiten ausgelöst hätten[50]. Die Frage, ob diese Unsicherheiten indes tatsächlich durch die Rechtsprechung oder durch eine fehlerhafte Behandlung der MaBV als zivilrechtlicher Norm durch das Notarwesen eher von letzterer selbst verursacht wurde[51], ist müßig[52]. Zielführender ist vielmehr, Ansätze zur Beseitigung dieser Unsicherheit zu suchen. Dies könnte zunächst durch eine Angleichung der Begrifflichkeiten in der MaBV und im BGB angestrebt werden[53]. Das spanische Beispiel mag an dieser Stelle verdeutlichen, dass eine darüber hinausgehende Normierung nicht zwingend Unsicherheiten

---

44 Thode, ZfIR 2001, 345.
45 Basty, DNotZ 2002, 567, 579.
46 BauR 2005, 1708 ff.
47 BauR 2005, 1708.
48 BauR 2006, 258 ff.
49 BauR 2006, 258, 259.
50 Schmucker, BauR 2006, 1620, 1625.
51 So jedenfalls Thode, BTR 2006, 2, 3.
52 Vgl. zur Diskussion im allgemeinen Kanzleiter, DnotZ 2006, 246.
53 Weise, NZBau 2006, 486 f.

abbaut. Dies sollte der deutsche Gesetzgeber bei einer möglichen Reform des Bauträgerrechts berücksichtigen.

II. Dekodifikation

Dekodifikation bedeutet, dass der Gesetzgeber ein Rechtsgebiet nicht einheitlich im Rahmen eines Gesetzes regelt, sondern für Teilbereiche Sonderregeln schafft und diese z. B. aus dem Hauptzivilgesetzbuch in Einzelgesetze auslagert[54]. Dieser Methode bediente sich auch der spanische Gesetzgeber beim Erlass der LOE.

Diese Regelungstechnik mag den Vorteil haben, dass für ein bestimmtes Sachproblem im Gesetzgebungsprozess schneller eine Lösung erarbeitet und erlassen werden kann, als seine Regelungen mühsam in ein anderes Gesetz einzuarbeiten. Doch wie sich am spanischen Beispiel der LOE zeigt, können die dann notwendigen Subsidiaritätsregeln[55] problematisch werden[56].

So kann eine Dekodifikation zu Unstimmigkeiten und Anwendungsproblemen führen[57], wenn und soweit sich das Einzelgesetz nicht in das Zivilrechtssystem einfügt[58]. Wie der spanische Gesetzgeber zu Beginn der Motive zur LOE selber feststellt, können auch bei einer Vielzahl von Normen, die alle den Bauprozess regeln, Regelungslücken auftreten oder ganze Bereiche unnormiert bleiben. Diese Schwäche zeigt auch die LOE[59]. Indem der Anwendungsbereich der LOE enger gefasst wird als derjenige des Art. 1591 CC, entstehen Abgrenzungs- und Geltungsfragen[60], die es dem Geschädigten erschweren abzusehen, welche Ansprüche er hat, für welche eine Versicherung besteht[61] und wie lange der Anspruch besteht[62]. Beispielhaft sei hier die Schwierigkeit genannt, einen Schaden in eine der drei Haftungsgruppen einzuordnen. Die Gruppen bilden nur zum Teil die bisherige Rechtsprechung ab und sind nur unpräzise gefasst. Auch dass die gewählten Formulierungen den Versicherungen die Bildung gleichartiger Risikogruppen ermöglichen, ist zweifelhaft. Als weiteres Beispiel seien die Unsi-

---

[54] Schulze/Schulze, vor § 241, 9; Díez-Picazo/de Leon, ADC 1992, 473, 478.

[55] Vgl. oben zur Geltung des Art. 1591 CC im 3. Teil, Gliederungspunkt C. III. 1. b) und zum Anwendungsbereich der Pflichtversicherung im 4. Teil, Gliederungspunkt B. I. 1.

[56] Tapia Gutiérrez, ECI 8/2000, 35, 37 ff.

[57] Díez-Picazo/de León, ADC 1992, 473, 479.

[58] Mezquita García-Granero, AC 1999, 2301, 2302; Tapia Gutiérrez, ECI 8/2000, 35, 37.

[59] Ragel Sánchez, RCC 8/2000, 27, 35.

[60] Vgl. oben im 3. Teil, Gliederungspunkt C. II. 2. a) und C. III. 1. b) .

[61] Sánchez-Ruiz de Valdivia, 2.

[62] Vgl. zur Fristenproblematik im 3. Teil, Gliederungspunkt C. II. 3. und im 4. Teil, Gliederungspunkt B. I. 4.

cherheiten über die möglichen Sicherungsmittel nach dem AvalG erwähnt, die durch die LOE verursacht wurden[63].

Um in der Anwendung Geltungskonflikte und systematische Brüche zu vermeiden, empfiehlt sich, inhaltlich zusammenhängende Komplexe entweder in ein bestehendes Gesetz oder in ein umfassenderes Gesetzeswerk jedenfalls begriffseinheitlich und systematisch schlüssig zu integrieren. Dies wäre auch bei der LOE durch eine Integration in den CC möglich gewesen[64]. Dies hätte zur Folge, dass Baurechtsstreitigkeiten anhand des einheitlichen Zivilgesetzbuchs schlüssig gelöst werden könnten. Indem das gesamte Baurecht in ein Zivilgesetzbuch integriert wäre, könnte ein Richter leichter bei Konflikten, die grundsätzlich anhand anderer Rechtsbereiche zu lösen sind, auf die Lösungsansätze auch des Baurechts vergleichend zurückgreifen. Eine systematische Auslegung und hierauf aufbauende Rechtsfortbildung erfolgt nämlich erfahrungsgemäß eher innerhalb eines Gesetzes als in Zusammenschau verschiedener Normwerke.

Die in Deutschland bestehende Problematik, dass die MaBV eine öffentlich- und keine zivilrechtliche Regelung ist, wurde durch den Erlass der Verordnung über Abschlagszahlungen bei Bauträgerverträgen entschärft. Trotzdem fügen sich die Bestimmungen beider Verordnungen nicht lücken- und problemlos in das deutsche Zivilrecht ein. So stimmen z. B. die Begrifflichkeiten der MaBV und des BGB nicht vollständig überein[65], was zu Unsicherheiten führt. Jedoch schafft die MaBV keine eigene Haftungsregelung, sondern beschränkt sich im Wesentlichen auf die Regelung von Sicherungen, wodurch der Kern der Haftungsbegründung unberührt bleibt und weniger Abstimmungsschwierigkeiten, insbesondere durch unterschiedliche Fristen wie im spanischen Recht[66], bestehen. Trotzdem könnte der deutsche Gesetzgeber die Begrifflichkeiten angleichen[67]. Dies ließe sich auch im Rahmen einer Hausbauverordnung oder durch eine Regelung in einem zivilen Baugesetzbuch oder innerhalb des BGB bewerkstelligen.

[63] Vgl. oben im 4. Teil, Gliederungspunkt B. II. 2.

[64] Jiménez Clar, RdP 6/2001, 19, 20.

[65] Vgl. oben im 3. Teil, Gliederungspunkt A. I. 4. a) zu der Frage, ob und inwieweit die „Fertigstellung" im Sinne des § 3 MaBV mit der „Abnahmereife" des § 640 BGB korrespondiert.

[66] Sánchez Ruiz de Valdivia, 2.

[67] So auch Weise, NZBau 2006, 486 f.

B. Qualitätssteigerung

Die zunehmende Forderung der Gesellschaft nach höherer Qualität der Bauwerke veranlasste den spanischen Gesetzgeber gemäß den Gesetzesmotiven[68] zur Festlegung von Mindeststandards, deren Durchsetzung nicht nur durch technische Anforderungen, sondern auch durch die Einführung einer Bauschäden- und Kautionsversicherung sichergestellt werden soll. Gerade für das Ziel der Qualitätssteigerung wurde das Sicherungssystem als tragendes Element angesehen[69].

Es ist nicht ausreichend, unter Qualität allein Mangelfreiheit zu verstehen, sie also am Beispiel des deutschen Rechts allein an § 633 BGB zu messen, weil dieser trotz allgemeiner Verbraucherfreundlichkeit des BGB eher die Anbieter- und nicht die Kundeninteressen berücksichtigt[70]. Bei der kundenorientierten Perspektive reicht eine reine Fehlerfreiheit jedoch nicht aus. Vielmehr muss die fachgerechte Ausführung bewertet und eine Lebenszyklusbetrachtung der Bauteile durchgeführt werden. Demnach weist ein Bauwerk dann hohe Qualität auf, wenn es im Anschluss an eine anforderungsgerechte Erstellung während einer angemessen langen Nutzung[71] die zweckorientierten Funktionen mit vertretbaren Betriebskosten zuverlässig erfüllt[72].

Zur Erreichung dieses Ziels können Sicherungsmittel allerdings nur mittelbar beitragen[73]. Denn Sicherheiten sind lediglich ein Mittel, um die Effektivität eines Rechts zu sichern, indem sie die Rechtsposition des Gläubigers stärken[74]. Eine Verbesserung der Bauplanung und -ausführung können sie hingegen nicht unmittelbar gewährleisten. Zudem wurde aus dem Umstand, dass die LOE die Haftung und das Sicherungssystem bezüglich Baumängeln ausführlicher regelt als die Qualitätsförderung z. B. durch Baustandards, gefolgert, dass das gewählte Modell von vornherein nicht geeignet sei, die angestrebte Qualitätssteigerung zu erreichen[75]. Durch die verursachungsunabhängige Haftung des Bauträgers könnte sogar ein unerwünschter Effekt herbeigeführt werden. Die eigentlich verantwortlichen Baubeteiligten könnten aufgrund dieser Regelung, anstatt die Qualität ihrer Arbeit zu erhöhen, um spätere Haftungsfolgen zu ver-

68 Exposición de Motivos, Nr. 2.
69 Boldó Roda, RES 2000, 531, 532.
70 Dialog Bauqualität, Endbericht, 104, Bundesamt für Bauwesen und Raumordnung, www.bbr.bund.de, Stand 19.01.2005.
71 Diese dürfte über die Verjährungsfristen des Werkrechts hinausgehen.
72 Dialog Bauqualität, Endbericht, 103 f.
73 Molina, 342 ff.
74 Díez-Picazo, 581.
75 Ortega Andrade, 343, 346.

meiden, sich auf das Eingreifen der Versicherung verlassen und darauf spekulieren, dass ihre Verantwortung nicht nachgewiesen werden kann. Dies könnte sogar insgesamt zu einem Qualitätsverlust führen[76].

Eine solche Fehlentwicklung würde zu erhöhten Kosten für alle Beteiligten führen[77]. Aufgrund der Arbeitsteilung zwischen sehr vielen Baubeteiligten besteht dieses Risiko vor allem selbst dann, wenn die Mehrheit der Beteiligten die Sicherungsmittel, wie vom Gesetzgeber beabsichtigt, nicht als Alternative zur Bauqualität auffasst[78].

Selbst wenn alle Beteiligten eine hohe Bauqualität anstreben, verursacht das Zusammenspiel vieler verschiedener Beteiligter ein Mangel- und Schadenrisiko[79]. Häufig werden Mängel bereits in der Phase der Planerstellung angelegt. So werden Schäden zu ca. 43 % bei der Planerstellung, zu ca. 30 % bei der Bauausführung und zu ca. 15 % durch mangelhafte Materialien verursacht[80]. Wichtig für eine Qualitätssteigerung ist daher eine Kontrolle über alle Phasen des Bauprozesses hinweg, von der Planerstellung bis zur Abnahme[81].

Parallel mit der Versicherung und durch diese bedingt wurde eine solche Kontrolle in Spanien durch die Schaffung technischer Kontrollbüros eingeführt. Da die Versicherungen Gruppen gleichen Risikos bilden müssen[82], um dem aufsichtsbehördlichen Begünstigungsverbot zu entsprechen[83], sind sie gezwungen, die Schadensanfälligkeit einzuschätzen und hierzu den Bau zu überwachen. Demgegenüber wäre eine solche Kontrolle durch bürgende Banken nicht zwingend gewährleistet. Zwar werden auch sie in der Regel eine Risikoanalyse durchführen. Sie ist jedoch nicht typisiert und ihre Grundlagen unterliegen keiner staatlichen Aufsicht. Auf Bauversicherung spezialisierte Institute können

76 Fabré, 25, zum französischen System; Locher, BauR 1992, 293, 297.

77 Ariza Arca, ECI 2/2000, 4, 22.

78 Jiménez Clar, RdP 6/2001, 19, 28.

79 Dialog Bauqualität, Endbericht, 99 f. und insbesondere 107.

80 San Segundo Manuel, ECI 6/2000, 41, 42; weitere Schadensursachen sind zu ca. 8 % der fehlerhafte Gebrauch des Gebäudes und zu ca. 4 % andere Umstände. Insgesamt ist jedoch darauf hinzuweisen, dass es je nach Erhebungsmethodik sehr unterschiedliche Verteilungsraster für die Verursachung bzw. das Verschulden von Bauschäden gibt, vgl. dazu Dialog Bauqualität, Endbericht, 98.

81 San Segundo Manuel, ECI 6/2000, 41, 42 ff.

82 Für Deutschland vgl. BVerwG, Urt. v. 25.11.1986, NJW 1987, 1900 f.; für Spanien ergibt sich dieser Grundsatz aus Art. 81 S. 2 LCS.

83 In Deutschland verankert in § 81 Abs. 2 S. 3 und 4 des Gesetzes über die Beaufsichtigung der Versicherungsunternehmen (Versicherungsaufsichtsgesetz, VAG), in der Fassung vom 17.12.1992, BGBl. 1993-I, 2, i. V. m. der VO über das Verbot von Sondervergütungen und Begünstigungsverträgen in der Schadenversicherung vom 17.08.1982, BGBl. 1982-I, 1243.

darüber hinaus durch ein striktes internes und externes Qualitätsmanagement zu einer Qualitätssteigerung beitragen[84]. Ihr eigener Aufbau und ihre Prüfinhalte werden ihrerseits staatlich kontrolliert[85]. Unverhältnismäßig erscheint hier, den Banken bei der Bürgschaftsvergabe ein Begünstigungsverbot aufzuerlegen und sie zur Bildung von Gruppen gleichen Risikos zu verpflichten, da Banken Bürgschaften in der Regel nicht nach versicherungsmathematischen Gesichtspunkten vergeben.

Die Qualitätssteigerung wird im Falle einer Überwachung durch die Versicherung bereits zum Zeitpunkt der Abnahme gefördert, denn diese führen die Sachverständigen der Versicherung als Dritte im Sinne des Art. 1598 CC durch. Aufgrund ihres Sachverstands sind sie besser als der Erwerber oder der Bauträger in der Lage, die erkennbaren Mängel zu rügen. Sie dürften alle möglichen Vorbehalte erklären, um dadurch das Risiko der Versicherung zu mindern, dass sie für einen Schaden aufkommen muss. Dies geht auf Art. 19 Nr. 9 i) LOE zurück, wonach nur solche Schäden von der Versicherung erfasst werden, die nicht auf Mängeln beruhen, über die ein Vorbehalt im Abnahmeprotokoll vermerkt ist.

Im Übrigen ist die Kontrolle durch Sachverständige auch für den Bauträger vorteilhaft, weil mit der vorbehaltlosen Abnahme die Haftung des Werkunternehmers für sichtbare Mängel erlischt[86]. Diese für die Regressmöglichkeit des Bauträgers ungünstige Folge wird durch die Begutachtung der Sachverständigen und deren Erklärung eines Vorbehalts vermieden.

Ebenfalls zur Qualitätssteigerung beitragen kann eine bessere Qualifikation der Baubeteiligten[87]. Doch gerade für den Bauträger fordert die LOE keinerlei Qualifikationen[88]. Auch das deutsche Recht fordert keine fachlichen Qualifikationen[89]. Allenfalls Versagungsgründe wie Unzuverlässigkeit oder ungeordnete Vermögensverhältnisse[90] werden von der Behörde berücksichtigt.

Schließlich kann auch durch die Wahlalternative, dass eine Versicherung einen Schaden am Bauwerk unmittelbar beheben (lassen) kann statt finanziellen Ausgleich zu leisten[91], die Qualität zumindest des reparierten Teils des Gebäudes gewährleistet werden. Denn die Versicherung wird zu vermeiden versuchen, dass dieser Bestandteil erneut schadhaft wird.

---

84 Ariza Arca, ECI 2/2000, 4, 22.
85 Nevado-Batalla Moreno, ECI 5/2002, 23, 24 ff.
86 Castro Bobillo, Act. Civ. 2001, Bd. II, 417, 435.
87 Ortega Andrade, 343, 347; Dialog Bauqualität, Endbericht, 172 ff.
88 Vgl. oben im 2. Teil, Gliederungspunkt B. IV. 1.
89 Landmann/Rohmer/Marcks, § 34 c, 82.
90 Landmann/Rohmer/Marcks, § 34 c, 81 ff., insbes. 83 ff.
91 Vgl. oben im 4. Teil, Gliederungspunkt B. I. 5. d) .

Die deutsche Regelung der MaBV dient in erster Linie dem Insolvenzschutz des Erwerbers und nicht einer Qualitätssteigerung beim Bauwerk. Allerdings weitete die Rechtsprechung den Umfang der Bürgschaft gemäß § 7 MaBV auch auf Mangelbeseitigungskosten aus. Dies begründete sie zwar in erster Linie mit dem Schutz des Äquivalenzprinzips. Infolge dieser Rechtsprechung ist es dem Geschädigten aber leichter, den Bau auch fortzusetzen und zumindest den in den Plänen vorgesehenen Qualitätsstandard zu erreichen. So wird vermieden, dass ein Bauwerk nach Insolvenz des Bauträgers mit den dem Bauherrn verbleibenden Mitteln nur notdürftig und mit minderer Qualität zu Ende geführt wird. Insgesamt setzt die deutsche Regelung zur Vermeidung von Schäden nicht auf Sicherungsmechanismen, sondern, mehr als das spanische Recht, auf Untersuchungen und Kontrolle des Baus[92], so vor allem durch das öffentliche Baurecht[93].

Durch die Einführung einer Pflichtversicherung auch in Deutschland könnte die Qualität der Bauwerke daher nur noch begrenzt erhöht werden. Stattdessen sollte die Qualität beispielsweise eher durch eine erhöhte Angebotstransparenz, eine Verbesserung der Kommunikation, Kooperation und der Qualitätskontrolle sowie einer Optimierung der Vergabebedingungen angestrebt werden[94].

C. Verbraucherschutz

Mit dem Erlass der LOE sollte vor allem auch der Verbraucherschutz gefördert werden. Insbesondere die Einführung von Sicherungsmitteln in der LOE soll ein weiterer Beitrag zum spanischen Verbraucherschutz sein[95]. Auch im deutschen Bauträgerrecht wird dem Verbraucherschutz ein erhöhter Stellenwert eingeräumt[96].

Für die Untersuchung der Frage, inwieweit die Pflichtversicherung zum Verbraucherschutz beitragen kann, ist vorab auf unterschiedliche gesellschaftliche Gegebenheiten in Spanien und Deutschland hinzuweisen (I.). Danach werden einzelne Aspekte der Pflichtversicherung betrachtet, die nicht bereits untersucht wurden[97] (II.). Schließlich werden alternative Sicherungsmechanismen kurz dargestellt und bewertet (III.).

---

92 Castellano i Costa, 68; Dialog Bauqualität, Endbericht, 114 ff.

93 Ein eingehenderer Vergleich der jeweiligen Bauordnungen beider Länder würde den Rahmen dieser Arbeit sprengen und bleibt daher einer anderen Untersuchung vorbehalten.

94 Dialog Bauqualität, Endbericht, 114 ff., der darüberhinaus noch die Einführung eines Bauqualitätskatasters vorschlägt.

95 Exposición de Motivos, Abs. 4.

96 Wagner, ZfIR 2001, Beilage, 3, 4.

97 Vgl. oben Gliederungspunkte A. und B.

I. Unterschiedliche Wohneigentümerstruktur

In Spanien entscheiden sich sehr viele Einwohner für den Erwerb von Wohneigentum. Knapp 80 % der spanischen Familien leben in eigenen Wohnungen[98]. Die Wohneigentumsquote liegt in Spanien bei rund 87 %, während sie in Deutschland lediglich knapp 43 % erreicht[99]. Wohneigentum ist damit eines der meist geschätzten Güter in Spanien, in das die Mehrheit der Spanier den Großteil ihrer finanziellen Mittel investiert[100] und sich dafür in erheblichem Maße[101] verschuldet[102]. Anfang 2003 entfielen knapp 80 % der privaten Schulden auf Hypotheken[103]. Der Großteil hiervon dient der Finanzierung von Wohneigentum[104]. Vor allem auch Jugendliche und junge Erwachsene streben in Spanien eher Wohneigentum als Miete an[105].

Damit gehört Spanien zu den Ländern der Europäischen Gemeinschaft mit dem höchsten Anteil an Wohnraumeigentümern[106].

Aus dem hohen Anteil des Wohneigentums am Gesamtwohnungsbestand lässt sich schließen, dass nicht nur finanzstärkere und besser gebildete Bevölkerungskreise Wohneigentum erwerben und innehaben. In Deutschland ist davon auszugehen, dass eher finanzstärkere und im Durchschnitt besser ausgebildete Personengruppen Wohneigentum erwerben.

II. Einzelaspekte

Vor diesem Hintergrund sind die Vor- und Nachteile der Pflichtversicherung darzustellen und zu bewerten.

1. Vorteile

Die Pflicht des Bauträgers, parallel zum Erwerbsvertrag eine Versicherung abzuschließen, hat gezeigt, dass sich verschiedene spätere Probleme vermeiden

98 Martínez/Llanos Matea, BE 9/2002, 51.
99 E-Mail von Euroconstruct/ifo Institut, vom 04.08.2004 an den Verfasser.
100 Ariza Arca, ECI 2/2000, 4.
101 Rodríguez Achútegui, RICASV 1999, 25.
102 Santos, Wirtschaft/Economía 3/2003, 62: Von den privaten Schulden, die in Spanien mit 461,4 Mrd. Euro ca. 63 % des Bruttoinlandsprodukts erreichen, machen 78,2 % Hypothekenschulden aus.
103 Santos, Wirtschaft/Economía 3/2003, 62.
104 del Río, BE 9/2002, 48.
105 Botana García, ECI 4/2003, 3, 13 ff.
106 Sillero Crovetto, ECI 6/2003, 3.

lassen[107]. Aber die Pflichtversicherung hat daneben auch von vornherein positive Effekte.

a) Angebotsentwicklung

aa) Versicherungsmarkt vor Erlass der LOE

Der Versicherungsmarkt für Leistungen im Bauwesen war vor Erlass der LOE aus verschiedenen Gründen nicht sehr ausgeprägt. Zunächst waren die Prämien wegen der unsicheren Rechtslage, der uneinheitlichen Rechtsprechung zu Art. 1591 CC und der erheblichen Streitwerte sehr hoch. Darüber hinaus mussten wegen der langen Verjährungsfristen Berechnungsunsicherheiten hingenommen oder hohe Rückstellungen für mögliche Abschreibungen gebildet werden. Oft mangelte es den Versicherern zudem an Fachwissen und folglich an der Möglichkeit, die Schadenswahrscheinlichkeit und somit das Risiko und die Prämie zu bestimmen[108].

Insgesamt wurden nur wenige Versicherungsprodukte angeboten. Bauunternehmer und Bauträger konnten eine Berufshaftpflichtversicherung abschließen. Für Bauträger wurde zudem eine Versicherung für ihre 10-jährige Haftung nach Art. 1591 CC angeboten, die allerdings nur bei Struktur- und Stabilitätsschäden eingriff[109]. Die Bauträger nahmen allerdings nur selten das Angebot dieser Zehnjahresversicherung wahr[110].

Insbesondere waren Schäden, die die Bewohnbarkeit betreffen und jetzt von der – wenn auch immer noch sehr weiten und subjektiven[111] – Regelung des Art. 17 Nr. 1 b) LOE erfasst werden, zuvor wegen der noch weiteren und unklaren Begrifflichkeit sowie der langen Frist unter Art. 1591 CC nahezu nicht versicherbar[112].

bb) Angebotsausweitung

Demgegenüber werden heute für die Gewährleistung für Baumängel an tragenden Elementen Versicherungen mit einer zehnjährigen Laufzeit angeboten.

---

[107] Sánchez-Cía, 27.
[108] Carrasco Perera/Carrasco Perera, 369.
[109] Carrasco Perera/Carrasco Perera, 370 f.
[110] Marín García de Leonardo, 199; Jiménez Clar, RdP 6/2001, 19, 32.
[111] Soriano Ortín, CM 11/2000, 1, 4.
[112] González Tausz, RCDI 2000, 2691, 2708; Molina, 432.

Hauptsächlich die Schadenversicherung dürfte abgeschlossen werden, da sie für Auftraggeber und Verbraucher vorteilhafter ist[113].

Noch hat die Regierung nicht von der Möglichkeit nach der 2. Zusatzbestimmung der LOE Gebrauch gemacht und die Abschlusspflicht auf die anderen beiden Haftungsgruppen, nämlich Schäden an Schlussarbeiten und solchen, die sich auf die Bewohnbarkeit auswirken, ausgedehnt[114]. Auch wenn diese deswegen noch nicht pflichtversichert werden müssen, ist der Gesetzeszweck der Angebotsschaffung schon erreicht worden. Denn für diese Gruppen werden ebenfalls Versicherungen angeboten[115], die freiwillig abgeschlossen werden können. Hierdurch werden bestimmte Schadengruppen z. T. überhaupt erst versicherbar.

Zu dieser Entwicklung trägt auch die von der erleichterte, klare Risikoabgrenzung bei. Die Haftung nach der LOE reduziert sich auf die Schäden am Bauwerk und schließt damit die unkalkulierbare Haftung für Folgeschäden an sonstigen Rechtsgütern aus, wodurch die Schäden am Bauwerk überhaupt erst versicherbar werden. Auch die Verkürzung der Gewährleistungs- und Verjährungsfristen erleichtert die Kalkulation der Versicherungen und ermöglicht aufgrund der kürzeren Laufzeit niedrigere Prämien.

In Deutschland bietet derzeit nur ein Versicherungsunternehmen eine Bauträgergewährleistungsversicherung an. Eine Pflicht zum Abschluss einer Versicherung würde auch hier zu einer Ausweitung des Angebots führen. Daneben werden aber auch Bürgschaften von Banken und Bauunternehmen angeboten[116]. Gerade Bürgschaften lassen sich sehr genau den Interessen der Sicherungsgeber und -nehmer anpassen[117], indem vor allem der Sicherungszweck festgelegt werden kann. Ob diese vielfältigen Angebotsmöglichkeiten bestehen blieben, wäre bei einer Pflichtversicherung indes mehr als fraglich.

b) Beschleunigung der Mangelbeseitigung

Die Pflichtversicherung wird nicht zuletzt deswegen begrüßt, weil in Spanien zwar jegliche Schäden Gegenstand einer Mängelklage sein konnten, aber nur selten eine Entschädigung zugesprochen und gezahlt wurde[118]. Das Ziel der Pflichtversicherung war es demzufolge sicherzustellen, dass ein Geschädigter

113 Femenía López, ECI 1/2002, 3, 5; Ariza Arca, ECI 2/2000, 4, 13; Espinosa Labella, ECI 5/2000, 6, 7.

114 Vgl. oben im 4. Teil, Gliederungspunkt B. I. 3. a).

115 González Tausz, RCDI 2000, 2691, 2708.

116 Vgl. oben im 4. Teil, Gliederungspunkt A. IV. 2. b) aa) (1).

117 Vgl. oben im 4. Teil, Gliederungspunkt A. IV. 2.

118 Ruiz-Ayúcar Seifert, La Notaría Juli/August 2000, 105, 109 f.

seine Ansprüche gegenüber den Versicherungsunternehmen leichter durchsetzen kann[119].

Zu diesem Zweck hat der spanische Gesetzgeber neben der Pflichtversicherung auch die Haftung neu geregelt. Bisher musste zunächst der Verantwortliche und dessen Haftung festgestellt werden, bevor der Geschädigte Leistungen erhielt. Um diesen zum Teil sehr langen und für den Verbraucher manchmal existenzbedrohenden Prozess zu beschleunigen, wurde die Zahlung der Mangelbeseitigungskosten von dieser Suche nach dem Verantwortlichen abgekoppelt. Denn die Zeit, welche ein Inhaber eines subjektiven Rechts zur Durchsetzung desselben benötigt, ist einer der bedeutendsten Faktoren bei der Beurteilung, ob die Durchsetzung eines Anspruchs vor staatlichen Gerichten überhaupt Aussicht auf Erfolg hat[120] und sie demzufolge verfolgt wird. Die tatsächliche Durchsetzung der bestehenden Rechte des Verbrauchers liegt aber im Interesse des Verbraucherschutzes.

Gemäß der spanischen Neukonzeption soll zuerst gezahlt und davon unabhängig der Verantwortliche festgestellt werden. Das dann bestehende Risiko, dass ein anderer als der eigentlich Verantwortliche kosten- und zeitintensiv verklagt werden muss oder der Haftende inzwischen insolvent wird, sollte nicht allein den Erwerber treffen. Stattdessen schloss man die Erwerber in einer Risikogruppe als Pflichtversicherungsnehmer zusammen. So ließ sich das Prozess- und das Insolvenzrisiko für den einzelnen Bauherrn abfangen[121].

Im Einzelnen wird das Ergebnis der schnellen Mangelbeseitigung durch verschiedene Ansätze erreicht. Die folgende Darstellung der jeweiligen Regelungen beschränkt sich nicht auf die Pflichtversicherung. Auch die Haftungsnormen und die prozessualen Regeln werden angesprochen, da auch sie zum Ziel der schnellen Mangelbeseitigung beitragen und die Versicherung auf sie aufbaut.

aa) Keine verschuldensabhängige Haftpflichtversicherung

Vor dem Erlass der LOE verlangte die Rechtsprechung, dass der Haftende den Schaden verschuldet hatte. Für dieses Verschulden sprach eine widerlegbare Vermutung[122]. Auch wenn die Entlastung des Bauträgers schwierig gewesen ist und damit letztendlich nicht den Anspruch des Geschädigten gefährden konnte, konnte ein möglicher Prozess durch Beweisanträge deutlich verzögert werden.

---

119 Marín García de Leonardo, 187.
120 Sandrock, 10.
121 Jiménez Clar, RdP 6/2001, 19, 23.
122 Vgl. oben im 3. Teil, Gliederungspunkt C. II. 1. a) aa) .

Nach der LOE ist nicht nur die Haftung, sondern auch die an sie anknüpfende Versicherung vom Verschulden des Bauträgers unabhängig[123]. Durch diesen Verzicht auf das Tatbestandsmerkmal „Verschulden“ wird die Versicherung folglich schon bei der bloßen Verursachung eines Schadens ersatzpflichtig. Weil nun das Verschulden nicht mehr zu den Tatbestandsvoraussetzungen zählt, verkürzen sich möglich Prozesse sowohl gegen den Bauträger als auch gegen die Versicherung. Dies ermöglicht dem Verbraucher eine wesentlich schnellere Durchsetzung seiner Ansprüche und die Beseitigung der Mängel am Gebäude.

Bei der Schadenversicherung können allerdings dadurch Verzögerungen entstehen, dass sich der Versicherte die Einwendungen entgegenhalten lassen muss, die dem Versicherer gegen den Versicherungsnehmer zustehen[124].

Auch in Deutschland sichert die Bürgschaft nach § 7 MaBV Ansprüche, die ihrerseits kein Verschulden voraussetzen[125]. Durch eine Änderung würde hier keine Prozessbeschleunigung erreicht werden können.

bb) Auffanghaftung

Indem der Bauträger in jedem Fall für den Schaden haftet, wird dem Erwerber und dem späteren Nutzer des Gebäudes erleichtert, die auftretenden Schäden geltend zu machen. Auch wenn der Erwerber sämtliche Unterlagen über die Bauplanung und -ausführung erhält, ist die Inanspruchnahme einer einzigen Person mit einer bestimmten Funktion einfacher, als den jeweils Verantwortlichen zu ermitteln und individuell zur Verantwortung zu ziehen. Dadurch kann der Erwerber oder spätere Nutzer sich umgehend entweder an den Bauträger oder an dessen Versicherung wenden und Ersatz verlangen.

Die in Art. 17 Nr. 3 S. 2 LOE vom spanischen Gesetzgeber gewählte Regelung entspricht sowohl der früheren spanischen[126] als auch der deutschen Rechtsprechung. Nach letzterer konnte und kann sich der Bauträger nur sehr eingeschränkt freizeichnen und haftet dem Erwerber letztlich als Verantwortlicher[127].

cc) Zahlbarkeit auf erstes Anfordern

Die Leistungspflicht der Kautionsversicherung auf erstes Anfordern und der umfassende Einwendungsausschluss begünstigen den Verbraucher[128].

---

[123] Seoane Prado, RJS 5/2000, 14, 16.
[124] Vgl. oben im 4. Teil, Gliederungspunkt B. I. 2. b) .
[125] Vgl. oben im 4. Teil, Gliederungspunkt A. I. 4. b) .
[126] Vgl. oben im 3. Teil, Gliederungspunkt C. II. 1. a) bb) .
[127] Vgl. oben im 3. Teil, Gliederungspunkt B. II. 5. b) .
[128] Carrasco Perera/Carrasco Perera, 389; vgl. auch oben im 4. Teil, Gliederungspunkt B. I. 2. c) .

Die spanische Regelung vermeidet aber viele der in Deutschland gegen diese Klausel vorgebrachten Bedenken[129]. So können nur Versicherungsunternehmen Versicherungen mit dieser Klausel anbieten; diese Vertragspartner dürften in der Regel geschäftskundig sein, weswegen eine Nichtigkeit wegen Unerfahrenheit des Sicherungsgebers ausgeschlossen ist. Auch besteht für die Versicherung die Wahl zwischen der Schaden- und der Kautionsversicherung. Sie hat folglich eine Ausweichmöglichkeit auf eine andere, risikoärmere Versicherungsart. Unter diesen Einschränkungen sind Bürgschaften auf erstes Anfordern auch in Deutschland möglich. Sofern sie vereinbart werden, können sie hier bereits die Mangelbeseitigung beschleunigen.

dd) Streitverkündung

Indem ein Baubeteiligter einem anderen gemäß der 7. Zusatzbestimmung zur LOE den Streit verkünden kann, ist auch in Spanien die Möglichkeit eröffnet worden, Regressprozesse zu vermeiden oder zumindest zu verkürzen[130]. Eine mittelbare Kostenreduktion für die Verbraucher ist die Folge.

Von der Möglichkeit der Streitverkündung wird voraussichtlich systematisch Gebrauch gemacht werden. Gemäß nach Art. 14 Nr. 2 Unter-Nr. 3 LEC führt eine Streitverkündung zu einer Fristaussetzung, damit der Streitverkündungsempfänger auf die Klage erwidern kann. Aber auch für den Hauptbeklagten wird die Klageerwiderungsfrist ausgesetzt. Er hat somit mehr Zeit, um auf die Klage zu erwidern. Der Prozess wird insgesamt verzögert[131].

Diese Möglichkeit der Verzögerung der Schadensersatzleistung[132] wirkt sich jedoch gegenüber dem Erwerber und Letztbewohner nicht aus, wenn er sich an die Versicherung des Bauträgers hält, da die 7. Zusatzbestimmung zur LOE nur den Baubeteiligten die Streitverkündung eröffnet. Zu diesen gehören gemäß den Art. 8 bis 15 LOE aber nicht die Versicherungsunternehmen. Da Art. 14 Nr. 1 LEC voraussetzt, dass die Streitverkündung gesetzlich vorgesehen ist, bleibt sie den Versicherungsunternehmen mangels einer solchen Norm verwehrt.

In Deutschland kann jede Partei nach § 72 ZPO einem Dritten den Streit verkünden, wenn sie einen Streitverkündungsgrund anführen kann. Diese Praxis sollte auch den Versicherungen angesichts der allgemeinen Prozesswirtschaftlichkeit nicht verwehrt werden. Eine weitere Verkürzung oder Vermeidung von Prozessen ist in Deutschland durch eine andere Regelung der Streitverkündung nicht zu erreichen.

---

129 Vgl. oben im 4. Teil, Gliederungspunkt A. IV. 2. b) aa) (3).

130 Rodríguez Achútegui, RICASV 1999, 25, 39 f.

131 Cadarso Palau, ECI 7/2000, 3, 8.

132 Martí Ferrer, RDUMA 2000, 467, 477.

ee) Wahlrecht des Versicherers

Wählt der Versicherer statt eines finanziellen Ausgleichs die Schadenbeseitigung, wird er diese selber alsbald möglich vornehmen oder durch Dritte den Schaden schnell beheben lassen, um Folgeschäden zu verhindern. Durch eine frühere Schadenbeseitigung werden möglicherweise weitere Interessen des Verbrauchers geschützt, indem z. B. Folgeschäden vermieden werden.

Das Wahlrecht des Versicherers ist auch eine gute Ergänzung zum Nachbesserungsrecht, das die spanische Rechtsprechung wie dem Bauträger voraussichtlich auch nach Erlass der LOE einräumen wird[133]. Zwar dürfte ein Bauträger in der Regel ein Interesse daran haben, Schäden zunächst selber zu beheben, da dies für ihn preisgünstiger ist, als wenn er die Kosten für die Einschaltung eines Drittunternehmers tragen müsste. Er und der ggf. bisher von ihm beauftragte Werkunternehmer kennen die Pläne bereits und müssen sich nicht erst einarbeiten. Außerdem hat der Werkunternehmer verwendete Materialien eventuell noch verfügbar. Allerdings besteht auch immer die Möglichkeit, dass ein Bauträger, der Zahlungsschwierigkeiten hat, sein Nachbesserungsrecht nur zwecks Verzögerung einer drohenden Insolvenz einfordert. Hier ist es von Vorteil, wenn das Recht zur Nachbesserung bei der an der Mängelbeseitigung interessierten Versicherung liegt.

Die Bürgschaft nach § 7 MaBV ist hingegen allein auf Geldersatz gerichtet[134]. Jedoch wahrt allein diese Regelung das Interesse des Verbrauchers, selber zu entscheiden, wen er mit der Schadenbeseitigung beauftragt. Sie ist zu Gunsten der Privatautonomie des Geschädigten nicht aufzugeben. Außerdem wird die zügige Mangelbeseitigung in Deutschland auch durch das Nachbesserungsrecht des Bauträgers gefördert[135]. Diese ist sehr detailliert geregelt. Die Rechtsprechung hat auch die Maßstäbe für eine angemessene Frist konturiert herausgearbeitet[136]. Drohenden Gefahren für Nachbarn oder für die öffentliche Sicherheit kann durch zivil- und öffentlich-rechtliche Abwehransprüche begegnet werden. Ein weiterer Schutz dieser Interessen muss nicht durch einen zusätzlichen Akteur vermittelt werden.

c) Schutz vor Insolvenz

Ein Sicherungsmittel hat vor allem deswegen wirtschaftliche Bedeutung für den Sicherungsnehmer, weil es seine Position gegenüber dem Schuldner dadurch

133 Vgl. oben im 3. Teil, Gliederungspunkt C. II. 2. c) .

134 Vgl. oben im 4. Teil, Gliederungspunkt A. I. 4. e) .

135 Vgl. oben im 3. Teil, Gliederungspunkt B. II. 4.

136 Vgl. dazu Palandt/Heinrichs, § 323, 14.

stärkt, dass es für ihn weder auf den Zeitpunkt noch auf die Dauer eines möglicherweise anzustrengenden Verfahrens ankommt, das zu einem vollstreckbaren Titel gegen den Bauträger führt. Der Gläubiger muss nicht anderen Gläubigern zuvorkommen noch ist er davon abhängig, dass das Verfahren möglichst schnell abgeschlossen wird. Vielmehr besteht das Sicherungsmittel unabhängig von der aktuellen und künftigen Solvenz des Hauptschuldners[137].

Auch wenn wegen der gesamtschuldnerischen Haftung nach Art. 17 Nr. 3 S. 2 LOE die Verfahren gegen den Bauträger kürzer ausfallen, erhöht die Versicherung den Schutz der Verbraucher. Denn während der langen Laufzeit von zehn Jahren sichert sie in Höhe der Mindestversicherungsbeträge die Entschädigung des Geschädigten unabhängig von einer Insolvenz des Bauträgers. Hierzu trägt auch die Unkündbarkeit des Vertrags selbst bei Nichtzahlung der Prämie bei[138].

Der ab der Abnahme geltende Schutz der LOE ergänzt insoweit auch die vor der Abnahme wirkende Regelung des Avalgesetzes.

2. Nachteile

Durch das Pflichtversicherungssystem wurden zum Teil Verbraucherinteressen gestärkt, andere jedoch weniger stark betont oder sogar überhaupt nicht berücksichtigt[139]. Teilweise wurden Interessen lediglich gegeneinander abgewogen und verschieden stark gewichtet. Insgesamt begegnet die LOE wegen starker Beschränkungen des Verbraucherschutzes deutlicher Kritik[140].

a) Beschränkung der Vertragsfreiheit

Indem die LOE den Abschluss eines Versicherungsvertrags zwingend vorsieht, schränkt es die im Rahmen des Verbraucherschutzes ebenso schützenswerte[141] Vertragsfreiheit der Parteien deutlich ein.

Wie der Versicherungsmarkt vor Erlass der LOE widerspiegelt, fragten die Erwerber nur sehr selten freiwillige Sicherungsmittel nach[142]. Eine Bauüberwachung durch Versicherungen oder Banken bzw. ihre Sachverständigen fand daher nicht statt. Allerdings scheint eine solche auch nicht von den Erwerbern gewünscht gewesen zu sein.

---

[137] Kohler, ZZP 1989, 58.

[138] Vgl. dazu im 4. Teil, Gliederungspunkt B. I. 4. b) bb) .

[139] Boldó Roda, RES 2000, 531, 562.

[140] Vgl. nur Ruiz-Rico Ruiz/Moreno-Torres Herrera/José Manuel Ruiz-Rico Ruiz, 23 f.

[141] Vgl. oben im 1. Teil, Gliederungspunkt C. II. 2. c) cc) .

[142] Vgl. oben Gliederungspunkt C. II. 1. a) aa) .

Die Einführung der Pflichtversicherung zog die Einrichtung von Kontrollbüros nach sich und führte so mittelbar zu der gewünschten Begutachtung des Bauvorhabens und seiner Durchführung. Indem der spanische Gesetzgeber die Baubegutachtung aber mit einer Pflichtversicherung verknüpfte, ging er weiter als es für die Realisierung der positiven Effekte der Baukontrolle notwendig gewesen wäre[143]. Vor allem wurde die Vertragsfreiheit, namentlich die freie Entscheidung der Erwerber für oder gegen eine Versicherung, eingeschränkt und zusätzlich auch andere Nachteile, allen voran Kostensteigerungen[144], verursacht.

Der deutsche Gesetzgeber sollte vor Einführung von Pflichtsicherungen ihre Notwendigkeit genau prüfen und möglichst alternative Schutzkonzepte wählen, die die Vertragsfreiheit weitestgehend aufrechterhalten.

b) Fristenverkürzung

Die Einführung der LOE hat den Schutz der Verbraucher durch eine drastische[145] Verkürzung der Gewährleistungs- und Verjährungsfristen deutlich eingeschränkt[146]. Dies gilt für alle drei Schadenskategorien, die von Art. 17 LOE erfasst werden. Zusätzlich verschärft wird diese Wirkung für Verbraucher dadurch, dass die Haftungsfrist mit der Abnahme zu laufen beginnt[147]; diese kann aber lange vor der Übergabe an den Erwerber liegen.

Zwischen den kurzen Fristen der LOE und den Fristen anderer verbraucherschützender Gesetze scheint zudem ein Wertungswiderspruch zu bestehen[148]. So sieht die Ley 22/1994, vom 06.07.1994, über Produkthaftung[149] eine Haftungsfrist von 10 Jahren selbst für bewegliche Sachen von geringerem Wert vor.

Andererseits wurde die Dauer der Fristen für eine Haftung nach Art. 1591 CC als maßlos und unverhältnismäßig kritisiert[150]. Außerdem wird durch die Verkürzung, die die LOE vornimmt, die Versicherung besser, wenn nicht sogar überhaupt erst kalkulierbar[151]. Den Verbrauchern wird mehr eigenverantwortliche Beobachtung ihres Eigentums abverlangt. Diese erhöhte Eigenverantwortlichkeit korrespondiert aber mit dem Verbraucherleitbild im spanischen Wett-

143 Vgl. unten Gliederungspunkt C. III. 2.
144 Vgl. dazu sogleich Gliederungspunkte C. II. 2. c) und C. II. 2. d) .
145 Rodríguez Achútegui, RICASV 1999, 25, 31.
146 Tapia Gutiérrez, ECI 8/2000, 35, 46 f.
147 Vgl. im 3. Teil, Gliederungspunkt C. II. 3. und im 4. Teil, Gliederungspunkt B. I. 4.
148 Diesen kritisiert Rodríguez Achútegui, RICASV 1999, 25, 32.
149 BOE Nr. 161, vom 07.07.1994.
150 Cadarso Palau, ECI 7/2000, 3, 7.
151 González Tausz, RCDI 2000, 2691, 2708.

bewerbsrecht, das bereits dargestellt wurde[152]. Die Verbraucher erhalten zusätzlich durch die Baukontrolle, insbesondere bei der Abnahme, fachkundige Unterstützung. Diesen Beistand haben sie beim Erwerb anderer, beweglicher Sachen nicht. Schließlich treten die Schäden an Bauwerken immer kurzfristiger nach der Abnahme auf; ungefähr 40 % der Schäden treten etwa innerhalb der ersten drei Jahre auf[153].

In Deutschland sind Fristen vorgesehen, die zum Teil länger und zum Teil kürzer als die nach der LOE sind. Ihre Länge ermöglicht jedenfalls schon jetzt, Versicherungsprodukte zu kalkulieren und anzubieten. Eine Änderung ist in dieser Hinsicht nicht erforderlich.

c) Kostensteigerung

Bei rechtsvergleichenden Betrachtungen sind insbesondere auch die ökonomischen Auswirkungen gesetzlicher Regelungen zu berücksichtigen[154] und ggf. zu vergleichen.

In Spanien sind die Erwerbskosten für Wohneigentum seit 1999 sehr viel stärker gestiegen als zuvor. Während von 1992 bis 1998 die Quadratmeterpreise nur um durchschnittlich ca. 1,5 % stiegen, verteuerten sie sich zwischen 1999 und 2002 um durchschnittlich ca. 14,2 %[155]. Dagegen schwanken die Baukostensteigerungen seit 1989. Sie liegen im Mittel bei ca. 3,6 % jährlichem Wachstum. Ob und inwieweit diese Änderungen auf die Einführung der Pflichtversicherung durch die LOE zurückzuführen sind, lässt sich diesen Zahlen nicht entnehmen. Denn bereits in den Jahren von 1988 bis 1991 lag die durchschnittliche Preissteigerung pro Quadratmeter bei ca. 19 %. Die derzeitig extremen Steigerungen bezüglich der Erwerbspreise sind vermutlich auch konjunkturell bedingt. Dass die deutliche Kostensteigerung[156] aber auch durch die Pflichtversicherung verursacht wird, ist anzunehmen. Der spanische Gesetzgeber ging bei Erlass der LOE von einer Kostensteigerung zwischen 0,6 und 0,8 % aus[157]. Diese Prognosen haben sich jedoch nicht erfüllt. Die Dienstleistungen der oficinas de control de calidad betragen zwischen 0,6 %[158] und 0,7 %[159] des Kaufprei-

---

152 Vgl. oben im 1. Teil, Gliederungspunkt C. II. 2. c) bb).

153 Cabanillas Sánchez, ADC 2000, 405, 416.

154 Kötz, JZ 2002, 257, 262.

155 Ministerio de Fomento (Ministerium für Wirtschafts- und Bauförderung), Preisindex für Wohnungen 2002 im Anuario Estadístico 2003, im Internet abrufbar unter www.mfom.es/estadisticas, Stand 19.01.2005, S. 8.

156 Marín García de Leonardo, 196.

157 Quilisch/Pérez-Ramos, ZfIR 2002, 759, 765, Fn. 42.

158 Martí Ferrer, RDUMAMA 2000, 467, 484.

ses als niedrigem sowie 1,0 %[160] und 1,5 %[161] des Kaufpreises als hohem Schätzwert. Je nach Risikoeinschätzung im Einzelfall liegen die Gesamtkosten für eine Versicherung dann zwischen 1 %[162] und 2,2 % der reinen Baukosten. In Deutschland liegen die Versicherungskosten bei ca. 1,3 % der Nettobausumme. Die Kosten für eine Kontrolle der Bauerrichtung liegen nach Schätzung deutlich darüber[163]. Gerade die Kosten für die Kontrolle hängen jedoch von vielen Faktoren ab. Eine einheitliche Preisangabe lässt sich hier nicht treffen.

Die jedenfalls erfolgte Preissteigerung wird von den Erwerbern getragen[164]. Sie macht es gerade Erwerber mit wenig Eigenkapital – und somit vor allem jungen Erwerbern[165] – schwer, Wohneigentum zu erwerben[166]. Damit wird aber genau eine Gruppe belastet und möglicherweise gänzlich vom Erwerb ausgeschlossen, zu deren Schutz die LOE auch dienen sollte[167].

Dem lässt sich jedoch entgegnen, dass nur durch die Einführung der Schadenskategorien mit ihren kürzeren Verjährungsfristen die Kosten für die Versicherungsverträge überhaupt kalkulierbar wurden und im Vergleich zu den zuvor angebotenen Versicherungen sinken konnten. Zudem haben die Erwerber beim Bau und der späteren Nutzung erheblich geringere Risiken und erhalten ein hochwertigeres Gebäude.

Auch in Deutschland dürfte die Einführung einer Pflichtversicherung zu erheblichen Kostensteigerungen führen. Nicht zuletzt deswegen ist eine einzelverantwortliche Lösung vorzuziehen[168], die jedoch entsprechende Angebote voraussetzt.

d) Beschränkung auf Versicherungen

Der spanische Gesetzgeber lässt nur Versicherungen zu und schließt andere Sicherungsmittel aus. So wird ein Preiswettbewerb unter den Sicherungsmitteln vermieden. In Deutschland sind Bürgschaften unter anderem wegen ihrer geringeren Kosten die häufigsten Sicherungsmittel[169].

---

159 Ariza Arca, ECI 2/2000, 4, 20.
160 Martí Ferrer, RDUMAMA 2000, 467, 484.
161 Carrasco Perera/Carrasco Perera, 370.
162 Ariza Arca, ECI 2/2000, 4, 20.
163 Information der VHV-Versicherung vom 03.11.2003 per E-Mail an den Verfasser.
164 Boldó Roda, RES 2000, 531, 536 f.
165 Vgl. dazu Botana García, ECI 4/2003, 3, 7 f.
166 Boldó Roda, RES 2000, 531, 562.
167 Boldó Roda, RES 2000, 531, 562.
168 Pause, NZBau 2002, 648, 655.
169 Vgl. oben im 4. Teil, Gliederungspunkt A. IV. 2. b).

Durch den Ausschluss von Bürgschaften werden in Spanien auch Angebote von Komplettlösungen durch die den Bau begleitende Bank verhindert, da sie keine Versicherungen im Sinne des LOE anbieten dürfen. Hierdurch werden ebenfalls Kostensenkungspotentiale nicht nutzbar gemacht.

Außerdem nimmt die gesetzliche Beschränkung auf Versicherungen den Verbrauchern ihre Entscheidungsfreiheit. Die vielschichtigen Gestaltungsmöglichkeiten, die andere zivilrechtliche Sicherungsmittel bieten[170], können nicht berücksichtigt werden. Für diesen Eingriff in die Privatautonomie nennt der spanische Gesetzgeber jedoch keinen Grund[171].

Zwar sind die Versicherungen der Ansicht, dass ihre ausschließliche Stellung als Sicherungsgeber dadurch zu rechtfertigen sei, dass Versicherungen die Kreditfähigkeit der Versicherungsnehmer nicht beeinträchtigen und geringere Kosten verursachen würden, als andere Sicherungsmittel. Dem lässt sich jedoch entgegen halten, dass die Abwägung dieser Kriterien den Versicherungsnehmern zu überlassen wäre[172]. Nur so könnte nämlich ein Kostensenkungspotential mittels eines Wettbewerbs der Sicherungsmittel nutzbar gemacht werden.

e) Mindestversicherungsbeträge

Die Pflichtversicherung ist in Spanien auf Mindestversicherungssummen beschränkt.

Indem selbst bei Nichtleistung der Prämie die Deckung der Versicherung sicher gestellt ist[173], wird der Versicherte zumindest in Höhe dieser Versicherungssumme für den Schadenfall gegen die Insolvenz des Bauträgers abgesichert. Tatsächlich ist aber nicht sein gesamter Schaden versichert, da Art. 19 Nr. 5 LOE vorsieht, die Versicherung nur über einen bestimmten Mindestversicherungsbetrag abzuschließen. Dadurch wird der Schutz der Erwerber und Eigentümer eingeschränkt, da sie wegen der über diese Mindestbeträge hinausgehenden Schäden das Insolvenzrisiko bezüglich des Bauträgers tragen müssen[174], es sei denn sie schließen freiwillig zusätzliche Verträge ab.

Bei den Schäden, für die keine Zusatzversicherung abgeschlossen wurde, wird die generelle Verkürzung von Gewährleistungs- und Verjährungsfrist[175] folglich nicht adäquat ausgeglichen, da sie unter die Haftung nach Art. 17 LOE

---

170 Vgl. oben im 4. Teil, Gliederungspunkt A. IV. 2.
171 Carrasco Perera/Carrasco Perera, 368.
172 Carrasco Perera/Carrasco Perera, 368.
173 Vgl. oben im 4. Teil, Gliederungspunkt B. I. 4. b).
174 Vgl. oben im 4. Teil, Gliederungspunkt B. I. 1. a) aa).
175 Vgl. oben im 3. Teil, Gliederungspunkt C. III. 1. b) cc).

und dessen kürzere Fristen und nicht unter diejenige Haftung des Art. 1591 CC fallen.

Für die nicht von der Versicherungssumme gedeckten Schäden ist es schwieriger, Ersatz zu erhalten. Weil darüber hinaus der größte Teil des Schadens bereits durch die Mindestversicherungssumme gedeckt ist und von der Versicherung gezahlt wird[176], ist der Anreiz für den Geschädigten in der Regel gering, sich über den kleinen Restbetrag mit dem Bauträger oder dem Schadensverursacher in einem langen Verfahren auseinanderzusetzen. Die Beschränkung auf Mindestversicherungssummen kann daher wie eine Haftungsobergrenze wirken. Dadurch erleidet der Verbraucher gegenüber dem Haftenden einen Nachteil.

In Deutschland steht es den Parteien frei, die Versicherungssumme zu begrenzen. Das Risiko, nur einen Teil des Schadens ersetzt zu bekommen, ist somit frei wählbar und kann gegen das Schadensrisiko abgewogen werden. Somit bleibt es den Erwerbern überlassen, gemäß ihrer Risikobereitschaft Versicherungssummen festzulegen und die entsprechenden Prämien zu zahlen.

f) Autopromotor

Die Versicherungspflicht des autopromotors, die auch nach der Änderung der 2. Zusatzbestimmung der LOE faktisch noch nicht aufgehoben ist[177], geht über das Gebot der Sozialstaatlichkeit des Art. 2 der spanischen Verfassung hinaus. Der erreichte Schutzgrad rechtfertigt es in diesem Fall, von einem paternalistisch handelnden Staat zu sprechen[178]. Die Regelung ist im Hinblick auf die Privatautonomie des Verbrauchers abzulehnen.

Das deutsche Recht kennt keine Pflichtselbstversicherung für Erwerber oder Bauträger. Eine solche ist aus den genannten Gründen auch nicht erstrebenswert.

III. Alternative Möglichkeiten zum Schutz der Verbraucher

1. Notarielle Beratung

Durch eine notarielle Beratung allein ließe sich der Schutzzweck der Pflichtversicherung nicht erfüllen. Die Notare in Spanien und Deutschland verfügen nicht über die notwendige Sachkenntnis über Schadenshäufigkeit. Außerdem sind sie beiden Vertragsparteien verpflichtet. Sie haben nicht über wirtschaftliche Folgen aufzuklären. Sie können allenfalls auf die Möglichkeit eines Sicherungsmittels

---

176 Mesa Marrero, AC 2001, 2337, 2369.
177 Vgl. oben im 4. Teil, Gliederungspunkt B. I. 1. b) aa) (1).
178 Llamas Pombo, ECI 3/2003, 52, 53.

hinweisen[179]. Die Aufgabe des spanischen Notars ist darüber hinaus lediglich, die Erklärungen der Parteien zu beurkunden[180] und nicht, diese über rechtliche oder tatsächliche Folgen aufzuklären.

2. Informationspflichten und externe Baukontrolle

In Spanien wird der Verbraucher schon lange insbesondere dadurch geschützt, dass ihm Informationen zugänglich gemacht oder zur Verfügung gestellt werden müssen[181]. So gewährt beispielsweise Art. 13 Nr. 2 LGDCU insbesondere dem Erwerber einer Wohnung einen Anspruch auf vorherige umfassende Information über das Vertragsobjekt. Ebenso ist der Bauträger nach Art. 9 Nr. 2 e) LOE verpflichtet, dem Erwerber die gesamte Dokumentation über das errichtete Bauwerk zu übergeben. Die Bereitstellung von Information wird als wesentliches Mittel zur Vermeidung von Nachteilen für den Verbraucher angesehen[182]. Indem einem Verbraucher die gleiche Information und somit Entscheidungsgrundlage vermittelt wird, wie sie sein Geschäftspartner hat, soll ihm ermöglicht werden, einen sowohl subjektiv wie auch objektiv gerechten Vertrag zu schließen[183].

Der Schutzzweck der Pflichtversicherung ist allerdings nicht allein dadurch zu erreichen, dass der Verbraucher über die Schadensanfälligkeit und die Schwierigkeit informiert wird, die ihm die Durchsetzung der ihm möglicherweise zustehenden Haftungsansprüche bereiten kann.

Bei einer solchen reinen Informationslösung stellen sich verschiedene Probleme. Zunächst kennt auch der Bauträger die Schadensanfälligkeit des Bauwerks bei der Errichtung noch nicht. Diese Einschätzung wird bei der Pflichtversicherung nach der LOE erst durch die Kontrollbüros vorgenommen. Ein großer Teil der Kosten, die die Pflichtversicherung verursacht[184], könnte daher ohnehin nicht vermieden werden.

Desweiteren trifft, wie bereits oben dargelegt[185], ein durchschnittlicher Verbraucher bei quantitativ zunehmender und in der Komplexität steigender Information zunehmend irrationalere Entscheidungen. Dies dürfte umso mehr bei

[179] In Deutschland müssen die Notare gemäß der Rechtsprechung bei Vorleistungsvereinbarungen über die Folgen belehren, die im Falle der Leistungsunfähigkeit des durch die Vorleistung Begünstigten auftreten, und Möglichkeiten nennen, wie solche Risiken vermieden werden können; BGH Urt. v. 10.03.2005, NZBau 2005, 461, 462.

[180] Gantzer, 19.

[181] Zum Schutz des Kaufers von Wohnraum vgl. Botana García, ECI 7/2002, 66, 75 ff.

[182] Botana García, ECI 7/2002, 66, 76.

[183] Martínez de Aguirre, ADC 1994, 31, 61 ff.

[184] Vgl. oben Gliederungspunkt C. II. 2. c) .

[185] Vgl. oben im 1. Teil, Gliederungspunkt C. II. 2. c) dd) .

Verbrauchern gelten, die über einen geringeren Bildungsstand verfügen oder die mangels finanzieller Mittel nicht in der Lage sind, sich extern beraten zu lassen. Dass diese Personengruppen auch in großer Zahl Erwerber von Wohneigentum werden, ist bei hohem Wohneigentumsanteil– wie in Spanien[186] – eher zu erwarten als bei niedrigem.

Bei einer Überlastung mit Information greift der Verbraucher auf Schlüsselinformationen wie Preis oder Markenname[187] zurück[188]. Da letzterer beim Erwerb einer Wohnung von geringerer Bedeutung ist, wird der Preis zum entscheidenden Entscheidungsfaktor. Eine Kosten erhöhende, freiwillige Versicherung wird eher nicht abgeschlossen.

Zudem neigen Verbraucher dazu, solche Informationen zu vermeiden, zu verdrängen oder abzuwerten, die der eigenen Grundeinstellung zum Produkt widersprechen; diese Neigung wird umso stärker, je deutlicher der Widerspruch ist[189]. Wird aber eine Wohnung nach langer Suche unter anderem wegen ihrer vermeintlichen Mangelfreiheit als für jahrelange Nutzung geeignet ausgewählt und für eine hohe Verschuldung für wert befunden, ist anzunehmen, dass die Information, dass Schäden mit einer nicht einmal klar bestimmten Wahrscheinlichkeit auftreten werden, nicht wahrgenommen oder ernsthaft berücksichtigt wird. Letztendlich kann der Gesetzgeber mit Informationspflichten nicht sicherstellen, dass der Verbraucher die ihm vermittelte Information tatsächlich nutzt, geschweige denn seine Entscheidung hieran orientiert[190].

Eine vermittelnde Lösung könnte sein, dass der Erwerber z. B. durch Kontrollbüros oder durch Sachverständige über bestehende Risiken beraten würde. Diese könnten Informationen filtern und sachgerecht darstellen, um so dem Erwerber die Entscheidung zu ermöglichen, über die Notwendigkeit eines Sicherungsmittels frei zu entscheiden. Dabei ließe sich auch die vom Erwerber geäußerte Einschätzung seiner eigenen Risikoneigung berücksichtigen. Der Nachteil der Kostensteigerung würde so zunächst auf die Begleitung der Bauerrichtung durch die Kontrollbüros und Sachverständigen beschränkt. Zu berücksichtigen wäre bei dieser Lösung aber, dass die Versicherungsprämien trotzdem steigen werden, da nicht mehr die Gesamtheit aller Erwerber eine Versicherung abschließen und somit Preisnachlässe wegen hoher Umsätze nicht möglich sind. Außerdem ließe sich kein Insolvenzschutz mit dieser Lösung gewährleisten. Schließlich wäre darauf zu achten, dass den Kontrollbüros keine Aufgaben zu-

186 Vgl. oben Gliederungspunkt C. I.
187 Martinek, 525.
188 Kind, 472.
189 Kind, 476.
190 Martín Briceño, AC 2001, 1971, 1979.

gewiesen werden, die bereits durch andere Stellen, wie z. B. Baubehörden, wahrgenommen werden.

Eine reine Informationslösung ist jedenfalls nicht geeignet, die Verbraucherinteressen ausreichend zu schützen. Besser wäre es, dem Erwerber sachkundigen Rat zur Verfügung zu stellen und ihn bei der Entscheidung für oder gegen eine Sicherheit gemäß seinem Sicherheitsbedürfnis zu beraten.

D. Ergebnis

Durch die Einführung einer Pflichtversicherung wurde die Rechtssicherheit in Spanien nicht erhöht. Da eine im Wesentlichen einheitliche höchstrichterliche Rechtsprechung nur zur Haftung bestand, musste diese jedenfalls nicht durch die Schaffung der Pflichtversicherung geordnet werden. Vielmehr entstanden durch den Erlass der LOE als ein gesondertes Gesetz Abstimmungsschwierigkeiten mit der sonstigen Rechtslage. Gerade die Konkurrenzregeln sind unklar und verunsichern die betroffenen Rechtskreise. Eine einheitliche Lösung im Rahmen eines Gesetzes, in Spanien im CC, ist vorzugswürdig.

Die Bauqualität wird mittelbar durch die Einführung der Pflichtversicherung erhöht. Indem die Versicherung für die Einschätzung ihres Risikos die Kontrollbüros als neutrale, sachkundige Beobachter der Bauerstellung beauftragt und diese auch die Abnahme mit dem bzw. für den Erwerber vornehmen, werden Mängel früher, z. T. schon während des Bauprozesses erkannt und vor der Übernahme des Bauwerks durch den Besteller dem Bauträger angezeigt und behoben.

Ebenso kann die Wahlalternative der Versicherer zwischen Geldersatz und Schadenbehebung eine Qualitätssteigerung herbeiführen.

Bei der Frage, ob der Verbraucherschutz in Spanien durch die Pflichtversicherung der LOE verbessert wurde, ist vor allem auf den hohen Wohneigentumsanteil von 80 % zu achten. Vor diesem Hintergrund bietet die Pflichtversicherung Vor- und Nachteile. Bei den Vorteilen ist neben der Angebotsausweitung und dem Insolvenzschutz vor allem die Beschleunigung der Schadensbeseitigung hervorzuheben. Diese wird durch das Zusammenspiel vieler Regelungen in der LOE erzielt, wie z. B. der verschuldensunabhängigen Auffanghaftung, der Zahlbarkeit auf erstes Anfordern, der Möglichkeit der Streitverkündung oder des Wahlrechts des Versicherers, den Schaden beheben zu lassen statt Geldersatz zu leisten. In Deutschland führen Bürgschaften nach § 7 MaBV und die hierzu aktuelle Rechtsprechung zu einem ähnlichen Schutz bei Mängeln, die vor der Abnahme auftreten. Danach muss ein Erwerber den Schutz durch freiwillige Sicherungsmittel verlängern.

Für den spanischen Verbraucher wirken sich die Fristverkürzung und die Kostensteigerung durch das Pflichtversicherungssystem der LOE nachteilig aus. Kostensenkungspotentiale werden auch mangels Wettbewerbs zwischen verschiedenen Sicherungsmitteln nicht nutzbar gemacht. Zudem wird der Verbraucher durch die in der LOE vorgesehenen Mindestversicherungsbeträge nur zum Teil geschützt. Schließlich strapaziert die Versicherungspflicht die autopromotores unverhältnismäßig.

Bezüglich des Verbraucherleitbildes sind in der LOE zwei gegenläufige Tendenzen zu erkennen. Zum einen verlangt das Gesetz dem Verbraucher mehr Eigenverantwortung ab. Zum Beispiel wird er durch die verkürzten Verjährungsfristen gezwungen, den Bauprozess und das fertige Gebäude genau zu beobachten, um eventuelle Mängel frühzeitig zu erkennen und ihre Beseitigung geltend zu machen. Zum anderen wird die Vertragsfreiheit durch die Pflicht zum Versicherungsabschluss eingeschränkt und dem Verbraucher Hilfestellung bei der Abnahme zur Seite gestellt. Eine Änderung des Verbraucherleitbildes in eine bestimmte Richtung ist nach diesem Befund nicht klar erkennbar.

Das bisher in Spanien häufig zum Verbraucherschutz herangezogene Informationsmodell stellt nur bedingt eine Alternative zur Pflichtversicherung dar, auch wenn es das Prinzip der Vertragsfreiheit und Privatautonomie stärker betont. Der Verbraucher müsste sehr viele Informationen verarbeiten, die für ihn nicht alltäglich und deren zeitliche und wirtschaftliche Reichweite für ihn nur schwer zu überblicken sind. Es müsste näher untersucht werden, ob ein Verbraucher überhaupt in der Lage ist, die Informationen rational zu verarbeiten und zu einer für ihn vernünftigen und seiner Risikoneigung entsprechenden Entscheidung zu gelangen. Eine solche Untersuchung müsste sich in Deutschland und Spanien an der jeweiligen Gruppe der üblichen Wohnungserwerber orientieren. Die länderspezifischen Ergebnisse würden wegen der Verschiedenheiten zwischen den Erwerbergruppen vermutlich unterschiedlich ausfallen.

Der Verbraucher ist in Deutschland nur bei Vorauszahlungen im Sinne der MaBV ähnlich wie ein spanischer Verbraucher geschützt. Diesen Schutz hat er nur bis zur Fertigstellung des Gebäudes. Eine Pflicht, für sämtliche Bauleistungen eine Versicherung oder eine sonstige Sicherung der Interessen des Verbrauchers vorzusehen, hätte auch in Deutschland Vor- und Nachteile.

Die Rechtssicherheit würde möglicherweise im Anwendungsbereich des § 7 MaBV insofern erhöht, als die derzeitige Rechtsprechungspraxis an normierte Maßstäbe gebunden würde und so für die beteiligten Rechtskreise besser vorhersehbar wäre. In welcher Form eine gesetzliche Regelung getroffen werden sollte, lässt sich nicht abschließend beurteilen. Die Bauqualität würde durch eine zwingende externe Baukontrolle verbessert. Sie ließe sich einer Beratung über mögliche Sicherungsmittel vorschalten. Insbesondere würde eine solche Kontrolle aber die Baukosten erhöhen. Sofern sie zwingend vorgesehen würde, wäre auch die Vertragsfreiheit eingeschränkt. Die vom spanischen Gesetzgeber gewählten Mittel sind dem deutschen Recht zum Teil bereits bekannt. Eine deutliche Verbesserung der Position der Verbraucher wäre durch eine ähnliche Regelung wie in der LOE also nicht zu erwarten. Insbesondere ist vor einer Normierung in Deutschland die Notwendigkeit weitergehenden Schutzes der Verbraucher auch anhand einer Analyse der betroffenen Verbrauchergruppen zu ermitteln. Für den Fall, dass eine Notwendigkeit festgestellt wird, sollte bei einer gesetzlichen Regelung die bisherige Angebotsvielfalt möglichst erhalten werden.

6. Teil: Europäische Perspektiven und nationaler Ausblick

Während in der Vergangenheit auf europäischer Ebene die Einführung einer Versicherung für Baugewährleistungsansprüche vorgesehen aber nicht umgesetzt wurde (A.), hat sie zwar aktuell keinen Eingang in die Vorbereitung eines einheitlichen europäischen Zivilrechts, wird jedoch im Zuge eines Vorschlags der Kommission zu einer Richtlinie über Dienstleistungen im Binnenmarkt diskutiert (B.). Unabhängig davon, ob die Richtlinie wie vorgeschlagen erlassen wird, stellt sich in Deutschland die Frage, ob eine derartige Regelung bereits besteht und was zu berücksichtigen ist, wenn sie geschaffen werden sollte (C.).

A. Bisherige Harmonisierungsansätze

Am 09.11.1990 schlug die Kommission eine Richtlinie über die Haftung bei Dienstleistungen vor[1], die auch Dienstleistungen am Bau betraf[2]. Dieser Richtlinienvorschlag sah eine im Vergleich zum deutschen Recht deutlich verlängerte Gewährleistungsfrist vor. Sie sollte ab dem Zeitpunkt der Kenntnis des Schadens und der Person des Dienstleistenden beginnen und von 10 bis maximal 20 Jahre dauern.

Der Entwurf wurde in allen Mitgliedstaaten heftig diskutiert[3]. Auf Einladung der Kommission und des europäischen Dachverbands der Bauindustrie FIEC erarbeitete die GAIPEC, ein Zusammenschluss europäischer Berufsgruppen des Bauwesens, einen Vorschlag für ein harmonisiertes, europäisches Haftungs- und Gewährleistungsrecht. Im Ansatz sollte der für den Schaden Verantwortliche ein Nachbesserungsrecht erhalten, dem ein Nachbesserungsanspruch des Geschädigten gegenüberstand. Sollte die Nachbesserung innerhalb einer angemessenen Frist verweigert werden oder unmöglich sein, wäre dem Geschädigten gegenüber eine Haftpflichtversicherung eingetreten, die nach der Zahlung den Verantwortlichen in Regress nehmen sollte. Gemäß Art. 14 ff. des GAIPEC-Berichts war vorgesehen, dass der Auftraggeber die Versicherung abschließt. Das System sollte auf fünf Jahre beschränkt bleiben, da es sonst weder zu organisieren noch zu finanzieren wäre[4].

---

1 KOM/90/482, endg., ABl. EG C-012 v. 18.01.1991, S. 8.
2 Wenzel, 11.
3 Portz, NJW 1993, 2145, 2151.
4 Portz, NJW 1993, 2145, 2151.

Der Richtlinienvorschlag wurde nicht zuletzt wegen der ablehnenden Haltung[5] vor allem gegen die Pflichtversicherung[6] und des großen Drucks der deutschen Regierung[7] nicht umgesetzt[8].

B. Aktuelle europarechtliche Entwicklung

Im März 2000 verabschiedete der Europäische Rat in Lissabon ein Wirtschaftsreformprogramm und forderte die Kommission und die Mitgliedstaaten auf, eine Strategie zur Beseitigung der Beschränkungen des freien Dienstleistungsverkehrs zu entwerfen. Das hierdurch eingeleitete Verfahren führte Anfang des Jahres 2004 zu dem Vorschlag der Kommission für eine Richtlinie über Dienstleistungen im Binnenmarkt[9]. Nach der ersten Lesung im Europäischen Parlament und Diskussionen im Rat legte die Kommission am 04.04.2006 einen geänderten Vorschlag für eine Richtlinie über Dienstleistungen im Binnenmarkt vor[10].

Dieser Vorschlag folgt einem weiten Begriff der Dienstleistung. Gemäß Erwägungsgrund 14 des Richtlinienvorschlags sollen auch die Tätigkeit der Immobilienmakler, Leistungen des Immobilienwesens und des Baugewerbes erfasst sein. Hierunter sind somit auch die Leistungen von Bauträgern, sowohl nach spanischem als auch nach deutschem Verständnis, zu fassen.

Der ursprüngliche Vorschlag der Kommission sah in Art. 27 noch obligatorisch vor, dass die Mitgliedstaaten dafür sorgen sollten, dass Dienstleistungserbringer, deren Dienstleistungen ein besonderes Gesundheits- oder Sicherheitsrisiko oder finanzielles Risiko für den Dienstleistungsempfänger darstellen, durch eine der Art und dem Umfang des Risikos angemessene Berufshaftpflichtversicherung oder durch eine „gleichwertige oder aufgrund ihrer Zweckbestimmung im Wesentlichen vergleichbare Entschädigungsregelung oder Sicherheit" gedeckt sind. Eine zeitliche Erstreckung des Deckungsschutzes war nicht vorgesehen. Im geänderten Vorschlag ist eine solche zwingende Sicherheit nicht mehr vorgesehen. Vielmehr können die Mitgliedstaaten eine solche vorsehen.

C. Geltendes Recht und Handlungsleitlinien

Bezogen auf den Bauträger stellt sich angesichts des Richtlinienvorschlags im deutschen Recht die Frage, ob die MaBV eine „gleichwertige oder aufgrund

[5] Vgl. dazu Locher, BauR 1992, 293, 296.
[6] Frietsch, 37 ff.
[7] Castellano i Costa, 68.
[8] KOM/94/260.
[9] KOM/2004/2, endg.
[10] KOM/2006/160, endg.

ihrer Zweckbestimmung im Wesentlichen vergleichbare Entschädigungsregelung oder Sicherheit“ wie eine Berufshaftpflichtversicherung bietet.

Fraglich ist in diesem Zusammenhang, wann ein besonderes finanzielles Risiko im Sinne des Richtlinienvorschlags anzunehmen ist. Sicher ist dies dann der Fall, wenn der Empfänger der Dienstleistung bereits die Vergütung zahlen muss, bevor er die Dienstleistung erhält, da in diesem Fall das Äquivalenzprinzip verletzt wird. Dieses Prinzip ist auch dem europäischen Verbraucherschutzrecht bekannt. Es wird dort unter anderem nach Buchstabe o) des Anhangs der Klauselrichtlinie geschützt. Allerdings sollte ein Risiko im Sinne des Richtlinienvorschlags nicht schon bei jeglicher Abweichung vom Äquivalenzprinzip anzunehmen sein, denn es muss sich um ein „besonderes finanzielles Risiko“ handeln. Ein Maßstab für die Besonderheit eines Risikos kann in dem Verhältnis des drohenden Schadens zu dem Wert der erbrachten Dienstleistung angenommen werden. Demnach kann ein finanzielles Risiko dann als ein „besonderes“ bezeichnet werden, wenn der Dienstleistungsempfänger zu einem Zeitpunkt seine Gegenleistung zu erbringen hat, zu dem er entweder noch überhaupt keine Leistung des Dienstleisters erhalten hat oder zu dem die Möglichkeit besteht, dass er eine mangelhafte Dienstleistung erhalten wird, deren Wert deutlich unter der bereits gezahlten Vergütung liegt.

Dienstleistungen von Bauträgern nach deutschem Recht begründen demnach ein finanzielles Risiko für den Erwerber, da die Bauträger große Vermögenswerte des Erwerbers entgegennehmen, bevor dieser seinerseits die Leistung des Bauträgers erhält. Die Vorschriften der MaBV sollen dieses Risiko begrenzen und stellen daher Entschädigungsregelungen oder Sicherheiten im Sinne des Richtlinienvorschlags dar.

Im Vergleich dazu bedeutet die Tätigkeit eines Bauträgers im Sinne der LOE nicht unbedingt ein besonderes finanzielles Risiko für den Erwerber, da der Bauträger nicht notwendig Vermögenswerte vor der Bauausführung entgegennimmt. Etwas anderes gilt hier, wenn der Bauträger Abschlagszahlungen verlangt. In diesem Fall sind die Schutzregeln des Avalgesetzes Entschädigungsregelungen und Sicherheiten im Sinne des Richtlinienvorschlags.

Die vom Richtlinienvorschlag genannten Sicherungsmittel dürften auch Gewährleistungsansprüche betreffen. Zwar nennt der Vorschlag zunächst als Mittel eine Berufshaftpflichtversicherung. Eine Haftpflichtversicherung setzt, abgesehen von den Fällen der Gefährdungshaftung, ein Verschulden des Dienstleisters voraus. So sind nach § 4 Nr. 6 Abs. 3 der deutschen Allgemeinen Versicherungsbedingungen für die Haftpflichtversicherung (AHB) die Erfüllung von Verträgen und die an die Stelle der Erfüllungsleistung tretende Ersatzleistung nicht Gegenstand der Haftpflichtversicherung, auch dann nicht, wenn es sich um gesetzliche Ansprüche handelt. Dies gilt auch für Ansprüche aus der gesetzlichen Gefahrtragung.

Dementsprechend könnte auch bei den anderen Sicherungsmitteln der Sicherungsfall an eine schuldhafte Pflichtverletzung des Dienstleisters geknüpft sein. Allerdings definiert Art. 27 des Vorschlags am Ende eine Berufshaftpflichtversicherung im Sinne des Artikels als eine Versicherung, die ein Dienstleistungserbringer bezüglich seiner „potenziellen Haftung" zeichnet. Dies spricht eher für ein umfassendes Verständnis. Danach ergibt sich eine Haftung aber auch aus Garantiezusagen. Zudem sieht Art. 28 des Vorschlags vor, dass die Diestleistungserbringer auf Anfrage nicht nur über Gewährleistungs-, sondern auch über Garantievorschriften informieren müssen. Daraus lässt sich schließen, dass die Richtlinie den Sicherungsfall nicht an ein Verschulden knüpft.

Insofern bietet die LOE Sicherheiten, die in dem Richtlinienvorschlag vorgesehen sind. Dies gilt auch in dem von der Rechtsprechung angenommenen Umfang der Bürgschaft nach § 7 MaBV auch für die MaBV. Allerdings ist zu bedenken, dass der Schutz der MaBV nur bis zur Fertigstellung reicht. Zudem erfasst er nur Bauträgerverträge im engeren Sinne und somit nicht Baubetreuungsverträge, die aber auch Dienstleistungen im Sinne des Richtlinienvorschlags sind. Für die Zeit nach der Fertigstellung und für Empfänger reiner Baubetreuungsleistungen ist eine solche Sicherung noch nicht gegeben. Der deutsche Gesetzgeber könnte solche Sicherungen vorsehen, auch wenn der Richtlinienvorschlag dies nicht verpflichtend vorsieht. Die Auswirkungen zum Beispiel einer Anwendung der MaBV auch auf Erwerber, die auf einem eigenen Grundstück bauen lassen[11], wäre jedenfalls genau abzuwägen.

Grundsätzlich sollte der Gesetzgeber vor einer Einführung zusätzlicher (Pflicht-)Sicherungen, zum Beispiel für den Zeitraum nach der Abnahme, dem Markt die Möglichkeit geben, freiwillig solche Sicherungen durch entsprechende Angebote zu etablieren[12], weil die Umsetzung praxiserprobter Mechanismen ein geringeres Problempotential birgt.

Allein z. B. die spanische Regelung der LOE im Zusammenwirken mit dem CC als Vorbild zu nehmen, dürfte für diesen Zweck zu weit gehen, da auch sie eine verschuldensunabhängige Haftung vorsieht und auch sonst in weiten Teilen von der deutschen Regelung abweicht. Jedoch könnte bei der Schaffung einer gesetzlichen Regelung versucht werden, die aus der LOE bekannten Vorteile der Versicherung – genannt sei allein die Baukontrolle durch unabhängige Sachverständige – nutzbar zu machen. Dabei ist jedoch darauf zu achten, dass eine indi-

11 Wie von Wagner, ZfIR 2001, Beilage, 3, 31, als überlegenswert bezeichnet.

12 Pause, NZBau 2002, 648, 655.

viduelle einzelstaatliche Regelung nicht nur besser die gesellschaftlichen Besonderheiten im jeweiligen Land berücksichtigen kann, sondern dass eine Vielfalt rechtlicher Regelungen auch ökonomische Vorteile bietet[13].

Unabhängig von der geplanten Dienstleistungsrichtlinie ist die Initiative des deutschen Gesetzgebers, das geltende Bauvertragsrecht zu überprüfen, begrüßenswert. Insbesondere das Bauträgerrecht sollte – wenn auch nicht komplett neu gefasst – so doch umfassend überdacht werden. So empfiehlt sich, die verschiedenen öffentlich- und zivilrechtlichen Regelungskomplexe besser aufeinander abzustimmen und durch eine sinnvolle Verknüpfung eine kohärente Gesamtregelung zu schaffen. Ob und inwieweit im Zuge dessen auch der Verbraucher besser geschützt werden kann und sollte und durch welche Mittel dieses Ziel in Deutschland zu erreichen ist (z. B. durch Erlass einer „Hausbauverordnung" oder gar durch Schaffung eines eigenen Vertragstyps im BGB), bedarf einer eingehenden Auseinandersetzung mit den in Deutschland bestehenden Normen, den gesellschaftlichen Besonderheiten und somit vor allem auch mit den beteiligten Interessen. Zu diesem Diskussionsprozess mag die vorliegende Arbeit einen Beitrag leisten.

---

[13] Kerber, 67 f. und 73 ff.

7. Teil: Zusammenfassung

Im Folgenden werden die Ergebnisse der Arbeit zusammengefasst wiedergegeben. Dabei werden die wesentlichen Übereinstimmungen der Rechtslage in Deutschland und Spanien nicht erneut dargestellt. Diese wurden am Schluss der jeweiligen Kapitel zusammengefasst[1], worauf verwiesen wird.

1. Im letzten Jahrhundert waren zwei Entwicklungen im Bauwesen vorherrschend. Zum einen verursachte die starke Landflucht einen sehr großen Wohnungsbedarf, der in Deutschland insbesondere durch den zweiten Weltkrieg noch verschärft wurde. Sowohl in Deutschland als auch in Spanien förderte die Regierung den Wohnungsbau durch finanzielle Anreize in Form von steuerlichen Gestaltungsspielräumen und Zuschüssen. Zum anderen wurde und wird noch heute der Bauprozess immer komplizierter. Die anfallenden Planungs-, Koordinations- und Durchführungsaufgaben werden von zunehmend spezialisierten Fachkräften ausgeübt. Beide Entwicklungen begünstigten und erforderten die Bildung der Berufsgruppe der Bauträger. Diese übernehmen die früher allein dem Bauherrn obliegenden Koordinationsaufgaben beim Baugeschehen. Dabei besteht aufgrund der Vielschichtigkeit der zu verrichten Arbeiten und der Funktionsverteilung zwischen den Bauträgern und den sonstigen Baubeteiligten, die sich erst im Laufe der Jahre herausbildete, ein eigenes Fehler- und Schadenspotential.

Da die Tätigkeit der Bauträger vom Gesetzgeber des BGB und des CC nicht vorhergesehen wurde, sind in beiden Rechtsordnungen keine Regeln speziell für diese Vertragsart vorgesehen. Auftretende rechtliche Schwierigkeiten mussten insbesondere von der Rechtsprechung aber auch von den Notaren und Rechtsanwälten unter Zuhilfenahme von Normen ähnlicher Vertragsarten gelöst werden. Dabei haben sich bestimmte Regeln herausgebildet. Mittlerweile hat auch der Gesetzgeber zum Schutze der Verbraucher regelnd eingegriffen. Unter anderem wurden Mechanismen zur Sicherung der Ansprüche der Erwerber eingeführt (Einleitung).

2. In Deutschland wird vor allem anlässlich der Rechtsprechung zu § 7 MaBV diskutiert, ob und inwieweit Erwerber von Wohneigentum gegenüber Bauträgern stärker geschützt werden sollten. Der spanische Gesetzgeber hat im Jahr 1999 das Bauwesen durch die Ley de Ordenación de la Edificación (LOE) neu geregelt. Dabei verfolgte er drei Ziele. Erstens wollte er einen einheitlichen rechtlichen Rahmen schaffen, zweitens die Qualität am Bau steigern und drittens

[1] Vgl. oben im 2., 3. und 4. Teil jeweils Gliederungspunkt C.

den Verbraucherschutz fördern. Diese Ziele sind auch in Deutschland erstrebenswert. Die Arbeit untersucht, welche Mittel der spanische Gesetzgeber eingesetzt hat und ob diese Mittel geeignet sind, die von ihm definierten Ziele zu erreichen. Hierfür stellt sie vorab Teilbereiche der beiden Rechtsordnungen gegenüber. Dies könnte bei der Schaffung eines einheitlichen europäischen Zivilrechts hilfreich sein (1. Teil, A.).

3. Gegenstand der Untersuchung sind diejenigen Normen des spanischen und deutschen Baurechts, die Sicherungsmechanismen zugunsten des Erwerbers und Letzteigentümers von Wohnraum vorsehen und deren Sicherungsgegenstand Ansprüche auf Rückerstattung der geleisteten Vorschüsse, auf die Erbringung von Leistung bzw. auf die Leistung im Gewährleistungsfall sind (1. Teil, B.). Der Schwerpunkt der Arbeit liegt dabei auf der Darstellung der jeweiligen Normen und Vermittlung des aktuellen Diskussionsstands zu bestimmten Problem- und Fragestellungen. Hieran schließt ein Rechtsvergleich anhand der vom spanischen Gesetzgeber genannten Ziele an. Dabei wird das geltende deutsche Recht dem spanischen punktuell gegenübergestellt. So wird deutlich, in welchen Bereichen überhaupt ein Regelungsbedarf besteht, sowie ob und ggf. welche Mechanismen auch in Deutschland nützlich erscheinen (1. Teil, C.).

4. Im Rahmen des Vergleichs wird vor allem das Ziel des Verbraucherschutzes näher untersucht. Der Verbraucherbegriff deckt sich in beiden Ländern weitestgehend. Das Verbraucherleitbild der beiden Länder gleicht sich zunehmend an, seitdem der BGH sich der Rechtsprechung des EuGH annähert und von einem durchschnittlich informierten und verständigen Verbraucher ausgeht. Der Grund für die Schutzbedürftigkeit des Verbrauchers liegt in einem Marktversagen. Die geltenden liberalen Rechtsregeln gehen von dem Modell zweier gleichberechtigter, kompetenter und informierter Vertragspartner aus. Dies wird jedoch den Gegebenheiten nicht immer gerecht. Das Marktversagen führt zu einer Beeinträchtigung verschiedener Interessen des Verbrauchers. Der Gesetzgeber muss beim Erlass von Normen zum Schutz des Verbrauchers dessen Handlungsfreiheit, insbesondere in der Form der Vertragsfreiheit, aber auch seine rechtlichen und ökonomischen Interessen berücksichtigen (1. Teil, C. II. 2. c)).

5. Der Begriff des Bauträgers ist in Deutschland zivilrechtlich nicht legaldefiniert. Vor dem Hintergrund des § 34 Abs. 1 Nr. 2 Buchstabe a) GewO definiert der BGH einen Bauträger unabhängig von der im Vertrag gewählten Bezeichnung anhand der Interessenlage der Parteien als einen Baubeteiligten, der gewerbsmäßig auf einem ihm gehörenden oder von ihm zu beschaffenden Grundstück ein Bauvorhaben im eigenen Namen aber für einen Auftraggeber errichtet oder errichten lässt und die Bauherreneigenschaft besitzt, also bestimmenden Einfluss auf Planung und Durchführung des Vorhabens nimmt. Bei der Ab-

grenzung insbesondere vom Baubetreuer kommt es entscheidend darauf an, dass der Bauträger das Bauherrenrisiko trägt und die Bauherreneigenschaft inne hat (2. Teil, A. I. und A. II.).

6. Der Bauträgervertrag ist in Deutschland ein Vertrag sui generis, der kauf-, werk- und werklieferungsvertragliche Elemente enthält. Das gilt auch für Verträge über Gebäude, die bereits vor Vertragsschluss fertig gestellt sind (2. Teil, A. II. 1.).

7. In Spanien ist der Begriff des Bauträgers in Art. 9 LOE legaldefiniert. Der Gesetzgeber orientierte sich an der zwar uneinheitlichen, aber umfangreichen Rechtsprechung des Tribunal Supremo zu Art. 1591 CC, die eine gewisse Systematik geschaffen hat, und an der französischen Regelung des Art. 1831-1 des französischen Code Civil. Die Definition berücksichtigt die in den autonomen spanischen Regionen geltende Gesetzeslage und die europäischen Vorgaben. Der spanische Gesetzgeber schuf keinen eigenen Vertragstyp. Das Werkvertragsrecht wurde nicht reformiert (2. Teil, B. I.).

8. Die Merkmale des Bauträgerbegriffs ergeben sich aus Art. 9 und 17 Nr. 4 LOE. Auch nach spanischem Recht ist der Bauträger durch das Kriterium des Einwirkens auf das Bauvorhaben mit entscheidender Einflussmöglichkeit von anderen Baubeteiligten abzugrenzen. Die LOE führt die Figur des autopromotors ein. Bei ihr hat der zukünftige Nutzer des Bauwerks auch die Entscheidungsmacht am Bau. Er wäre nach deutschem Verständnis lediglich Bauherr (2. Teil, B. IV.).

9. Wie in Deutschland ist der Bauträgervertrag nach spanischem Recht ein Vertrag sui generis, mit Elementen des Kauf- und des Werkvertragsrechts. Dies gilt ebenso für Verträge über Gebäude, die vor Vertragsschluss fertig gestellt wurden (2. Teil, B. V.).

10. Der Bauträger ist in Deutschland und in Spanien verpflichtet, dem Erwerber eine gemäß den Verträgen mangelfrei errichtete Wohneinheit zu übertragen Daneben treffen ihn vor allem in Deutschland verschiedene Nebenpflichten (3. Teil, B. I. 1. und C. I.).

11. In beiden Ländern wird die Haftung des Bauträgers mit der Nichterfüllung seiner Vertragspflichten begründet (3. Teil, B. II. 1. und C. II. 1.). Schuldhaft muss der Bauträger in Deutschland nur zur Begründung von Schadensersatzansprüchen gehandelt haben.

12. In Deutschland ist die Haftung vor und nach der Abnahme zu unterscheiden. Die Abnahme darf nur bei schwerwiegenden Mängeln verweigert werden. Sie kann durch einen Dritten, z. B. einen öffentlich bestellten und vereidigten Sachverständigen erfolgen. Vor der Abnahme kann der Erwerber vor allem Erfüllung also die Herstellung des versprochenen mangelfreien Werks sowie

Übertragung des Grundstücks verlangen. Die Ansprüche nach der Abnahme ergeben sich je nachdem, welcher Leistungsbestandteil des Bauträgers betroffen ist, aus den werk- oder kaufvertraglichen Regeln des BGB. Die Sonderregeln der VOB/B sind nicht maßgeblich. Sie kann in Bauträgerverträgen nicht wirksam vereinbart werden. Dem Begriff des Mangels liegt im BGB eine dreistufige subjektive Konzeption zu Grunde. Ein Mangel liegt vor, wenn die Ist- von der vertraglich vereinbarten Sollbeschaffenheit abweicht. Wurde keine Beschaffenheit vereinbart, ist die vom Besteller beabsichtigte und dem Bauträger bekannte Verwendung maßgeblich. Auf der dritten Stufe liegt ein Mangel dann vor, wenn sich die Sache nicht für die gewöhnliche Verwendung eignet oder die übliche Beschaffenheit aufweist, die der Besteller erwarten kann (3. Teil, B. II. 2.).

13. Die Mängelrechte des Erwerbers stehen im deutschen Recht in einem Stufenverhältnis. Vorrangig hat er einen Nacherfüllungsanspruch. Nachgeordnet können dem Erwerber ein Anspruch auf Schadensersatz, das Recht zu Rücktritt und Minderung sowie die Befugnis zur Selbstvornahme nebst Anspruch auf Kostenersatz zukommen (3. Teil, B. II. 4.).

14. Eine Freizeichnung ist eine Vereinbarung zwischen Bauträger und Erwerber, nach der nicht der Bauträger, sondern die jeweiligen bauausführenden Unternehmen unmittelbar gegenüber dem Erwerber haften sollen. Gleichzeitig tritt der Bauträger seine Ansprüche gegen diese Unternehmen an den Erwerber ab. Eine Freizeichnung ist im deutschen Recht praktisch nur noch in Individualverträgen und auch dort nur in engen Grenzen möglich. Werkunternehmer und Bauträger sind grundsätzlich keine Gesamtschuldner. Werkunternehmer haften gegenüber dem Erwerber nur im Fall eines selbständigen Sonderwunschvertrags. Nur wenn ein Mangel auf einer Verletzung der hieraus resultierenden Vertragspflichten des Werkunternehmers einerseits und gleichzeitig auf einer Pflichtverletzung durch den Bauträger andererseits beruht, sind Werkunternehmer und Bauträger Gesamtschuldner im Sinne des § 426 BGB. Der Bauträger hat im Innenverhältnis zum Werkunternehmer gegen diesen einen Regressanspruch, wenn der Werkunternehmer den Schaden verursacht hat. In einem Prozess zwischen Erwerber und Bauträger besteht für den Bauträger die Möglichkeit, dem Werkunternehmer nach §§ 72 ff. ZPO den Streit zu verkünden und diesem in einem Regressprozess die Interventionswirkung dieser Streitverkündung entgegenzuhalten. Die Verjährungsfristen richten sich in Deutschland nach dem Objekt, an dem der Mangel entstanden ist. Sie richtet sich nicht nach der Schwere des Schadens am Bauwerk (3. Teil, B. II. 5. bis B. II. 8.).

15. In Spanien ergibt sich die Haftung des Bauträgers je nach Anwendungsbereich der LOE aus diesem Gesetz oder aus dem CC. Im Anwendungsbereich der LOE gilt der Grundsatz der persönlichen und individuellen Haftung. Lässt sich

der Verursachungsanteil nicht bestimmen, haften die jeweiligen Baubeteiligten als Gesamtschuldner. Insbesondere haftet der Bauträger immer für einen Schaden. Dies gilt selbst dann, wenn kein Verursacher des Schadens feststellbar ist. Der Bauträger kann lediglich mit haftungsbefreiender Wirkung nachweisen, dass der Schaden auf Zufall, höherer Gewalt, Handeln des Geschädigten oder eines Dritten, dessen Handeln sich kein Baubeteiligter zurechnen lassen muss, zurückgeht. Auf ein Verschulden kommt es zur Haftungsbegründung nach der LOE nicht an (3. Teil, C. II. 1.).

16. Die LOE unterscheidet drei Schadenskategorien anhand der Schwere des Schadens. In die erste Gruppe fallen Schäden, die sich auf die Struktur und Stabilität des Gebäudes auswirken. Die zweite Gruppe umfasst Schäden, die die Bewohnbarkeit einschränken. Die dritte Kategorie betrifft Schäden, die bei Schlussarbeiten verursacht wurden. Nur für Schäden, die in eine dieser drei Gruppen fallen, begründet die LOE eine Haftung. Schäden an sonstigen Rechtsgütern sind nicht erfasst. Der Anspruch des Geschädigten richtet sich grundsätzlich auf die Behebung des Schadens und nur subsidiär auf die Zahlung einer Entschädigungssumme. Eine Freizeichnung ist in Spanien generell nicht möglich. Auch in Spanien hat der Bauträger im Innenverhältnis einen Regressanspruch gegen den Verursacher des Schadens. Durch die LOE wurde dem Bauträger die Möglichkeit der Streitverkündung eröffnet, die das spanische Zivilprozessrecht nicht allgemein, sondern nur bei ausdrücklicher gesetzlicher Einzelregelung vorsieht (3. Teil, C. II. 2.).

17. Die LOE unterscheidet eine Haftungs- und eine Verjährungsfrist. Die Haftungsfristen richten sich nach den Schadenskategorien und betragen zehn und drei Jahre, bzw. ein Jahr. Sie beginnen mit der vorbehaltlosen Abnahme bzw. der Abnahme der zuvor nachgebesserten Bestandteile des Werks. Innerhalb der Haftungsfrist muss der Schaden aufgetreten sein. An das Auftreten des Schadens schließt sich eine zweijährige Verjährungsfrist an, innerhalb derer der Schaden geltend gemacht werden muss. Die Frist beginnt ab dem Zeitpunkt zu laufen, in dem es einem durchschnittlichen Verbraucher möglich ist, den Schaden zu erkennen (3. Teil, C. II. 3.).

18. Außerhalb des Anwendungsbereichs der LOE gelten die Haftungsregeln des CC weiter. Insbesondere Art. 1591 CC wurde nicht aufgehoben, sondern nur durch den Anwendungsbereich der LOE beschränkt. Er umfasst auch Ansprüche an sonstigen Rechtsgütern. Für die Ansprüche aus dem CC gelten sehr viel längere Fristen als für diejenigen der LOE (3. Teil, C. III.).

19. In Deutschland können Sicherheiten grundsätzlich dem Prinzip der Privatautonomie gehorchend auf Initiative der Parteien abgeschlossen werden. In bestimmten Fällen fordert die MaBV jedoch vom Bauträger die unabdingbare Ab-

sicherung des Erwerbers. Der Erwerber ist vor allem dann schutzwürdig, wenn er, ohne Eigentümer des Baugrundstücks und somit auch der darauf errichteten Gebäude zu sein, dem Bauträger zur Errichtung Vermögenswerte überträgt. Um diese Unsicherheit auszugleichen sieht die MaBV verschiedene Sicherungsmechanismen vor (Teil 4, A. I. 1.).

20. Gemäß § 3 Abs. 1 MaBV muss der Bauträger die für das Bauvorhaben notwendigen Genehmigungen einholen, insbesondere die Baugenehmigung. Der Anspruch des Erwerbers auf Eigentumsübertragung oder Bestellung eines Erbbaurechts muss durch Vormerkung gesichert sein. Außerdem muss eine Lastenfreistellung für den Fall der Nichtvollendung des Bauwerks gesichert sein. Liegen diese Voraussetzungen vor, kann sich der Bauträger Gelder des Erwerbers in Baufortschrittsraten, also als Abschlagszahlungen für bereits erbrachte Teilleistungen nach § 3 Abs. 2 MaBV zur Verfügung stellen lassen. Abschlagszahlungsvereinbarungen sind sowohl nach der MaBV als auch zivilrechtlich zulässig. Insbesondere verstoßen sie nicht gegen das AGB-Recht der §§ 307 ff. BGB, da sie der europarechtskonformen Abschlagszahlungsverordnung als Rechtsvorschrift im Sinne des Art. 244 EGBGB, früher § 27 a AGBG, entsprechen und so nicht von Grundgedanken einer gesetzlichen Regelung abweichen (4. Teil, A. I. 3.).

21. Der Bauträger kann sich unter anderem von den Sicherungspflichten des § 3 MaBV durch eine Sicherheitsleistung gemäß § 7 MaBV in Form einer Bürgschaft befreien. Diese wirkt bis zur vollständigen Fertigstellung, was der zivilrechtlichen Abnahmereife nach § 640 Abs. 1 S. 2 BGB entspricht (4. Teil, A. I. 4. a)).

22. Bürgschaften nach § 7 MaBV müssen Sicherheit für alle etwaigen Ansprüche des Auftraggebers auf Rückgewähr oder Auszahlung seiner Vermögenswerte bieten. Dies gilt für Abschlagszahlungs- und Vorausleistungsbürgschaften. Nach der Rechtsprechung des BGH muss eine „Bürgschaft nach § 7 MaBV" das Äquivalenzverhältnis der gegenseitigen Leistungspflichten selbst bei einer Vorausleistungsbürgschaft ausgleichen. Gesichert ist dabei das Interesse des Erwerbers, für die geleistete Zahlung den versprochenen Gegenwert zu erhalten; sonstige Vermögensschäden sind nicht gedeckt. Erfasst sind somit alle auf Rückzahlung gerichteten Ansprüche sowie die, die einen Anspruch auf Vorschuss zur Mängelbeseitigung oder Erstattung der -aufwendungen gewähren. Dieser Rechtsprechung wird entgegengehalten, dass das Äquivalenzverhältnis der Leistungen jedenfalls nicht aus europarechtlichen Gründen restlos ausgeglichen werden muss. Außerdem wird diese Zielsetzung nicht erreicht, selbst wenn die Auslegung des BGH zu Grunde gelegt wird (4. Teil, A. I. 4. b)).

23. Die Sicherungsmittel der §§ 3 und 7 MaBV dürfen ausgetauscht aber, solange der Gesetzgeber keine andere Regelung trifft, nicht vermischt werden, auch wenn dies von weiten Teilen der Praxis erwünscht ist. Der Notar stellt die Einhaltung der Regelungen der MaBV sicher. Dem Bauträger kann als ultima ratio durch die Gewerbeaufsicht die Gewerbeerlaubnis entzogen werden. Die persönliche Haftung des Geschäftsführers einer Bauträgergesellschaft soll diesen zur Einhaltung der Pflichten der MaBV bewegen (4. Teil, A. I. 5. – A. I. 6.).
24. Weder aus § 632 a BGB noch aus dem BauFG ergeben sich gesonderte Sicherungspflichten des Bauträgers zugunsten des Erwerbers (4. Teil, A. II. und A. III.).
25. Für den Zeitraum nach der Fertigstellung müssen die Parteien eines Bauträgervertrags in Deutschland aus eigener Initiative Sicherheiten vereinbaren. Die zu treffende Sicherungsabrede kann Regelungen zu Art, zum Sicherungszweck, zur Höhe und zum Sicherungsfall enthalten. Sie muss sich bei Formularverträgen in den Grenzen der §§ 307 ff. BGB halten. Dispositive Regelungen zu verschiedenen Sicherungsmitteln sind in §§ 232 – 240 BGB enthalten. Werden Sicherheitsleistungen vereinbart, wählen die Parteien eines Bauträgervertrags in Deutschland meist eine Bankbürgschaft als Sicherungsmittel. Versicherungen werden hier nur von einem Versicherungsunternehmen angeboten. Die Parteien sind in der Ausgestaltung der Sicherheiten sehr frei. Bürgschaften können, müssen aber nicht eine Verpflichtung zur Zahlung auf erstes Anfordern enthalten. Grundsätzlich hat der Bürge die Einreden aus §§ 768 ff. BGB (4. Teil, A. IV. 2.).
26. Die LOE sieht eine Pflichtversicherung für materielle Schäden an Wohngebäuden vor, die der Bauträger abschließen muss. Auch der autopromotor ist faktisch zum Abschluss einer solchen Versicherung gezwungen. Nur Versicherungsunternehmen können eine der LOE entsprechende Versicherung anbieten (4. Teil, B. I. 1.).
27. Als Sicherungsmittel sieht die LOE eine Schaden- oder eine Kautionsversicherung sowie einen Einbehalt vor. Bei der Schadenversicherung hat die Versicherung einen Regressanspruch gegen den Verantwortlichen; sie muss aber dessen Verantwortung nachweisen. Der Bauträger dürfte nicht allein aus seiner gesamtschuldnerischen Auffanghaftung heranzuziehen sein. Der Versicherungsfall der Kautionsversicherung ist die Nichterfüllung gesetzlicher oder vertraglicher Pflichten. Befriedigt das Versicherungsunternehmen den Geschädigten, gehen dessen Ansprüche auf jenes über. Hier kann das Versicherungsunternehmen den Bauträger immer, auch aus seiner Eigenschaft als Versicherungsnehmer, in Regress nehmen. Das Versicherungsunternehmen hat auf erstes Anfordern zu zahlen (4. Teil, B. I. 2.).

28. Derzeit ist nur eine Versicherung mit einer Laufzeit von 10 Jahren für Strukturschäden an Wohngebäuden abzuschließen. Auf den Abschluss kann geklagt werden. Die administrativen Mittel, die einen Versicherungsabschluss sicher stellen sollen, können ihre Aufgabe jedoch nur bedingt erfüllen. Die LOE gibt als Mindestversicherungssummen vor, die sich jeweils an den letztendlichen Baukosten gemäß Abnahmeprotokoll orientieren. Diese Mindestsummen werden über die Laufzeit nicht angepasst, was zu Schutzlücken führt. Bei der Abnahme ist zumindest die erste Rate einer einheitlichen Versicherungsprämie fällig. Um die Höhe der Prämie zu bestimmen, müssen die Versicherungsunternehmen das Risiko eines Schadensfalls einschätzen können, wofür sie die Bauplanung und -ausführung durch anerkannte Büros zur Qualitätskontrolle begleiten lassen. (4. Teil, B. I. 3.).

29. Da das Versicherungsunternehmen bereits die Bauplanung durch die Kontrollbüros bewerten lässt, ist der Versicherungsvertrag – zunächst mit einer vorläufigen Prämie, die erst bei Abnahme konkretisiert wird – faktisch bereits vor Baubeginn abzuschließen. Der Versicherungsschutz endet mit Ablauf der Gewährleistungsfrist; eine einvernehmliche Vertragsaufhebung, eine einseitige Kündigung oder ein Verzicht, sowie Kündigung sind selbst bei Nichtzahlung von Prämienraten unzulässig (4. Teil, B. I. 4.).

30. Der Versicherer kann zwischen Beseitigung des Schadens und Zahlung einer Geldentschädigung wählen (4. Teil, B. I. 5. d)).

31. Neben der LOE fordert in Spanien auch das AvalG den Abschluss von Bürgschaften, die die Rückzahlung von im Voraus geleisteten Zahlungen für den Fall der nicht fristgerechten Fertigstellung besichern sollen. Auf dem Versicherungsmarkt werden zudem weitere, freiwillige Versicherungen vor allem für die sonstigen, nach der LOE und dem AvalG nicht besicherten Schadengruppen angeboten (4. Teil, B. II. und B. III.).

32. Durch den Erlass der LOE sollten die rechtliche Sicherheit erhöht, die Bauqualität gesteigert und der Verbraucherschutz gestärkt werden (5. Teil).

33. Vor Erlass der LOE hatte sich in Spanien eine sehr umfangreiche Rechtsprechung zur Bauträgerhaftung entwickelt. Auch in Deutschland ergehen derzeit viele Urteile zur MaBV. Gerade bei einer großen Zahl von Entscheidungen in einem Rechtsgebiet wie dem privaten Baurecht kann es jedoch zu systematischen Brüchen und einer den Wortlaut überspannenden Auslegungspraxis kommen. Ebenso können Neuorientierungen in der Rechtsprechung die betroffenen Anwender verunsichern. Die Normierung von höchstrichterlichen Urteilen muss nicht zwingend die Rechtssicherheit erhöhen. Letztendlich muss der Gesetzgeber abwägen, ob Normsätze der Rechtsprechung kodifiziert werden sollen und ob dadurch die Rechtssicherheit erhöht wird (5. Teil, A. I.).

34. Indem für bestimmte Rechtsfragen ein gesondertes Gesetz geschaffen wird, kann schnell auf Notwendigkeiten reagiert werden. Beispielsweise lassen sich Schutzlücken zielgerichtet und schnell schließen. Jedoch besteht dann die Schwierigkeit, die Anwendungsbereiche verschiedener Einzelgesetze schlüssig gegeneinander abzugrenzen und die Systematik bereits bestehender Normen nicht zu beeinträchtigen. Auch hier obliegt es dem Gesetzgeber die Vor- und Nachteile abzuwägen, die eine einheitliche Normierung gegenüber einer Regelung in verschiedenen Gesetzen bietet (5. Teil, A. II.).
35. Durch Sicherungsmittel kann der Gesetzgeber mittelbar zur Qualitätssteigerung beitragen. Wenn Sicherungsgeber zur Abwägung des Risikos die Bauplanung und die Bauausführung durch Sachverständige begleiten und kontrollieren lassen, kann dies die Bauqualität erhöhen. Gerade Versicherungen sind im Gegensatz zu sonstigen Sicherungsgebern dazu verpflichtet, Gruppen gleichen Risikos zu bilden, was eine genaue Risikoabschätzung voraussetzt und eine genaue Baubeobachtung erwarten lässt. Die Risikoanalyse von Bürgen ist hingegen nicht typisiert und unterliegt keiner staatlichen Aufsicht. Der Umfang des Sicherungsmittels kann ebenfalls dazu beitragen, den vertraglich vorgesehenen Qualitätsstandard zu erreichen (5. Teil, B.).
36. Bei der Betrachtung des Verbraucherschutzes im Bauträgerrecht ist die unterschiedliche Wohneigentümerstruktur in Deutschland und Spanien zu berücksichtigen. Während in Spanien die Wohneigentumsquote ca. 87 % erreicht, liegt sie in Deutschland nur bei knapp 43 %. Die spanischen Haushalte verschulden sich zum Erwerb von Immobilien in ernst zu nehmenden Umfang. Nicht nur finanzstärkere und durchschnittlich besser gebildete Bevölkerungskreise erwerben Wohneigentum, wie dies in Deutschland anzunehmen ist (5. Teil, C. I.).
37. Eine Pflichtversicherung bringt dem Verbraucher Vor- und Nachteile. Vorteilhaft ist für den Verbraucher, dass die Versicherung während der Gewährleistungsfrist einen Schutz vor einer möglichen Insolvenz des Bauträgers bietet. Außerdem würde eine Pflichtversicherung auf dem Versicherungsmarkt zu einer Angebotsausweitung führen. Allerdings dürften in Deutschland bei der Einführung einer Pflichtversicherung bislang von Banken und Bauunternehmen angebotene Bürgschaften wegfallen. In der LOE wird zudem die Mangelbeseitigung durch verschiedene Mechanismen beschleunigt, die nicht alle allein auf die Pflichtversicherung zurückzuführen sind, aber mit ihr zusammenwirken. Als Sicherungsmittel sind eine Schaden- und eine Kautionsversicherung vorgesehen, die beide kein Verschulden des Bauträgers voraussetzen. Durch die Auffanghaftung des Bauträgers kann sich der Geschädigte immer an einen Baubeteiligten bzw. dessen Versicherer wenden. Das Versicherungsunternehmen hat auf

erstes Anfordern zu zahlen und die Streitverkündung ist ihm nicht möglich. Schließlich hat es ein Wahlrecht zwischen Schadensbeseitigung und Schadensersatz in Geld. In Deutschland sind viele dieser gesetzlichen Regelungen bereits vorgesehen, weswegen durch eine Reform nur eingeschränkt Vorteile für den Verbraucher erzielbar sind (5. Teil, C. II. 1.).

38. Nachteilig wirken sich die Regelungen der LOE für den Verbraucher in Spanien insoweit aus, als sie die Vertragsfreiheit einschränken, die Haftungs- und Verjährungsfristen verkürzen, die Baukosten aufgrund der Sicherung erhöhen, nur Versicherungen als Sicherungsgeber zulassen, die Mindestversicherungsbeträge vorsehen sowie dem autopromotor faktisch eine Versicherungspflicht auferlegen. Die Einführung einer Pflichtversicherung würde in Deutschland ebenfalls zu diesen Einschränkungen des Verbraucherschutzes führen (5. Teil, C. II. 2.).

39. Modifizierte Informations- und Hinweispflichten oder eine verstärkte notarielle Beratung sind nur sehr eingeschränkt als Alternative zur Erreichung des Schutzzwecks einer Pflichtversicherung geeignet. Eine sinnvolle Alternative sind externe Kontrollstellen. Auch ohne eine Pflichtversicherung können sie vorgesehen werden. Es ist darauf zu achten, dass ihnen keine Kontrollaufgaben zugewiesen werden, die bereits andere Stellen, wie Baubehörden, wahrnehmen (5. Teil, C. III.).

40. Die Mittel, die der spanische Gesetzgeber in der LOE zur Erreichung der von ihm genannten Ziele Rechtssicherheit, Qualitätssteigerung und Verbraucherschutz gewählt hat, sind nur zum Teil für diesen Zweck geeignet. Die Rechtssicherheit wird nicht erhöht. Die Qualität wird mittelbar, insbesondere durch die Arbeit der Kontrollbüros erhöht. Der Verbraucherschutz wird in einigen Punkten verbessert. Für den Verbraucher ergeben sich aber auch Nachteile. Ähnliche Auswirkungen hätte auch eine Pflichtversicherung, wenn sie in Deutschland eingeführt würde. Der deutsche Gesetzgeber hat die Notwendigkeit einer Regelung festzustellen. Dabei sollte er die Schutzbedürftigkeit der Verbraucher, die vor allem auch die Vertragsfreiheit einschließt, die Auswirkungen einer Regelung auf die Angebotsvielfalt und die Preisentwicklung berücksichtigen (5. Teil, C. III. 2.).

41. Während etwa zu Anfang der 90er Jahre des 20. Jahrhunderts ein Richtlinienvorschlag der Kommission zur Haftung für fehlerhafte Dienstleistungen nicht weiter verfolgt wurde, wird derzeit auf Vorschlag der Kommission eine Richtlinie über Dienstleistungen im Binnenmarkt diskutiert. Dieser letztgenannte Vorschlag betrifft auch den Erwerb vom Bauträger und sieht eine Berufshaftpflichtversicherung oder eine gleichwertige oder aufgrund ihrer Zweck-

bestimmung im Wesentlichen vergleichbare Entschädigungsregelung oder Sicherheit zu Gunsten des Dienstleistungsempfängers vor (6. Teil, A. und B.).

42. Bei Bauträgerverträgen besteht ein besonderes finanzielles Risiko, das eine Sicherung gemäß dem Richtlinienvorschlag notwendig macht. Die MaBV bietet bis zur Fertigstellung einen ausreichenden Schutz im Sinne des Richtlinienvorschlags. Für die Zeit nach der Fertigstellung und für Fallgestaltungen, auf die die MaBV keine Anwendung findet, hätte der deutsche Gesetzgeber eine Sicherung zu gewährleisten, sofern die Richtlinie wie vorgeschlagen erlassen wird. Bei dieser Gelegenheit könnte der deutsche Gesetzgeber das Bauträgerrecht einheitlich gestalten. Dabei obliegt ihm unter Beachtung der nationalen und europäischen Rechtsordnung die Abwägung sowohl der Interessen der Vertragspartner eines Bauträgervertrags als auch der Kriterien, wie ein Verbraucher am besten zu schützen ist (6. Teil, C.).

Anhang

A. Literaturverzeichnis

Stand der Literatur: Frühjahr 2005. Wesentliche Entwicklungen wurden bis Ende 2006 berücksichtigt.

I. Deutsche Autoren

Adams, Michael	Ökonomische Analyse der Sicherungsrechte Königsstein 1980
Adomeit, Klaus Frühbeck, Guillermo	Einführung in das spanische Recht 2. Auflage München 2001
Auby, Jean-Bernard Périnet-Marquet, Hugues	Droit de l´urbanisme et de la construction 6. Auflage Paris 2001 (zit.: Auby/Périnet-Marquet, Rz.)
Ausschuss des Bundesnotarkammer für Schuld- und Liegenschaftsrecht	Diskussionsentwurf über eine Regelung des Bauträgervertrages im Bürgerlichen Gesetzbuch BauR 2005, S. 1708 – 1723
Baden, Eberhard	Der „selbständige“ Sonderwunschvertrag BauR 1983, S. 313 – 318
Basty, Gregor	Bauträgervertrag 5. Auflage Köln 2005 (zit.: Basty, Rn.)
Basty, Gregor	Aktuelle Fragen zur Bürgschaft nach § 7 MaBV– Zugleich Anmerkung zum Beschluss des BGH v. 02.05.2002 – VII ZR 178/01 DNotZ 2002, S. 567 – 579
Basty, Gregor	Verordnung über Abschlagszahlungen bei Bauträgerverträgen DNotZ 2001, S. 421 – 434

Basty, Gregor — Vorauszahlung nach dem Fördergebietsgesetz und Bauträgervertrag – Zur Vorleistungspflicht des Bauträgers nach Stellung einer Bürgschaft nach § 7 MaBV
DNotZ 1994, S. 15 – 24

Basty, Gregor — Anmerkung zum Urteil des OLG Hamm vom 24.09.1993, Az. 12 U 175/92
DNotZ 1994, S. 873 – 875

Basty, Gregor — Änderung der Makler- und Bauträgerverordnung
DNotZ 1991, S. 18 – 28

Bergh, Roger van den — Wer schützt die europäischen Verbraucher vor dem Brüsseler Verbraucherschutz? Zu den möglichen adversen Effekten der europäischen Richtlinie zum Schutze des Verbrauchers
in: Effiziente Verhaltenssteuerung und Kooperation im Zivilrecht
Hg.: Claus Ott
Tübingen 1997
S. 77 – 102

Blank, Manfred — Anmerkung yum Urteil des BGH vom 21.03.2002, Az. VII ZR 493/00
ZfIR 2002, S. 635 – 637

Blank, Manfred — Bauträgervertrag
2. Auflage
Köln 2002

Blank, Manfred — Spannungsverhältnis zwischen § 7 MaBV und §§ 9 Abs. 2 Nr. 1, 11 Nr. 2a AGBG
DNotZ 1996, S. 501 – 508

Blank, Manfred — Bürgschaft im Bauträgervertrag
ZfIR 2001, S. 785 – 790

Blank, Manfred — Das „Aus" für den Bauträgervertrag?
ZfIR 2001, S. 85 – 92

Blomeyer, Jürgen	Augen auf beim Wohnungskauf – Die Risiken des Käufers nach der Makler- und Bauträgerverordnung NJW 1999, S. 472 – 474
Brambring, Günter	Kein „Aus“ für den Bauträgervertrag ZfIR 2001, S. 257 – 258
Brambring, Günter	Die Änderungen der Makler- und Bauträgerverordnung Offene Streitfragen bleiben weiter ungelöst FWW 1991, S. 9 – 13
Brambring, Günter	Schuldrechtsreform und Grundstückskaufvertrag – Ergänzung zu DNotZ 2001, 590 DNotZ 2001, S. 904 – 910
Brandhofer, Christian	Haftung der Bank wegen vorschriftswidriger Formulierung der Bürgschaftsurkunde nach § 7 MaBV NZBau 2001, S. 305 – 308
Brych, Friedrich	Der Erwerb von Wohnraum und die Gewährleistung NJW 1973, S. 1583 – 1590
Brych, Friedrich Pause, Hans-Egon	Bauträgerkauf und Baumodelle 3. Auflage München 1999 (zit.: Brych/Pause, Rz.)
Bühren, Hubert W. van	Handbuch Versicherungsrecht 2. Auflage Köln 2003
Conrad, Rüdiger	Die vollständige Fertigstellung im Bauträgervertrag BauR 1990, S. 546 – 549
Dauner-Lieb, Barbara	Die geplante Schuldrechtsmodernisierung – Durchbruch oder Schnellschuss? JZ 2001, S. 8 – 18

Dören, Hans Achim	Die rechtliche Einordnung des Bauträgervertrags nach der Schuldrechtsmodernisierung: Werkvertrag ZfIR 2003, S. 497 – 503
Doerry, Jürgen	Bauträgerschaft, Baubetreuung und Bautreuhandschaft sowie Prospekthaftung bei Baumodellen in der Rechtsprechung des Bundesgerichtshofs WM 1991, Sonderbeilage Nr. 8, S. 3 – 16
Dreher, Meinrad	Der Verbraucher – Das Phantom in den opera des europäischen und deutschen Rechts JZ 1997, S. 167 – 178
Drexl, Josef	Der Bürge als deutscher und europäischer Verbraucher JZ 1998, S. 1046 – 1058
Eidenmüller, Horst	Effizienz als Rechtsprinzip Möglichkeiten und Grenzen der ökonomischen Analyse des Rechts Tübingen 1995
Engisch, Karl Würtenberger, Thomas (Hg.) Otto, Dirk (Hg.)	Einführung in das juristische Denken 9. Auflage Stuttgart 1997
Ewenz, Dieter	Der Sicherungszweck der Bürgschaft nach § 7 MaBV ZfIR 2000, S. 8 – 14
Fabré, Bertrand	Haftung für Baumängel in den romanischen Ländern in: Seminar Harmonisierung des Bauvertragsrechts in Europa Hg.: Jörg Wenzel Wiesbaden 1994 S. 23 – 31
Fischer, Gero	Reichweite der Bürgschaften nach der Makler- und Bauträger-Verordnung WM 2003, S. 1 – 5

Fischer, Kai Christian	Verbraucherschutz im spanischen Vertragsrecht im Lichte der europäischen Rechtsangleichung – eine Studie mit rechtsvergleichenden Bezügen zum deutschen Recht Frankfurt 2000
Freitag, Robert	Anmerkung zum Urteil des Europäischen Gerichtshofs vom 01.04.2004 – Rs C-237/02 EWiR 8/2004, Art. 3 RL 93/13/EWG, S. 397
Frietsch, Edwin	Europäisches Bauvertragsrecht: Position der Bundesregierung in: Seminar Harmonisierung des Bauvertragsrechts in Europa Hg.: Jörg Wenzel Wiesbaden 1994 S. 33 – 40
Gabler	Wirtschaftslexikon 14. Auflage Wiesbaden 1997
Ganten, Hans (Hg.) Jagenburg, Walter (Hg.) Motzke, Gerd (Hg.)	Beck'scher VOB-Kommentar München 2001 (zit.: Ganten/Jagenburg/Motzke/Bearbeiter, §, Rz.)
Gantzer, Peter	Spanisches Immobilienrecht 9. Auflage Frankfurt 2003
Gläser, Alexander	Kauf vom Bauträger NJW 1975, S. 1006 – 1007
Grabitz, Eberhard Hilf, Meinrad	Das Recht der Europäischen Union Altband I 14. Ergänzungslieferung, Okt. 1999 München 1999 (zit.: Grabitz/Hilf/Bearbeiter, RL, Rz.)
Grundmann, Stefan	Privatautonomie im Binnenmarkt – Informationsregeln als Instrument JZ 2000, S. 1133 – 1143

Grziwotz, Herbert — MaBV-Bürgschaft und Vorausleistungspflicht im Bauträgervertrag
NJW 1994, S. 2745 – 2747

Hannig, Uwe — Wie kam es zu den Bauträger-Verträgen
in: Die Bauträger und ihre Verträge
Schriftenreihe des Evangelischen Siedlungswerkes in Deutschland e. V.
Hamburg 1979
S. 33 – 45

Heerdt, Kathrin — Der Schutz des Erwerbers beim Bauträgervertrag nach dem Gesetz über die Sicherung der Bauforderungen
BauR 2004, S. 1661 – 1663

Heiderhoff, Bettina — Vertrauen versus Vertragsfreiheit im europäischen Verbrauchervertragsrecht
ZEuP 2003, S. 768 – 788

Heinemann, Jörn — Mängelhaftung im Bauträgervertrag der Schuldrechtsreform
ZfIR 2002, S. 167 – 170

Heinrichs, Helmut — Das Gesetz zur Änderung des AGB-Gesetzes
NJW 1996, S. 2190 – 2197

Hertel, Christian — Werkvertrag und Bauträgervertrag nach der Schuldrechtsreform
DNotZ 2002, S. 6 – 23

Hertel, Christian — Neues Werkvertragsrecht und MaBV – Erwiderung auf Wagner, ZNotP 2000, 461
ZNotP 2001, S. 5 – 17

Hertwig, Stefan
Zellnig, Stefan — Zur Problematik von Abschlagszahlungsvereinbarungen in Bauträgerverträgen
DStR 2002, S. 225 – 226

Heymann, Ekkehard von
Rösler, Patrick — Anmerkung zum Urteil des BGH vom 14.01.1999, Az. IX ZR 140/98
WuB I E 5. – 4.99, 07/1999, S. 701 – 702

Hildebrandt, Thomas	Die rechtliche Einordnung des Bauträgervertrags nach der Schuldrechtsmodernisierung: Kaufvertrag ZfIR 2003, S. 489 – 496
Hofmann, Edgar	Privatversicherungsrecht 3. Auflage München 1991 (zit.: Hofmann, §, Rz.)
Ingenstau, Heinz Korbion, Hermann	Verdingungsordnung für Bauleistungen: VOB; Teile A und B; DIN 1960/61 15. Auflage Düsseldorf 2004 (zit.: Ingenstau/Korbion/Bearbeiter, § oder Anh., Rz.)
Jacob, Dieter Ring, Gerhard Wolf, Rainer	Freiberger Handbuch zum Baurecht 2. AuflageBonn 2003 (zit.: Jacob/Ring/Wolf/Bearbeiter, §, Rz.)
Jarrass, Hans D. Pieroth, Bodo	Grundgesetz 7. Auflage München 2004
Kainz, Dieter	Zur Unwirksamkeit von Vertragserfüllungs- und Gewährleistungsbürgschaften „auf erstes Anfordern“ in der deutschen Bauwirtschaft und die sich daraus ergebenden Rechtsfolgen BauR 1995, S. 616 – 628
Kanzleiter, Rainer	Vertragsfreiheit und Bauträgervertrag nach der Schuldrechtsreform – Wer bestimmt über den Inhalt und die rechtliche Einordnung eines Bauträgervertrags? DnotZ 2006, S. 246 – 252
Kapellmann, Klaus Messerschmidt, Burkhard	VOB Teile A und B – Vergabe- und Vertragsordnung für Bauleistungen München 2003 (zit.: Kapellmann/Messerschmidt/Bearbeiter, Anh. oder §, Rz.)

Kerber, Wolfgang	Rechtseinheitlichkeit und Rechtsvielfalt aus ökonomischer Sicht in: Systembildung und Systemlücken in Kerngebieten des Europäischen Privatrechts Hg.: Stefan Grundmann Tübingen 2000 S. 67 – 97
Kiesel, Helmut	Das Gesetz zur Beschleunigung fälliger Zahlungen NJW 2000, S. 1673 – 1682
Kind, Sandra	Die Grenzen des Verbraucherschutzes durch Information – aufgezeigt am Teilzeitwohnrechtegesetz Berlin 1998
Kleine-Möller, Nils Merl, Heinrich Oelmaier, Winfried	Handbuch des privaten Baurechts 2. Auflage München 1997 (zit.: Kleine-Möller/Merl/Oelmaier/Bearbeiter, §, Rz.)
Koeble, Wolfgang	Probleme des Generalübernehmermodells NJW 1992, S. 1142 – 1146
Kötz, Hein	Alte und neue Aufgaben der Rechtsvergleichung JZ 2002, S. 257 – 264
Kötz, Hein Flessner, Axel	Europäisches Vertragsrecht Bd. I: Abschluss, Gültigkeit und Inhalt des Vertrags, die Beteiligung Dritter am Vertrag Tübingen 1996
Kohler, Jürgen	Die Fälle der Sicherheitsleistung im Bürgerlichen Gesetzbuch – Normgründe, Erfüllungszwang und einstweiliger Rechtsschutz ZZP 1989, S. 58 – 79
Kunze, Axel	Der Umfang der Bürgschaft nach § 7 MaBV ZfIR 2003, S. 540 – 547

Landmann/Rohmer	Gewerbeordnung und ergänzende Vorschriften Band I: Gewerbeordnung · Kommentar Marcks, Peter, u. a. (Hg.) München Loseblatt, Stand 1. Februar 2004 (zit.: Landmann/Rohmer/Bearbeiter, §, Rz.)
Leineweber, Anke	Handbuch des Bauvertragsrechts Baden-Baden 2000
Lettl, Tobias	Der lauterkeitsrechtliche Schutz vor irreführender Werbung in Europa GRURInt 2004, S. 85 – 96
Lettl, Tobias	Der Schutz der Verbraucher nach der UWG-Reform GRUR 2004, S. 449 – 461
Locher, Horst Locher, Ulrich (Mitarbeit)	Das private Baurecht 6. Auflage München 1996 (zit.: Locher/Locher, Rz.)
Locher, Horst	Zur Umgestaltung des deutschen Bauvertragsrechts durch EG-Initiativen BauR 1992, S. 293 – 298
Locher, Horst	Dritte Verordnung zur Änderung der Makler- und Bauträgerverordnung NJW 1997, S. 1427 f.
Lorenz, Stephan	Rücktritt, Minderung und Schadensersatz wegen Sachmängeln im neuen Kaufrecht: Was hat der Verkäufer zu vertreten? NJW 2002, S. 2497 – 2505
Marcks, Peter	Verordnung zur Änderung der Verordnung zur Durchführung des § 34 c der Gewerbeordnung DNotZ 1975, S. 389 – 410
Marcks, Peter	Makler- und Bauträgerverordnung 7. Auflage München 2003 (zit.: Marcks, §, Rz.)

Mehrings, Josef	Einbeziehung der VOB in den Bauträgervertrag NJW 1998, S. 3457 – 3459
Meyer, Stefan Kirchheim, Philipp	Spanien: Das neue private Baurecht RIW 2000, S. 910 – 917
Micklitz, Hans-W.	Legitime Erwartungen als Gerechtigkeitsprinzip des Privatrechts, in: Recht und diffuse Interessen – Liber amicorum Norbert Reich Hg.: Krämer, L. und andere (Hg.) Heidelberg 1997 S. 245 – 277
Münchener Kommentar	Band 1, Allgemeiner Teil, §§ 1 – 240, AGB-Gesetz Säcker, Franz Jürgen (Redakteur) 4. Auflage München 2001 (zit.: MüKo/Bearbeiter, §, Rz.)
Nicklisch, Fritz Weick, Günter	VOB Verdingungsordnung für Bauleistungen Teil B 3. Auflage München 2001 (zit.: Nicklisch/Weick, Einl./§, Rz.)
Ott, Andreas	Die Auswirkung der Schuldrechtsreform auf Bauträgerverträge und andere aktuelle Fragen des Bauträgerrechts NZBau 2003, S. 233 – 242
Pagenkemper, Florian	Die Mängelhaftung des Bauunternehmers in Spanien nach der Ley de Ordenación de la Edificación und dem Código civil Frankfurt am Main 2002
Palandt, Otto (Hg., †), u. a.	Bürgerliches Gesetzbuch 63. Auflage München 2004 (zit.: Palandt/Bearbeiter, §, Rz.)

Pauly, Holger — Neue höchstrichterliche Rechtsprechung zur Frage des Sicherungsumfanges der MaBV-Bürgschaft
BauR 2004, S. 19 – 24

Pause, Hans-Egon — Auswirkung der Schuldrechtsmodernisierung auf den Bauträgervertrag
NZBau 2002, S. 648 – 655

Pause, Hans-Egon — MaBV: Vom Schutz der Vermögenswerte zur Sicherung der Gewährleistungsrechte? – Die Rechtsprechung des Bundesgerichtshofs zur Fälligkeit der letzten Rate beim Bauträgerkauf und zum Umfang der Bürgschaft nach § 7 MaBV
BauR 1999, S. 1270 – 1274

Pause, Hans-Egon — Verstoßen Zahlungspläne gem. § 3 II MaBV gegen geltendes Recht?
NZBau 2001, S. 181 – 183

Peuster, Witold — Código Civil: spanisch-deutsche Textausgabe
Frankfurt am Main 2002

Pfeiffer, Thomas — Der Verbraucherbegriff als zentrales Merkmal im europäischen Privatrecht
in: Europäische Rechtsangleichung und nationale Privatrechte
Hg.: Hans Schulte-Nölke, Reiner Schulze
Baden-Baden 1999
S. 21 – 43

Portz, Evelin — Die Einflüsse des Europäischen Binnenmarktes auf das private Baurecht
NJW 1993, S. 2145 – 2152

Quilisch, Tobias
Pérez-Ramos, María C. — Begriff und Pflichten des Bauträgers nach dem spanischen Gesetz zur Ordnung des Bauwesens
ZfIR 2002, S. 759 – 765

Reich, Norbert	Verbraucherrechte als – unverzichtbare – subjektive Rechte passiver Marktbürger in: Systembildung und Systemlücken in Kerngebieten des Europäischen Privatrechts Hg.: Stefan Grundmann Tübingen 2000 S. 481 – 509
Reithmann, Christoph Meichssner, Claus Heymann, Eckehardt von	Kauf vom Bauträger 7. Auflage Köln 1995 (zit.: Reithmann/Bearbeiter, Teil, Rz.)
Reithmann, Christoph	Der Treuhänder des Baumodells nach dem Rechtsberatungsgesetz ZfIR 2004, S. 275 – 277
Reithmann, Christoph	Erwerber, Bauträger, Bank – Interessenausgleich im Bauträgervertrag NJW 1997, S. 1816 – 1818
Riemenschneider, Markus	Ausgewählte Probleme zur Bürgschaft gemäß § 7 MaBV ZfIR 2002, S. 949 – 960
Riemenschneider, Markus	Anmerkung zum Urteil des BGH vom 06.05.2003, Az. XI ZR 33/02 DNotZ 2004, S. 50 – 52
Riezler, Erwin	Der Werkvertrag in rechtsvergleichender Darstellung RabelsZ 1952, S. 522 – 577
Rösler, Patrick	Bauträgerfinanzierung nach der Bauträger-I-Entscheidung ZfIR 2001, S. 259 – 267
Roth, Günter H.	Handels- und Gesellschaftsrecht 6. Auflage München 2001 (zit.: Roth, §, S.)

Roth, Wulf-Henning	Berechtigte Verbrauchererwartungen im Europäischen Gemeinschaftsrecht in: Europäische Rechtsangleichung und nationale Privatrechte Hg.: Hans Schulte-Nölke, Reiner Schulze Baden-Baden 1999 S. 45 – 62
Sandrock, Otto	Praktische Rechtsvergleichung – Eine Skizze, verbunden mit dem Versuch einer Systematisierung in: „Rechtsvergleichung als zukunftsträchtige Aufgabe“ Hg.: Otto Sandrock, Bernhard Großfeld, Claus Luttermann, Reiner Schulze, Ingo Saenger Münster 2004 S. 1 – 36
Schäfer, Hans-Bernd Ott, Claus	Lehrbuch der ökonomischen Analyse des Zivilrechts 2. Auflage Berlin 1995
Schmidt-Bleibtreu, Bruno Klein, Franz	Kommentar zum Grundgesetz 9. Auflage Neuwied 1999 (zit.: Schmidt-Bleibtreu/Bearbeiter, Art., Rz.)
Schmidt-Räntsch, Jürgen	Rechtssicherheit für Bauträgerverträge NZBau 2001, S. 356 – 360
Schmucker, Andrea	Arbeitskreis V: Empfehlen sich gesetzliche Regelungen zum Schutzes des Verbrauchers im Bauvertragsrecht? Referat C BauR 2006, S. 1620 – 1632
Schöner, Hartmut Stöber, Kurt	Grundbuchrecht 12. Auflage München 2001 (zit.: Schöner/Stöber, Rz.)

Schulze, Reiner	Bürgerliches Gesetzbuch – Handkommentar Hg.: Reiner Schulze (Schriftleitung) 3. Auflage Baden-Baden 2003 (zit.: Schulze/Bearbeiter, §, Ordnungsnummer)
Schulze, Reiner Ebers, Martin	Streitfragen im neuen Schuldrecht JuS 2004, S. 265 – 272
Schulze-Hagen, Alfons	Aktuelle Probleme des Bauträgervertrags BauR 1992, S. 320 – 333
Seuß, Hanns	Wie kam es zu den Bauträger-Verträgen – Aspekte zur Geschichte der Bauträger und ihrer Verträge bis zum Jahr 1939 in: Die Bauträger und ihre Verträge Schriftenreihe des Evangelischen Siedlungswerkes in Deutschland e. V. Hamburg 1979 S. 7 – 30
Simitis, Konstantin	Verbraucherschutz – Schlagwort oder Rechtsprinzip? Baden-Baden 1976
Sorge, Hans-Ulrich	Das Ende vom Ende des Bauträgervertrags – Bericht über die Tagung des DAI vom 24.03.2001 in München DNotZ 2001, S. 261 – 271
Speck, Johannes	Die Bürgschaft gemäß § 7 MaBV in Bauträgerverträgen MittRhNotK 1995, S. 117 – 139
Starck, Christian (Hg.)	Das Bonner Grundgesetz Band 2: Art. 20 bis 78 4. Auflage München 2000 (zit.: Starck/Bearbeiter, Art., Rz.)

Staudenmayer, Dirk	Die Richtlinien des Verbraucherprivatrechts – Bausteine für ein europäisches Privatrecht? in: Europäische Rechtsangleichung und nationale Privatrechte Hg.: Hans Schulte-Nölke, Reiner Schulze Baden-Baden 1999 S. 63 – 78
Staudinger, Ansgar	Der Bauträgervertrag auf dem Prüfstand des Gemeinschaftsrechts DNotZ 2002, S. 166 – 184
Stern, Klaus	Staatsrecht Band 2 1. Auflage München 1980
Teichmann, Arndt	Kauf- und Werkvertrag in der Schuldrechtsreform ZfBR 2002, S. 13 – 21
Tettinger, Peter J. Wank, Rolf	Gewerbeordnung 6. Auflage München 1999
Thode, Reinhold	Werkleistung und Erfüllung im Bau- und Architektenvertrag ZfBR 1999, S. 116 – 124
Thode, Reinhold	Aktuelle höchstrichterliche Rechtsprechung zur Sicherungsabrede in Bauverträgen ZfBR 2002, S. 4 – 12
Thode, Reinhold	Die wichtigsten Änderungen im BGB-Werkvertragsrecht: Schuldrechtsmodernisierungsgesetz und erste Probleme, Teil 1 NZBau 2002, S. 297 – 305
Thode, Reinhold	Rechtssicherheit für den Bauträgervertrag – eine Phantasmagorie ZfIR 2001, S. 345 f.

Thode, Reinhold	Anmerkung zum Urteil des BGH vom 19.07.2001, Az. IX ZR 149/00 WuB IE 5. – 1.02, 01/2002, S. 33 – 34
Thode, Reinhold	Anmerkung zum Urteil des Kammergerichts vom 29.11.1999, Az. 12 U 3527/98 WuB I E 5. – 6.01, 06/2001, S. 530 – 532
Thode, Reinhold	Anspruch und Wirktlichkeit – Ein Diskussionsbeitrag zum Diskussionsentwurf der Bundesnotarkammer über die Regelung des Bauträgervertrags im BGB BTR 2006, S. 2 – 10
Thomas, Heinz Putzo, Hans Reichold, Klaus Hüßtege, Rainer	Zivilprozessordnung 26. Auflage München 2004 (zit.: Thomas/Putzo/Bearbeiter, §, Rz.)
Tiedtke, Klaus	Die Rechtsprechung des BGH auf dem Gebiet des Bürgschaftsrechts in den Jahren 2001 und 2002 NJW 2003, S. 1359 – 1367
Tietzel, Manfred	Kommentar zu Roger van den Bergh: Wer schützt die europäischen Verbraucher vor dem Brüsseler Verbraucherschutz? in: Effiziente Verhaltenssteuerung und Kooperation im Zivilrecht Hg.: Claus Ott Tübingen 1997 S. 103 – 106
Ullmann, Eike	Der Bauträgervertrag – quo vadit? NJW 2002, 1073 – 1078
Virneburg, Herwart	Der Sonderwunsch des Erwerbers im Bauträgervertrag BauR 2004, S. 1681 – 1696
Vogel, Olrik	Anmerkung zum Urteil des BGH vom 22.10.2002, Az. XI ZR 393/01 ZfIR 2003, S. 60 – 63

Volmer, Michael	Die Vermischung von Sicherheiten in Bauträgerverträgen ZfIR 1999, S. 493 – 503
Volmer, Michael	Klauselkontrolle am Beispiel der MaBV-Bürgschaft ZfIR 2004, S. 460 – 462
Wagner, Klaus-R.	Die Zukunft des Bauträgervertrags ZfIR 2001, Beilage zu Heft 10, S. 3 – 32 (zit.: Wagner, ZfIR 2001, Beilage, S.)
Wagner, Klaus-R.	Bauträgervertrag am Ende? – Zugleich eine Besprechung von BGH WM 2001, 482 WM 2001, S. 718 – 727
Wagner, Klaus-R.	Anmerkung zum Beschluss des BGH vom 02.05.2002, Az. VII ZR 178/01 WuB I E 5. – 5.02, 11/2002, S. 1033 – 1036
Wagner, Klaus-R.	Anmerkung zum Urteil des BGH vom 22.10.2002, Az. XI ZR 393/01 WuB I E 5. – 3.03, 02/2003, S. 135 – 138
Wagner, Klaus-R.	Die Bezugsfertigkeits-„Rate" im Bauträgervertrag BauR 2004, S. 569 – 582
Weber, Frank Kesselring, Roland	Die Entwicklung des BGB-Werkvertrags- und Bauträgerrechts in den Jahren 2001 bis 2004 NJW 2004, S. 3469 – 3477
Weise, Stefan	Sicherheiten im Baurecht München 1999
Weise, Stefan	Vorkasse gegen Bürgschaft NJW-Spezial 02/2004, S. 69 f.
Weise, Stefan	Ein Gesetzentwurf für den Bauträger? – Anmerkungen zu dem Diskussionsentwurf der Bundesnotarkammer NZBau 2006, S. 486 – 491

Wenzel, Jörg	Vorstellungen der EG-Kommission für eine Harmonisierung des Bauvertragsrechts in: Seminar Harmonisierung des Bauvertragsrechts in Europa Hg.: Jörg Wenzel Wiesbaden 1994 S. 7 – 22
Werner, Ulrich Pastor, Walter	Der Bauprozess 10. Auflage Düsseldorf 2002
Westphalen, Friedrich Graf von	Anmerkung zum Urteil des BGH vom 04.07.2002, Az. VII ZR 502/99 WuB I E 5. – 1.03, 01/2003, S. 22 – 241
Wirth, Axel	Handbuch der Vertragsgestaltung, Vertragsabwicklung und Prozessführung im privaten und öffentlichen Baurecht Düsseldorf 2001 (zit.: Wirth/Bearbeiter, Teil, Rz.)
Zöller, Richard	Zivilprozessordnung 23. Auflage Köln 2002 (zit.: Zöller/Bearbeiter, §, Rz.)
Zweigert, Konrad Kötz, Hein	Einführung in die Rechtsvergleichung auf dem Gebiet des Privatrechts 3. Auflage Tübingen 1996 (zit.: Zweigert/Kötz, S.)

II. Spanische Autoren

Abascal Monedero, Pablo José	Responsabilidad civil en la construcción: ¿Sigue vigente el artículo 1591 del Código Civil tras la publicación de la Ley de Ordenación de la Edificación? Act. Civ. 2003, Bd. I, S. 127 – 135
Albaladejo, Manuel	Compendio de derecho civil 11. Auflage Barcelona 2002 (zit.: Albaladejo, S.)
Albaladejo, Manuel (Hg.)	Comentarios al Código Civil y Compilaciones Forales Band 15, Teilband 1, Art. 1088 – 1124 Madrid 1989 (zit.: Albaladejo/Bearbeiter, Art., S.)
Álvarez Moreno, Maria Teresa	La cesión de solar por pisos o locales en el edificio construido AC 1995, Bd. I, S. 79 – 117
Álvarez Olalla, Pilar	La responsabilidad por defectos en la edificación : El código civil y la ley 38/1999, de 5 de noviembre, de ordenación de la edifiación Pamplona 2002
Álvarez Olalla, Pilar	Comentario a la STS del 11 de junio de 2002 – RJ 2002, 5219 CCJC 2002, S. 111 – 118
Ariza Arca, Antonio	Los seguros de construcción y de daños en la ley de ordenación de la edificación ECI 2/2000, S. 4 – 24
Avila Navarro, Pedro	La Ley de Ordenación de la Edificación y el Registro La Ley 2000, D-69, S. 1730 – 1732
Barres Benlloch, Maria Pilar	Régimen Jurídico del Seguro de Caución Pamplona 1996

Bataller Grau, Juan (Hg.)	Comentarios a la Ley de Contrato de seguro Valencia 2002 (zit.: Bataller Grau/Bearbeiter, Art., Ord.-Ziffer)
Bercovitz Rodríguez-Cano, Rodrigo (Hg.)	Comentario al código civil Elcano 2001 (zit.: Bercovitz Rodríguez-Cano/Bearbeiter, Art., Ord.-Ziffer)
Bercovitz Rodríguez-Cano, Rodrigo	Comentario a la Sentencia del Tribunal Supremo de 29 de Junio de 1987 CCJC 1987, S. 4711 – 4720
Boldó Roda, Carmen	Régimen de garantías por daños materiales ocasionados por vicios o defectos en la construcción RES 2000, S. 531 – 563
Botana García, Gema Alejandra	La protección del adquiriente de una vivienda en Francia y en España ECI 7/2002, S. 66 – 94
Botana García, Gema Alejandra	Le emancipación de los jóvenes y la situación de la vivienda en España ECI 4/2003, S. 3 – 35
Cabanillas Sánchez, Antonio	La responsabilidad del promotor que vende pisos y locales defectuosamente construidos ADC 1982, S. 878 – 926
Cabanillas Sánchez, Antonio	La configuración jurisprudencial del promotor como garante ADC 1990, S. 227 – 237
Cabanillas Sánchez, Antonio	La responsabilidad civil por vicios en la construcción en la Ley de Ordenación de la Edificación ADC 2000, S. 405 – 510
Cabanillas Sánchez, Antonio	La recepción de la obra en el Código civil y en la Ley de ordenación de la edificación ADC 2002, S. 413 – 625

Cabanillas Sánchez, Antonio	La evolución de las responsabilidades en la construcción in : Centenario del Código Civil, Tomo I, S. 351 – 370 Hg.: Centro de Estudios Ramón Areces Madrid 1990
Cadarso Palau, Juan	La responsabilidad de los constructores en la Ley de Ordenación de la Edificación. Una aproximación a la nueva disciplina ECI 7/2000, S. 3 – 10
Carrasco Perera, Ángel	La jurisprudencia post-loe ¿ha cambiado algo en el régimen de la responsabilidad por ruina ? AC 2001, Bd. III, S. 2375 – 2392
Carrasco Perera, Ángel	La insistente recurrencia de un falso problema: ¿está derogado el artículo 1591 del Código Civil? AJ 2000, Nr. 454 vom 28.09.2000, S. 1 – 6
Carrasco Perera, Ángel Cordero Lobato, Encarna González Carrasco, Maria del Carmen	Comentarios a la Ley de Ordenación de la Edificación 2. Auflage Elcano 2001 (zit.: Carrasco Perera/Bearbeiter, S.)
Carrasco Perera, Ángel Cordero Lobato, Encarna González Carrasco, Carmen	Derecho de la construcción y de la vivienda 4. Auflage Madrid 2003 (zit.: Carrasco Perera/Cordero Lobato/González Carrasco, S.)
Castellano i Costas, Josep	Análisis del régimen jurídico del proceso constructivo de la edcificación Girona 2000
Castro Bobillo, J. Carlos	Del artículo 1591 del CC a la Ley de Ordenación de la Edificación Act. Civ. 2001, Bd. 2, S. 417 – 442
Díaz Martínez, Ana	La protección de los compradores de viviendas en construcción en la Ley 4/2003, de 29 de julio, de Vivienda de Galicia RDP 2004, S. 46 – 77

Díez-Picazo, Luis	Fundamentos del Derecho Civil Patrimonial Volumen I: Introducción, Teoría del contrato, Las relaciones obligatorias 2. Auflage Madrid 1988 (zit.: Díez-Picazo, S.)
Díez-Picazo, Luis, León, Ponce de	Derecho de daños Madrid 1999
Díez-Picazo, Luis León, Ponce de	Codificación, descodificación, recodificación ADC 1992, S. 473 – 484
Díez-Picazo, Luis, León, Ponce de	Ley de Edificación y Código Civil ADC 2000, S. 5 – 21
Espinosa Labella, Manuel	El régimen de garantías por daños derivados de vicios o defectos de la construcción en la Ley de Ordenación de la Edificación ECI 5/2000, S. 3 – 11
Estruch Estruch, Jesús	Las responsabilidades en la construcción: Regímenes jurídicos y jurisprudencia Madrid 2003
Estruch Estruch, Jesús	Compatibilidad del ejercicio de las acciones derivadas del contrato de compraventa de vivienda con las derivadas de la responsabilidad decenal del Art. 1591 del CC RDP 1999, S. 307 – 313
Estruch Estruch, Jesús	El concepto de ruina del artículo 1591 CC. Comentario a la Sentencia del TS de 4 maryo 1998, Rec. Núm. 268/1994 (RJ 1998, 1039) RDP 1999, S. 447 – 455
Femenía López, Pedro J.	El tomador del seguro en la ley de ordenación de la edificación (ausencias justificadas y presencias incomprensibles) ECI 1/2002, S. 3 – 12

García Conesa, Antonio	Derecho de la construcción Barcelona 1996
García Conesa, Antonio	Analisis del artículo 20 y concordantes de la Ley 38/1999, de 5 de noviembre, de Ordenación de la Edificación BCRE, Nr. 57, Februar 2000 S. 343 – 352
García Laraña, Rafael	La llamada en garantía y la acción de repetición en la Ley de Ordenación de la Edificación ECI 7/2000, S. 24 – 31
García Macho, Ricardo	Comentarios a la ley de ordenación de la edificación Régimen jurídico y técnico Madrid 2000 (zit.: García Macho/Bearbeiter, S.)
Gomez de la Escalera, Carlos Rafael	La responsabilidad civil de los promotores, constructores y técnicos por los defectos de la construcción Barcelona 1990 und 1994
Gómez Perals, Miguel	Responsabilidad del promotor por daños en la edificación Madrid 2004
González Pérez, Jesús	Comentarios a la Ley de Ordenación de la Edificación Madrid 2000
González Poveda, Pedro	La responsabilidad civil de los agentes intervinientes en la edifiación ECI 2/2001, S. 3 – 12
González Tausz, Rafael	El nuevo régimen jurídico del promotor inmobiliario tras la Ley de Ordenación de la Edificación RCDI 2000, S. 2691 – 2726

González-Meneses Robles, Manuel	Control notarial y registral en edificaciones sujetas a la Ley 38/1999, de 5 de noviembre, de Ordenación de la Edificación BCRE 2000, S. 1517 – 1525
Guilarte Martín-Calero, Cristina	Las garantías de los adquirentes de vivienda en construcción ECI 8/2003, S. 3 – 16
Hernández Díaz-Ambrona, María Dolores	La nueva Ley de Ordenación de la Edificación, 38/1999, de 5 de noviembre y su incidencia en el artículo 1591 del Código Civil RDPat 2001, S. 369 – 408
Jiménez Clar, Antonio J.	El autopromotor y las obras de rehabilitación ECI 6/2003, S. 50 – 65
Jiménez Clar, Antonio J.	El sistema de seguros de la Ley de Ordenación de la Edificación RdP 6/2001, S. 19 – 69
Jiménez Morago, José Teófilo	Paricularidades sobre la Ley de Ordeanación de la Edificación. ¿Subsiste el artículo 1591 CC? La Ley 2001, D-212, S. 1434 – 1443
Lacaba Sánchez, Fernando	Ley de Ordenación de la Edificación La Ley 2000, D-16, S. 1621 – 1625
Llamas Pombo, Eugenio	Debate: A la vista del Art. 17.3 de la ley de ordenación de la edificación, ¿responderá solidariamente el promotor con el director de la obra, cuando quede probada la responsabilidad individual de éste? ECI 5/2002, S. 33 – 43
Llamas Pombo, Eugenio	Suprimido el seguro obligatorio en la autopromoción de la vivienda unifamiliar para uso proprio ECI 3/2003, S. 52 – 55
López Richart, Julián	Responsabilidad personal e individualizada y responsabilidad solidaria en la Ley de Ordenación de la Edificación Madrid 2003

Marín García de Leonardo, María Teresa	La figura del promotor de la ley de ordenación de la edificación Elcano 2002 (zit.: Marín García de Leonardo, S.)
Martí Ferrer, Manuel	La ley de ordenación de la edificación: el punto de vista del promotor RDUMA 2000, S. 467 – 498 (zit.: Martí Ferrer, S.)
Martín Briceño, María Rosario	La protección de los intereses del consumidor a través de la forma de contrato AC 2001, Bd.1, S. 1971 – 1995
Martínez, Jorge Llanos Matea, Maria de los	El mercado de la vivienda en España BE 9/2002, S. 51 – 61
Martínez de Aguirre y Aldaz, Carlos	Trascendencia del principio de protección a los consumidores en el derecho de obligaciones ADC 1994, S. 31 – 89
Martínez de Aguirre y Aldaz, Carlos	La responsabilidad decenal del artículo 1591 CC: breve repaso a la jurisprudencia de los años noventa AC 1993, Bd. 1, S. 1903 – 1920
Mesa Marrero, Carolina	El alcance del resarcimiento en la responsabilidad por vicios constructivos AC 2001, Bd. 2, S. 2337 – 2369
Mezquita García-Granero, Maria Dolores	El Art. 1591 CC ante la Ley de Ordenación de la Edificación AC 1999, Bd. 3, S. 2301 – 2322
Molina, Elena Inés	Ruina y seguro de responsabilidad decenal – Las coberturas aseguradoras de la responsabilidad decenal Granada 1998
Monforte, José Domingo	La agonía del artículo 1.591 del Código Civil E&J 2003, S. 26 – 31

Muñoz, Ramón	Dos de cada tres edificios en construcción carecen de seguro obligatorio de estructura El Pais, 03.09.2001, http://www.elpais.es/archivo/buscador.html, Stand 19.01.2005
Nevado-Batalla Moreno, Pedro T.	Entidades de control y verificación de la calidad de la edificación: estatuto jurídico público básico ECI 5/2002, 23 – 32
Nieto Alonso, Antonia	La responsabilidad por vicios y defectos constructivos en la edificación ECI 2/2004, S. 2 – 22
O'Callaghan Muñoz, Xavier	Código civil – Comentado y con jurisprudencia 3. Auflage Madrid 2003 (zit.: O'Callaghan Muñoz, Art., Ord.-Ziffer)
Ortega Andrade, Francisco	La calidad de la edificación y la Ley de Ordenación de la Edificación in: Estudios sobre la nueva ley de ordenación de la edificación Hg.: Fernández Valverde, Díez Delgado Madrid 2000 S. 343 – 354
Parejo Alfonso (Hg.), Luciano, Feliú Rey, Manuel Ignacio, Serna Bilbao, Maria Nieves de la	Comentarios a la ley de ordenación de la edificación Madrid 2001 (Parejo Alfonso/Bearbeiter, S.)
Ragel Sánchez, Luis-Felipe	La responsabilidad de los agentes de la edificación después de la entrada en vigor de la Ley de Ordenación de la Edificación RCC 8/2000, S. 27 – 35
Reglero Campos, L. Fernando (Hg.)	Tratado de responsabilidad civil Elcano 2002 (zit.: Reglero Campos/Bearbeiter, Kapitel, Rz.)
Río, Ana del	El endeudamiento de los hogares españoles: una comparación internacional BE 9/2002, S. 43 – 49

Rodríguez Achútegui, Edmundo	Ley de Ordenación de la Edificación : responsabilidades, garantías y asesoramiento RICASV 1999, S. 25 – 46
Rojas Martínez del Mármol, José Javier	Garantías en la Ley 38/1999, de 5 de noviembre, de Ordenación de la Edificación y su acreditación ante notario La Ley 2001, D-248, S. 1396 – 1400
Romero Pareja, Agustín	La responsabilidad civil del arquitecto por defectos en la construcción (a propósito de la Sentencia del Tribunal Supremo de 1 de febrero de 2002) ECI 11/2002, S. 10 – 21
Rouanet Mota, Emilio	Responsabilidad por vicios y defectos constructivos tras la entrada en vigor de la Ley de Ordenación de la Edificación Act. Civ. 2002, Bd. 3, S. 997 – 1008
Rouanet Mota, Emilio	El promotor inmobiliario y su responsabilidad en el hecho ruinógeno ECI 9/2002, S. 3 – 18
Rubio San Roman, José Igancio	La reforma del artículo 1.591 del código civil Act. Civ. 1987 (I), Nr. 6, S. 337 – 350
Ruiz-Ayúcar Seifert, Alejandro	Ley de Ordenación de la Edifiación (38/1999, de 5 de noviembre) La Notaría 2000, Juli/August S. 105 – 112
Ruiz-Rico Ruiz, José Manuel, Moreno-Torres Herrera, María Luisa	La responsabilidad civil en la ley de ordenación de la edificación Granada 2002 (zit.: Ruiz-Rico Ruiz/Moreno-Torres Herrera/Bearbeiter, S.)
Sala Sánchez, Pascual	Derecho de la edificación 2. Auflage Barcelona 2001 (zit.: Sala Sánchez/Bearbeiter, S.)

San Segundo Manuel, Teresa	El control de calidad en la edificación ECI 3/2000, S. 41 – 52
Sánchez Calero, Fernando (Hg.)	Ley de Contrato de Seguros (Comentarios a la Ley 50/1980, de 8 de octubre y a sus modificaciones) Elcano 2001 (zit.: Sánchez Calero/Bearbeiter, Art., S.)
Sánchez-Cía, Ángel Luis	Ley de Edificación – Comentarios jurídicos Zaragoza 2000
Sánchez-Ruiz de Valdivia, Inmaculada	El verdadero debate jurídico que hoy plantea la ley de ordenación de la edificación: La necesidad de clarificar el panorama legal de acciones de responsabilidad por daños de la construcción de edificios http://civil.udg.es/cordoba/com/sanchez_ruiz.htm 10.01.2005 (zit.: Sánchez-Ruiz de Valdivia, Ordn.-Ziffer)
Santos, Manuel	Spanien geht es gut... und ist verschuldet Wirtschaft/Economía, 3/2003, S. 62
Seoane Prado, Francisco Javier	Garantías en la nueva Ley 38/1999, de 6 de noviembre (LOE) RJS, 5/2000, Nr. 203-B, S. 14 – 30
Sifre Puig, Ricardo Francisco	Sinopsis de la Ley 39/1999, de 5 de noviembre, de ordenación de la edificación en relación con la constitución de las garantías de su artículo 19 y el Registro de la Propiedad RCDI 2002, S. 97 – 189
Sillero Crovetto, Blanca	La protección del consumidor en los contratos de compraventa de vivienda ECI 6/2003, S. 3 – 21
Soriano Ortín, Enric	El sistema de seguros en la Ley 38/1999, de 5 de noviembre, de Ordenación de la Edificación CM 11/2000, S. 1 – 14
Tapia Gutiérrez, Paloma	La protección de los consumidores y la Ley de Ordenación de la Edificación ECI 8/2000, S. 35 – 56

Vázquez Iruzubieta, Carlos — Responsabilidad de promotores, técnicos y constructores
Madrid 2004

Vicente Domingo, Elena — Régimen de responsabilidad de la Ley de Ordenación de la Edificación y su coordinación con el régimen actual: ¿deroga el artículo 1591 del Código Civil ?
Act. Civ. 2000, Nr. 37, S. 1383 – 1398

Vigo Morancho, Agustín — Las responsabilidades decenal, trienal y anual en la Ley de Ordenación de la Edificación
La Ley 2001, Bd. 7, D-254, S. 1438 – 1448

B. Entscheidungsverzeichnis

Die Angaben verweisen auf die Fundstellen, die in der Regel Sachverhalt und Entscheidungsgründe angeben.

I. Urteile des Europäischen Gerichtshofs

EuGH, Urt. v. 19.01.1993, Rs. C-89/91 – NJW 1993, 1251
EuGH, Urt. v. 14.07.1994, Rs. C-91/92 – NJW 1994, 2473
EuGH, Urt. v. 06.07.1995, Rs. C-470/93 – NJW 1995, 3243
EuGH, Urt. v. 17.09.1997, Rs. C-54/96 – NJW 1997, 3365
EuGH, Urt. v. 22.06.1999, Rs. C-342/97 – GRURInt 1999, 734
EuGH, Urt. v. 27.06.2000, verb. Rs. C-240/98–244/98 – NJW 2000, 2571
EuGH, Urt. v. 07.05.2002, Rs. C-478/99 – EuZW 2002, 465
EuGH, Urt. v. 21.11.2002, Rs. C-473/00 – EuZW 2003, 27
EuGH, Urt. v. 20.03.2003, Rs. C-291/00 – GRUR 2003, 422
EuGH, Urt. v. 01.04.2004, Rs. C-237/02 – NJW 2004, 1647

II. Urteile deutscher Gerichte

BVerfG, Urt. v. 24.04.1991, Az. 1 BvR 1341/90 – BVerfGE 84, 133
BVerfG, Urt. v. 12.11.1997, Az. 1 BvR 479/92 und 307/94 – BVerfGE 96, 375

BGH, Urt. v. 11.07.1960, Az. II ZR 254/58 – NJW 1960, 1903
BGH, Urt. v. 16.02.1965, Az. V ZR 235/62 – NJW 1965, 1269
BGH, Urt. v. 25.10.1968, Az. V ZR 80/65 – WM 1969, 96

BGH, Urt. v. 27.03.1969, Az. VII ZR 165/66 – NJW 1969, 1165
BGH, Urt. v. 16.04.1973, Az. VII ZR 155/72 – NJW 1973, 1235
BGH, Urt. v. 10.10.1974, Az. VII ZR 28/73 – BauR 1975, 59
BGH, Urt. v. 04.12.1975, Az. VII ZR 269/73 – NJW 1976, 515
BGH, Urt. v. 18.11.1976, Az. VII ZR 150/75 – NJW 1977, 294
BGH, Urt. v. 23.02.1978, Az. VII ZR 11/76 – NJW 1978, 1375
BGH, Urt. v. 05.04.1979, Az. VII ZR 308/77 – NJW 1979, 1406
BGH, Urt. v. 20.11.1980, Az. VII ZR 289/79 – NJW 1981, 757
BGH, Urt. v. 12.03.1981, Az. VII ZR 117/80 – WM 1981, 588
BGH, Urt. v. 23.04.1981, Az. VII ZR 196/80 – NJW 1981, 1779
BGH, Urt. v. 29.06.1981, Az. VII ZR 259/80 – NJW 1981, 2344
BGH, Urt. v. 04.11.1982, Az. VII ZR 53/82 – NJW 1983, 453
BGH, Urt. v. 10.11.1983, Az. VII ZR 373/82 – NJW 1984, 725
BGH, Urt. v. 05.04.1984, Az. VII ZR 21/83 – NJW 1984, 2094
BGH, Urt. v. 03.05.1984, Az. VII ZR 80/82 – NJW 1984, 2100
BGH, Urt. v. 12.07.1984, Az. VII ZR 268/83 – NJW 1984, 2573
BGH, Urt. v. 06.12.1984, Az. VII ZR 227/83 – NJW 1985, 855
BGH, Urt. v. 10.10.1985, Az. VII ZR 325/84 – NJW 1986, 315
BGH, Urt. v. 21.11.1985, Az. VII ZR 22/85 – NJW 1986, 924
BGH, Urt. v. 20.03.1986, Az. VII ZR 191/85 – NJW 1986, 1613
BGH, Urt. v. 07.05.1987, Az. VII ZR 129/86 – NJW 1987, 2373
BGH, Urt. v. 17.09.1987, Az. VII ZR 166/86 – NJW 1988, 142
BGH, Urt. v. 10.12.1987, Az. IX ZR 269/86 – NJW 1988, 906
BGH, Urt. v. 21.04.1988, Az. IX ZR 113/87 – NJW 1988, 2160
BGH, Urt. v. 22.12.1988, Az. VII ZR 266/87 – NJW-RR 1989, 467
BGH, Urt. v. 02.02.1989, Az. IX ZR 99/88 – NJW 1989, 1484
BGH, Urt. v. 23.02.1989, Az. VII ZR 89/87 – NJW 1989, 1602
BGH, Urt. v. 29.06.1989, Az. VII ZR 151/88 – NJW 1989, 2748
BGH, Urt. v. 15.03.1990, Az. VII ZR 311/98 – ZfBR 1990, 276
BGH, Urt. v. 17.04.1991, Az. IV ZR 112/90 – NJW-RR 1991, 914
BGH, Urt. v. 12.03.1992, Az. VII ZR 5/91 – NJW 1992, 1754
BGH, Urt. v. 14.05.1992, Az. VII ZR 204/90 – NJW 92, 2160
BGH, Urt. v. 25.03.1993, Az. X ZR 17/92 – NJW 1993, 1972.
BGH, Urt. v. 11.11.1993, Az. VII ZR 66/92 – NJW 1994, 443
BGH, Urt. v. 27.02.1997, Az. IX ZR 5/96 – DTZ 1997, 196
BGH, Urt. v. 05.06.1997, Az. VII ZR 324/95 – NJW 1997, 2598
BGH, Beschl. v. 27.11.1997, Az. GSZ 1 u. 2/97 – NJW 1998, 671
BGH, Urt. v. 02.04.1998, Az. IX ZR 79/97 – NJW 1998, 2280
BGH, Urt. v. 30.04.1998, Az. VII ZR 47/97 – NJW 1998, 2967

BGH, Urt. v. 22.10.1998, Az. VII ZR 99/97 – NJW 1999, 51
BGH, Urt. v. 03.12.1998, Az. VII ZR 109/97 – NJW 1999, 2434
BGH, Urt. v. 14.01.1999, Az. IX ZR 140/98 – NJW 1999, 1105
BGH, Urt. v. 23.03.1999, Az. VI ZR 101/98 – NJW 1999, 2110
BGH, Urt. v. 16.12.1999, Az. VII ZR 39/99 – NJW 2000, 956
BGH, Urt. v. 04.05.2000, Az. VII ZR 203/98 – NJW 2000, 2818
BGH, Urt. v. 19.10.2000, Az. IX ZR 255/99 – NJW 2001, 231
BGH, Urt. v. 22.12.2000, Az. VII ZR 310/99 – NJW 2001, 818
BGH, Urt. v. 07.06.2001, Az. VII ZR 420/00 – NJW 2002, 140
BGH, Urt. v. 19.07.2001, Az. IX ZR 149/00 – NJW 2001, 3329
BGH, Urt. v. 13.09.2001, Az. VII ZR 467/00 – NJW 2001, 3629
BGH, Urt. v. 19.09.2001, Az. I ZR 54/96 – NJW 2002, 600
BGH, Urt. v. 23.10.2001, Az. XI ZR 63/01 – NJW 2002, 368
BGH, Urt. v. 08.11.2001, Az. VII ZR 373/99 – NJW 2002, 511
BGH, Urt. v. 17.01.2002, Az. VII ZR 490/00 – NJW 2002, 1568
BGH, Urt. v. 21.03.2002, Az. VII ZR 493/00 – NJW 2002, 2470
BGH, Urt. v. 09.04.2002, Az. XI ZR 91/99 – NJW 2002, 1881
BGH, Urt. v. 18.04.2002, Az. VII ZR 192/01 – NJW 2002, 2388
BGH, Beschl. v. 02.05.2002, Az. VII ZR 178/01 – NZM 2002, 754
BGH, Urt. v. 18.06.2002, Az. XI ZR 359/01 – NJW 2002, 2563
BGH, Urt. v. 04.07.2002, Az. VII ZR 502/99 – NJW 2002, 3098
BGH, Urt. v. 22.10.2002, Az. XI ZR 393/01 – NJW 2003, 285
BGH, Urt. v. 22.10.2002, Az. XI ZR 394/01 – NJW-RR 2003, 452
BGH, Urt. v. 08.11.2002, Az. VII ZR 373/99 – NJW 2002, 511
BGH, Urt. v. 21.01.2003, Az. XI ZR 145/02 – NJW-RR 2003, 592
BGH, Urt. v. 11.03.2003, Az. XI ZR 196/02 – NJW-RR 2003, 959
BGH, Urt. v. 06.05.2003, Az. XI ZR 33/02 – NJW-RR 2003, 1171
BGH, Urt. v. 22.01.2004, Az. VII ZR 419/02 – NJW 2004, 1597
BGH, Beschl. v. 24.02.2005, Az. III ZB 36/04 – NJW 2005, 1273
BGH, Urt. v. 10.03.2005, Az. IX ZR 73/01 – NZBau 2005, 461

BFH, Urt. v. 22.04.1980, Az. VIII R 149/75 – BB 1980, 1137

Kammergericht, Urt. v. 10.01.1994, Az. 25 U 5355/93 – NJW-RR 1994, 1463
Kammergericht, Urt. v. 29.11.1999, Az. 12 U 3527/98 – NZBau 2000, 566
OLG Bremen, Urt. v. 26.01.1977, Az. 3 U 77/76 – NJW 1977, 638
OLG Celle, Urt. v. 17.02.2004, Az. 16 U 141/03 – NZBau 2004, 328
OLG Dresden, Urt. v. 25.09.1995, Az. 2 U 976/95 – BauR 1997, 484
OLG Düsseldorf, Urt. v. 10.03.1981, Az. 21 U 132/80 – BauR 1982, 592

OLG Düsseldorf, Beschl. v. 12.03.1984, Az. 3 WF 40/84 – FamRZ 1984, 704
OLG Hamburg, Urt. v. 06.09.1995, Az. 5 U 41/95 – NJW-RR 1997, 1040
OLG Hamm, Urt. v. 19.01.1988, Az. 21 U 110/87 – NJW-RR 1988, 726
OLG Hamm, Urt. v. 27.09.1991, Az. 26 U 31/91 – NJW-RR 1992, 153
OLG Hamm, Beschl. v. 03.11.1994, Az. 21 W 16/92 – MittRhNotK 1995, 142
OLG Hamm, Urt. v. 30.03.1995, Az. 17 U 205/93 – NJW-RR 1996, 273
OLG Hamm, Urt. v. 01.07.1997, Az. 21 U 61/97 – BauR 1998, 135
OLG Hamm, Urt. v. 13.09.2001, Az. 17 U 164/00 – BauR 2002, 641
OLG Karlsruhe, Urt. v. 11.07.1984, Az. 7 U 122/82 – BauR 1986, 227
OLG Karlsruhe, Urt. v. 05.10.1988, Az. 7 U 189/87 – BauR 1989, 203
OLG Karlsruhe, Urt. v. 08.01.1991, Az. 18 a U 194/90 – NJW 1991, 1836
OLG Karlsruhe, Urt. v. 19.04.2001, Az. 4 U 83/00 – BB 2001, 1325
OLG Koblenz, Beschl. v. 29.03.1995, Az. 2 W 105/95 – RIW 1995, 775
OLG Koblenz, Urt. v. 30.04.1996, Az. 3 U 1392/95 – NJW-RR 1996, 919
OLG Koblenz, Urt. v. 19.07.2001, Az. 5 U 443/01 – NJW-RR 2002, 669
OLG Koblenz, Urt. v. 17.10.2002, Az. 5 U 263/02 – ZfIR 2002, 897.
OLG Köln, Urt. v. 08.05.1974, Az. 16 U 95/73 – MDR 1974, 931
OLG München, Urt. v. 18.10.1985, Az. 23 U 2983/85 – WM 1986, 718
OLG München, Urt. v. 20.06.1995, Az. 13 U 5787/94 – NJW-RR 1996, 534
OLG München, Urt. v. 19.11,1997, Az. 27 U 177-97 – NJW-RR 1998, 992
OLG München, Beschl. v. 23.09.1999, Az. 19 U 6498/98 – DNotI-Report 2001, 25
OLG Stuttgart, Urt. v. 17.12.1975, Az. 13 U 95/75 – BauR 1976, 435
OLG Stuttgart, Urt. v. 27.10.1993, Az. 1 U 143/93 – NJW-RR 1994, 1204

BVerwG, Urt. v. 10.06.1986, Az. 1 C 9.85 – GewArch 1986, 292
BVerwG, Urt. v. 25.11.1986, Az. 1 C 54/81 – NJW 1987, 1900

OVG Bremen, Urt. v. 27.06.1986, Az. 1 BA 90/85 – NJW-RR 1987, 600, 601

VG Düsseldorf, Urt. v. 05.07.1983, Az. 3 K 2362/81 – GewArch 1984, 232

III. Urteile des spanischen Tribunal Supremo

STS, v. 20.11.1959 – RJ 1959, 4452
STS, v. 11.10.1974 – RJ 1974, 3798
STS, v. 03.10.1979 – RJ 1979, 3236
STS, v. 28.06.1982 – RJ 1982, 3447
STS, v. 23.02.1983 – RJ 1983, 1068
STS, v. 17.02.1984 – RJ 1984, 690
STS, v. 13.06.1984 – RJ 1984, 3236

STS, v. 16.02.1985 – RJ 1985, 558
STS, v. 17.02.1985 – RJ 1985, 683
STS, v. 07.05.1985 – RJ 1985, 3276
STS, v. 12.12.1985 – RJ 1985, 6525
STS, v. 20.12.1985 – RJ 1985, 6611
STS, v. 17.02.1986 – RJ 1986, 683
STS, v. 25.04.1986 – RJ 1986, 2002
STS, v. 06.10.1986 – RJ 1986, 3294
STS, v. 04.04.1987 – RJ 1987, 2490
STS, v. 13.07.1987 – RJ 1987, 5461
STS, v. 17.07.1987 – RJ 1987, 5805
STS, v. 31.10.1987 – Act. Civ. 1988, 112
STS, v. 31.10.1987 – Act. Civ. 1988, 252
STS, v. 01.02.1988 – RJ 1988, 580
STS, v. 12.02.1988 – RJ 1988, 941
STS, v. 12.04.1988 – RJ 1988, 3141
STS, v. 22.04.1988 – RJ 1988, 3271
STS, v. 17.05.1988 – RJ 1988, 4312
STS, v. 24.11.1988 – RJ 1988, 9040
STS, v. 25.11.1988 – RJ 1988, 8713
STS, v. 12.12.1988 – RJ 1988, 9436
STS, v. 24.01.1989 – RJ 1989, 120
STS, v. 09.06.1989 – RJ 1989, 4417
STS, v. 20.06.1989 – RJ 1989, 4711
STS, v. 14.11.1989 – RJ 1989, 8056
STS, v. 04.12.1989 – RJ 1989, 8793
STS, v. 03.01.1990 – RJ 1990, 4
STS, v. 18.01.1990 – RJ 1990, 12
STS, v. 23.01.1990 – RJ 1990, 310
STS, v. 06.03.1990 – RJ 1990, 1672
STS, v. 09.04.1990 – RJ 1990, 2710
STS, v. 22.06.1990 – RJ 1990, 4861
STS, v. 17.07.1990 – RJ 1990, 5890
STS, v. 19.10.1990 – RJ 1990, 7983
STS, v. 20.10.1990 – RJ 1990, 8025
STS, v. 12.12.1990 – RJ 1990, 9999
STS, v. 18.12.1990 – RJ, 1990, 10286
STS, v. 08.05.1991 – RJ 1991, 358
STS, v. 13.07.1991 – RJ, 1991, 5424

STS, v. 30.07.1991 – Act. Civ. 1991, 36
STS, v. 24.09.1991 – RJ 1991, 6279
STS, v. 30.09.1991 – RJ 1991, 6075
STS, v. 01.10.1991 – RJ 1991, 7255
STS, v. 26.11.1991 – Act. Civ. 1992, 318
STS, v. 20.03.1992 – RJ 1992, 2216
STS, v. 08.06.1992 – RJ 1992, 5168
STS, v. 16.07.1992 – RJ 1992, 6623
STS, v. 02.10.1992 – RJ 1992, 7516
STS, v. 06.10.1992 – RJ 1992, 7527
STS, v. 25.01.1993 – Act. Civ. 1993, 523
STS, v. 16.02.1993 – RJ 1993, 774
STS, v. 17.03.1993 – RJ 1993, 2018
STS, v. 11.05.1993 – Act. Civ. 1993, 968
STS, v. 29.09.1993 – RJ 1993, 6659
STS, v. 29.11.1993 – RJ 1993, 9183
STS, v. 30.11.1993 – RJ 1993, 9186
STS, v. 04.12.1993 – RJ 1993, 9832
STS, v. 23.12.1993 – RJ 1993, 10111
STS, v. 28.01.1994 – RJ 1994, 575
STS, v. 29.04.1994 – RJ 1994, 2982
STS, v. 11.06.1994 – RJ 1994, 5227
STS, v. 28.07.1994 – RJ 1994, 6930
STS, v. 13.10.1994 – RJ 1994, 7547
STS, v. 14.10.1994 – RJ 1994, 7552
STS, v. 02.12.1994 – RJ 1994, 9394
STS, v. 03.02.1995 – RJ 1995, 734
STS, v. 17.03.1995 – RJ 1995, 7787
STS, v. 27.03.1995 – RJ 1995, 2143
STS, v. 03.04.1995 – RJ 1995, 2930
STS, v. 19.04.1995 – RJ 1995, 3428
STS, v. 27.04.1995 – RJ 1995, 3259
STS, v. 08.05.1995 – RJ 1995, 3942
STS, v. 22.05.1995 – RJ 1995, 4090
STS, v. 20.06.1995 – RJ 1995, 4934
STS, v. 17.10.1995 – RJ 1995, 7541
STS, v. 26.12.1995 – Act. Civ. 1996, 225
STS, v. 02.01.1996 – RJ 1996, 6365
STS, v. 21.03.1996 – RJ 1996, 2233

STS, v. 24.09.1996 – RJ 1996, 6653
STS, v. 03.10.1996 – RJ 1996, 7006
STS, v. 15.10.1996 – RJ 1996, 1468
STS, v. 16.11.1996 – RJ 1996, 8262
STS, v. 30.01.1997 – RJ 1997, 845
STS, v. 06.02.1997 – RJ 1997, 681
STS, v. 22.03.1997 – RJ 1997, 2191
STS, v. 29.05.1997 – RJ 1997, 4117
STS, v. 26.06.1997 – RJ 1997, 5149
STS, v. 05.07.1997 – RJ 1997, 5507
STS, v. 18.07.1997 – RJ 1997, 5613
STS, v. 03.09.1997 – AC 1997, 1182
STS, v. 22.11.1997 – RJ 1997, 8077
STS, v. 17.12.1997 – RJ 1997, 9099
STS, v. 04.03.1998 – RJ 1998, 1039
STS, v. 08.06.1998 – RJ 1998, 4125
STS, v. 18.06.1998 – RJ 1998, 5064
STS, v. 19.10.1998 – RJ 1998, 7440
STS, v. 20.11.1998 – RJ 1998, 8413
STS, v. 05.12.1998 – RJ 1998, 9618
STS, v. 28.12.1998 – RJ 1998, 10160
STS, v. 29.12.1998 – RJ 1998, 9980
STS, v. 30.12.1998 – CCDJ 1999, Nr. 50, 1368 ff.
STS, v. 21.01.1999 – La Ley 1999, 1593
STS, v. 06.03.1999 – RJ 1999, 1367
STS, v. 12.03.1999 – Act. Civ. 1999, 605
STS, v. 25.06.1999 – RJ 1999, 4560
STS, v. 23.09.1999 – RJ 1999, 7266
STS, v. 13.10.1999 – RJ 1999, 7426
STS, v. 10.11.1999 – Act. Civ. 2000, 154
STS, v. 17.12.1999 – RJ 1999, 9355
STS, v. 21.02.2000 – Act. Civ. 2000, 542
STS, v. 09.10.2001 – RJ 2001, 8789
STS, v. 01.02.2002 – RJ 2002, 2100
STS, v. 13.05.2002 – RJ 2002, 5705

C. Gesetzestexte

Spanische Gesetzestexte können im Internet abgerufen werden unter: http://www.juridicas.com/ (Hinweis: nicht alle Gesetzestexte auf dieser Seite sind auf dem aktuellen Stand).
Übersetzung des CC bei Peuster, Witold: Código Civil: spanisch-deutsche Textausgabe, Frankfurt am Main 2002

I. Ley 38/1999, de 5 de noviembre, de Ordenación de la Edificación

BOE Nr. 266, vom 06.11. 1999, S. 38925 bis 38934

EXPOSICIÓN DE MOTIVOS:

El sector de la edificación es uno de los principales sectores económicos con evidentes repercusiones en el conjunto de la sociedad y en los valores culturales que entraña el patrimonio arquitectónico y, sin embargo, carece de una regulación acorde con esta importancia.

Así, la tradicional regulación del suelo contrasta con la falta de una configuración legal de la construcción de los edificios, básicamente establecida a través del Código Civil y de una variedad de normas cuyo conjunto adolece de serias lagunas en la ordenación del complejo proceso de la edificación, tanto respecto a la identificación, obligaciones y responsabilidades de los agentes que intervienen en el mismo, como en lo que se refiere a las garantías para proteger al usuario.

Por otra parte, la sociedad demanda cada vez más la calidad de los edificios y ello incide tanto en la seguridad estructural y la protección contra incendios como en otros aspectos vinculados al bienestar de las personas, como la protección contra el ruido, el aislamiento térmico o la accesibilidad para personas con movilidad reducida. En todo caso, el proceso de la edificación, por su directa incidencia en la configuración de los espacios, implica siempre un compromiso de funcionalidad, economía, armonía y equilibrio medioambiental de evidente relevancia desde el punto de vista del interés general; así se contempla en la Directiva 85/384/CEE de la Unión Europea, cuando declara que *la creación arquitectónica, la calidad de las construcciones, su inserción armoniosa en el entorno, el respeto de los paisajes naturales y urbanos, así como del patrimonio colectivo y privado, revisten un interés público.*

Respondiendo a este orden de principios, la necesidad, por una parte, de dar continuidad a la Ley 6/1998, de 13 de abril, sobre régimen del suelo y valoraciones, ordenando la construcción de los edificios, y de superar, por otra, la discrepancia existente entre la legislación vigente y la realidad por la insuficiente regulación actual del proceso de la edificación, así como de establecer el marco general en el que pueda fomentarse la calidad de los edificios y, por último, el compromiso de fijar las garantías suficientes a los usuarios frente a los posibles daños, como una aportación más a la Ley 26/1984, de 19 de julio, General para la Defensa de los Consumidores y Usuarios, son los motivos que justifican sobradamente esta Ley de Ordenación de la Edificación, cuyo contenido primordial es el siguiente:

El objetivo prioritario es regular el proceso de la edificación actualizando y completando la configuración legal de los agentes que intervienen en el mismo, fijando sus obligaciones para así establecer las responsabilidades y cubrir las garantías a los usuarios, en base a una definición de los requisitos básicos que deben satisfacer los edificios.

Para ello, se define técnicamente el concepto jurídico de la edificación y los principios esenciales que han de presidir esta actividad y se delimita el ámbito de la Ley, precisando aquellas obras, tanto de nueva construcción como en edificios existentes, a las que debe aplicarse.

Ante la creciente demanda de calidad por parte de la sociedad, la Ley establece los requisitos básicos que deben satisfacer los edificios de tal forma que la garantía para proteger a los usuarios se asiente no sólo en los requisitos técnicos de lo construido sino también en el establecimiento de un seguro de daños o de caución.

Estos requisitos abarcan tanto los aspectos de funcionalidad y de seguridad de los edificios como aquellos referentes a la habitabilidad.

Se establece el concepto de proyecto, obligatorio para el desarrollo de las obras incluidas en el ámbito de la Ley, precisando la necesaria coordinación entre los proyectos parciales que puedan incluirse, así como la documentación a entregar a los usuarios para el correcto uso y mantenimiento de los edificios.

Se regula, asimismo, el acto de recepción de obra, dada la importancia que tiene en relación con el inicio de los plazos de responsabilidad y de prescripción establecidos en la Ley.

Para los distintos agentes que participan a lo largo del proceso de la edificación se enumeran las obligaciones que corresponden a cada uno de ellos, de las que se derivan sus responsabilidades, configurándose el promotor como una persona física o jurídica que asume la iniciativa de todo el proceso y a la que se obliga a garantizar los daños materiales que el edificio pueda sufrir. Dentro de las actividades del constructor se hace mención especial a la figura del jefe de obra, así como a la obligación de formalizar las subcontrataciones que en su caso se establezcan.

Además la Ley delimita el ámbito de actuaciones que corresponden a los profesionales, el proyectista, el director de obra y el director de la ejecución de la obra, estableciendo claramente el ámbito especifico de su intervención, en función de su titulación habilitante.

La responsabilidad civil de los diferentes agentes por daños materiales en el edificio se exigirá de forma personal e individualizada, tanto por actos propios, como por actos de otros agentes por los que, con arreglo a esta Ley, se deba responder.

La responsabilidad se exigirá solidariamente cuando no pueda ser atribuida en forma individualizada al responsable del daño o cuando exista concurrencia de culpa, sin que pueda precisarse la influencia de cada agente interviniente en el daño producido.

A la figura del promotor se equiparan también las de gestor de cooperativas o de comunidades de propietarios, u otras análogas que aparecen cada vez con mayor frecuencia en la gestión económica de la edificación.

En cuanto a los plazos de responsabilidad se establecen en períodos de uno, tres y diez años, en función de los diversos daños que puedan aparecer en los edificios. El constructor, durante el primer año, ha de responder por los daños materiales derivados de una deficiente ejecución; todos los agentes que intervienen en el proceso de la edificación, durante tres años, responderán por los daños materiales en el edificio causados por vicios o defectos que afecten a la habitabilidad y durante diez años, por los que resulten de vicios o defectos que afecten a la seguridad estructural del edificio.

Las acciones para exigir responsabilidades prescriben en el plazo de dos años, al igual que las de repetición contra los agentes presuntamente responsables.

Por lo que se refiere a las garantías la Ley establece, para los edificios de vivienda, la suscripción obligatoria por el constructor, durante el plazo de un año, de un seguro de daños materiales o de caución, o bien la retención por el promotor de un 5 % del coste de la obra para hacer frente a los daños materiales ocasionados por una deficiente ejecución.

Se establece igualmente para los edificios de vivienda la suscripción obligatoria por el promotor de un seguro que cubra los daños materiales que ocasionen en el edificio el incumplimiento de las condiciones de habitabilidad o que afecten a la seguridad estructural en el plazo de tres y diez años, respectivamente.

Se fijan las normas sobre las garantías de suscripción obligatoria, así como los importes mínimos de garantía para los tres supuestos de uno, tres y diez años, respectivamente.

No se admiten franquicias para cubrir los daños en el supuesto de un año, y no podrán exceder del 1 % del capital asegurado para los otros dos supuestos.

Además, con el fin de evitar el fraude a los adquirentes se exigen determinados requisitos que acrediten la constitución del correspondiente seguro para la inscripción de escrituras públicas y la liquidación de las sociedades promotoras.

La Ley se completa con siete disposiciones adicionales. En la primera se establece que la percepción de las cantidades anticipadas reguladas para las viviendas se amplíe a promociones de viviendas en régimen de comunidades de propietarios o sociedades cooperativas.

En la segunda disposición adicional se prevé que la exigencia de la obligatoriedad de las garantías a las que se hace referencia en el artículo 19 de la Ley, se hará de forma escalonada en el tiempo para permitir que el sector vaya acomodándose a lo dispuesto en esta norma. Así la garantía de diez años contra los daños materiales causados por vicios o defectos que afecten a los elementos estructurales, también llamado seguro decenal, será exigible a partir de la entrada en vigor de esta Ley para los edificios cuyo destino principal sea el de vivienda. Posteriormente, y por Real Decreto, teniendo en cuenta las circunstancias del sector de la edificación y del sector asegurador, podrá establecerse la obligatoriedad de las demás garantías, es decir, del seguro de tres años que cubre los daños causados en los elementos constructivos o en las instalaciones que afecten a la habitabilidad o seguro trienal, y del seguro de un año que cubre los daños materiales por vicios o defectos de ejecución que afecten a elementos de terminación o acabado de las obras.

En la tercera se exceptúa a los miembros de los Cuerpos de Ingenieros de los Ejércitos de lo dispuesto en esta Ley en lo que se refiere a la delimitación de sus actuaciones en el ámbito de la Defensa.

En la cuarta se concreta la titulación académica y profesional de los Coordinadores de Seguridad y Salud, en las obras de edificación.

Mediante una disposición transitoria se establece la aplicación de lo previsto en la Ley a las obras para cuyos proyectos se solicite licencia de edificación a partir de la entrada en vigor de la misma. Por último, en la primera de las cuatro disposiciones finales se invocan los preceptos a cuyo amparo se ejerce la competencia del Estado en las materias reguladas por la Ley; en la segunda se autoriza al Gobierno para que en el plazo de dos años apruebe un Código Técnico de la Edificación que desarrolle los requisitos básicos que deben cumplir los edificios relacionados en el artículo 3; en la tercera se insta al Gobierno para que adapte al Reglamento de la Ley de Expropiación Forzosa las modificaciones introducidas en la disposición adicional quinta, y en la cuarta determina la entrada en vigor de la Ley.

La Ley, en definitiva, trata, dentro del marco de competencias del Estado, de fomentar la calidad incidiendo en los requisitos básicos y en las obligaciones de los distintos agentes que se encargan de desarrollar las actividades del proceso de la edificación, para poder fijar las responsabilidades y las garantías que protejan al usuario y para dar cumplimiento al derecho constitucional a una vivienda digna y adecuada.

La regulación del proceso de la edificación no quedaría, sin embargo, actualizada y completa si la Ley no se refiriera a aquellos supuestos en que dicho proceso constructivo ha exigido la previa expropiación de bienes o derechos por vincularse a una finalidad u objetivo de utilidad pública o interés social. En este sentido, la Ley actualiza la regulación de un aspecto de la legislación de expropiación forzosa sin duda necesitada toda ella de una revisión para adaptarse a la dinámica de nuestro tiempo, que presenta una significación cualificada y cuya puesta al día no debe demorarse, como es el ejercicio del derecho de reversión, derecho calificado por el Tribunal Constitucional como de configuración legal.

Capítulo I – Disposiciones generales

Artículo 1. Objeto.

1. Esta Ley tiene por objeto regular en sus aspectos esenciales el proceso de la edificación, estableciendo las obligaciones y responsabilidades de los agentes que intervienen en dicho proceso, así como las garantías necesarias para el adecuado desarrollo del mismo, con el fin de asegurar la calidad mediante el cumplimiento de los requisitos básicos de los edificios y la adecuada protección de los intereses de los usuarios.

2. Las obligaciones y responsabilidades relativas a la prevención de riesgos laborales en las obras de edificación se regirán por su legislación específica.

3. Cuando las Administraciones públicas y los organismos y entidades sujetos a la legislación de contratos de las Administraciones públicas actúen como agentes del proceso de la edificación se regirán por lo dispuesto en la legislación de contratos de las Administraciones públicas y en lo no contemplado en la misma por las disposiciones de esta Ley, a excepción de lo dispuesto sobre garantías de suscripción obligatoria.

Artículo 2. Ámbito de aplicación.

1. Esta Ley es de aplicación al proceso de la edificación, entendiendo por tal la acción y el resultado de construir un edificio de carácter permanente, público o privado, cuyo uso principal esté comprendido en los siguientes grupos:

a) Administrativo, sanitario, religioso, residencial en todas sus formas, docente y cultural.

b) Aeronáutico; agropecuario; de la energía; de la hidráulica; minero; de telecomunicaciones (referido a la ingeniería de las telecomunicaciones); del transporte terrestre, marítimo, fluvial y aéreo; forestal; industrial; naval; de la ingeniería de saneamiento e higiene, y accesorio a las obras de ingeniería y su explotación.

c) Todas las demás edificaciones cuyos usos no estén expresamente relacionados en los grupos anteriores.

2. Tendrán la consideración de edificación a los efectos de lo dispuesto en esta Ley, y requerirán un proyecto según lo establecido en el artículo 4, las siguientes obras:

a) Obras de edificación de nueva construcción, excepto aquellas construcciones de escasa entidad constructiva y sencillez técnica que no tengan, de forma eventual o permanente, carácter residencial ni público y se desarrollen en una sola planta.

b) Obras de ampliación, modificación, reforma o rehabilitación que alteren la configuración arquitectónica de los edificios, entendiendo por tales las que tengan carácter de intervención total o las parciales que produzcan una variación esencial de la composición general exterior, la volumetría, o el conjunto del sistema estructural, o tengan por objeto cambiar los usos característicos del edificio.

c) Obras que tengan el carácter de intervención total en edificaciones catalogadas o que dispongan de algún tipo de protección de carácter ambiental o históricoartístico, regulada a través de norma legal o documento urbanístico y aquellas otras de carácter parcial que afecten a los elementos o partes objeto de protección.

3. Se consideran comprendidas en la edificación sus instalaciones fijas y el equipamiento propio, así como los elementos de urbanización que permanezcan adscritos al edificio.

Capítulo II – Exigencias técnicas y administrativas de la edificación

Artículo 3. Requisitos básicos de la edificación.

1. Con el fin de garantizar la seguridad de las personas, el bienestar de la sociedad y la protección del medio ambiente, los edificios deberán proyectarse, construirse, mantenerse y conservarse de tal forma que se satisfagan los requisitos básicos siguientes:

a) Relativos a la funcionalidad:

a.1) Utilización, de tal forma que la disposición y las dimensiones de los espacios y la dotación de las instalaciones faciliten la adecuada realización de las funciones previstas en el edificio.

a.2) Accesibilidad, de tal forma que se permita a las personas con movilidad y comunicación reducidas el acceso y la circulación por el edificio en los términos previstos en su normativa específica.

a.3) Acceso a los servicios de telecomunicación, audiovisuales y de información de acuerdo con lo establecido en su normativa específica.

b) Relativos a la seguridad:

b.1) Seguridad estructural, de tal forma que no se produzcan en el edificio, o partes del mismo, daños que tengan su origen o afecten a la cimentación, los soportes, las vigas, los forjados, los muros de carga u otros elementos estructurales, y que comprometan directamente la resistencia mecánica y la estabilidad del edificio.

b.2) Seguridad en caso de incendio, de tal forma que los ocupantes puedan desalojar el edificio en condiciones seguras, se pueda limitar la extensión del incendio dentro del propio edificio y de los colindantes y se permita la actuación de los equipos de extinción y rescate.

b.3) Seguridad de utilización, de tal forma que el uso normal del edificio no suponga riesgo de accidente para las personas.

c) Relativos a la habitabilidad:

c.1) Higiene, salud y protección del medio ambiente, de tal forma que se alcancen condiciones aceptables de salubridad y estanqueidad en el ambiente interior del edificio y que éste no deteriore el medio ambiente en su entorno inmediato, garantizando una adecuada gestión de toda clase de residuos.

c.2) Protección contra el ruido, de tal forma que el ruido percibido no ponga en peligro la salud de las personas y les permita realizar satisfactoriamente sus actividades.

c.3) Ahorro de energía y aislamiento térmico, de tal forma que se consiga un uso racional de la energía necesaria para la adecuada utilización del edificio.

c.4) Otros aspectos funcionales de los elementos constructivos o de las instalaciones que permitan un uso satisfactorio del edificio.

2. El Código Técnico de la Edificación es el marco normativo que establece las exigencias básicas de calidad de los edificios y de sus instalaciones, de tal forma que permite el cumplimiento de los anteriores requisitos básicos.

Las normas básicas de la edificación y las demás reglamentaciones técnicas de obligado cumplimiento constituyen, a partir de la entrada en vigor de esta Ley, la reglamentación técnica hasta que se apruebe el Código Técnico de la Edificación conforme a lo previsto en la disposición final segunda de esta Ley.

El Código podrá completarse con las exigencias de otras normativas dictadas por las Administraciones competentes y se actualizará periódicamente conforme a la evolución de la técnica y la demanda de la sociedad.

Artículo 4. Proyecto.

1. El proyecto es el conjunto de documentos mediante los cuales se definen y determinan las exigencias técnicas de las obras contempladas en el artículo 2. El proyecto habrá de justificar técnicamente las soluciones propuestas de acuerdo con las especificaciones requeridas por la normativa técnica aplicable.

2. Cuando el proyecto se desarrolle o complete mediante proyectos parciales u otros documentos técnicos sobre tecnologías específicas o instalaciones del edificio, se mantendrá entre todos ellos la necesaria coordinación sin que se produzca una duplicidad en la documentación ni en los honorarios a percibir por los autores de los distintos trabajos indicados.

Artículo 5. Licencias y autorizaciones administrativas.

La construcción de edificios, la realización de las obras que en ellos se ejecuten y su ocupación precisará las preceptivas licencias y demás autorizaciones administrativas procedentes, de conformidad con la normativa aplicable.

Artículo 6. Recepción de la obra.

1. La recepción de la obra es el acto por el cual el constructor, una vez concluida ésta, hace entrega de la misma al promotor y es aceptada por éste. Podrá realizarse con o sin reservas y deberá abarcar la totalidad de la obra o fases completas y terminadas de la misma, cuando así se acuerde por las partes.

2. La recepción deberá consignarse en un acta firmada, al menos, por el promotor y el constructor, y en la misma se hará constar:

a) Las partes que intervienen.

b) La fecha del certificado final de la totalidad de la obra o de la fase completa y terminada de la misma.

c) El coste final de la ejecución material de la obra.

d) La declaración de la recepción de la obra con o sin reservas, especificando, en su caso, éstas de manera objetiva, y el plazo en que deberán quedar subsanados los defectos observados. Una vez subsanados los mismos, se hará constar en un acta aparte, suscrita por los firmantes de la recepción.

e) Las garantías que, en su caso, se exijan al constructor para asegurar sus responsabilidades.

Asimismo, se adjuntará el certificado final de obra suscrito por el director de obra y el director de la ejecución de la obra.

3. El promotor podrá rechazar la recepción de la obra por considerar que la misma no está terminada o que no se adecua a las condiciones contractuales.

En todo caso, el rechazo deberá ser motivado por escrito en el acta, en la que se fijará el nuevo plazo para efectuar la recepción.

4. Salvo pacto expreso en contrario, la recepción de la obra tendrá lugar dentro de los treinta días siguientes a la fecha de su terminación, acreditada en el certificado final de obra, plazo que se contará a partir de la notificación efectuada por escrito al promotor. La recepción se entenderá tácitamente producida si transcurridos treinta días desde la fecha indicada el promotor no hubiera puesto de manifiesto reservas o rechazo motivado por escrito.

5. El cómputo de los plazos de responsabilidad y garantía establecidos en esta Ley se iniciará a partir de la fecha en que se suscriba el acta de recepción, o cuando se entienda ésta tácitamente producida según lo previsto en el apartado anterior.

Artículo 7. Documentación de la obra ejecutada.

Una vez finalizada la obra, el proyecto, con la incorporación, en su caso, de las modificaciones debidamente aprobadas, será facilitado al promotor por el director de obra para la formalización de los correspondientes trámites administrativos.

A dicha documentación se adjuntará, al menos, el acta de recepción, la relación identificativa de los agentes que han intervenido durante el proceso de edificación, así como la relativa a las instrucciones de uso y mantenimiento del edificio y sus instalaciones, de conformidad con la normativa que le sea de aplicación.

Toda la documentación a que hace referencia los apartados anteriores, que constituirá el Libro del Edificio, será entregada a los usuarios finales del edificio.

Capítulo III – Agentes de la edificación

Artículo 8. Concepto.

Son agentes de la edificación todas las personas, físicas o jurídicas, que intervienen en el proceso de la edificación. Sus obligaciones vendrán determinadas por lo dispuesto en esta Ley y demás disposiciones que sean de aplicación y por el contrato que origina su intervención.

Artículo 9. El promotor.

1. Será considerado promotor cualquier persona, física o jurídica, pública o privada, que, individual o colectivamente, decide, impulsa, programa y financia, con recursos propios o ajenos, las obras de edificación para sí o para su posterior enajenación, entrega o cesión a terceros bajo cualquier título.

2. Son obligaciones del promotor:

a) Ostentar sobre el solar la titularidad de un derecho que le faculte para construir en él.

b) Facilitar la documentación e información previa necesaria para la redacción del proyecto, así como autorizar al director de obra las posteriores modificaciones del mismo.

c) Gestionar y obtener las preceptivas licencias y autorizaciones administrativas, así como suscribir el acta de recepción de la obra.

d) Suscribir los seguros previstos en el artículo 19.

e) Entregar al adquirente, en su caso, la documentación de obra ejecutada, o cualquier otro documento exigible por las Administraciones competentes.

Artículo 10. El proyectista.

1. El proyectista es el agente que, por encargo del promotor y con sujeción a la normativa técnica y urbanística correspondiente, redacta el proyecto.

Podrán redactar proyectos parciales del proyecto, o partes que lo complementen, otros técnicos, de forma coordinada con el autor de éste.

Cuando el proyecto se desarrolle o complete mediante proyectos parciales u otros documentos técnicos según lo previsto en el apartado 2 del artículo 4 de esta Ley, cada proyectista asumirá la titularidad de su proyecto.

2. Son obligaciones del proyectista:

a) Estar en posesión de la titulación académica y profesional habilitante de arquitecto, arquitecto técnico, ingeniero o ingeniero técnico, según corresponda, y cumplir las condiciones exigibles para el ejercicio de la profesión. En caso de personas jurídicas, designar al técnico redactor del proyecto que tenga la titulación profesional habilitante.

Cuando el proyecto a realizar tenga por objeto la construcción de edificios para los usos indicados en el grupo a) del apartado 1 del artículo 2, la titulación académica y profesional habilitante será la de arquitecto.

Cuando el proyecto a realizar tenga por objeto la construcción de edificios para los usos indicados en el grupo b) del apartado 1 del artículo 2, la titulación académica y profesional habilitante, con carácter general, será la de ingeniero, ingeniero técnico o arquitecto y vendrá determinada por las disposiciones legales vigentes para cada profesión, de acuerdo con sus respectivas especialidades y competencias específicas.

Cuando el proyecto a realizar tenga por objeto la construcción de edificios comprendidos en el grupo c) del apartado 1 del artículo 2, la titulación académica y profesional habilitante será la de arquitecto, arquitecto técnico, ingeniero o ingeniero técnico y vendrá determinada por las disposiciones legales vigentes para cada profesión, de acuerdo con sus especialidades y competencias específicas.

Idénticos criterios se seguirán respecto de los proyectos de obras a las que se refieren los apartados 2.b) y 2.c) del artículo 2 de esta Ley.

En todo caso y para todos los grupos, en los aspectos concretos correspondientes a sus especialidades y competencias específicas, y en particular respecto de los elementos complementarios a que se refiere el apartado 3 del artículo 2, podrán asimismo intervenir otros técnicos titulados del ámbito de la arquitectura o de la ingeniería, suscribiendo los trabajos por ellos realizados y coordinados por el proyectista. Dichas intervenciones especializadas serán preceptivas si así lo establece la disposición legal reguladora del sector de actividad de que se trate.

b) Redactar el proyecto con sujeción a la normativa vigente y a lo que se haya establecido en el contrato y entregarlo, con los visados que en su caso fueran preceptivos.

c) Acordar, en su caso, con el promotor la contratación de colaboraciones parciales.

Artículo 11. El constructor.

1. El constructor es el agente que asume, contractualmente ante el promotor, el compromiso de ejecutar con medios humanos y materiales, propios o ajenos, las obras o parte de las mismas con sujeción al proyecto y al contrato.

2. Son obligaciones del constructor:

a) Ejecutar la obra con sujeción al proyecto, a la legislación aplicable y a las instrucciones del director de obra y del director de la ejecución de la obra, a fin de alcanzar la calidad exigida en el proyecto.

b) Tener la titulación o capacitación profesional que habilita para el cumplimiento de las condiciones exigibles para actuar como constructor.

c) Designar al jefe de obra que asumirá la representación técnica del constructor en la obra y que por su titulación o experiencia deberá tener la capacitación adecuada de acuerdo con las características y la complejidad de la obra.

d) Asignar a la obra los medios humanos y materiales que su importancia requiera.

e) Formalizar las subcontrataciones de determinadas partes o instalaciones de la obra dentro de los límites establecidos en el contrato.

f) Firmar el acta de replanteo o de comienzo y el acta de recepción de la obra.

g) Facilitar al director de obra los datos necesarios para la elaboración de la documentación de la obra ejecutada.

h) Suscribir las garantías previstas en el artículo 19.

Artículo 12. El director de obra.

1. El director de obra es el agente que, formando parte de la dirección facultativa, dirige el desarrollo de la obra en los aspectos técnicos, estéticos, urbanísticos y medioambientales, de conformidad con el proyecto que la define, la licencia de edificación y demás autorizaciones preceptivas y las condiciones del contrato, con el objeto de asegurar su adecuación al fin propuesto.

2. Podrán dirigir las obras de los proyectos parciales otros técnicos, bajo la coordinación del director de obra.

3. Son obligaciones del director de obra:

a) Estar en posesión de la titulación académica y profesional habilitante de arquitecto, arquitecto técnico, ingeniero o ingeniero técnico, según corresponda y cumplir las condiciones exigibles para el ejercicio de la profesión. En caso de personas jurídicas, designar al técnico director de obra que tenga la titulación profesional habilitante.

En el caso de la construcción de edificios para los usos indicados en el grupo a) del apartado 1 del artículo 2, la titulación académica y profesional habilitante será la de arquitecto.

Cuando las obras a realizar tengan por objeto la construcción de las edificaciones indicadas en el grupo b) del apartado 1 del artículo 2, la titulación habilitante, con carácter general, será la de ingeniero, ingeniero técnico o arquitecto y vendrá determinada por las disposiciones legales vigentes para cada profesión, de acuerdo con sus especialidades y competencias específicas.

Cuando las obras a realizar tengan por objeto la construcción de las edificaciones indicadas en el grupo c) del apartado 1 del artículo 2, la titulación habilitante será la de arquitecto, arquitecto técnico, ingeniero o ingeniero técnico y vendrá determinada por las disposiciones legales vigentes para cada profesión, de acuerdo con sus especialidades y competencias específicas.

Idénticos criterios se seguirán respecto de las obras a las que se refieren los apartados 2.b) y 2.c) del artículo 2 de esta Ley.

b) Verificar el replanteo y la adecuación de la cimentación y de la estructura proyectadas a las características geotécnicas del terreno.

c) Resolver las contingencias que se produzcan en la obra y consignar en el Libro de Órdenes y Asistencias las instrucciones precisas para la correcta interpretación del proyecto.

d) Elaborar, a requerimiento del promotor o con su conformidad, eventuales modificaciones del proyecto, que vengan exigidas por la marcha de la obra siempre que las mismas se adapten a las disposiciones normativas contempladas y observadas en la redacción del proyecto.

e) Suscribir el acta de replanteo o de comienzo de obra y el certificado final de obra, así como conformar las certificaciones parciales y la liquidación final de las unidades de obra ejecutadas, con los visados que en su caso fueran preceptivos.

f) Elaborar y suscribir la documentación de la obra ejecutada para entregarla al promotor, con los visados que en su caso fueran preceptivos.

g) Las relacionadas en el artículo 13, en aquellos casos en los que el director de la obra y el director de la ejecución de la obra sea el mismo profesional, si fuera ésta la opción elegida, de conformidad con lo previsto en el apartado 2.a) del artículo 13.

Artículo 13. El director de la ejecución de la obra.

1. El director de la ejecución de la obra es el agente que, formando parte de la dirección facultativa, asume la función técnica de dirigir la ejecución material de la obra y de controlar cualitativa y cuantitativamente la construcción y la calidad de lo edificado.

2. Son obligaciones del director de la ejecución de la obra:

a) Estar en posesión de la titulación académica y profesional habilitante y cumplir las condiciones exigibles para el ejercicio de la profesión. En caso de personas jurídicas, designar al técnico director de la ejecución de la obra que tenga la titulación profesional habilitante.

Cuando las obras a realizar tengan por objeto la construcción de edificios para los usos indicados en el grupo a) del apartado 1 del artículo 2, la titulación académica y profesional habilitante será la de arquitecto técnico.

Será ésta, asimismo, la titulación habilitante para las obras del grupo b) que fueran dirigidas por arquitectos.

En los demás casos la dirección de la ejecución de la obra puede ser desempeñada, indistintamente, por

profesionales con la titulación de arquitecto, arquitecto técnico, ingeniero o ingeniero técnico.

b) Verificar la recepción en obra de los productos de construcción, ordenando la realización de ensayos y pruebas precisas.

c) Dirigir la ejecución material de la obra comprobando los replanteos, los materiales, la correcta ejecución y disposición de los elementos constructivos y de las instalaciones, de acuerdo con el proyecto y con las instrucciones del director de obra.

d) Consignar en el Libro de Órdenes y Asistencias las instrucciones precisas.

e) Suscribir el acta de replanteo o de comienzo de obra y el certificado final de obra, así como elaborar y suscribir las certificaciones parciales y la liquidación final de las unidades de obra ejecutadas.

f) Colaborar con los restantes agentes en la elaboración de la documentación de la obra ejecutada, aportando los resultados del control realizado.

Artículo 14. Las entidades y los laboratorios de control de calidad de la edificación.

1. Son entidades de control de calidad de la edificación aquéllas capacitadas para prestar asistencia técnica en la verificación de la calidad del proyecto, de los materiales y de la ejecución de la obra y sus instalaciones de acuerdo con el proyecto y la normativa aplicable.

2. Son laboratorios de ensayos para el control de calidad de la edificación los capacitados para prestar asistencia técnica, mediante la realización de ensayos o pruebas de servicio de los materiales, sistemas o instalaciones de una obra de edificación.

3. Son obligaciones de las entidades y de los laboratorios de control de calidad:

a) Prestar asistencia técnica y entregar los resultados de su actividad al agente autor del encargo y, en todo caso, al director de la ejecución de las obras.

b) Justificar la capacidad suficiente de medios materiales y humanos necesarios para realizar adecuadamente los trabajos contratados, en su caso, a través de la correspondiente acreditación oficial otorgada por las Comunidades Autónomas con competencia en la materia.

Artículo 15. Los suministradores de productos.

1. Se consideran suministradores de productos los fabricantes, almacenistas, importadores o vendedores de productos de construcción.

2. Se entiende por producto de construcción aquel que se fabrica para su incorporación permanente en una obra incluyendo materiales, elementos semielaborados, componentes y obras o parte de las mismas, tanto terminadas como en proceso de ejecución.

3. Son obligaciones del suministrador:

a) Realizar las entregas de los productos de acuerdo con las especificaciones del pedido, respondiendo de su origen, identidad y calidad, así como del cumplimiento de las exigencias que, en su caso, establezca la normativa técnica aplicable.

b) Facilitar, cuando proceda, las instrucciones de uso y mantenimiento de los productos suministrados, así como las garantías de calidad correspondientes, para su inclusión en la documentación de la obra ejecutada.

Artículo 16. Los propietarios y los usuarios.

1. Son obligaciones de los propietarios conservar en buen estado la edificación mediante un adecuado uso y mantenimiento, así como recibir, conservar y transmitir la documentación de la obra ejecutada y los seguros y garantías con que ésta cuente.

2. Son obligaciones de los usuarios, sean o no propietarios, la utilización adecuada de los edificios o de parte de los mismos de conformidad con las instrucciones de uso y mantenimiento, contenidas en la documentación de la obra ejecutada.

Capítulo IV – Responsabilidades y garantías

Artículo 17. Responsabilidad civil de los agentes que intervienen en el proceso de la edificación.

1. Sin perjuicio de sus responsabilidades contractuales, las personas físicas o jurídicas que intervienen en el proceso de la edificación responderán frente a los propietarios y los terceros adquirentes de los edificios o parte de los mismos, en el caso de que sean objeto de división, de los siguientes daños materiales ocasionados en el edificio dentro de los plazos indicados, contados desde la fecha de recepción de la obra, sin reservas o desde la subsanación de éstas:

a) Durante diez años, de los daños materiales causados en el edificio por vicios o defectos que afecten a la cimentación, los soportes, las vigas, los forjados, los muros de carga u otros elementos estructurales, y que comprometan directamente la resistencia mecánica y la estabilidad del edificio.

b) Durante tres años, de los daños materiales causados en el edificio por vicios o defectos de los elementos constructivos o de las instalaciones que ocasionen el incumplimiento de los requisitos de habitabilidad del apartado 1, letra c), del artículo 3.

El constructor también responderá de los daños materiales por vicios o defectos de ejecución que afecten a elementos de terminación o acabado de las obras dentro del plazo de un año.

2. La responsabilidad civil será exigible en forma personal e individualizada, tanto por actos u omisiones propios, como por actos u omisiones de personas por las que, con arreglo a esta Ley, se deba responder.

3. No obstante, cuando no pudiera individualizarse la causa de los daños materiales o quedase debidamente probada la concurrencia de culpas sin que pudiera precisarse el grado de intervención de cada agente en el daño producido, la responsabilidad se exigirá solidariamente.

En todo caso, el promotor responderá solidariamente con los demás agentes intervinientes ante los posibles adquirentes de los daños materiales en el edificio ocasionados por vicios o defectos de construcción.

4. Sin perjuicio de las medidas de intervención administrativas que en cada caso procedan, la responsabilidad del promotor que se establece en esta Ley se extenderá a las personas físicas o jurídicas que, a tenor del contrato o de su intervención decisoria en la promoción, actúen como tales promotores bajo la forma de promotor o gestor de cooperativas o de comunidades de propietarios u otras figuras análogas.

5. Cuando el proyecto haya sido contratado conjuntamente con más de un proyectista, los mismos responderán solidariamente.

Los proyectistas que contraten los cálculos, estudios, dictámenes o informes de otros profesionales, serán directamente responsables de los daños que puedan derivarse de su insuficiencia, incorrección o inexactitud, sin perjuicio de la repetición que pudieran ejercer contra sus autores.

6. El constructor responderá directamente de los daños materiales causados en el edificio por vicios o defectos derivados de la impericia, falta de capacidad profesional o técnica, negligencia o incumplimiento de las obligaciones atribuidas al jefe de obra y demás personas físicas o jurídicas que de él dependan.

Cuando el constructor subcontrate con otras personas físicas o jurídicas la ejecución de determinadas partes o instalaciones de la obra, será directamente responsable de los daños materiales por vicios o defectos de su ejecución, sin perjuicio de la repetición a que hubiere lugar.

Asimismo, el constructor responderá directamente de los daños materiales causados en el edificio por las deficiencias de los productos de construcción adquiridos o aceptados por él, sin perjuicio de la repetición a que hubiere lugar.

7. El director de obra y el director de la ejecución de la obra que suscriban el certificado final de obra serán responsables de la veracidad y exactitud de dicho documento.

Quien acepte la dirección de una obra cuyo proyecto no haya elaborado él mismo, asumirá las responsabilidades derivadas de las omisiones, deficiencias o imperfecciones del proyecto, sin perjuicio de la repetición que pudiere corresponderle frente al proyectista.

Cuando la dirección de obra se contrate de manera conjunta a más de un técnico, los mismos responderán solidariamente sin perjuicio de la distribución que entre ellos corresponda.

8. Las responsabilidades por daños no serán exigibles a los agentes que intervengan en el proceso de la edificación, si se prueba que aquéllos fueron ocasionados por caso fortuito, fuerza mayor, acto de tercero o por el propio perjudicado por el daño.

9. Las responsabilidades a que se refiere este artículo se entienden sin perjuicio de las que alcanzan al vendedor de los edificios o partes edificadas frente al comprador conforme al contrato de compraventa suscrito entre ellos, a los artículos 1.484 y siguientes del Código Civil y demás legislación aplicable a la compraventa.

Artículo 18. Plazos de prescripción de las acciones.

1. Las acciones para exigir la responsabilidad prevista en el artículo anterior por daños materiales dimanantes de los vicios o defectos, prescribirán en el plazo de dos años a contar desde que se produzcan dichos daños, sin perjuicio de las acciones que puedan subsistir para exigir responsabilidades por incumplimiento contractual.

2. La acción de repetición que pudiese corresponder a cualquiera de los agentes que intervienen en el proceso de edificación contra los demás, o a los aseguradores contra ellos, prescribirá en el plazo de dos años desde la firmeza de la resolución judicial que condene al responsable a indemnizar los daños, o a partir de la fecha en la que se hubiera procedido a la indemnización de forma extrajudicial.

Artículo 19. Garantías por daños materiales ocasionados por vicios y defectos de la construcción.

1. El régimen de garantías exigibles para las obras de edificación comprendidas en el artículo 2 de esta Ley se hará efectivo de acuerdo con la obligatoriedad que se establezca en aplicación de la disposición adicional segunda, teniendo como referente a las siguientes garantías:

a) Seguro de daños materiales o seguro de caución, para garantizar, durante un año, el resarcimiento de los daños materiales por vicios o defectos de ejecución que afecten a elementos de terminación o acabado de las obras, que podrá ser sustituido por la retención por el promotor de un 5 por 100 del importe de la ejecución material de la obra.

b) Seguro de daños materiales o seguro de caución, para garantizar, durante tres años, el resarcimiento de los daños causados por vicios o defectos de los elementos constructivos o de las instalaciones que ocasionen el incumplimiento de los requisitos de habitabilidad del apartado 1, letra c), del artículo 3.

c) Seguro de daños materiales o seguro de caución, para garantizar, durante diez años, el resarcimiento de los daños materiales causados en el edificio por vicios o defectos que tengan su origen o afecten a la cimentación, los soportes, las vigas, los forjados, los muros de carga u otros elementos estructurales, y que comprometan directamente la resistencia mecánica y estabilidad del edificio.

2. Los seguros de daños materiales reunirán las condiciones siguientes:

a) Tendrá la consideración de tomador del seguro el constructor en el supuesto a) del apartado 1 y el promotor, en los supuestos b) y c) del mismo apartado, y de asegurados el propio promotor y los sucesivos adquirentes del edificio o de parte del mismo. El promotor podrá pactar expresamente con el constructor que éste sea tomador del seguro por cuenta de aquél.

b) La prima deberá estar pagada en el momento de la recepción de la obra. No obstante, en caso de que se hubiera pactado el fraccionamiento en períodos siguientes a la fecha de recepción, la falta de pago de las siguientes fracciones de prima no dará derecho al asegurador a resolver el contrato, ni éste quedará extinguido, ni la cobertura del asegurador suspendida, ni éste liberado de su obligación, caso de que el asegurado deba hacer efectiva la garantía.

c) No será de aplicación la normativa reguladora de la cobertura de riesgos extraordinarios sobre las personas y los bienes contenida en el artículo 4 de la Ley 21/1990, de 19 de diciembre.

3. Los seguros de caución reunirán las siguientes condiciones:

a) Las señaladas en los apartados 2.a) y 2.b) de este artículo. En relación con el apartado 2.a), los asegurados serán siempre los sucesivos adquirentes del edificio o de parte del mismo.

b) El asegurador asume el compromiso de indemnizar al asegurado al primer requerimiento.

c) El asegurador no podrá oponer al asegurado las excepciones que puedan corresponderle contra el tomador del seguro.

4. Una vez tomen efecto las coberturas del seguro, no podrá rescindirse ni resolverse el contrato de mutuo acuerdo antes del transcurso del plazo de duración previsto en el apartado 1 de este artículo.

5. El importe mínimo del capital asegurado será el siguiente:

a) El 5 por 100 del coste final de la ejecución material de la obra, incluidos los honorarios profesionales, para las garantías del apartado 1.a) de este artículo.

b) El 30 por 100 del coste final de la ejecución material de la obra, incluidos los honorarios profesionales, para las garantías del apartado 1.b) de este artículo.

c) El 100 por 100 del coste final de la ejecución material de la obra, incluidos los honorarios profesionales, para las garantías del apartado 1.c) de este artículo.

6. El asegurador podrá optar por el pago de la indemnización en metálico que corresponda a la valoración de los daños o por la reparación de los mismos.

7. El incumplimiento de las anteriores normas sobre garantías de suscripción obligatoria implicará, en todo caso, la obligación de responder personalmente al obligado a suscribir las garantías.

8. Para las garantías a que se refiere el apartado 1.a) de este artículo no serán admisibles cláusulas por las cuales se introduzcan franquicias o limitación alguna en la responsabilidad del asegurador frente al asegurado.

En el caso de que en el contrato de seguro a que se refieren los apartado 1.b) y 1.c) de este artículo se establezca una franquicia, ésta no podrá exceder del 1 por 100 del capital asegurado de cada unidad registral.

9. Salvo pacto en contrario, las garantías a que se refiere esta Ley no cubrirán:

a) Los daños corporales u otros perjuicios económicos distintos de los daños materiales que garantiza la Ley.

b) Los daños ocasionados a inmuebles contiguos o adyacentes al edificio.

c) Los daños causados a bienes muebles situados en el edificio.

d) Los daños ocasionados por modificaciones u obras realizadas en el edificio después de la recepción, salvo las de subsanación de los defectos observados en la misma.

e) Los daños ocasionados por mal uso o falta de mantenimiento adecuado del edificio.

f) Los gastos necesarios para el mantenimiento del edificio del que ya se ha hecho la recepción.

g) Los daños que tengan su origen en un incendio o explosión, salvo por vicios o defectos de las instalaciones propias del edificio.

h) Los daños que fueran ocasionados por caso fortuito, fuerza mayor, acto de tercero o por el propio perjudicado por el daño.

i) Los siniestros que tengan su origen en partes de la obra sobre las que haya reservas recogidas en el acta de recepción, mientras que tales reservas no hayan sido subsanadas y las subsanaciones queden reflejadas en una nueva acta suscrita por los firmantes del acta de recepción.

Artículo 20. Requisitos para la escrituración e inscripción.

1. No se autorizarán ni se inscribirán en el Registro de la Propiedad escrituras públicas de declaración de obra nueva de edificaciones a las que sea de aplicación esta Ley, sin que se acredite y testimonie la constitución de las garantías a que se refiere el artículo 19.

2. Cuando no hayan transcurrido los plazos de prescripción de las acciones a que se refiere el artículo 18, no se cerrará en el Registro Mercantil la hoja abierta al promotor individual ni se inscribirá la liquidación de las sociedades promotoras sin que se acredite previamente al Registrador la constitución de las garantías establecidas por esta Ley, en relación con todas y cada una de las edificaciones que hubieran promovido.

Disposición adicional primera. Percepción de cantidades a cuenta del precio durante la construcción.

La percepción de cantidades anticipadas en la edificación por los promotores o gestores se cubrirá mediante un seguro que indemnice el incumplimiento del contrato en forma análoga a lo dispuesto en la Ley 57/1968, de 27 de julio, sobre percepción de cantidades anticipadas en la construcción y venta de viviendas. Dicha Ley, y sus disposiciones complementarias, se aplicarán en el caso de viviendas con las siguientes modificaciones:

a) La expresada normativa será de aplicación a la promoción de toda clase de viviendas, incluso a las que se realicen en régimen de comunidad de propietarios o sociedad cooperativa.

b) La garantía que se establece en la citada Ley 57/1968 se extenderá a las cantidades entregadas en efectivo o mediante cualquier efecto cambiario, cuyo pago se domiciliará en la cuenta especial prevista en la referida Ley.

c) La devolución garantizada comprenderá las cantidades entregadas más los intereses legales del dinero vigentes hasta el momento en que se haga efectiva la devolución.

d) Las multas por incumplimiento a que se refiere el párrafo primero del artículo 6 de la citada Ley, se impondrán por las Comunidades Autónomas, en cuantía, por cada infracción, de hasta el 25 por 100 de las cantidades cuya devolución deba ser asegurada o por lo dispuesto en la normativa propia de las Comunidades Autónomas.

Disposición adicional segunda. Obligatoriedad de las garantías por daños materiales ocasionados por vicios y defectos en la construcción.

Uno. La garantía contra los daños materiales a que se refiere el apartado 1.c) del artículo 19 de esta Ley será exigible, a partir de su entrada en vigor, para edificios cuyo destino principal sea el de vivienda.

Dos. Mediante Real Decreto podrá establecerse la obligatoriedad de suscribir las garantías previstas en los apartados 1.a) y 1.b) del citado artículo 19, para edificios cuyo destino principal sea el de vivienda. Asimismo, mediante Real Decreto podrá establecerse la obligatoriedad de suscribir cualquiera de las garantías previstas en el artículo 19, para edificios destinados a cualquier uso distinto del de vivienda.

Disposición adicional tercera. Intervenciones en el proceso de la edificación de los Cuerpos de Ingenieros de los Ejércitos en el ámbito de la Defensa.

Los miembros de los Cuerpos de Ingenieros de los Ejércitos, cuando intervengan en la realización de edificaciones o instalaciones afectas a la Defensa, se regirán en lo que se refiere a su capacidad profesional por la Ley 17/1999, de 18 de mayo, de Régimen del Personal de las Fuerzas Armadas, y disposiciones reglamentarias de desarrollo.

Disposición adicional cuarta. Coordinador de seguridad y salud.

Las titulaciones académicas y profesionales habilitantes para desempeñar la función de coordinador de seguridad y salud en obras de edificación, durante la elaboración del proyecto y la ejecución de la obra, serán las de arquitecto, arquitecto técnico, ingeniero o ingeniero técnico, de acuerdo con sus competencias y especialidades.

Disposición adicional quinta. Regulación del derecho de reversión.

Los artículos 54 y 55 de la Ley de Expropiación Forzosa, de 16 de diciembre de 1954, quedan redactados de la manera siguiente:

"Artículo 54.

1. En el caso de no ejecutarse la obra o no establecerse el servicio que motivó la expropiación, así como si hubiera alguna parte sobrante de los bienes expropiados, o desapareciese la afectación, el primitivo dueño o sus causahabientes podrán recobrar la totalidad o la parte sobrante de lo expropiado, mediante el abono a quien fuera su titular de la indemnización que se determina en el artículo siguiente.

2. No habrá derecho de reversión, sin embargo, en los casos siguientes:

a) Cuando simultáneamente a la desafectación del fin que justificó la expropiación se acuerde justificadamente una nueva afectación a otro fin que haya sido declarado de utilidad pública o interés social. En este supuesto la Administración dará publicidad a la sustitución, pudiendo el primitivo dueño o sus causahabientes alegar cuanto estimen oportuno en defensa de su derecho a la reversión, si consideran que no concurren los requisitos exigidos por la ley, así como solicitar la actualización del justiprecio si no se hubiera ejecutado la obra o establecido el servicio inicialmente previstos.

b) Cuando la afectación al fin que justificó la expropiación o a otro declarado de utilidad pública o interés social se prolongue durante diez años desde la terminación de la obra o el establecimiento del servicio.

3. Cuando de acuerdo con lo establecido en los apartados anteriores de este artículo proceda la reversión, el plazo para que el dueño primitivo o sus causahabientes puedan solicitarla será el de tres meses, a contar desde la fecha en que la Administración hubiera notificado el exceso de expropiación, la desafectación del bien o derecho expropiados o su propósito de no ejecutar la obra o de no implantar el servicio.

En defecto de esta notificación, el derecho de reversión podrá ejercitarse por el expropiado y sus causahabientes en los casos y con las condiciones siguientes:

a) Cuando se hubiera producido un exceso de expropiación o la desafectación del bien o derecho expropiados y no hubieran transcurrido veinte años desde la toma de posesión de aquéllos.

b) Cuando hubieran transcurrido cinco años desde la toma de posesión del bien o derecho expropiados sin iniciarse la ejecución de la obra o la implantación del servicio.

c) Cuando la ejecución de la obra o las actuaciones para el establecimiento del servicio estuvieran suspendidas más de dos años por causas imputables a la Administración o al beneficiario de la expropiación sin que se produjera por parte de éstos ningún acto expreso para su reanudación.

4. La competencia para resolver sobre la reversión corresponderá a la Administración en cuya titularidad se halle el bien o derecho en el momento en que se solicite aquélla o a la que se encuentre vinculado el beneficiario de la expropiación, en su caso, titular de los mismos.

5. En las inscripciones en el Registro de la Propiedad del dominio y demás derechos reales sobre bienes inmuebles adquiridos por expropiación forzosa se hará constar el derecho preferente de los reversionistas frente a terceros posibles adquirentes para recuperar el bien o derecho expropiados de acuerdo con lo dispuesto en este artículo y en el siguiente, sin cuya constancia registral el derecho de reversión no será oponible a los terceros adquirentes que hayan

inscrito los títulos de sus respectivos derechos conforme a lo previsto en la Ley Hipotecaria.

Artículo 55.

1. Es presupuesto del ejercicio del derecho de reversión la restitución de la indemnización expropiatoria percibida por el expropiado, actualizada conforme a la evolución del índice de precios al consumo en el período comprendido entre la fecha de iniciación del expediente de justiprecio y la de ejercicio del derecho de reversión. La determinación de este importe se efectuará por la Administración en el mismo acuerdo que reconozca el derecho de reversión.

2. Por excepción, si el bien o derecho expropiado hubiera experimentado cambios en su calificación jurídica que condicionaran su valor o hubieran incorporado mejoras aprovechables por el titular de aquel derecho o sufrido menoscabo de valor, se procederá a una nueva valoración del mismo, referida a la fecha de ejercicio del derecho, fijada con arreglo a las normas contenidas en el capítulo III del Título II de esta Ley.

3. La toma de posesión del bien o derecho revertido no podrá tener lugar sin el previo pago o consignación del importe resultante conforme a los apartados anteriores. Dicho pago o consignación deberá tener lugar en el plazo máximo de tres meses desde su determinación en vía administrativa, bajo pena de caducidad del derecho de reversión y sin perjuicio de la interposición de recurso contencioso-administrativo. En este último caso, las diferencias que pudieran resultar de la sentencia que se dicte deberán, asimismo, satisfacerse o reembolsarse, según proceda, incrementadas con los intereses devengados al tipo de interés legal desde la fecha del primer pago en el plazo de tres meses desde la notificación de la sentencia bajo pena de caducidad del derecho de reversión en el primer supuesto."

Disposición adicional sexta. Infraestructuras comunes en los edificios para el acceso a los servicios de telecomunicación.

El artículo 2, apartado a), del Real Decreto-ley 1/1998, de 27 de febrero, sobre infraestructuras comunes en los edificios para el acceso a los servicios de telecomunicación, quedará redactado de la siguiente manera:

"a) A todos los edificios y conjuntos inmobiliarios en los que exista continuidad en la edificación, de uso residencial o no y sean o no de nueva construcción, que estén acogidos, o deban acogerse, al régimen de propiedad horizontal regulado por la Ley 49/1960, de 21 de julio, de Propiedad Horizontal, modificada por la Ley 8/1999, de 6 de abril."

Disposición adicional séptima. Solicitud de la demanda de notificación a otros agentes.

Quien resulte demandado por ejercitarse contra él acciones de responsabilidad basadas en las obligaciones resultantes de su intervención en el proceso de la edificación previstas en la presente Ley, podrá solicitar, dentro del plazo que la Ley de Enjuiciamiento Civil concede para contestar a la demanda, que ésta se notifique a otro u otros agentes que también hayan tenido intervención en el referido proceso.

La notificación se hará conforme a lo establecido para el emplazamiento de los demandados e incluirá la advertencia expresa a aquellos otros agentes llamados al proceso de que, en el supuesto de que no comparecieren, la sentencia que se dicte será oponible y ejecutable frente a ellos.

Disposición transitoria primera.

Lo dispuesto en esta Ley, salvo en materia de expropiación forzosa en que se estará a lo establecido en la disposición transitoria segunda, será de aplicación a las obras de nueva construcción y a obras en los edificios existentes, para cuyos proyectos se solicite la correspondiente licencia de edificación, a partir de su entrada en vigor.

Disposición transitoria segunda.

Lo establecido en la disposición adicional quinta no será de aplicación a aquellos bienes y derechos sobre los que, a la entrada en vigor de la ley, se hubiera presentado la solicitud de reversión.

Disposición derogatoria primera.

Quedan derogadas todas las disposiciones de igual o inferior rango que se opongan a lo dispuesto en esta Ley.

Disposición derogatoria segunda.

Los artículos 64 a 70 del Reglamento de la Ley de Expropiación Forzosa, aprobado por Decreto de 26 de abril de 1957, seguirán vigentes en cuanto no se opongan o resulten compatibles con lo establecido en la disposición adicional quinta.

Disposición final primera. Fundamento constitucional.

Esta Ley se dicta al amparo de la competencia que corresponde al estado de conformidad con los artículos de la Constitución siguientes:

a) El artículo 149.1.6.a , 8.a y 30.a en relación con las materias civiles y mercantiles de los capítulos I y II y con las obligaciones de los agentes de la edificación y atribuciones derivadas del ejercicio de las profesiones establecidas en el capítulo III, sin perjuicio de los derechos civiles, forales o especiales existentes en determinadas Comunidades Autónomas.

b) El artículo 149.1.16.a, 21.a, 23.a y 25.a para el artículo 3.

c) El artículo 149.1.6.a, 8.a y 11.a para el capítulo IV.

d) El artículo 149.1.18.a para la disposición adicional quinta.

Lo dispuesto en esta Ley será de aplicación sin perjuicio de las competencias legislativas y de ejecución que tengan asumidas las Comunidades Autónomas en este ámbito.

Disposición final segunda. Autorización al Gobierno para la aprobación de un Código Técnico de la Edificación.

Se autoriza al Gobierno para que, mediante Real Decreto y en el plazo de dos años a contar desde la entrada en vigor de esta Ley, apruebe un Código Técnico de la Edificación que establezca las exigencias que deben cumplir los edificios en relación con los requisitos básicos establecidos en el artículo 3, apartados 1.b) y 1.c).

Hasta su aprobación, para satisfacer estos requisitos básicos se aplicarán las normas básicas de la edificación-NBE que regulan las exigencias técnicas de los edificios y que se enumeran a continuación:

NBE CT-79 Condiciones térmicas en los edificios.

NBE CA-88 Condiciones acústicas en los edificios.

NBE AE-88 Acciones en la edificación.

NBE FL-90 Muros resistentes de fábrica de ladrillo.

NBE QB-90 Cubiertas con materiales bituminosos.

NBE EA-95 Estructuras de acero en edificación.

NBE CPI-96 Condiciones de protección contra incendios en los edificios.

Asimismo, se aplicará el resto de la reglamentación técnica de obligado cumplimiento que regule alguno de los requisitos básicos establecidos en el artículo 3.

Disposición final tercera. Adaptación del Reglamento de la Ley de Expropiación Forzosa.

El Gobierno, en un plazo de seis meses, adaptará la sección 4.a del capítulo IV del Título II del Reglamento de la Ley de Expropiación Forzosa a lo dispuesto en esta Ley.

Disposición final cuarta. Entrada en vigor.

Esta Ley entrará en vigor a los seis meses de su publicación en el "Boletín Oficial del Estado", salvo sus disposiciones adicional quinta, transitoria segunda, derogatoria primera por lo que se refiere a la legislación en materia de expropiación forzosa, derogatoria segunda, y final tercera que entrarán en vigor el día siguiente al de dicha publicación.

Por tanto, Mando a todos los españoles, particulares y autoridades, que guarden y hagan guardar esta Ley.

II. Ley 57/1968, de 27 de julio, sobre Percepción de cantidades anticipadas en la construcción y venta de viviendas

BOE Nr. 181, vom 29.07.1968

Es frecuente en los contratos de cesión de viviendas que la oferta se realice en condiciones especiales, obligando a los cesionarios por el estado de necesidad de alojamiento familiar en que se encuentran a la entrega de cantidades antes de iniciarse la construcción o durante ella.

La justificada alarma que en la opinión pública ha producido la reiterada comisión de abusos que, de una parte, constituyen grave alteración de la convivencia social, y de otra, evidentes hechos delictivos, ocasionando además perjuicios irreparables a quienes confiados y de buena fe aceptan sin reparo alguno aquellos ofrecimientos, obliga a establecer con carácter general normas preventivas que garanticen tanto la aplicación real y efectiva de los medios económicos anticipados por los adquirentes y futuros usuarios a la construcción de su vivienda como su devolución en el supuesto de que ésta no se lleve a efecto.

Las medidas de garantía que se propugnan fueron establecidas para las viviendas construidas con la protección del Estado en el Decreto de 3 de enero de 1963, las que se estima necesario extender a toda clase de viviendas y que han de combinarse con otras de carácter gubernativo y penal que sancionen adecuadamente tanto las conductas atentatorias a los más altos intereses de la comunidad como la realización de hechos que revistan caracteres de delito; unas y otros se encuentran encuadrados en la Ley de Orden Público de 30 de julio de 1959 y en el Código Penal, y en éste concretamente con la interpretación jurisprudencial de los delitos comprendidos en las secciones segunda y cuarta del capítulo IV, defraudaciones, al dar vida al denominado delito único, delito masa, ya que los actos que se realicen y afecten a la comunidad o convivencia social y al interés público son dignos de la mayor protección, de la que se hizo eco la Fiscalía del Tribunal Supremo en Circular de 1 de diciembre de 1965, alusiva a la alta función de promover la acción de la justicia que corresponde al Ministerio Fiscal en cuanto concierne al interés público.

No obstante entre la diversidad de promotores existen Entidades u Organismos dedicados a la construcción de viviendas que por sus normas de constitución, por su organización, funcionamiento y fines pueden ofrecer garantías suficientes para ser exceptuados de la aplicación de estas medidas, a cuyo efecto ha de autorizarse al Gobierno para que a propuesta del Ministro de la Vivienda así lo acuerde cuando se estime pertinente.

En su virtud, y de conformidad con la Ley aprobada por las Cortes Españolas, vengo a sancionar:

Artículo 1.

Las personas físicas y jurídicas que promuevan la construcción de viviendas que no sean de protección oficial, destinadas a domicilio o residencia familiar, con carácter permanente o bien a residencia de temporada, accidental o circunstancial y que pretendan obtener de los cesionarios entregas de dinero antes de iniciar la construcción o durante la misma, deberán cumplir las condiciones siguientes:

Primera. Garantizar la devolución de las cantidades entregadas más el 6 % de interés anual, mediante contrato de seguro otorgado con Entidad aseguradora inscrita y autorizada en el Registro de la Subdirección General de Seguros o por aval solidario prestado por Entidad inscrita en el Registro de Bancos y Banqueros, o Caja de Ahorros, para el caso de que la construcción no se inicie o no llegue a buen fin por cualquier causa en el plazo convenido.

Segunda. Percibir las cantidades anticipadas por los adquirentes a través de una Entidad Bancaria o Caja de Ahorros, en las que habrán de depositarse en cuenta especial, con separación de cualquier otra clase de fondos pertenecientes al promotor y de las que únicamente podrá disponer para las atenciones derivadas de la construcción de las viviendas. Para la apertura de estas cuentas o depósitos la Entidad bancaria o Caja de Ahorros, bajo su responsabilidad, exigirá la garantía a que se refiere la condición anterior.

Artículo 2.

En los contratos de cesión de las viviendas a que se refiere el artículo primero de esta disposición en que se pacte la entrega al promotor de cantidades anticipadas deberá hacerse constar expresamente:

Que el cedente se obliga a la devolución al cesionario de las cantidades percibidas a cuenta más el 6 % de interés anual en caso de que la construcción no se inicie o termine en los plazos convenidos que se determinen en le contrato, o no se obtenga la Cédula de Habitabilidad.

Referencia al aval o contrato de seguro especificados en la condición primera del artículo anterior, con indicación de la Entidad avalista o aseguradora.

Designación de la Entidad Bancaria o Caja de Ahorros y de la cuenta a través de la cual se ha de hacer la entrega por el adquirente de las cantidades que se hubiese comprometido anticipar como consecuencia del contrato celebrado. En el momento del otorgamiento del contrato el cedente hará entrega al cesionario del documento que acredite la garantía, referida e individualizada a las cantidades que han de ser anticipadas a cuenta del precio.

Artículo 3.

Expirado el plazo de iniciación de las obras o de entrega de la vivienda sin que una u otra hubiesen tenido lugar, el cesionario podrá optar entre la rescisión del contrato con devolución de las cantidades entregadas a cuenta, incrementadas con el 6 % de interés anual, o conceder al cedente prórroga, que se hará constar en una cláusula adicional del contrato otorgado, especificando el nuevo período con la fecha de terminación de la construcción y entrega de la vivienda.

El contrato de seguro o el aval unido al documento fehaciente en que se acredite la no iniciación de las obras o entrega de la vivienda tendrá carácter ejecutivo a los efectos prevenidos en el título XV del libro II de la Ley de Enjuiciamiento Civil, para exigir al asegurador o avalista la entrega de las cantidades a que el cesionario tuviera derecho, de acuerdo con lo establecido en esta Ley.

Lo dispuesto en los dos párrafos anteriores se entiende sin perjuicio de los demás derechos que puedan corresponder al cesionario con arreglo a la legislación vigente.

Artículo 4.

Expedida la cédula de habitabilidad por la Delegación Provincial del Ministerio de la Vivienda y acreditada por el promotor la entrega de la vivienda al comprador, se cancelarán las garantías otorgadas por la Entidad aseguradora o avalista.

Artículo 5.

Será requisito indispensable para la propaganda y publicidad de la cesión de viviendas mediante la percepción de cantidades a cuenta con anterioridad a la iniciación de las obras o durante el período de construcción, que se haga constar en las mismas que el promotor ajustará su actuación y contratación al cumplimiento de los requisitos establecidos en la presente Ley; haciendo mención expresa de la Entidad garante, así como de las Bancarias o Cajas de Ahorro en las que habrán de ingresarse las cantidades anticipadas en cuenta especial. Dichos extremos se especificarán en el texto de la publicidad que se realice.

Artículo 6.

- Derogado -

Artículo 7.

Los derechos que la presente Ley otorga a los cesionarios tendrán el carácter de irrenunciables.

DISPOSICIÓN FINAL PRIMERA.

Se autoriza al Gobierno para que a propuesta del Ministro de la Vivienda, y mediante Decreto, determine los Organismos de carácter oficial que, por ofrecer suficiente garantía, se exceptúen de la aplicación de las anteriores normas.

DISPOSICIÓN FINAL SEGUNDA.

Se autoriza a los Ministros de Justicia y Vivienda para que dicten las disposiciones complementarias que estimen necesarias para el desarrollo de la presente Ley, que comenzará a regir el día de su publicación en el *Boletín Oficial del Estado.*

DISPOSICIÓN ADICIONAL.

Se autoriza al Gobierno para que por Decreto, y en el plazo de seis meses a contar desde la entrada en vigor de la presente Ley, adapte los principios de la misma que pudieran serles de aplicación a las comunidades y cooperativas de viviendas.

III. Art. 1591 Código Civil

El contratista de un edificio que se arruinase por vicios de la construcción, responde de los daños y perjuicios si la ruina tuvere lugar dentro de diez años, contados desde que conluyó la construcción; igual responsabilidad, y por el mismo tiempo, tendrá el arquitecto que la dirigiere, si se debe la ruina a vicio del suelo o de la dirección.

Si la causa fuere la falta del contratista a las condiciones del contrato, la acción de indemnización durará quince años.

IV. Auszüge aus der Makler- und Bauträgerverordnung

1. § 3 MaBV

(1) Der Gewerbetreibende darf in den Fällen des § 34c Abs. 1 Satz 1 Nr. 2 Buchstabe a der Gewerbeordnung, sofern dem Auftraggeber Eigentum an einem Grundstück übertragen oder ein Erbbaurecht bestellt oder übertragen werden soll, Vermögenswerte des Auftraggebers zur Ausführung des Auftrages erst entgegennehmen oder sich zu deren Verwendung ermächtigen lassen, wenn

1. der Vertrag zwischen dem Gewerbetreibenden und dem Auftraggeber rechtswirksam ist und die für seinen Vollzug erforderlichen Genehmigungen vorliegen, diese Voraussetzungen durch eine schriftliche Mitteilung des Notars bestätigt und dem Gewerbetreibenden keine vertraglichen Rücktrittsrechte eingeräumt sind,

2. zur Sicherung des Anspruchs des Auftraggebers auf Eigentumsübertragung oder Bestellung oder Übertragung eines Erbbaurechts an dem Vertragsobjekt

eine Vormerkung an der vereinbarten Rangstelle im Grundbuch eingetragen ist; bezieht sich der Anspruch auf Wohnungs- oder Teileigentum oder ein Wohnungs- oder Teilerbbaurecht, so muß außerdem die Begründung dieses Rechts im Grundbuch vollzogen sein,

3. die Freistellung des Vertragsobjekts von allen Grundpfandrechten, die der Vormerkung im Rang vorgehen oder gleichstehen und nicht übernommen werden sollen, gesichert ist, und zwar auch für den Fall, daß das Bauvorhaben nicht vollendet wird,

4. die Baugenehmigung erteilt worden ist oder, wenn eine Baugenehmigung nicht oder nicht zwingend vorgesehen ist,

a) von der zuständigen Behörde bestätigt worden ist, daß

aa) die Baugenehmigung als erteilt gilt oder

bb) nach den baurechtlichen Vorschriften mit dem Vorhaben begonnen werden darf, oder,

b) wenn eine derartige Bestätigung nicht vorgesehen ist, von dem Gewerbetreibenden bestätigt worden ist, daß

aa) die Baugenehmigung als erteilt gilt oder

bb) nach den baurechtlichen Vorschriften mit dem Bauvorhaben begonnen werden darf, und nach Eingang dieser Bestätigung beim Auftraggeber mindestens ein Monat vergangen ist.

Die Freistellung nach Satz 1 Nr. 3 ist gesichert, wenn gewährleistet ist, daß die nicht zu übernehmenden Grundpfandrechte im Grundbuch gelöscht werden, und zwar, wenn das Bauvorhaben vollendet wird, unverzüglich nach Zahlung der geschuldeten Vertragssumme, andernfalls unverzüglich nach Zahlung des dem erreichten Bautenstand entsprechenden Teils der geschuldeten Vertragssumme durch den Auftraggeber. Für den Fall, daß das Bauvorhaben nicht vollendet wird, kann sich der Kreditgeber vorbehalten, an Stelle der Freistellung alle vom Auftraggeber vertragsgemäß im Rahmen des Absatzes 2 bereits geleisteten Zahlungen bis zum anteiligen Wert des Vertragsobjekts zurückzuzahlen. Die zur Sicherung der Freistellung erforderlichen Erklärungen einschließlich etwaiger Erklärungen nach Satz 3 müssen dem Auftraggeber ausgehändigt worden sein. Liegen sie bei Abschluß des notariellen Vertrags bereits vor, muß auf sie in dem Vertrag Bezug genommen sein; andernfalls muß der Vertrag einen ausdrücklichen Hinweis auf die Verpflichtung des Gewerbetreibenden zur Aushändigung der Erklärungen und deren notwendigen Inhalt enthalten.

(2) Der Gewerbetreibende darf in den Fällen des Absatzes 1 die Vermögenswerte ferner in bis zu sieben Teilbeträgen entsprechend dem

Bauablauf entgegennehmen oder sich zu deren Verwendung ermächtigen lassen. Die Teilbeträge können aus den nachfolgenden Vomhundertsätzen zusammengesetzt werden:

1. 30 vom Hundert der Vertragssumme in den Fällen, in denen Eigentum an einem Grundstück übertragen werden soll, oder 20 vom Hundert der Vertragssumme in den Fällen, in denen ein Erbbaurecht bestellt oder übertragen werden soll, nach Beginn der Erdarbeiten,
2. vom der restlichen Vertragssumme
- 40 vom Hundert nach Rohbaufertigstellung, einschließlich Zimmererarbei ten,
- 8 vom Hundert für die Herstellung der Dachflächen und Dachrinnen,
- 3 vom Hundert für die Rohinstallation der Heizungsanlagen,
- 3 vom Hundert für die Rohinstallation der Sanitäranlagen,
- 3 vom Hundert für die Rohinstallation der Elektroanlagen,
- 10 vom Hundert für den Fenstereinbau, einschließlich der Verglasung,
- 6 vom Hundert für den Innenputz, ausgenommen Beiputzarbeiten
- 3 vom Hundert für den Estrich,
- 4 vom Hundert für die Fliesenarbeiten im Sanitärbereich,
- 12 vom Hundert nach Bezugsfertigkeit und Zug um Zug gegen Besitzüber gabe,
- 3 vom Hundert für die Fassadenarbeiten,
- 5 vom Hundert nach vollständiger Fertigstellung.

Sofern einzelne der in Satz 2 Nr. 2 genannten Leistungen nicht anfallen, wird der jeweilige Vomhundertsatz anteilig auf die übrigen Raten verteilt. Betrifft das Bauvorhaben einen Altbau, so gelten die Sätze 1 und 2 mit der Maßgabe entsprechend, daß der hiernach zu errechnende Teilbetrag für schon erbrachte Leistungen mit Vorliegen der Voraussetzungen des Absatzes 1 entgegengenommen werden kann.

(3) Der Gewerbetreibende darf in den Fällen des § 34c Abs. 1 Satz 1 Nr. 2 Buchstabe a der Gewerbeordnung, sofern ein Nutzungsverhältnis begründet werden soll, Vermögenswerte des Auftraggebers zur Ausführung des Auftrages in Höhe von 20 vom Hundert der Vertragssumme nach Vertragsabschluß entgegennehmen oder sich zu deren Verwendung ermächtigen lassen; im übrigen gelten Absatz 1 Satz 1 Nr. 1 und 4 und Absatz 2 entsprechend.

2. § 7 MaBV

(1) Gewerbetreibende im Sinne des § 34c Abs. 1 Satz 1 Nr. 2 Buchstabe a der Gewerbeordnung, die dem Auftraggeber Eigentum an einem Grundstück zu übertragen oder ein Erbbaurecht zu bestellen oder zu übertragen haben, sind von den Verpflichtungen des § 3 Abs. 1 und 2, des § 4 Abs. 1 und der §§ 5 und 6, die übrigen Gewerbetreibenden im Sinne des § 34c Abs. 1 der Gewerbeordnung sind von den Verpflichtungen des § 2, des § 3 Abs. 3 und der §§ 4 bis 6 freigestellt, sofern sie Sicherheit für alle etwaigen Ansprüche des Auftraggebers auf Rückgewähr oder Auszahlung seiner Vermögenswerte im Sinne des § 2 Abs. 1 Satz 1 geleistet haben. § 2 Abs. 2, Abs. 4 Satz 2 und 3 und Abs. 5 Satz 1 gilt entsprechend. In den Fällen des § 34c Abs. 1 Satz 1 Nr. 2 Buchstabe a der Gewerbeordnung, in denen dem Auftraggeber Eigentum an einem Grundstück übertragen oder ein Erbbaurecht bestellt oder übertragen werden soll, ist die Sicherheit aufrechtzuerhalten, bis die Voraussetzungen des § 3 Abs. 1 erfüllt sind und das Vertragsobjekt vollständig fertiggestellt ist. Ein Austausch der Sicherungen der §§ 2 bis 6 und derjenigen des § 7 ist zulässig.

(2) Der Gewerbetreibende ist von den in Absatz 1 Satz 1 erwähnten Verpflichtungen auch dann freigestellt, wenn es sich bei dem Auftraggeber um

1. eine juristische Person des öffentlichen Rechts oder ein öffentlich rechtliches Sondervermögen oder
2. einen in das Handelsregister oder das Genossenschaftsregister eingetragenen Kaufmann

handelt und der Auftraggeber in gesonderter Urkunde auf die Anwendung dieser Bestimmungen verzichtet. Im Falle des Satzes 1 Nr. 2 hat sich der Gewerbetreibende vom Auftraggeber dessen Eigenschaft als Kaufmann durch einen Auszug aus dem Handelsregister oder dem Genossenschaftsregister nachweisen zu lassen.

Schriften der Deutsch-Spanischen Juristenvereinigung

Band 1 Santiago Gonzáles-Varas: Die Verwaltung in Privatrechtsform in Spanien und Deutschland. 2002.

Band 2 Eva Romanski: Sozialstaatlichkeit und soziale Grundrechte im Grundgesetz der Bundesrepublik Deutschland und in der spanischen Verfassung. 2000.

Band 3 Alexander von Kuhlberg: Änderung und Revision der spanischen Verfassung vom 29. Dezember 1978. 2000.

Band 4 Kai Christian Fischer: Verbraucherschutz im spanischen Vertragsrecht im Lichte der europäischen Rechtsangleichung. Eine Studie mit rechtsvergleichenden Bezügen zum deutschen Recht. 2000.

Band 5 Miguel Félix Rodríguez y Rowinski: Die Haftung für Hilfspersonen im spanischen Recht. 2001.

Band 6 Ole Brühl: Immissionsschutzrechtliche Vorhabengenehmigung in Deutschland und Spanien. Eine rechtsvergleichende Untersuchung unter besonderer Berücksichtigung der Rechtslage in den Autonomen Gemeinschaften Spaniens. 2001.

Band 7 Florian Pagenkemper: Die Mängelhaftung des Bauunternehmers in Spanien nach der *Ley de Ordenación de la Edificación* und dem *Código civil*. Eine Untersuchung der vertraglichen und gesetzlichen Haftung mit rechtsvergleichenden Bemerkungen zum deutschen Recht. 2002.

Band 8 Daniel Friedrich Berg: Die Rückabwicklung gescheiterter Verträge im spanischen und deutschen Recht. Eine rechtsvergleichende Untersuchung unter besonderer Berücksichtigung des Einheitsrechts. 2002.

Band 9 Maria Isabel Haas: Der Durchgriff im deutschen und spanischen Gesellschaftsrecht. Eine rechtsvergleichende Analyse. 2003.

Band 10 Sonja Kohtes: Das Recht der vorformulierten Vertragsbedingungen in Spanien. Die Umsetzung der Richtlinie 93/13/EWG über missbräuchliche Klauseln in Verbraucherverträgen. 2004.

Band 11 Markus Artz: Kollisionsrecht und ausländisches Recht in spanischen und deutschen Zivilverfahren. Eine rechtsvergleichende Untersuchung. 2004.

Band 12 Johannes F.K. Rheinheimer: Arbeitsrechtliche Fragen nationaler und internationaler Telearbeit in der Europäischen Union an den Beispielen Deutschland und Spanien. 2004.

Band 13 Julia B. Spaethe: Spaniens Abstammungsrecht in Geschichte und Gegenwart. Unter besonderer Berücksichtigung der Nichtehelichkeit. 2004.

Band 14 Thomas Reineke: Das Recht der Arbeitnehmerüberlassung in Spanien und Deutschland und sein Verhältnis zu der geplanten europäischen Regelung. 2004.

Band 15 Christian Gohm: Maßnahmen zur Beschleunigung und Konzentration im neuen spanischen und deutschen Zivilprozess.Eine rechtsvergleichende Analyse im Lichte der Europäisierung des Zivilprozessrechts. 2004.

Band 16 Till Pense: Das spanische Schwurgericht. Die Jury im Spannungsfeld von Rechtsstaat und Demokratie. 2006.

Band 17 Jan Hückel: Persönlichkeitsschutz und Geldersatz im deutschen und spanischen Zivilrecht. 2006.

Band 18 Ilja I. Selenkewitsch: Spanisches Tarifrecht. Mit spezieller Betrachtung der arbeitszeitrechtlichen Regelungen. 2006.

Band 19 Sven Klaiber: Mitwirkungsbefugnisse des Bürgers auf Seiten der Strafverfolgungsorgane in Deutschland und in Spanien im Rechtsvergleich. 2006.

Band 20 Raimundo Baglietto Bergmann: Der einstweilige Rechtsschutz nach der neuen spanischen Zivilprozeßordnung und der deutschen Zivilprozeßordnung. Eine rechtsvergleichende Untersuchung der Art. 721–747 LEC und der §§ 916–945 ZPO für den Bereich des Zivilprozeßrechts. 2007.

Band 21 Holger Dierkes: Sicherungspflichten des Bauträgers in Spanien und Deutschland. Insbesondere aus Art. 19 Ley de Ordenación de la Edificación und aus §§ 3 und 7 Makler- und Bauträgerverordnung. 2007.

www.peterlang.de

Peter Lang · Internationaler Verlag der Wissenschaften

Peter Gantzer

Spanisches Immobilienrecht

9., überarbeitete Auflage

Frankfurt am Main, Berlin, Bern, Bruxelles, New York, Oxford, Wien, 2003.
184 S.
ISBN 978-3-631-51137-4 · br. € 23.50

Das spanische Grundstücksrecht und vor allem die tatsächliche Praxis von Immobiliengeschäften in Spanien sind sehr unterschiedlich gegenüber anderen europäischen Rechtssystemen. Das Buch faßt das spanische Immobilienrecht und die dazu einschlägigen Gesetze zusammen und gibt Käufern wie Verkäufern sowie ihren Rechtsberatern die notwendigen Hinweise für die Abwicklung von Grundstücksgeschäften in Spanien. Darüber hinaus wird eingehend auf Fragen des Baurechts, des Wohnungseigentums, der Vermietung und der Erbschaft eingegangen. Dieses Buch hat sich in nur kurzer Zeit zu einem Klassiker des spanischen Immobilienrechts entwickelt und ist ein Muß für jeden Eigentümer von spanischen Immobilien.

Aus dem Inhalt: Grundzüge des spanischen Immobilienrechts einschließlich Bau-, Devisen-, Miet-, Erb- und Steuerrecht sowie Wohnungseigentumsgesetz

Frankfurt am Main · Berlin · Bern · Bruxelles · New York · Oxford · Wien
Auslieferung: Verlag Peter Lang AG
Moosstr. 1, CH-2542 Pieterlen
Telefax 0041 (0) 32 / 376 17 27

*inklusive der in Deutschland gültigen Mehrwertsteuer
Preisänderungen vorbehalten

Homepage http://www.peterlang.de

FSC
www.fsc.org
MIX
Papier | Fördert gute Waldnutzung
FSC® C083411

Kolibri 360 GmbH
Ferdinand-Jühlke-Straße 7
99095 Erfurt, Deutschland
produktsicherheit@kolibri360.de

Druck:
CPI Druckdienstleistungen GmbH
im Auftrag der
Kolibri 360 GmbH
Ferdinand-Jühlke-Str. 7
99095 Erfurt